Tradición y actualidad de la literatura iberoamericana

ACTAS DEL XXX CONGRESO DEL
INSTITUTO INTERNACIONAL DE
LITERATURA IBEROAMERICANA

tomo II

dirigido por
PAMELA BACARISSE
Presidenta, XXX Congreso
12-16 de junio de 1994

University of Pittsburgh
Pittsburgh, Pennsylvania

Tapas: Lillian Seddon Lozano

©Copyright 1995
Instituto Internacional de Literatura Iberoamericana

Actas del XXX Congreso
Instituto Interancional de Literatura Iberoamericana

I. PAÍSES

ARGENTINA

MALVA FILER, Del relato al imaginario colectivo en *La ciudad ausente*, de Ricardo Piglia 13
RITA GNUTZMANN, Repetición y variación en *Lo imborrable* de Juan José Saer 19
ANGELA DELLEPIANE, Novela argentina actual: aproximación a la narrativa de Alicia Steimberg 31
MARÍA GRISELDA ZUFFI, Una escritura argentina donde lo latinoamericano también existe (Entrevista con Tomás Eloy Martínez) 43

MÉXICO

ROGELIO ARENAS MONREAL, Alfonso Reyes y Carlos Fuentes: concierto en grata compañía 55
FRANCISCO R. ÁLVAREZ, La (nueva) novela histórica mexicana, 1988-93: la re-escritura del pasado como discurso de la modernidad 63
GUADALUPE GARCÍA BARRAGÁN, Primordialidad y vigencia de Federico Gamboa en el cine mexicano 75
ENRIQUE ZULETA ÁLVAREZ, Pedro Henríquez Ureña y la tradición hispanoamericana 79

PERÚ

ANTONIO CORNEJO-POLAR, Tradición e intertextualidad multicultural: el caso de José María Arguedas 87
ISMAEL P. MÁRQUEZ, De Arguedas a Rivera Martínez: evolución y renovación del canon de la narrativa indigenista peruana 95
SILVIA SPITTA, La abyección del mestizo en la obra de José María Arguedas ... 101

Dúnia Gras Miravet, La memoria de la historia en el Perú: los quipos y Manuel Scorza ... 111
Maarten Steenmeijer, Estrategias epistemológicas en dos novelas de Mario Vargas Llosa ... 119
Susana Reisz, Conflictos de "género" (y de géneros) en la poesía peruana de nuestro fin de siglo ... 125

Venezuela

Blas Puente-Baldoceda, Las estrategias narrativas en tres obras de Salvador Garmendia ... 137
Carlos Pacheco, El espacio de la ruralidad en la narrativa venezolana contemporánea ... 145
José Balza, Otro espejo por respuesta ... 151
Antonio López Ortega, Por una literatura menor ... 157
Juan Carlos Santaella, El nuevo ensayo venezolano o la voluntad de una escritura ... 161
Javier Lasarte Valcárcel, Crítica *postmortem* o la crítica ante la posmodernidad en Venezuela ... 167

II. Períodos

Vanguardia

Belén Castro Morales, Vicente Huidobro y su revista *Création/Creación*: los perfiles del intelectual vanguardista ... 177
Roberto Fernández Retamar, *Orígenes* a medio siglo ... **183**
Adelaida de Juan, "Las flechas de su propia estela". La plástica en *Orígenes* ... 205
María Laura de Arriba, La escritura y el vértigo: dispersión, heterogeneidad, transfiguración del texto vanguardista ... 211
Laura Pollastri, Prólogos y modernidad ... 215

Post-Boom

Manuel Alberca, Severo Sarduy: la danza de los vivos y los muertos ... 225
Jean Gilkison, Intertextualidad y originalidad en la obra de Isabel Allende ... 231
José A. Rosado, El Aquí y el Allá: *La guagua aérea* de Luis Rafael Sánchez, voces, imágenes gráficas y cine ... 237
Teresa Anta San Pedro, *La importancia de llamarse Daniel Santos* y la metaficción ... 243

III. TEORÍA Y CRÍTICA (Y TEORÍA CRÍTICA)

F. JAVIER ORDIZ VÁZQUEZ, *Santa*, o el espejismo naturalista 255
JOSÉ LUIS GÓMEZ-MARTÍNEZ, El discurso literario en la contextualización del pensamiento iberoamericano 259
DANILO MARCONDES DE SOUZA, FILHO, Linguagem e Filosofia em Guimarães Rosa 265
GRACIELA MATURO, La estética metafísica como eje de la expresión literaria hispanoamericana 273
EDUARDO F. COUTINHO, Crítica y comparatismo en América Latina: sentido y función 281
HIBER CONTERIS, Transculturación e identidad: signos de posmodernidad en la narrativa latinoamericana 285
MYRNA SOLOTOREVSKY, Textos latinoamericanos contemporáneos y su contribución a la teoría literaria 295
AMARYLL CHANADY, La influencia del realismo mágico hispanoamericano en el discurso crítico norteamericano, europeo y africano 301
JOHN BEVERLEY, ¿Hay vida más allá de la literatura? 307
XXX Congreso del Instituto Internacional de Literatura Iberoamericana, Pittsburgh, 12-16 de junio de 1994 323

I. Países

ARGENTINA

Del relato al imaginario colectivo en *La ciudad ausente*, de Ricardo Piglia

Malva E. Filer

Malva Filer nació en la República Argentina y sacó su primer título en la Universidad Nacional de Buenos Aires; luego se doctoró por Columbia University, Nueva York, ciudad donde todavía reside, ofreciendo cursos en el Brooklyn College y el Graduate Center de la CUNY. Entre sus muchas publicaciones figuran estudios sobre Borges, Salvador Elizondo, Severo Sarduy y Abel Posse. Su campo de investigación actual es la ficción y el ensayo hispanoamericanos a partir de la década de los sesenta

La obra de Ricardo Piglia es fruto de una formación intelectual que ha combinado el estudio de la historia con la experiencia de la creación literaria. Sus dos novelas publicadas hasta la fecha, *Respiración artificial* (1980) y *La ciudad ausente* (1992), muestran, en efecto, la íntima relación que, según Piglia, existe entre la tarea del historiador, cuyos materiales son "un tejido de ficciones" (Costa 43), y la del escritor, quien busca mediante su novela reproducir y transformar "las ficciones que se traman y circulan en una sociedad" (Costa 51). *La ciudad ausente* ofrece una visión de la realidad en la que ésta aparece como un incesante procesar de relatos, imágenes y sueños. El museo macedoniano, al que el texto remite, está allí representado por el espacio donde funciona la "máquina", mujer-máquina o literatura, la cual reconstruye, preserva y transforma las historias de los personajes. Estos habitan un "mundo virtual" (63) de imágenes proyectadas en pantallas, voces grabadas, palabras impresas y narraciones orales. El periodista Junior entra y sale de los relatos, viaja de un lado al otro cruzando las historias, y, como en "la novela salida a la calle" que proponía Macedonio Fernández, ve los "jirones de arte", las "escenas de novela ejecutándose en las calles, entreverándose a 'jirones de vida', en veredas, puertas, domicilios, bares" (*Museo* 18).

En *La ciudad ausente*, la abolición de los límites entre los distintos niveles de realidad sigue explícitamente las ideas, proféticas en su tiempo, del autor de *Museo de la novela de la Eterna*, e implícitamente incorpora la obra de Borges, Bioy Casares y Cortázar, entre sus modelos argentinos. Sin embargo, en la novela de Piglia no encontramos, como en los cuentos de Cortázar, irrupciones de lo insólito. Éste, representado por las intrusiones del miedo y del horror, está aquí mediatizado a través de grabaciones y relatos, y no tiene, por ello, su original impacto emocional. Hay, sí, un sentimiento de descolocación, afín al descrito por Cortázar en "Del sentimiento de no estar del todo" (*La vuelta al día* ... 25) y éste se manifiesta en los personajes que "parecían vivir en mundos paralelos, sin conexión"

(14), cada uno fingiendo ser una persona distinta. Junior, quien cree ser la única conexión entre estos mundos, se desplaza entre la realidad fantasmal de las voces e imágenes de los ausentes y la otra realidad, igualmente insólita y siniestra a plena luz del día, con sus focos de luz eléctrica brillando bajo el sol, "como si fuera la pantalla de un cine antes de que empiece la película" (12). El texto se hace eco, también, de la experimentación tecnológica que ha introducido el reciente concepto de "realidad virtual", otra forma de representar la confusión de planos en un mundo que, según Baudrillard, está dominado por el simulacro. Todo lo anterior sitúa a la novela de Piglia en la esfera de lo fantástico y de la ciencia ficción. Al mismo tiempo, sin embargo, éste es un texto de claro referente histórico que presenta un testimonio de las atrocidades cometidas en la Argentina durante la época del Proceso, y una visión interpretativa y crítica de la historia de ese país.

El juego imaginativo y detectivesco de la trama en *La ciudad ausente* y su significado político-social confluyen en el concepto de la Máquina, cuyo registro y proliferación de historias preserva la memoria colectiva. La idea de la Máquina es polisémica en los textos de Piglia. Para él, un diario es una "máquina de dejar huellas" (Costa 40), "un libro es una máquina" que hace proliferar las historias, las retoma y vuelve a contar (Costa 48). En una encuesta recogida en *Crítica y ficción* (75-76) recuerda al filósofo inglés Gilbert Ryle (1900-76) quien, en "El fantasma de la máquina," afirma: "Todos vivimos dos vidas. Una real, donde rigen las leyes causales, y otra posible, fragmentaria, en la que rectificamos lo que hemos vivido. Podemos imaginar una máquina lógica que registra las modificaciones y nos ayuda a recordar". Por otra parte, en *Respiración artificial* (169-70), refiriéndose al estilo de Arlt, Piglia utiliza la expresión "máquina polifacética", tomada de ese autor, para indicar el proceso transformador mediante el cual su escritura incorpora "distintos lenguajes, con sus registros y sus tonos".

Preservar la memoria colectiva es, como lo muestra *La ciudad ausente*, una actividad subversiva. La máquina productora de relatos, por la cual hablan distintos personajes femeninos, históricos y literarios —Elena, Amalia, Eva Perón, Molly Bloom, Anna Livia Plurabelle, Hipólita— y que es también portadora de voces anónimas —las locas, Madres de la Plaza de Mayo— representa un desafío que pone en peligro la máquina estatal. Las grabaciones y conversaciones reproducidas en el texto dan voz a los que fueron testigos de masacres, reviven el horror de la violencia enmascarada por la apariencia inofensiva de lo normal (92), y describen la amnesia inducida por los victimarios o buscada por las víctimas.

La amnesia colectiva que este texto combate no es sólo, sin embargo, la referente a la época del Proceso, sino también la que prevalece con respecto a los períodos anteriores de la historia argentina. Esto es evidente desde el comienzo de la novela. Por ejemplo, al recordar la introducción del ferrocarril hacia fines del siglo XIX, el texto menciona que donde terminaban las vías del Ferrocarril Sur comenzaba "el desierto, el polvo de los huesos que había dejado en el viento la matanza de los indios" (10). Más adelante, cuando Junior viaja al Sur, como el Dalhmann de Borges, uno de los personajes le cuenta que bajo la casa en que se encuentran hay "antiguos cementerios de las tribus pampas" y comenta que "esas necrópolis no son raras en la provincia y sobre todo en Bolívar" (121).

El lector asocia esa violencia lejana, obliterada de la memoria argentina, con la más reciente, en vías de ser también olvidada. Por lo demás, la "Grabación" que da noticia de las matanzas y de los cementerios clandestinos le es entregada a Junior por Renzi. Éste es el mismo personaje que, en *Respiración artificial*, busca datos sobre la vida de su tío Marcelo Maggi, desaparecido durante el Proceso, quien a su vez había estudiado los papeles dejados por Enrique Ossorio, una figura histórica, político y hombre de letras, del siglo XIX. Se trata, en las dos novelas, de una reconstrucción del pasado, y de una lucha contra el olvido y contra la pérdida de siginificado de la experiencia colectiva.

Mientras *Respiración artificial* se remonta a la época de Rosas, desde el significativo abril de 1976, en *La ciudad ausente* se encuentran, en cambio, numerosas alusiones a la última parte del siglo XIX. La novela recupera desde allí los años posteriores, reviviendo hechos históricos, evocando a escritores como Lugones, y haciendo de Macedonio Fernández y su mujer Elena Obieta dos entes de ficción que conviven con Erdosain, el personaje de Arlt, y con Molly Bloom y Anna Livia Plurabelle, concebidas por Joyce.

Las novelas de Piglia contienen numerosas alusiones a las obras de Joyce. En *Respiración artificial*, Marcelo Maggi invierte una frase de Stephen Dedalus (*Ulysses* 34), quien veía la historia como una pesadilla, y declara, en cambio, que "la historia es el único lugar" donde encuentra alivio de la pesadilla en que está atrapado. En *La ciudad ausente*, en cambio, la historia es, como en *Finnegans Wake*, sueño y representación en multiplicidad de versiones soñadas y representadas. En "La isla", por ejemplo, *Finnegans Wake*, texto que según sus muchos intérpretes es la representación de un sueño, es concebido como "un modelo en miniatura del mundo" (139). En esta novela de Joyce, la historia ya no es pesadilla, sino una visión onírica en la que historia y literatura son vistas como inciertas y cambiantes a través de múltiples interpretaciones.

El capítulo de "La isla" termina con una evocación de *Finnegans Wake*: "el canto de las lavanderas en las orillas del Liffey", "la dulzura de la voz de Anna Livia", y "la ciudad de los tres tiempos" a la que el narrador desea regresar. En efecto, las últimas páginas de la novela configuran la visión de un eterno presente, la máquina de la memoria es "el relato que vuelve eterno como el río" (163). Al filo del agua, el canto de Ada Phalcón eleva las múltiples voces femeninas que narran la historia no escrita. Su incesante fluir de recuerdos hace aflorar "las viejas voces perdidas" y extrae "los acontecimientos de la memoria viva" (178). La cantora, portavoz de la milenaria tradición oral femenina, y las imágenes fluviales del texto son, nuevamente, reminiscentes de Anna Livia, la mujer río de Joyce, y de la concepción histórica implícita en *Finnegans Wake*. Así, la historia argentina es vista, en *La ciudad ausente*, como "una novela río" que "empezaba en 1776 en las dos orillas del Río de la Plata" (176).

Conjuntamente con el modelo de Joyce, la novela de Piglia muestra visiblemente sus vínculos con la literatura fantástica, compartiendo con ella una realidad donde no se distinguen el sueño y la vigilia, y en la que lo posible forma parte de la esencia del mundo. Las múltiples representaciones de la voz femenina preservan, así concebida, la realidad de lo ausente. La ciudad en que transcurre la novela es, del mismo modo, una construcción hecha de visiones personales (72), la realidad material de una ausencia (161).

En *La ciudad ausente*, la presencia de Borges y de Bioy Casares se hace sentir indirectamente en alusiones paródicas a su obra, sin que aparezcan ellos mismos. Esto es particularmente evidente en el capítulo de "La isla", donde hay párrafos que recuerdan la descripción del planeta Tlön, y un relato acerca de Nolan, reminiscente de "Tema del traidor y del héroe", cuyo desenlace tiene obvia semejanza con el de la trama de *La invención de Morel*. La isla de Wells, las explícitas alusiones a Joyce, ya apuntadas, y muchas otras referencias literarias, conviven, y hasta se superponen, con los textos de la literatura argentina re-escritos por Piglia. Lucía, la mujer maltratada que Junior encuentra en el Hotel Majestic, se identifica como Lucía Joyce, con lo que alude a la hija psicópata del escritor irlandés, pero también parece corresponder a la caracterización de Lucía, La Maga de *Rayuela*, y, como el personaje de Cortázar, una vez vivió en el Uruguay. Claro está que, como ya lo ha señalado Gerald Martin (*Journeys through the Labyrinth* 173), La Maga, y otros personajes femeninos de la literatura hispanoamericana —María Tecún en *Hombres de maíz*, Rosario en *Los pasos perdidos*, Susana San Juan en *Pedro Páramo*— son tributarios del modelo joyceano.

Junto con las referencias y alusiones literarias, el denso e intrincado texto de Piglia rescata episodios históricos que corresponden a la época del primer gobierno peronista, como el engaño perpetrado por el ingeniero Richter, quien le hizo creer a Perón que tenía el secreto de la bomba atómica. Richter aparece con descripciones variantes en *La ciudad ausente*, donde proliferan las versiones y los rumores acerca de su vida luego de caer en desgracia. El colapso de Perón en 1955, y las persecuciones del régimen triunfante contra sus partidarios, es tema que toca personalmente al autor, quien ha relatado en *Prisión perpetua* la experiencia de su padre, un médico de provincia que fue peronista toda su vida, y que estuvo por ello en la cárcel en 1956. En *La ciudad ausente* hay varias evocaciones de ese período que incluyen elementos autobiográficos. Por ejemplo, el recuerdo de Renzi de "los tiempos de la resistencia, cuando mi viejo se pasaba las noches en blanco escuchando las cintas de Perón que le traía clandestinamente un enviado del Movimiento" (11). La llamada Revolución Libertadora es, pues, evocada por los vencidos, en una versión que recuerda los encarcelamientos políticos de aquella época (113).

Estos y otros sedimentos, que el fluir del relato río constantemente remueve y vuelve a depositar transformados, forman el imaginario colectivo representado en el teatro de la memoria que es "la ciudad ausente". En los relatos de esta novela los tiempos y escenarios convergen en un espacio-tiempo utópico. El Museo, como el Aleph, es la idea de la totalidad de los tiempos en una simultaneidad espacial. La narración se propone, así, ser también memoria del futuro, con una visión que se proyecta al año 2004, tres lustros después de la caída del Muro de Berlín (153) y al más lejano siglo XXIII (139).

Piglia ha explicado en ensayos y entrevistas su idea de la escritura de ficción como un proyecto utópico, en el que la construcción de lo nuevo se hace con los restos del presente, con las ficciones y relatos que la novela reproduce y transforma (*Crítica y ficción* 19). Concordando con ello, su novela, como *Terra Nostra* de Fuentes, no sólo ofrece una recapitulación imaginativa y crítica del pasado, sino que propone otra historia, en la que se actualicen las posibilidades no realizadas. En ella, como en el teatro de la memoria de Valerio Camillo, las imágenes del novelista aspiran a integrar "todas las posibilidades del pasado", pero también a representar "todas las oportunidades del futuro, pues sabiendo lo que no fue, sabremos lo que clama por ser" (*Terra Nostra* 567). Mediante la proliferación de voces que se disputan el derecho a contar la historia, frente al relato unívoco de los textos canónicos, Piglia revitaliza con sentido crítico el vínculo con el pasado y crea, al mismo tiempo, una visión profética.

Bibliografía

Baudrillard, Jean. *Simulations.* Nueva York: Columbia University Press, 1983.
Cortázar, Julio. *La vuelta al día en ochenta mundos.* México: Siglo XXI, 1967.
Costa, Marithelma. "Ricardo Piglia" (Entrevista), *Hispamérica* 44 (1986).
Fernández, Macedonio. *Museo de la novela de la Eterna.* Buenos Aires: Corregidor, 1975.
Fuentes, Carlos. *Terra Nostra.* México: Joaquín Mortiz, 1975.
Joyce, James. *Ulysses* (1922). Nueva York: Vintage International, 1990.
_____ *Finnegans Wake* (1939). Nueva York: Viking Press, 1962.
Martin, Gerald. *Journeys through the Labyrinth. Latin American Fiction in the Twentieth Century.* Londres y Nueva York: Verso, 1989.
Piglia, Ricardo. *Respiración artificial.* Buenos Aires: Sudamericana, 1980.
_____ *Prisión perpetua.* Buenos Aires: Sudamericana, 1988.
_____ *Crítica y ficción.* Buenos Aires: Siglo Veinte, 1990.
_____ *La ciudad ausente.* Buenos Aires: Sudamericana, 1992.

Repetición y variación en *Lo imborrable* de Juan José Saer

Rita Gnutzmann

Rita Gnutzmann, que nació en Alemania, se doctoró en filología inglesa en la Universidad de Marburgo y en filología española en la Universidad del País Vasco, donde actualmente es catedrática. Es autora de: Roberto Arlt o el arte del calidoscopio *(Bilbao, 1984)*, Guía de lectura de "Rayuela" *(Madrid, 1989) y* Cómo leer a Mario Vargas Llosa *(Gijón, 1992). En este momento se está dedicando a la preparación de un libro sobre el naturalismo argentino*

En 1984, Juan José Saer anuncia dos proyectos inmediatos: las novelas *Glosa*, publicada en 1986, y *El intrigante*.[1] Este último título no coincide con el del libro publicado en 1993, *Lo imborrable*, sin embargo, parece tratarse del mismo proyecto, ya que, aparte del parecido con *Glosa*, coinciden las fechas 1979/1980 anunciadas para *El intrigante*: "Pasaron ... veinte años", como reza la primera frase de *Lo imborrable*, desde que Tomatis se paseó en *Glosa* con Ángel Leto y el Matemático por la Avenida San Martín, en "octubre del sesenta o del sesenta y uno".

Para el lector fiel de Saer este enlazar con libros anteriores no es ninguna sorpresa. Críticos expertos en su obra, como Mirta Stern y María Teresa Gramuglio, ya observaron este rasgo y el propio Saer lo expresó con las siguientes palabras en una entrevista acerca de su forma de trabajar:

> Cada novela es como un fragmento que yo voy instalando en las fisuras que dejan las narraciones anteriores ... La obra [es] una especie de móvil en el que cada pieza que se añade modifica el resto, y cada pieza funciona como una digresión. Pero los fragmentos no llegan nunca a cerrar el todo, sino que introducen más incertidumbre. En mis textos, la temporalidad puede agregar nuevos fragmentos (novelas) o viceversa".[2]

---

[1] En *Juan José Saer por Juan José Saer* (1986) 21.
[2] Entrevista con Ana Basualdo, 14. Aparte de las críticas antes mencionadas, recomiendo un reciente trabajo sobre Saer, poco conocido, de Jorge Monteleone, "Eclipse del sentido: De *nadie nada nunca* a *El entenado* de Juan José Saer", 1991. Resume las características de los textos saerianos de esta manera: "El moroso descriptivismo, cierta monotonía de un estilo neutro ... el relato de sucesos mínimos que atiende menos a la sucesión que a la combinatoria, el detalle de actos que se repiten o la reiteración de un mismo acto con detalles antes omitidos, conforman una escritura que se declara provisional, engañosa, falsamente mimética" (154).

Uno de los personajes que aparece con más frecuencia en los relatos saerianos es Carlos Tomatis, periodista y escritor, posible *alter ego* del autor, cuyo carácter e historia evolucionan, pero sin grandes rupturas. No se puede decir lo mismo de Ángel Leto, otro habitual, joven de sexualidad ambigua, cuyo padre acaba de morir de cáncer y cuya madre se dedica al alcohol y a los hombres en relatos como "Fresco de mano", de *Unidad de lugar* (1967), y el primero de los cuatro fragmentos de *Cicatrices* (1969); por el contrario, en *Glosa* su padre se suicidó por tener una mujer poco comprensiva, una burguesa que sólo pensaba obtener seguridad y prestigio mediante el matrimonio y que, por su sentido de respetabilidad, nunca admitió que el mejor amigo de su marido estuviera enamorado de ella. En *Glosa* se relata cómo este mismo Ángel termina alejado del mundo burgués, transformado en guerrillero, imagen parecida a la que de él se nos ofrece en el cuento "Amigos" (*La mayor*, 1976): en él Leto está solo, esperando en el apartamento de Tomatis para matar a un hombre, ex-dirigente sindical (se supone peronista) que traicionó la causa.

Pero volvamos a Tomatis: aunque no fuera el protagonista del relato "Sombras sobre vidrio esmerilado" (*Unidad de lugar*), ya aparecía en él discutiendo el concepto de poesía que profesaba la poeta Adelina Flores, aconsejándole vivir más ("Usted debería fornicar más") y escribir de una forma innovadora ("debería ... romper la camisa de fuerza del soneto", (*Narraciones/1* 15). En el cuento "En la costa reseca", de *La mayor*, Tomatis y su amigo Barco acaban de rendir su examen de geometría y se dan cuenta de la fragilidad de su existencia y de la lengua al prever que, probablemente, en tiempos futuros, el mensaje que mandan en una botella ya no se comprenderá. A menudo Tomatis vuelve a aparecer como miembro de un grupo de jóvenes amigos de "la zona" (por ejemplo en "Por la vuelta", de *Palo y hueso*, 1965) o como receptor del mensaje de uno de ellos que se ha ido al extranjero, como es el caso de Pichón Garay en el texto "En el extranjero" (*La mayor*). En *Cicatrices* (1969), sólo sabemos lo que Ángel piensa de él: le parece un tipo que anda "bien con todo el mundo, porque no le importa nada de nadie" (1983, 40).

Es en el relato "Por la vuelta" (1965) donde Tomatis está mejor retratado en su ambiente: es redactor del "diario más importante de la ciudad" y pasa largas vigilias nocturnas discutiendo con amigos "sobre política, sobre literatura, sobre mujeres, sobre el viejo Borges, sobre Faulkner, sobre Dostoyevsky, sobre Sócrates, sobre Freud, sobre Carlos Marx" (*Narraciones/2* 204). En aquel entonces aún no ha cumplido los veintiséis años y, puesto que debió de nacer en las mismas fechas que el propio autor (1937), ha de tratarse de comienzos de los años sesenta. El narrador del cuento, el amigo Horacio Barco, lo considera, ya entonces, "un flor de muchacho, inclusive con talento para la literatura" (*Narraciones/2* 205). Igualmente habrá que pensar que el personaje anónimo del cuento "Algo se aproxima" del primer libro de Saer, *En la zona*, de 1960, es el mismo Tomatis. Se le describe como una persona baja, gruesa, "de perfil algo pesado, con mucho cabello y la cabeza un poco grande ... la nariz demasiado larga, los labios gruesos y largos; casi no tenía cuello" (*Narraciones/2* 365), de "origen social dudoso" como se dice más tarde en *nadie nada nunca* (22), en fin, el posible retrato de un "turco" (en el sentido argentino) como el propio Saer (de origen sirio). El cuento es fundamental porque introduce los temas más importantes de la obra saeriana: la pandilla de amigos alrededor de un asado que significa más que un mero placer culinario;[3] la introducción a "la zona" (la ciudad de Santa Fe y el paisaje del litoral); el ambiente de intelectuales y marginados; la ausencia de grandes acontecimientos; la captación de breves fragmentos del suceder diario; la discusión metaliteraria y la reflexión sobre la propia escritura.[4] En 1960, el personaje de Tomatis aún no se ha perfilado sino que debe compartir su importancia con Barco, periodista y narrador como él, quien es el que realmente expone la teoría literaria del autor en este cuento: el mundo (la literatura) es el desarrollo de una conciencia, la cual debe limitarse al espacio que conoce a fondo: "Yo escribiría la historia de una ciudad. No de un país, ni de una provincia: de una región a lo sumo" (*Narraciones/2* 381), es decir, quiere representar en su obra la misma "zona" como su autor (véase el texto: "Discusión sobre el término zona", de *La mayor*). Asimismo se introduce la forma de narrar por referencia, la fórmula tan repetida en los textos de Saer del "dice que dijo". Por su parte, el personaje anónimo que reflexiona, en "Recuerdos", de *La mayor*, sobre la memoria podría ser tanto Horacio Barco como Tomatis, ambos portavoces literarios del autor en aquel entonces, como acabamos de ver.

Aunque no falte el nombre de Tomatis en *nadie nada nunca* (1980), no es su presencia la que lleva al lector a relacionar esta novela con *Lo imborrable* sino el ambiente de terror que domina "la zona" en una época sin especificar en la que los secuestros y matanzas de caballos horrorizan a los habitantes y en la que el comisario, el "Caballo Leyva", es el especialista en hacer "cantar" a los presos bajo la tortura. No es casualidad que el epígrafe, tomado de Marcel Schwob, hable de tortura (aunque en su original no se refiera a la física): "Ils avaient donné au jour le nom de *torture*; et inversement la torture, c'était le jour". En aquel momento la vida del Gato Garay[5] y la de su amante Elisa parecen transcurrir al margen de estos sucesos. En *Glosa*, sin embargo, el Matemático recuerda en 1979 que la pareja fue secuestrada y desde entonces siguen "desaparecidos" (154). Con este dato se nos permite fechar *nadie nada nunca* entre los años 1976 (año del golpe militar) y 1979. La frase inicial de *nadie*: "No hay, al principio, nada ...", frase que se repite a lo largo de la novela como ocurre a menudo en los textos saerianos (piénsese en *El limonero real*), resulta desde este nuevo dato sospechosamente ambigua: tras la "nada" acechaba la amenaza y la muerte.

Llegamos, al fin, al relato que más directamente enlaza con la última obra de Saer, a saber, la ya mencionada novela *Glosa* (1986), cuyo tema es "la impenetrabilidad de lo real", según palabras del propio autor (véase R. Linenberg-Fressard, 158), afirmación en la que se debe incluir el funcionamiento de la memoria. Narra en esta novela nada más que

---

[3] "Un asado no es únicamente la carne que se come, sino también el lugar donde se la come, la ocasión, la ceremonia. Además de ser un rito de evocación del pasado, es una promesa de reencuentro y de comunión", *El río sin orillas* (1991) 249.
[4] Véase M. E. Stern. "La obra de Saer narra su propia historia, su 'hacerse', a través de textos cada vez más reconcentrados en su propio suceder lingüístico y discursivo ... una creciente reflexión sobre el acto de escritura en sí mismo" (966).
[5] También este personaje es conocido de relatos anteriores. En el texto "A medio borrar" su gemelo Pichón Garay, quien está a punto de emigrar a Francia, "dice que Héctor [el marido de Elisa, la actual amante del Gato] dijo": "El Gato no quiere madurar ... le hace falta también mostrar interés verdadero y constante por alguna actividad seria. Es demasiado variable" (*La mayor* 44).

el paseo del Matemático con Ángel Leto a lo largo de veintiún cuadras de la Avenida San Martín en un 23 de octubre de 1960 o 1961. Tomatis se les une en el tramo central de las tres partes de las que consta el texto. Los tres personajes evocan el cumpleaños de Jorge Washington Noriega, antaño activista del PC y guru de la juventud de la zona, ahora encerrado en sí mismo, dedicado a cuidar su quinta desde que lo metieron en un psiquiátrico en 1949. En realidad, únicamente Tomatis estuvo presente en el cumpleaños, mientras que el Matemático sólo ha escuchado, poco antes, el relato del evento por boca de otro amigo llamado Botón. Leto, a su vez, acaba de escuchar la relación del Matemático. Como era de esperar, las versiones son totalmente contradictorias, ya que la realidad y el recuerdo son "impenetrables".

En aquel paseo, Tomatis, que lo dio con cierta reticencia, se encontró en un estado indefinible para él mismo, "un estado turbio y doloroso" (123).[6] La palabra clave de su estado de entonces, la "amenaza", se repite a lo largo de las páginas que acompañan su paseo, alternando con otras como "agobiado" y "ansiedad". En aquel momento la "amenaza" parece ser más existencial que concreta y se expresa en un breve poema que acaba de pergeñar:

> En uno que se moría
> mi propia muerte no ví,
> pero en fiebre y geometría
> se me fue pasando el día
> y ahora me velan a mí. (132)

Es obvio que no se trata de un capricho pasajero del personaje, ya que este poema constituye el epígrafe de toda la novela. Sería un error no tener en cuenta este poema también para la novela *Lo imborrable*. Al final de *Glosa*, el narrador introduce una prolepsis —recurso típico en todos los relatos de Saer— saltando a enero de 1978 o 1979, es decir unos 17 o 18 años más tarde: Tomatis, mientras tanto, se ha entregado a la más profunda depresión.

La primera frase de *Lo imborrable* reanuda intencionadamente el tiempo y el espacio de la novela anterior, simulando de nuevo una situación conversacional: "Pasaron, como venía diciendo hace un momento, veinte años". Aunque no se especifique el año, deducimos que debe de tratarse del año 1980 o 1981, en concreto del mes de junio ("invierno"), ya que en diciembre Tomatis abandonó a su tercera mujer, culpable del secuestro de una joven vecina. En marzo del año siguiente murió su madre y, en total, desde la separación, han pasado siete meses.

Pero la relación íntima entre ambas novelas resulta aún más evidente en el fragmento de *Glosa* que anticipa el último encuentro de Ángel Leto con Tomatis:

---

[6] Entre *Glosa* y *Lo imborrable*, Saer publicó otra novela, *La ocasión* (1988), ambientada en el siglo XIX. La presentó al concurso del Premio Nadal (el cual ganó) bajo el pseudónimo del protagonista (ausente) de *Glosa*, Washington Noriega. En la misma novela se le atribuye, además, con ironía la autoría de otra novela de Saer, *El entenado* (*Glosa* 108). Como confirma el propio autor en la entrevista con Ana Basualdo, *Glosa* ya está anticipada en su libro *La vuelta completa* (1966), relato que ocurre en marzo-abril de 1961, es decir, unos siete meses antes de *Glosa* y en el que también aparece Ángel Leto (Basualdo, 14 *et seq.*).

[Leto] irá a visitar a Tomatis a la casa de su madre, en la que Tomatis se habrá refugiado después de su tercer divorcio. En esos tiempos Tomatis estará sufriendo [duerme] gracias a la absorción meticulosa de somníferos y tranquilizantes ... se pasará el día entero, haciéndose servir por su hermana ... sentado en un sillón de la sala con una damajuana de vino ... Desde el dormitorio, su madre, ciega y un poco senil lo llamará de tanto en tanto ... en la oscuridad ardiente y sucia de una pestilencia, podría decirse, de tumba anónima y de fracaso. (270 *et seq.*)

Es obvio que el argumento de *Lo imborrable* radica en este fragmento, aunque se introduzca algún cambio como, por ejemplo, la muerte de la madre. Tomatis ahora es ese "cuarentón, demasiado gordo, con los ojos llorosos y brillantes ... de ciertos alcohólicos" (273). Como un guiño más, Saer hace que Tomatis presente al guerrillero Leto a su hermana como "un amigo corredor de libros que viene de Buenos Aires", exactamente el papel que desempeña Alfonso "de Bizancio" (¿"el intrigante"?) en *Lo imborrable*. Una vez más, un episodio o un tiempo breves han servido para ampliar, extender, variar y corregir un texto anterior, ya que el escritor afirma rotundamente "la imposibilidad de agotar el significante" y por lo tanto la necesidad de sacar nuevos aspectos "que no aparecían a primera vista" (*une littérature* ... 51, 53).

El espacio de la Avenida San Martín por el que Tomatis se pasea en *Glosa* se amplia en *Lo imborrable* igual que el tiempo, que se limitaba a cerca de una hora en la primera novela: la línea recta que recorre Tomatis en el primer relato se transforma en un constante deambular de cuatro días en el segundo, deambular que abarca las circunferencias del Palomar, el hotel Iguazú, el aeropuerto y el río Paraná. En *Glosa*, el tiempo se cerraba también en el sentido vital, ya que se segaron las vidas de cuatro personajes: Washington Noriega, el Gato Garay, Elisa y Ángel Leto.[7] *Lo imborrable*, por el contrario, narra la restitución de Tomatis a una nueva vida tras una caída en el "último escalón de la especie humana" (12), es decir, en un estado parecido al de la muerte.

A menudo los textos saerianos comienzan con una frase *leitmotiv* que se repite a ciertos intervalos como "AMANECE Y YA ESTÁ CON LOS OJOS ABIERTOS" de *El limonero real* o "No hay, al principio, nada" de *nadie nada nunca*. En *Lo imborrable*, el gran magma, "continuo y discontinuo", constituye la imagen que recorre toda la novela (9, 46, 1 o 2, 244 ...).[8] De este "gran flujo sin nombre" nace toda la vida: algunos elementos se quedan en estado de reptil mientras que otros consiguen elevarse al de pájaro. Esta metáfora se concreta en varias ocasiones, ya que Tomatis la aplica a sus prójimos en "estos tiempos en que casi todos son todavía reptiles" (13, 15). A él le toca luchar contra "un mundo hirviendo de reptiles en [su] alrededor" (181). Lo que, en *nadie nada nunca*, pareció una mera amenaza y lo que, en *Glosa*, se resumió de paso como "masacres,

---

[7] Por la importancia que Saer concede a las dedicatorias y epígrafes de sus libros digamos de paso que en poco tiempo le afectaron profundamente dos muertes: la de su madre en 1990 (véase la dedicatoria a *El río sin orillas*), y la de su amigo, el pintor Juan Pablo Renzi, al que dedica *Lo imborrable*.
[8] En *El río sin orillas* el autor nos ofrece la misma imagen del "salir del magma barroso probablemente tan arcaico como el barro mítico del primer hombre" (230), imagen relacionada con el paisaje de su juventud, el Paraná y sus ríos e islotes.

enfrentamientos, atentados, tiroteos, torturas, campos de concentración, explosiones", en *Lo imborrable*, se ha convertido en algo omnipresente: el lejano "Caballo Leyva" de *nadie* se ha transformado en el "General Negri, el carnicero del Paraná", que deja rastros bien visibles de secuestros, asesinatos y tortura mientras que asiste plácidamente, con su plana mayor, a una misa televisada. Si la palabra clave de *Glosa* fue "amenaza", aquí se ha convertido en "terror", palabra que se repite seis veces en una sola página (109).

Es cierto que parte del fracaso de Tomatis es debido a sus relaciones amorosas, en concreto a tres matrimonios fracasados. También podemos pensar en la crisis de los cuarenta, crisis que ya sufre Eladio Linacero en la novela de Onetti, *El pozo* (1939), novela que algunos críticos han visto como la primera moderna en el Río de la Plata. Sin embargo, el autor no deja ninguna duda acerca de la coincidencia de su desintegración personal con la de todo el país:

> Ahora me resulta difícil saber si mi vida familiar... fue, con el coadyuvante de un mundo enteramente invadido por los reptiles, la causa principal de mi desintegración, o viceversa. (170)

Para sobrevivir, Tomatis elige el único método posible: "zambullir en la demencia autodestructiva [para] escapar a la esquizofrenia general" (19), es decir, se retira a un "exilio interior" como se anuncia en un temprano texto titulado "La dispersión":

> La gente de mi generación se dispersa, en exilio... la muerte, la política, el matrimonio, los viajes... cárceles, posesiones, océanos... Pero todo eso no es nada, si se compara con lo que le sucede a los que no se han separado. Cada uno ha ido hundiéndose en su propio mar de larva endurecida... Todo el mundo tiene los ojos vueltos hacia adentro. (*La mayor* 149)

Tomatis no se ha endurecido sino que se ha estupidizado y "ablandecido" hasta en lo físico: se ha hinchado de vino, somníferos y tranquilizantes y, en vez de discutir sobre literatura, ha repetido los *slogans* publicitarios de la televisión.

Aunque no se mencione el poema que Tomatis acababa de entregar al Matemático y que constituye el epígrafe de *Glosa*, ya se ha dicho que el lector debe recordarlo y considerarlo expresivo del estado actual de su autor. Pero, además, en *Lo imborrable* se ofrecen otros dos poemas, sonetos en concreto, del mismo personaje:[9] el dedicado al

---

[9] No sorprende que Tomatis ironice sobre la poesía en general y sobre el soneto en concreto ya que en su juventud le resultó "una actividad tan frecuente como la masturbación" (*Lo imborrable* 144). El lector recordará que, en *Cicatrices*, recientemente salido de la adolescencia, proclama —en contra de la práctica de su demiurgo que tiene en su haber el libro de poemas *El arte de narrar* (1977): "No hay más que un solo género literario, y este género es la novela... La única forma posible es la narración" (*Cicatrices* 55). Es sabido que el ideal del propio Saer es, al contrario, fundir los dos géneros: "Una novela está mal escrita no porque tenga errores de sintaxis sino porque no alcanza intensidad poética" (Ana Basualdo, 13). En numerosas entrevistas Saer ha expresado su teoría literaria; pero, tal vez, la más clara definición de ésta la encontramos en sus palabras acerca de la novela flaubertiana *Bouvard et Pécuchet* en el ensayo "Borges Romancier" (en *une littérature sans qualités*, 42 *et seq.*) y en su estudio "Narrathon" (161 *et seq.*).

encanto de una muchacha, "Lucy en la tierra" (consciente o inconscientemente evoca los años sesenta y el movimiento hippy con LSD y "*Lucy in the Sky with Diamonds*"). Más interesante, sin embargo, resulta el soneto "The Blackhole", colocado casi al final de la novela (246). El título es ambiguo: puede referirse tanto a los "agujeros negros" del universo como al "pozo negro" en el que está hundido el protagonista (y la Argentina de los años setenta), coincidiendo con el "agua negra, helada y viscosa", "chirle y pesada", a la que viene aludiendo el personaje desde el comienzo de la novela. El soneto une los dos significados: los dos cuartetos y el primer terceto se refieren al astrónomo y el universo; el último terceto nos recuerda otra negrura, la de la muerte, que "devora". Hemos vuelto al mismo significado del pequeño poema pergeñado por Tomatis en *Glosa*.

No quisiera dejar el análisis de *Lo imborrable* en el mero nivel de la historia. Es sabido que ésta ocupa un lugar ínfimo en el arte de Saer. Tan es así que sólo ofrece fragmentos de posibles acciones, fragmentos a menudo yuxtapuestos sin ocuparse de llenar las lagunas entre ellos con explicaciones o relaciones de causa y efecto. Citemos únicamente el episodio del encuentro de Tomatis con su hija en plena calle, episodio en el que surge la pregunta "¿Sopa otra vez?". No se ha explicado al lector que el personaje, después del encuentro, volvió a casa y que ahora está siendo servido por su hermana (138).

Por regla general, con la excepción de la *El entenado*, las novelas saerianas suelen dividirse en partes o fragmentos: en *Cicatrices*, se distinguen claramente cuatro partes, protagonizadas cada una de ellas por un personaje distinto. Cada una de las partes lleva como título una referencia temporal entre febrero y mayo cuyo alcance va disminuyendo de capítulo en capítulo para terminar en un solo mes, mayo, en la última parte que gira en torno al asesinato y suicidio del peronista acosado, Luis Fiore. *Glosa*, como ya se ha dicho, se divide en tres partes, esta vez encabezadas por referencias espaciales, a saber, las "cuadras" de la Avenida de San Martín. Las quince partes de *nadie nada nunca* se marcan con números romanos, los cuales a penas llaman la atención en un texto constituido por breves fragmentos. En *La ocasión*, desaparece la numeración pero espacios en blanco distinguen claramente las diferentes partes. En *El limonero real* no existe, aparentemente, ninguna subdivisión, pero la frase "AMANECE Y YA ESTÁ CON LOS OJOS ABIERTOS", a la que sigue un texto en *crescendo* que resume el argumento, divide la historia como una pieza musical. A su vez, *Lo imborrable* se presenta como un texto compacto, sin ninguna interrupción por capítulos o párrafos. Sin embargo nuevamente se introduce un flujo rítmico con el resurgir de determinadas frases e imágenes como "continuo - discontinuo", destacado mediante el recurso tipográfico del "ladillo" (colocación de palabras claves, a veces irónicas o de resumen o de ironía en el margen del texto principal), recurso que Saer utiliza por primera vez en esta novela.[10] Otras imágenes claves son los reptiles o amebas en oposición a los pájaros que se elevan por encima del barro y el "agua negra" o el "agujero negro", imágenes que surgen a ciertos intervalos.

Algunos críticos ya han observado la polisemia de los títulos saerianos refiriéndose a *nadie nada nunca* (el verbo "nadar" y la "nada"), *El entenado* ("ente" y "nada"), etc. La

---

[10] El mismo recurso ya fue utilizado por Enrique Molina en su novela *Una sombra donde sueña Camila O'Gorman* (1973).

misma ambigüedad se encuentra en el título "Lo imborrable": en primer lugar habrá que relacionarlo con el horror imborrable de la caída más baja que ha experimentado Tomatis, a punto de ser tragado por el "agujero negro" y, naturalmente, con el de la Argentina del Proceso. Pero es precisamente en relación con los dos sonetos transcritos, uno de ellos "The Blackhole" (de nuevo el "agujero negro"), por lo demás anunciados en el margen del texto como "terapia", cómo nos damos cuenta de que se trata de una teoría de la escritura, otra versión del "horror" ante la página en blanco que sufría Mallarmé:

> Concentrándome en la hoja blanca, el torbellino se atenúa: la explosión silenciosa y centrifuga se vuelve más lenta, y los pedazos que quedan flotando a la deriva, arrastrados por el reflejo que provoca el agujero negro atrayéndolos hacia el vacío sin limites, resisten ... La medida, el verso, la rima, la estrofa, la idea pescada en alguna parte de la negrura ... se vuelven rastro en la página, forma autónoma en lo exterior [que] ya *imborrable*, me apacigua. (145, subrayado mío)

Resulta obvio que lo "imborrable" ya no es el terror sino que se ha convertido en algo positivo: la cristalización en escritura.

Como de costumbre, en la última novela Saer se ocupa del tema de la "realidad" en la literatura y de cuestiones relacionados con el arte en general. Insiste en la poca precisión de lo que llamamos "realidad", o de la "impossibilité d'épuiser le signifiant" (*une littérature* ... 51). Citemos, como ejemplo anterior, sus palabras acerca de la *non-fiction*, practicada actualmente con mucho éxito, sobre todo por los escritores norteamericanos. Al comienzo del "tratado imaginario" *El río sin orillas* (un libro escrito por encargo sobre la "realidad" de su país), el autor reflexiona sobre el encargo y el posible género del nuevo libro. Critica a los practicantes de la *non-fiction* que ni siquiera se paran a "meditar un poco sobre los conceptos de verdad y de realidad". En su propio libro "la ausencia de ficción debe ... entenderse en el sentido estricto de ficción voluntaria" (*El río* 19). Como nueva muestra de la "impenetrabilidad de lo real" —recuérdese el tema de *Glosa*— en *El río* cita entre otros ejemplos el del poeta Ibn Burd, que sugiere una infinidad de nombres que los árabes dan a la palmera en los diferentes momentos de su crecimiento: "Muchas palabras para nombrar la misma cosa o una palabra específica para cada uno de los aspectos infinitos de la infinitud de cosas, tales son las dificultades que presenta el acto de escribir" (*El río* 24). Expresa la misma idea con más contundencia aún con respecto a las "equivocaciones" de Drieu La Rochelle: "la mayoría de nuestras percepciones son meras proyecciones imaginarias" (*El río* 119).[11] Es conocida la admiración que el escritor argentino siente por

---

[11] Para comprobar la temprana importancia de la reflexión sobre la "realidad" en Saer añado el ejemplo de Sergio Escalante en *Cicatrices*, quien dice: "La cosa grave se me planteaba con la palabra *realismo*. La palabra significaba algo: una actitud que se caracteriza por tomar en cuenta a la realidad. Me faltaba únicamente saber qué era la realidad. O cómo era, por lo menos" 100). Con su típica ironía Saer canta en la "Elegía Pichón Garay": "Bienaventurados / los que están en la realidad / y no confunden / sus fronteras" (*El arte de narrar* 127). Se trata de un libro de poemas escritos a lo largo de quince años.

Flaubert; seguramente suscribiría la afirmación de éste contra la "manie de croire que l'on vient de découvrir la nature ... Il n'y a pas de vrai! Il n'y a que des manières de voir".[12]

En *Lo imborrable*, la discusión de la "realidad" en el arte toma un tono irónico. Está presente en las reflexiones acerca de la pintura de Bueno-padre y su afán de copiar la "realidad" fielmente, llegando al extremo de derribar árboles y repintar bancos reales (28). Pero igualmente se mofa de un crítico como Alfonso "de Bizancio" quien demuele la novela de Bueno-hijo, porque el autor se extravía de la realidad y pone campos de trigo donde sólo crece maíz. Saer añade otra ironía, más sutil, a estas pequeñas licencias —trigo por maíz, etc.— en una novela "mala" (para hablar con uno de sus autores favoritos, Macedonio Fernández) en la que la "realidad" apenas se disimula (una relación amorosa del narrador-autor con la mujer de Alfonso que termina con el suicidio de ella al verse abandonada por el galán que aspira a mayores éxitos en la capital) como comprueba el poco disimulado cambio de nombres: Alfonso por Antonio, Walter (Bueno) por Wilfredo y Blanca por Alba.

No cabe duda de que la noción de Saer acerca del "realismo" en la literatura es muy distinta de la de los llamados "realistas" (el *dirty realism* incluido) o de los escritores de *faction*, a pesar de que en sus relatos se detiene con morosidad en largas descripciones, por lo que se le suele citar al lado de los autores del *nouveau roman*. La acumulación de descripciones detalladas y de matices no pretende copiar la realidad sino que la "desescribe": sugiere una posible serie infinita sobre el mismo objeto o el mismo gesto.[13] En este contexto, Monteleone recuerda acertadamente la definición que da Umberto Eco del "hiperrealismo": "denuncia que la realidad, tal como estamos habituados a verla, es consecuencia de una manipulación mecánica y, por tanto, proclama públicamente su falsedad programática" (1991, 155).

Llama, además, la atención el número de fórmulas dubitativas y contradictorias que surgen en las narraciones saerianas. Los casos más obvios son los comienzos de *Glosa* y *La ocasión*: "Es, si se quiere, octubre, octubre o noviembre del sesenta o del sesenta y uno, octubre tal vez ... pongamos —qué más da" (*Glosa*)— "Llamémoslo nomás Bianco ... A. Bianco tal vez ... ¿Andrea Bianco quizás?" La misma función tiene la fórmula ya comentada del "dice que dijo" y la muletilla conversacional "¿no?".

A menudo Saer incluye personajes escritores en sus textos; con cierta frecuencia se trata del ya conocido Tomatis, que se presenta ante todo como periodista. Este recurso no pretende reforzar el verismo del texto sino, por el contrario, subrayar el carácter ficcional: igual que la ciencia contemporánea "preconiza la inclusión del observador en el campo observado para relativizar de ese modo las afirmaciones o los descubrimientos del

---

[12] Carta a Léon Hennique, 3-2-1888. Saer sigue igualmente a su maestro en lo elaborado del estilo (Flaubert: "hors le style, point de livre") y en la ausencia de argumento: "un livre qui n'aurait presque pas de sujet ou du moins où le sujet serait presque invisible, si cela se peut. Les oeuvres les plus belles sont celles où il y a le moins de matière" (carta a Louise Colet, 16-1-1852).

[13] Véase María Teresa Gramuglio: "Las acciones y los objetos se describen una y otra vez hasta en sus más mínimos detalles y variantes, pero su sentido permanece incierto, como ausente. [La descripción] significa, paradójicamente, la destrucción de la confianza en la notación realista" (294).

observador".[14] En el caso de *Lo imborrable*, por ejemplo, se sugiere que nuestra lectura corre paralela a la escritura de la novela, ya que al comienzo de la misma se nos dice que la metáfora del magma y de los reptiles constituye el "proyecto mental de redacción — metáfora de mis contemporáneos", cuando Tomatis es interrumpido por la aparición de Alfonso (10).

No es, evidentemente, la "realidad" lo que importa a Saer sino nuestra imagen y nuestro recuerdo de ella. En el ensayo "Narrathon" rechaza expresamente los dos elementos de la novela clásica y que todavía hoy día muchos lectores (y escritores) consideran esenciales: el acontecimiento y el sentimiento, elementos a los que califica de "ganga de lo falso" (163). En *Cicatrices*, Tomatis discute igualmente la base de la literatura: "Hay tres cosas que tienen realidad en la literatura: la conciencia, el lenguaje y la forma. La literatura da forma a través del lenguaje, a momentos particulares de la conciencia" (55). En *Lo imborrable*, Tomatis (Saer) sugiere otra "trinidad", en este caso, "el acontecer, la percepción y el recuerdo" (97). Aunque, en el contexto de la acción, Tomatis parece referirse a una mera consecuencia de ruidos (roces, frotes, tintineos, crujidos), es evidente que se trata de nuevo de una teoría literaria. En ésta el primer elemento, "el acontecer", no debe entenderse, naturalmente, como grandes sucesos, sino como aquella "miríada de fragmentos", casi inaccesibles a los sentidos, de los que habla a continuación. Del segundo elemento, "la percepción", ya se ha hablado indirectamente en relación con las descripciones morosas. El tercero, "el recuerdo", es tan obsesivo en la obra de Saer que sobrarían ejemplos, empezando por la refutación de Proust en "La mayor": "Otros, ellos, antes, podían. Mojaban despacio ... la galletita, el té ..." (*La mayor* 11). Proust, como es sabido, es una referencia constante en los relatos del autor, hábito que se cumple también en *Lo imborrable*, al introducir Tomatis su teoría sobre la voluntad, los sentidos, las emociones y el recuerdo:

> Lo que después es un recuerdo no siempre, en el momento en que entra en la memoria, tenemos la aspiración de que lo sea, y que la voluntad y la memoria solas no bastan para formarlo ... Lo más real no es lo que queremos que lo sea, sino un orden material de nuestra experiencia que es indiferente a las emociones y a los deseos. Nuestros sentimientos alimentan más nuestra memoria que nuestros afectos ... (70)

No quiero entrar aquí en cuestiones obvias como el rechazo de la literatura como mercancía, la ironía contra los escritores "consagrados" (¿por qué consagrados?) y el gusto conservador de *La Nación*. Termino para no alargar el estudio, puesto que ya en este momento ha quedado claro que, en su última novela, Saer ha añadido otro "fragmento" a sus narraciones anteriores (véase la entrevista con Ana Basualdo). Lógicamente no se trata de una mera repetición ni en el nivel de la historia ni en el del discurso sino de una nueva búsqueda de solución a problemas estéticos encarados desde hace ya tres décadas.

---

[14] En *Juan José Saer por Juan José Saer* 21. —Ya en *Palo y hueso*, publicado en 1965, el narrador declara en su introducción: "transmitimos tanto lo escuchado como lo *supuesto*" (*Narraciones/2* 248; subrayado mío).

Bibliografía

Basualdo, Ana. "El desierto retórico. Entrevista con Juan José Saer", *Quimera* 76 (1988?) 12-15.
Gnutzmann, Rita. "El arte de narrar de Juan José Saer", *Cuadernos para Investigación de la Literatura Hispánica* 11 (1989) 183-86.
_____ "*El entenado* o la respuesta de Saer a las crónicas", *Iris* (Montpellier 1992) 23-36.
Gramuglio, María Teresa. "El lugar de Saer", *Juan José Saer por Juan José Saer*. Buenos Aires: Editorial Celtia, 1986.
Linenberg-Fressard, Raquel. *Exil et langage dans le roman argentin contemporain: Copi, Puig, Saer*. Tesis doctoral. Université de Haute-Bretagne, 1988.
_____ "Entrevista con Juan José Saer", *Río de la Plata* 7 (1988) 155-59.
Monteleone, Jorge. "Eclipse del sentido: De *nadie nada nunca* a *El entenado* de Juan José Saer". R. Spiller (editor). *La novela argentina de los años 80*. Frankfurt: M. Vervuert, 1991, 153-75.
Saer, Juan José, *Juan José Saer por Juan José Saer*. Buenos Aires. Editorial Celtia, 1986.
_____ *La vuelta completa*. Rosario: C.C.Vigil, 1966.
_____ *Lo imborrable*. Buenos Aires: Alianza, 1993.
_____ *El río sin orillas*. Buenos Aires: Alianza, 1991.
_____ *La ocasión*. Barcelona: Destino, 1988.
_____ *Glosa*. Buenos Aires: Alianza, 1986.
_____ *une littérature sans qualités*. París: Arcane 17, 1985.
_____ *Cicatrices*. Buenos Aires: CEAL, 1983.
_____ *El entenado*. Buenos Aires: Folios Ediciones, 1983.
_____ *Narraciones*, 2 vols. Buenos Aires: CEAL, 1983.
_____ *La mayor*. Buenos Aires: CEAL, 1982.
_____ *El limonero real*. Buenos Aires: CEAL, 1981, con un prólogo de Mirta Stern.
_____ *nadie nada nunca*. México: Siglo XXI, 1980.
_____ *El arte de narrar*. Caracas: Fundarte, 1977.
_____ "Narrathon", *Caravelle*, 25 (1975) 161-70.
Stern, Mirta. "El espacio intertextual en la narrativa de Juan José Saer: instancia productiva, referente y campo de teorización de la escritura", *Revista Iberoamericana* 125 (octubre-diciembre, 1983) 965-81.
_____ "Juan José Saer: Construcción y teoría de la ficción narrativa", *Hispamérica* 37 (1984) 15-30.

Las novelas de Alicia Steimberg, un tejido de recuerdos

Angela B. Dellepiane

Angela Dellepiane, socia del Instituto Internacional de Literatura Iberoamericana desde hace más de tres décadas, nació y se educó en Argentina pero ahora está radicada en Nueva York donde es Profesora Emérita de la CUNY. Entre sus muchas publicaciones se encuentran: Ernesto Sábato. El hombre y su obra *(Nueva York, 1968; Buenos Aires, 1970),* Presencia de América en la obra de Tirso de Molina *(Madrid, 1968), y una edición crítica de* Don Segundo Sombra *(Madrid, 1990). En prensa tiene una concordancia en dos volúmenes de "Martín Fierro"*

En 1992 el inédito Premio Planeta-Biblioteca del Sur, el de mayor prestigio continental, fue concedido a la escritora argentina Alicia Steimberg por su novela *Cuando digo Magdalena*.[1]

Por razones que se comprenderán al examinar la obra literaria, se hace necesario explicitar algunos datos biográficos: Alicia Steimberg nació en Buenos Aires el 18 de julio de 1933, en el seno de una tradicional familia de inmigrantes judíos rusos de Kiev, con padres profesionales al servicio del Estado, un abuelo socialista, una casa tipo "chorizo" de clase media en el barrio de Flores, familia en la cual se pasaba siempre "por lo que ellos llamaban una 'mala situación'. Nunca decían: somos pobres; en cambio siempre contaban historias dignas de Chejov ..." (Pomeraniec). En la familia había, además, "[m]ucho humor a contrapelo y, en las historias de sobremesa, el principio de la ficción: la mentira" (Pomeraniec). En suma, todo en la familia Steimberg ha condicionado a Alicia para convertir la realidad en mentira. Traigo estos datos a colación porque creo que ellos son esenciales para comprender el tono y la temática de su narrativa. Ella ha declarado más de una vez enfáticamente que "los recuerdos ... alimentan y nutren la imaginación ..." (Pomeraniec), y lo que la memoria de Alicia Steimberg ha preservado son los cuentos que su abuela de Kiev le relataba.[2]

Hay otros dos factores que deben subrayarse muy enfáticamente: por una parte ella es una *porteña total* que ama profundamente su ciudad siempre presente en sus libros. Por otra, Alicia Steimberg se plantea muy directamente la disyuntiva de su *ser-argentino* versus

---

[1] Ganó el Planeta entre 302 postulantes y con un jurado integrado por José Donoso, Mario Lacruz, Dalmiro Sáenz, Antonio Dal Masetto y Juan Forn.
[2] Véase las afirmaciones de Alicia Steimberg en la entrevista hecha por Hilde Pomeraniec.

su *identidad-judía*.[3] Éste es un problema que, desde la década del setenta, ha venido apareciendo en la literatura de los escritores argentino-judíos pero que, quizá, ninguno ha expuesto con más candor pero también con tanta efectividad y de una manera, a la vez, tan seria y humorística como Alicia Steimberg.

Vayamos ahora a la obra. Ella comprende, por el momento, un *corpus* de ocho libros: siete novelas y un volumen de cuentos del que no me ocuparé aquí.[4] La primera novela —*Músicos y relojeros*, 1971— finalista de los Premios Barral (Barcelona) y Monte Ávila (Caracas) en un primer momento desconcierta a un lector avezado e intelectualmente exigente. Y afirmo esto porque el libro, narrado en primera persona por una niña de no más, al parecer, once años, es una suerte de diario de la chica con una voz narrativa totalmente infantil que, por lo mismo, trasmite una visión inocente, aniñada y pueril de su mundo familiar y del de puertas afuera. Pero a medida que el lector avanza en la lectura, el texto lo va atrapando con su simplismo oral, con su frescura, con lo mucho de verdad que la narradora-protagonista, muy precoz y observadora, va descubriendo de las debilidades, inconsistencias e hipocresía del mundo de los "grandes", como se dice en la Argentina. El libro es desordenado y juguetón como la mente de la que narra. Sus tres partes, precedidas de una suerte de prefacio, están divididas en lo que, para darles un nombre, podríamos llamar capítulos o secuencias (16 para la primera; 19 para la segunda y 8 para la tercera), pero no es sólo la disposición del material narrativo lo que importa sino, y más, el discurso en sí por su tono y por las ideas que revela. Ya en este primer librito están presentes temas que reaparecerán siempre después y modalidades de enunciación que Alicia Steimberg no abandonará. El tema de la identidad judía es el fundamental. Las tías maternas (de la novela) negaban su judaísmo diciéndose "ateas", mientras que las paternas aseguraban a Alicia que jamás debía ocultar su religión y que hasta debía proclamarla llevando la estrella de David. La chica se hallaba en medio de un conflicto porque, a pesar de que la sociedad argentina decía (y dice) no conocer restricciones de ningún orden, la realidad le mostraba otra cara.[5] Además la niña, con la anuencia familiar, asiste a una escuela católica y conoce oraciones y el catecismo y suspira por el Paraíso (o, al menos, por el Purgatorio). En la discusión de estos temas, y otros igualmente serios, Alicia Steimberg utiliza una técnica que consiste en injertar expresiones lunfardas u obscenas en medio de una tirada seria, en esta forma:

---

[3] Véase Sosnowski 1978, 12.

[4] El volumen de cuentos es *Como todas las mañanas*. Una de las novelas es una "nouvelle gastronómica para adolescentes" —*El mundo no es de polenta*— y de ella tampoco he de ocuparme en el presente trabajo.

[5] La tía Otilia aconsejaba a Alicia no ser tonta y acercarse a las judías ricas aunque tuvieran "una cara de rusa que voltea" (71), porque siempre es mejor estar con "gente de la colectividad" ya que, cuando critican, no van a pensar que ella "[t]iene una cara de rusa que voltea" (71). (*Ruso,a* es el término despectivo que, en la Argentina, se ha usado siempre como sinónimo de judío.) Este paradójico discurrir es, sin embargo, muy verista y más elocuente que cualquier ensayo sociológico. Otra prueba de la lucha que Alicia debía sostener en cuanto a su identidad judía puede verse en el episodio de la escuela relatado en esa misma página.

Si uno muere con un solo pecado mortal, va al infierno. Si muere sinceramente arrepentido de todos sus pecados, no importa cuántos ni cuán terribles hayan sido, aunque uno se haya hecho la paja veinte veces por día durante toda su vida, igual va al Paraíso. El Paraíso está lleno de pajeros arrepentidos, felices, cada cual con sus alas, su lira, su túnica blanca y sus sandalias doradas. Todos giran alrededor de Dios Padre, que les sonríe y los quiere como si jamás se hubieran hecho la paja. Ellos ya no tienen ganas de hacerse la paja, ni podrían hacérsela: debajo de sus túnicas blancas no hay nada. (102)

Como se puede apreciar, la sorpresa del lector ante la expresión vulgar está reforzada por la reducción al absurdo de las almas que pueblan el Paraíso, reducción acentuada por la mención de las alas, la romántica lira, la inmaculada túnica y las doradas y, por ello, nobles sandalias, amén del beatífico Dios Padre. Pero en verdad este cuadro absurdista y, aparentemente inocuo y pueril, entraña una crítica despiadada de la hipocresía del perdón del pecado. Alicia siente gran placer en acudir a las iglesias en secreto ya que su religión "tiene que ser un secreto, porque yo, en realidad, soy atea" (117).[6] El vacío espiritual de la chica, el cruce de tradiciones religiosas y étnicas en el que se mueve, resulta, ante afirmaciones como ésta, realmente patético. Pero la narración de Alicia no cae en el melodrama. Se mantiene, por el contrario, siempre en el plano de lo cotidiano y humorístico aunque la corriente subterránea que recorre las páginas de la novelita nos traiga ecos mucho más serios y penosos.[7]

El segundo libro de Alicia Steimberg, *La loca 101* (1973), finalista del Premio Barral y Satiricón de Oro 1973 es, como lo explicita su contratapa, "un librito muy divertido, una novela bastante loca". Claro que ese rótulo de "novela" es muy relativo. Se trata de un libro con una narradora en primera persona, con estilo oral salpicado de lunfardismos y palabras soeces, pero sin una intriga que se hilvane a lo largo de sus páginas o sin un centro de interés temático identificable. Son tres partes de diferente extensión en que se despliegan ideas libremente asociadas: la narradora piensa en "La Dama de Beneficencia" que la fascina pero a quien considera una impostora de falsa compasión, o narra la "Historia del descuartizador" o los "Cuentos de la nomuerte" (título con ecos de Macedonio Fernández). Aparece también una prima Pocha, una perra Canela, la historia de un pobre chico, la loca 101 y el borracho. El humor irónico es un elemento infaltable, como en el primer libro, mas éste se desgrana sin un eje aparente en una estrategia, sin embargo, conscientemente planeada.[8] Porque cuando uno termina la lectura de las 109 páginas de este volumen, comprende que el desorden y la aparente incoherencia de su enunciado, son un desafío arrojado a la cara del lector. El fin de capítulo que cito a continuación, quizá deba entenderse como una *sumaria poética* de Alicia Steimberg que podremos comprobar en las obras que siguieron:

---

[6] En nota a su reseña de *Cuando digo Magdalena*, Goldberg nos da este dato: "En una reciente presentación en Jerusalem, Steimberg contó que, siendo niña, su madre le ordenó que al '¿Vos que sos?' (la elíptica pregunta por la afiliación religiosa en la jerga infantil porteña), respondiera no menos sintéticamente: 'Yo no soy nada'..." (Goldberg 111).
[7] Véase Sosnowski 1978, 8-9 y Lindstrom 1989, 45.
[8] Afirmo esto ya que la narradora explica que "[e]so es lo que me pasa con los relatos, se me mezclan siempre" (62), y más adelante nos asegura: "—Soy confusa, es cierto, pero no lo hago a propósito" (108).

> Yo, en nombre del arte, dejo cosas colgando por el camino, le doy una patada a la Pocha, me olvido de Canela ..., canto la Canción del Descuartizador y recito las Máximas de San Martín para Merceditas y después hago un bollo con todo y a la mierda ... (63)

Creo lícito conjeturar que Alicia Steimberg con *La loca 101* estaba buscando su voz narrativa como criatura suya idiosincrásica y original, entregándose allí a una suerte de monólogo público con sus demonios interiores, monólogo destinado a poner a sus lectores sobre aviso: su literatura sería distinta y habría que aceptarla en sus propios términos y con todo su desorden.

Con *Su espíritu inocente* (1981) estamos otra vez en la novela confesional de la narradora-protagonista en primera persona cuyo relato está vertebrado alrededor de diálogos de la protagonista con su terapeuta, diálogo(s) que ocurre(n) cuando ella ya es una mujer de 45 años, casada, divorciada y vuelta a casar, con hijos a quienes hace tiempo que no ve porque se encuentra, al parecer, internada. Ahora —el presente de la narración— reaparece el problema de la identidad judía de la narradora[9] fuente, en los nueve años "cruciales" (193) que ella pasa en la escuela secundaria, desde los 12 a los 21, de serias perturbaciones psicológicas que la han convertido en un ser escindido: la que es y la que pretende ser,[10] lo que la lleva a querer "ser como las demás y hacer lo que hacían las demás ..." (217). La protagonista es una personalidad contradictoria, orgullosa y, a la vez, insegura de sí misma.[11]

La similaridad con el primer libro es constante pero lo que ha dado un paso adelante es la mayor dexteridad estilística que la prosa revela.[12] A pesar de mantenerse fiel a esa poética de la "desprolijidad" aparente, de la mezcla de los planos témporo-espaciales y los de la realidad del mundo narrado con los de los sueños quiméricos y los pergeños imaginativos de la narradora, en *Su espíritu inocente* hay una mayor coherencia en el relato de los recuerdos de la protagonista porque Alicia Steimberg ha usado el recurso de los diálogos terapeúticos, y aunque esto tiene que descubrirlo un lector-cómplice (como el que le gustaba a Cortázar), no obstante esta estrategia narrativa introduce un elemento de "orden", diríamos, en una narración extremadamente subjetiva y, por ello, caprichosa y que sigue mayormente la libre asociación de pensamientos. Además, en la Segunda Parte de *Su espíritu inocente*, se da nombre a la hasta ese momento innominada protagonista asomando así, tímidamente, un recurso que aparecerá como dominante en el último libro: el de los nombres y las identidades que ellos conllevan.[13]

En 1986 apareció su cuarta novela —*El árbol del placer*. Su narradora-protagonista, Ana, es una mujer totalmente frustrada en lo que respecta a los hombres, hipocondríaca y agresiva, que busca una panacea en las sesiones de terapia practicadas por el Dr. Alcázar, un renombrado psiquiatra en su no menos famosa Clínica (o "locoteca", 55, según otro

---

[9] Véanse ciertas afirmaciones de la protagonista en las páginas 146, 182, 184, 209.
[10] Véanse páginas 206, 194, 193, 198.
[11] Véase páginas 211, 158, 157, 225.
[12] En algunos pasajes, oraciones breves trasmiten el dramatismo y la urgencia de los sentimientos de la protagonista (145). En otras oportunidades se trata de diálogos con interlocutores no identificados. Ese mismo afinamiento se da en la disposición de los elementos narrativos.
[13] Véase Crouzeilles 1994, 10.

personaje). Alcázar —la misma Ana lo va descubriendo— es un charlatán desprovisto de toda ética profesional,[14] pero Ana crea con él una relación de total dependencia[15] que sólo romperá cuando descubra otra panacea: la homeopatía.[16] Esta novela es una reducción al absurdo de una moda, la del psicoanálisis que, en el Buenos Aires de la década de 1960 (cuando tienen lugar los hechos que Ana relata), "hacía furor" (27) como sucedía también con la homeopatía. La inocua nota que abre el libro —"Los personajes de esta historia y los hechos narrados en ella son productos de ficción" (9)— particularmente para el lector porteño, subraya el carácter paródico del texto que se procede a leer. Pero lo interesante es el tratamiento que Alicia Steimberg confiere a esta "tomadura de pelo": la trata como con sordina, sin fantasía, en un lenguaje correcto, simple, directo, con un ritmo pausado, desapasionado.[17] De este tratamiento surge, con una fuerza inesperada, la incongruencia de la fe de la protagonista-narradora en los antojadizos métodos del médico y en la personalidad del Dr. Alcázar,[18] cuyo nombre puede, por las asociaciones que despierta, ser considerado simbólico. Como en las novelas anteriores, las rememoraciones de Ana se desgranan como capítulos desconectados[19] en que inclusive ella repite datos, lo que, si bien perturba al lector, puede justificarse por el carácter de confesión espontánea del texto.[20]

---

[14] "Alcázar no era ortodoxo y usaba alucinógenos; esto escandalizaba a los analistas ortodoxos y a sus partidarios y convertía a los pacientes de Alcázar en una verdadera secta marginal .... [C]omo verdaderos adictos, nos negábamos a escuchar una sola palabra contra él" (28).
[15] "Alcázar sabe .... Soy suya, para siempre, porque él sabe todo sobre la vida y la muerte" (17).
[16] "—La insistencia en la figuración de ciencias alternativas en su obra (la homeopatía y el psicoanálisis en *El árbol del placer*; la sexología en *Amatista* y ahora el control mental en *Cuando* ...) comienzan a parecer su 'tema' ... —La verdad nunca lo había pensado ... Pero, ahora que lo menciona, puede ser que haya algo de cierto en todo eso. Yo siempre estoy en busca de algo mágico; algo que me salve de la enfermedad y la muerte. Me engancho por un tiempo con ciertas disciplinas después, claro, pierdo el entusiasmo. Pero lo que permance es la constante búsqueda de una forma de salvación" (R.F. 1992, 3).
[17] Véanse páginas 15-16.
[18] Que ella define como "mirada magnética, sonrisa enigmática, más allá de todas nuestras miserias" (23). Y este otro ejemplo: "Aun cuando decía cosas arbitrarias o contradictorias hablaba con tanta convicción que todos, incluso él mismo, creían lo que decía. Y para estar con Alcázar había a creerle a Alcázar" (35).
[19] Ana, cuando termina, después de veinte años, su análisis con Alcázar, trabaja con él en un libro-reportaje que "[a]vanzaba con lentitud, con marcada desconexión entre los diferentes capítulos ..." (127), lo cual puede aplicarse a la presente novela.
[20] Sería erróneo pensar que la novela se limita a los problemas psicológicos de la protagonista. El texto va más allá y alcanza una trascendencia de índole social, de irónica crítica de un cierto sector de la sociedad, si no argentina, por lo menos porteña, y de las prácticas a que se entrega con total esnobismo (véanse páginas 29-31). Esta crítica se ve confirmada por la presencia, a partir del Capítulo 8 y, a intervalos, en otros cinco capítulos (13, 19, 24, 25 y 29) de un personaje, Eduardito, que es el único que no frecuenta la Clínica. Ana nos informa que fue un amigo de su juventud que ha reaparecido llamándola por teléfono para decirle que la extraña, siempre emocionado. Son breves conversaciones sin sentido en que él parece un ser dulce y tímido que la molesta profundamente. Pero un ser que, a diferencia de todos sus compañeros de la "locoteca", sabe encontrar placer en su vida sin recurrir a ninguna terapia. También debo notar que *El árbol del placer* amplía el discurso

Amatista, aparecido en 1989 y finalista del Premio la Sonrisa Vertical de 1988, es como *La loca 101*, un desafío al lector. Mas de otra índole. Porque *Amatista* es un librito erótico en alto grado. Y si bien los problemas del sexo están presentes en todos los textos de Alicia Steimberg, aquí el erotismo es lo fundamental aunque no lo único, dado que el objetivo último de este texto es una suerte de cruzada humorística o desmitificadora de las diversas psicoterapias en boga en nuestra época. *Amatista* es, en verdad, una *reductio ad absurdum* de la terapia sexual. Se trata de las sesiones entre una "Señora" (nunca dignificada con el título de "Doctora", así que dudamos que lo sea) y su paciente, él sí "Doctor" (abogado) que, de provincias, viene a Buenos Aires a tratar de aprender a dominar sus eyaculaciones precoces. El mérito del libro, su estridente comicidad y efectividad como texto paródico, reside en lo que me gustaría designar como la *colisión* entre los dos lenguajes con que la Señora y el Doctor despachan, una, sus lecciones y manipulaciones, y el otro, su aceptación de las técnicas por ella recetadas y los pedidos o sugerencias que él por su parte, y muy tímidamente, se anima a proponer, todo enderezado a obtener resultados óptimos con respecto al problema que lo aqueja.[21] Además de los diálogos entre terapeuta y paciente que constituyen, digamos, la parte "teórica" del tratamiento (porque también hay tratamiento "práctico" directo entre el Doctor y la Señora), ésta, a fin de mantener activa la libido del Doctor y enseñarle a prolongar el placer, le cuenta la historia de Amatista y Pierre, una parejita joven, bella que vive exclusivamente dedicada a hacer el amor en todas las formas imaginables y en todos los lugares posibles e imposibles. Estos parlamentos están expresados en un lenguaje cursi-poético por veces, con descripciones del espacio en que se produce el encuentro carnal que crean atmósferas de lujo y/o sofisticación, que son como oasis en los que el lector descansa de las sesiones terapeúticas.[22] En ellos reside la carga erótico-poética del texto aunque siempre se da una vuelta de tuerca para acabar en lo grotesco o absurdo o simplemente cómico. Pero esa colisión a que me referí antes se da en

---

literario de Alicia Steimberg con páginas (138-43) en que se animizan una serie de plantas, metales, elementos químicos, algunos verdaderos, otros inventados, casi todos con su nombre en latín porque lo que hay es un esfuerzo absurdista por burlarse de la homeopatía y de la ciencia en general. La inventiva y el humor que se desparrama por esas páginas, regocija al lector y lo libera de la atmósfera un tanto "claustrofóbica" del libro (Gandolfo 1994, 8).

[21] Una muestra (de entre las muchas que podrían aducirse): "—¿Le gusta esta antigua lancha-taxi, doctor? [Están en El Tigre, i.e., el Delta del río Paraná.] —Es maravillosa, señora. Sentados aquí atrás, al aire libre, en estos sillones playeros, a salvo de la mirada del lanchero, que está en su cabina de madera ... Navegar por estos tranquilos ríos y arroyos, admirando la espesa arboleda de las islas, los muelles cubiertos de rosas y glicinas, las casas sobre pilares, oír el canto de los pájaros, cruzarnos, a veces, con un bote a remos cuyos ocupantes no parecen vernos, y todo el tiempo esta dulce tortura de masturbarme suavemente hasta el borde de la culminación y entonces apartar la mano, y usted que de tanto en tanto se abre la camisa y me muestra una de sus preciosas tetas ..." (84-85).

[22] "Amatista acariciaba el rostro y los cabellos de Pierre y decía palabras dulces como la miel .... Si son sólo palabras, si es sólo la palabra 'palabra'. El erotismo es frágil como un lirio, es una jugada magistral en un tablero complicado. El don del cielo desciende sobre los cuerpos, las miradas, las palabras, mientras todas las piezas defienden celosamente su lugar. Después los pequeños peones crecen, se convierten en torres y caballos, la dama se aja, el rey envejece, el alfil pierde la fe. ¡Y adiós dulces humedades y olor a pan recién horneado! Sólo queda un lirio marchito a la orilla de un arroyo seco" (11).

el libro no sólo entre distintos niveles lingüísticos sino que coliden, asimismo, el mundo maravilloso del cuento y el pedestre de la terapia; la ciencia y la imaginación; la realidad y la ficción; lo grotesco de las posturas adoptadas y la propiedad de las palabras con que se las expresa (a veces). Y a propósito de esto: la de la propiedad lingüística es una preocupación siempre presente en los diálogos de los personajes y es un instrumento que cumple (creo) dos propósitos: por un lado las disquisiciones filológicas a que se entregan el Doctor y la Señora en medio de sus "lecciones" sexuales, acentúa el ridículo de tales lecciones y, por otro, se subraya el valor afrodisíaco que puede alcanzar el lenguaje.[23]

Y así llego al libro ganador del Premio Planeta, *Cuando digo Magdalena* (1992). Esta novela, la más compleja de las creadas hasta ahora por la escritora argentina, constituye, en mi concepto, una *summa* de sus preocupaciones y de su peculiar discurso literario. Y afirmo esto porque la novela muestra la pervivencia en ella de elementos y técnicas que ya analicé con respecto a los libros anteriores. Así:

—volvemos a una trama centrada en una protagonista que trata de recuperar su sanidad mediante las conversaciones con su médico, pero aquí hay un número más elevado que en cualquiera de los libros anteriores de personajes, de los que no sólo se hace su prosopografía sino que se nos narran sus vidas y conflictos. Y aun se va más lejos porque algunos de esos personajes proveen fábulas subsidiarias que, sin embargo, sostienen y profundizan la intriga fundamental, la de la salud psíquica de la protagonista con su problema de inseguridad que algunos de ellos también comparten, aunque por otros motivos;[24]

—el lector deberá entregarse una vez más a una tarea cómplice dada la complejidad de las voces narrativas: una tercera impersonal (sólo por veces omnisciente) y una primera narradora-protagonista amén de los diálogos no individualizados;[25]

---

[23] "—Voy a quitarle la blusa y el corpiño, señora. —Sí, doctor. No estoy del todo segura de si la palabra "corpiño" pertenece al español universal. —Mucho me temo que no, señora. He oído y leído "sostén" con el mismo significado, no sé si en España o en Latinoamérica. ¿Dónde era? De todas maneras, señora, quiero pedirle que se incorpore para quitarle la blusa, y para quitarle esa prenda con dos tazas gemelas que atesoran sus redondos y apetecibles pechos. —Ahora que dice usted *apetecibles*, recuerdo que al vocabulario de hoy debo agregar "lamer", "chupar" (ya sabe usted que este verbo hay que usarlo con precauciones porque es muy violento) ..." (97). Un ejemplo de los efectos afrodisíacos de la palabra: "El clítoris. Qué bien suena la palabra 'clítoris'. Es una palabra elegante y acuática. La sílaba 'cli' al comienzo de la palabra es un acierto colosal. Cli. Cli. Podríamos usarla como diminutivo, como sobrenombre cariñoso para esa parte del cuerpo de una mujer. Pero el nombre entero me deleita, la palabra 'clítoris'. Podría ser un nombre de mujer. — Sus palabras me deleitan tanto como su mano, señora—" (130).

[24] Véase Goldberg 111.

[25] La narradora anticipa este problema de parte de sus lectores y hasta se burla de ellos cuando dice: "—¿Cómo podríamos hacer ahora para saber quién habló? [pregunta un interlocutor a otro respecto del diálogo que antecede]. —Hay que volver al principio de este diálogo, o donde nos nombramos el uno al otro. Y después ir contando: Lili Marlene [nombre con que a veces se designa a sí misma la protagonista], Iñaki [su médico], Lili Marlene, Iñaki ... —Yo nunca me tomaría el trabajo ..." (209). Véase Goldberg 112.

—encontramos igual "desprolijidad" narrativa,[26] con saltos temporales y espaciales que resultan difíciles de detectar y pensamientos dispersos que se van hilando mediante libres asociaciones, a más de digresiones que permiten la discusión de variados temas;[27]
　—ya oída en los otros textos es la frecuente mención de hechos pedestres que impregnan la narración de un tono cotidiano, simplista.

Una novedad: desde la primera página se provee al lector de información desconcertante que lo obliga a una lectura muy lenta y cuidadosa porque percibe que el texto encierra un misterio y que será él quien deberá desvelarlo. Esto es, que la novela asume un carácter policial o de *thriller*, novedad que Alicia Steimberg maneja con total pericia. En su inicio, el texto parece relatar el fin de semana pasado por la narradora, su marido y otros compañeros de un curso de Control Mental, en la estancia "Las Lilas" cuyo dueño es uno de esos compañeros. Mas lo que el lector paciente comprende al final, ya que se le han dado suficientes claves como para que se produzca esa intelección, es que Magdalena, la protagonista, durante aquel fin de semana fue testigo de una situación al parecer delictuosa, de la que, por alguna razón que no acierta a comprender (ni ella ni nosotros), se siente culpable. Muchos años más tarde, ella está reviviendo, a través de las charlas con su médico y la mujer de éste aquella situación con el fin de poner punto final a una crisis psicológica que, a los cincuenta y cinco años de edad, le impide una vida normal con su marido e hijos.[28] Mas esa crisis es la misma que hemos venido conociendo en los libros precedentes y se centra en el sentido de culpa generado por el problema de su identidad judía en una sociedad fundamentalmente católica, problema discutido en *Magdalena* con mucho más detenimiento que en los textos anteriores. Razón por la que aquí asume mayores proporciones el problema de los nombres y la identidad de quien los ostenta.[29] Por lo mismo, se retorna a los recuerdos de su dolorosa infancia y adolescencia y se está en presencia, otra vez, de una personalidad escindida.

Debo mencionar, asimismo, un factor que ya se daba en *Amatista* con las funciones que allí expliqué, pero que en *Magdalena* parecería constituir un elemento metaliterario

---

[26] El mundo narrado está comprendido en nueve capítulos con diferente número de secuencias, cada una de las cuales constituye una unidad narrativa pero que no necesariamente está relacionada secuencialmente con la que antecede y la que sigue.
[27] El sexo, la literatura y el realismo, los argentinos, el racismo y las diferencias en la sociedad argentina, Dios, el cielo, el alma, el curso de Control Mental y sus técnicas, etc., etc.
[28] Alicia Steimberg define así *Magdalena*: "trata de una mujer que intenta recordar ciertos acontecimientos traumáticos sucedidos en una estancia, junto a un grupo de gentes que practica el control mental, durante un fin de semana largo .... La idea del libro está inspirada en una experiencia personal que me sucedió hace tres o cuatro años. Comencé a escribir el libro entonces, y lentamente, esa experiencia fue legitimándose como ficción hasta llegar a ser *Cuando digo Magdalena*" (R. F. 1992, 3).
[29] "—Sabina ... —¿Me llamo Sabina? —Sí. ¿No te gusta? —No. Hay algo aceitoso en el nombre Sabina. —¿Qué? —Labios aceitosos .... —Bueno. Gertrudis ... —No. Las mujeres que se llaman Gertrudis tienen labios gruesos y rulos negros. —Rizos, creo que hay que decir rizos negros. ¿Magdalena? —Está bien. A pesar de que las que se llaman Magdalena son corpulentas, de hombros cuadrados, y manejan ellas solas una granja con quince vacas lecheras y cien aves de corral" (12-13). Otros ejemplos en las páginas 17-20, 97-98, 126-27, 183-84. Véase Goldberg 111-12.

porque lleva la atención del lector hacia la enunciación del texto con una finalidad casi siempre ironizante. Me refiero a las discusiones lingüísticas sobre el español universal que traspasan todas las conversaciones de la protagonista.

No hay duda, creo, de la cantidad de vasos comunicantes que existen entre todas las narraciones producidas por Alicia Steimberg lo que se acentúa por la repetición de afirmaciones hechas en esos otros textos.[30]

Magdalena, aunque de difícil lectura dada la pesquisa que debe realizar el lector, sin embargo no deja a éste librado a sus reacciones subjetivas sino que le va entregando pistas para que comprenda que depende de su perspicacia el encontrar el hilo conductor de la trama.[31] Pero es particularmente un fragmento con el *símbolo de los trapos*, el que explica (me parece) cómo debe entenderse la disposición narrativa que Alicia Steimberg ha conferido a su novela y el material con el que trabaja:

> Pensó [Magdalena] que era como su abuela, que guardaba en un cajón de la cómoda todos los recortes y retazos de tela desde tiempo inmemorial, por si algún día les encontraba alguna utilidad. Ella los llamaba ... los trapos .... Magdalena ..., de chica, había vaciado muchas veces el cajón en el piso del dormitorio y se había entretenido explorando texturas, grosores y colores diferentes, y sobre todo olores .... *[R]ecordar y contar la historia era revolver el cajón de los trapos*. (128-30, énfasis mío)

Los libros de Alicia Steimberg, en gran medida, están concebidos "como una fábrica de recuerdos" (*El árbol del placer* 27). Todas las novelas de esta autora, dado su carácter autobiográfico escasamente desfigurado en sus dos primeros textos, pueden percibirse como un tejido memorioso, como un revolver en el cajón de los trapos. Mas, sin embargo, ello no retacea su valor humano universal. Todo lo contrario.[32]

Bibliografía

Libros, artículos, cuentos de Alicia Steimberg

Músicos y relojeros. Buenos Aires: CEAL, 1971.
La loca 101. Buenos Aires: Ediciones de la Flor, 1973.
Su espíritu inocente. Buenos Aires, 1981.
Como todas las mañanas. Buenos Aires: Editorial Celtia, 1983.
El árbol del placer. Buenos Aires: Emecé Editores, 1986.

---

[30] "¿Contar esta historia? Es como ir haciendo un ovillo de una madeja muy enredada. Pero la madeja existe de antemano. Hay en ella cosas conocidas; aparecen y vuelven a aparecer las mismas cosas" (109).
[31] Véanse los siguientes trozos: "—Estoy cansada, Iñaki. Los relatos detallados me agotan. Creo que debería decir 'ordenados', o ..." (159). "La historia podría contarse de otra manera. Pero yo sólo puedo contarla como la estoy contando" (188). "Querés hacerme creer que lo dije para que intente un trabajo ordenado. Prefiero el caos" (123).
[32] Véase Goldberg 112.

Amatista. Buenos Aires: Tusquets, 1989.
El mundo no es de polenta. Buenos Aires, 1991.
Cuando digo Magdalena. Buenos Aires: Planeta Argentina, S.A.I.C., 1992.
"Reunión de familia en Sperlonga", *Clarín* (1993), 30 diciembre 1993, 4.
Músicos y relojeros. Su espíritu inocente. Buenos Aires: Planeta Argentina, 1994.
"Radiografía del porteño", *Primer Plano*, 16-I-1994, 8.
"¿Sabe que es linda la mar?", *El imaginario judío* ..., 10-11.

Libros y artículos de consulta:

Bär, Nora. "Alicia Steimberg", *La Nación* (19 julio 1992) 38.
Brailovsky, Antonio. "Las colonias agrícolas y el encuentro con la utopía en Argentina", *El imaginario judío* ... 30-33.
Crouzeilles, Carmen. "Vidas en ídish", *Clarín* (10 marzo 1994) 10. [Reseña a *Músicos y relojeros* y *Su espíritu inocente*, reeditadas por Planeta.]
F., R. "Algo mágico". Entrevista a Alicia Steimberg. *Primer Plano* (5-VII-1992) 3.
Finzi, Patricia, Eliahu Toker y Marcos Faerman, eds. *El imaginario judío en la literatura de América Latina. Visión y realidad. Relatos, ensayos, memorias y otros textos del 3r. encuentro de escritores judíos latinoamericanos. San Pablo-agosto 1990.* Grupo Editorial Shalom.
Foster, David W. *Cultural Diversity in Latin American Literature.* Albuquerque: University of New Mexico Press, 1994. Cap. IV: "Argentine Jewish Dramatists: Aspects of a National Consciousness".
Gandolfo, Elvio. "Recorrida por una obra que se reedita. Cuando digo Alicia Steimberg", *Primer Plano* (17 abril 1994) 8.
Goldberg, Florinda F. Reseña a *Cuando digo Magdalena. Noaj* 9 (Jerusalén, diciembre 1993) 110-12.
Kohut, Karl & Andrea Pagni, compiladores. *Literatura argentina hoy: de la dictadura a la democracia.* Frankfurt am Main: Vervuert, 1989.
Kovadloff, Santiago. "El ejercicio judío de la literatura", *El imaginario judío* ... 100-02.
Levine, Linda G., Ellen M. Marson & Gloria F. Waldman, eds. *Spanish Women Writers: A Bio-Bibliographical Source Book.* Westport: Greenwood, 1993.
Lewald, H. Ernest. "Two Generations of Argentine Women Writers", *Latin American Research Review* XV/1 (1980) 231-36.
Lindstrom, Naomi. *Jewish Issues in Argentine Literature from Gerchunoff to Szichman.* Columbia MO: University of Missouri Press, 1989.
Miguel, María E. de. "Ser judía en mi país", *El imaginario judío* ... 113-15.
Pomeraniec, Hilde. "Alicia Steimberg: la fuerza de lo cotidiano", *Clarín* (25 junio 1992) 12.
Senkman, Leonardo. *La identidad judía en la literatura argentina.* Buenos Aires: Pardes, 1983.
_____ "La representación del judío en el discurso latinoamericano", *El imaginario judío* ... 76-83.
_____ "Una literatura de la memoria y del olvido", *El imaginario judío* ... 106-12.

Sosnowski, Saúl. "Contemporary Jewish-Argentine Writers: Tradition and Politics", *Latin American Literary Review* 6/12 (1978) 1-14.

Stavans, Ilán. *Tropical Synagogues: Short Stories by Jewish Latin-American Writers.* Nueva York: Holmes & Meier Publishers, 1993.

Toker, Eliahu. "El barrio del Once 'shel maala'", *El imaginario judío* ... 42-45.

Zlotchew, Clark M. & Paul D. Seldis, eds. *Voices of the River Plate: Interviews with Writers of Argentina and Uruguay.* San Bernardino CA: Borgo Press, 1993.

Una escritura argentina donde lo latinoamericano también existe

Tomás Eloy Martínez

Durante el XXX Congreso del Instituto Internacional de Literatura Iberoamericana, Pittsburgh, el conocido novelista argentino, Tomás Eloy Martínez, concedió esta entrevista a María Griselda Zuffi, *estudiante del Departamento de Lenguas y Literaturas Hispánicas de la Universidad de Pittsburgh, que actualmente está escribiendo su tesis doctoral sobre su obra y su ideología*

En los años sesenta Tomás Eloy Martínez fue reconocido como uno de los principales periodistas de Argentina. Ejerció como jefe de redacción de *Primera Plana*, fue director del semanario *Panorama* y del suplemento literario *La Opinión*. Junto a su labor periodística desarrolla una importante actividad literaria. A pocos años de publicar su primera novela *Sagrado* (1969), produce un texto testimonial, *La pasión según Trelew* (1973), que marca una nueva dirección en su narrativa. Dos años después, es amenazado por la AAA (Alianza Anticomunista Argentina) y se exilia en Caracas. Allí dirige *El Diario de Caracas* y escribe otro texto, esta vez ficcional: *Lugar común la muerte* (1979). En esta colección de relatos reconstruye un cuerpo de muerte imaginario y real que alude a la diáspora generada por el terrrorismo de Estado durante el Proceso de Reorganización Nacional (1976-83).

A lo largo de los setenta ha ido preparando distintas versiones de lo que luego se llegó a conocer como *La novela de Perón* (1985). Tomás Eloy Martínez vuelve a la historia del país, pero a una historia privada y pública recuperando algunos mitos nacionales del imaginario cultural argentino. Esa "ficcionalización de la historia" puede leerse no sólo en *La novela de Perón*, con protagonistas históricos como Juan D. Perón, Isabel Martínez de Perón, López Rega, sino en sus últimas dos novelas *La mano del amo* (1991) y *Santa Evita* (1995), recientemente publicada en Buenos Aires. La mezcla de historia y ficción tiene una larga tradición en la literatura argentina fundándose en el cruce entre lo mítico y lo histórico, en la construcción de la barbarie que proyecta Sarmiento. ¿Cómo se ubica Tomás Eloy Martínez en esa tradición? ¿Desde dónde escribe la historia si la escritura de la historia es una escritura del poder? ¿Cómo se construye una narrativa que intenta recuperar el deseo y la memoria de un país atravesado por la utopía de ser Otro? Estas y otras preguntas surgieron en torno a mi tesis doctoral y se pudieron concretar en esta charla informal.

—¿Dónde se inserta en la tradición literaria argentina?

La tradición que establece el canon de la literatura argentina no considera sino como argentina la literatura que se produce en el Río de la Plata o sobre temas del Río de la Plata o con autores del Río de la Plata, lo cual deriva en dos fenómenos o irregularidades. Por un lado, expropia parte de la literatura uruguaya, lo mejor de la literatura uruguaya. Es decir, Felisberto Hernández, Onetti, Quiroga son, de acuerdo a ese criterio, escritores argentinos o argentinizables. Por otro, excluye la literatura que se produce fuera de la pampa húmeda. Sí incorpora ciertos textos que produciéndose fuera de la pampa húmeda, como *Zama* de Di Benedetto, aluden a problemas, actitudes o conflictos de la pampa húmeda, o considera autores que están fuera del sector de la pampa húmeda, como Héctor Tizón ... porque sirven de algún modo como instrumentos de cuestión teórica. Sin embargo, excluye a escritores importantes, como Daniel Moyano o Juan José Hernández, que pertenecen a un mundo exterior a ese circuito.

Pienso que no hay una cabal comprensión de lo que yo sí quiero hacer o del lugar que yo sí quiero ocupar en la cultura argentina o de la tradición. Por ejemplo, yo discrepo con la visión que Borges da del escritor argentino y su tradición en la conferencia del año cincuenta en la cual dice que el rasgo central de lo argentino es el pudor. Y discrepo con elementos muy concretos. Esa declaración de Borges, que me parece absolutamente válida para su literatura, es muy perniciosa cuando es tomada como dogma de fe por el resto de la literatura argentina. El argentino no es pudoroso. De otro modo, no se explica Menem, no se explica Isabel Perón, no se explica Perón, no se explican las confesiones públicas en televisión, la cultura argentina en general. Yo creo que esta declaración de Borges sirve a la literatura de Borges. De algún modo Bioy Casares también se pliega a esa visión de literatura argentina. En una declaración de *Magazine Littéraire,* después que le dan a Bioy Casares el Premio Cervantes, dice que la literatura argentina es fantástica pero es fantástica tal como lo es la literatura inglesa y no como lo es la literatura latinoamericana. Es fantástico, contenido, pudoroso y europeo. Esa visión de Borges y de Bioy crea un estereotipo de lo que es la literatura argentina del mismo modo que la cultura europea, en general, y norteamericana, en particular, crean un estereotipo de la visión de lo latinoamericano como lo realista mágico. De allí que los grandes códigos de lectura se den a partir de lo *realista mágico* en esta cultura y en la cultura europea en general.

En *La mano del amo* y *La novela de Perón* lo que pretendo hacer es una especie de puente de unión entre la tradición cultural argentina, en la cual englobo desde Mansilla, Echeverría, pero centralmente Alberdi, con la tradición latinoamericana perdida. Quiero que mi literatura sea como un cordón umbilical que demuestre que Argentina es parte de Latinoamérica y no, como la tradición ensayística intelectual argentina asegura, un fragmento desprendido e ignorado de Europa. En esa tradición es en la que me incluyo y, por lo tanto, creo que una de las riquezas de la cultura latinoamericana y de las riquezas de Borges, en particular —y en esto sí me pliego a Borges— es el derecho de la cultura latinoamericana, en tanto tiene una tradición muy escuálida, a usar toda la tradición. Nuestra tradición es toda: lo persa, lo chino, lo japonés, el sánscrito, pero también lo latinoamericano. Es curioso que de esa tradición los argentinos excluyan lo latinoamericano. Y todo este tipo de reflexión me vino en un momento en que de regreso a Buenos Aires en el '84 en mitad de la escritura de *La novela de Perón* un taxista en Buenos Aires oyó a mi mujer y le preguntó: "¿Usted viene de allá, de América Latina?" Lo que sí creo y entiendo es la apertura de una tradición más o menos novedosa según la cual *La novela de Perón*, con un sujeto claramente argentino, con un tema que sucede en la pampa húmeda, es la primera novela, me parece, que refleja lo latinoamericano que hay en lo argentino, centralmente a través del diseño de la imagen de López Rega y Arcángelo Gobbi.

—Y en *La mano del amo*, ¿cómo funciona?

Lo que yo intenté construir en *La mano de amo* es una novela que no tuviera una tradición visible. Por eso es un texto tan irritante y tan repelente como lectura. Es un texto que no tiene tradición visible. Yo siempre trato de que el lector se instale dentro de mis textos como en una tierra de nadie. No sabe dónde está. En *La novela de Perón* no sabe qué es verdad y qué es mentira, y eso crea una incomodidad constante. En *Sagrado*, el lenguaje crea la incomodidad. Hay una enorme cantidad de vocablos tucumanos que están cerrados al lector corriente. Y en *La mano del amo* el bloqueo está en una cosa afectiva, en la figura repelente de la madre y la figura del gato, que son como íconos de la cultura tradicional queribles. La agresión a la madre y a los gatos son como agresiones a la especie humana, por un lado. Por otro lado, la indefinición entre la realidad y lo maravilloso que hay todo el tiempo en el texto y la indefinición de la voz narrativa que se plantea por primera vez. El narrador entra, puntúa, no tiene densidad. No sabés muy bien si es narrador o autor. Esa indefinición es del personaje que guía el texto, la mano del amo que guía el texto. En la zona de cruce entre lo latinoamericano y lo argentino hay ese elemento de irritación que se produce cuando se junta el río con el océano, porque no sabés qué terreno está pisando el texto con toda claridad. También hay una indefinición genérica. En *La mano del amo* y en *Sagrado* están la música y la poesía. En *La novela de Perón* están la historia y el periodismo. En *Lugar común la muerte* está el periodismo. *Lugar común* es otro texto irritante por una razón central. Son textos absolutamente inverosímiles sobre personajes verosímiles, reales, históricos, que se publican en los periódicos y que adquieren verosimilitud sólo por el hecho de que se publican en un periódico o por el hecho de ser escrito como crónica, por lo tanto, contaminados por la verdad de los diarios: si sale en los diarios, es verdad, pero son ficciones. Crespo, el poeta, es un personaje en uno de los textos de *Lugar común* que se llama "Encuentros en una casa equivocada". Obviamente, se presta a que ese texto sea una invención, una ficción, la aberración de algo que no fue, pero salió en los diarios; por lo tanto como tal, fue creído.

—¿Qué cosas le marcaron?

Lo que más claramente me marca en mi vida son todas las formas de autoritarismo, opresión, dogma, todo lo que me exigió ser como los demás creen que debo ser. Y tal vez, mi vida es como es por una especie de sublevación contra eso que tiene distintas formas. Por ejemplo, mis padres, mi familia, que no se ha movido nunca de Tucumán, me preparan para que yo no me vaya de Tucumán tampoco, y además, viva de acuerdo con las costumbres tucumanas: me case con una tucumana, críe una familia tucumana, etc. Ese mandato me marca mucho. Durante un tiempo, lo acepto. Me marca mucho la educación católica formal que me dan mis padres, es decir, son como imposiciones activas que crean en mí movimientos reactivos. Después me marca el mundo militar, el lenguaje agresor, invasor de Buenos Aires, al que nunca conseguí acostumbrarme, y en algunos casos, descalificador también. La facilidad con que se puede descalificar a alguien que nunca hizo nada simplemente por el peso de la descalificación.

—¿Cómo afectó la experiencia del exilio su escritura?

El exilio es un acto involuntario, un acto de vida central e involuntario. El que se va supone que va a volver muy rápido, que las circunstancias que produjeron ese exilio van a durar muy poco en el tiempo. Por eso, no está preparado para que eso ocurra —sobre todo en el caso de los exilios argentinos en que uno tenía que irse de la noche a la mañana. El exilio me marcó mucho porque viví con añoranza. Yo todavía digo que escribo durante el día en una calle cualquiera en Highland Park, o de Caracas, y por la noche salgo a caminar por Corrientes y Santa Fe. Es decir, la memoria o el deseo son la ausencia de algo que quisieras tener o donde quisieras estar. Son como muy condicionantes, determinantes.

—Cristina Peri Rossi dice que todos los escritores son gente obsesiva y tienen dos clases de obsesiones: los que tienen la misma obsesión, y los tipos que son obsesivos pero varían constantemente de obsesión. ¿Con cuál se identifica?

Hay un sólo elemento de la clasificación con la que estoy de acuerdo. No sé si los escritores son obsesivos. Los novelistas son obsesivos porque necesitan serlo. Creo que uno escribe un solo libro en su vida, y por lo tanto, tiene una sola obsesión; por eso, uno escribe indefinidamente uno tras otro para saber cuál es esa obsesión.

—¿Descubrió la suya?

Yo no sé todavía cuál es la mía, o tal vez lo sepa y no lo sepa conscientemente.

—¿Escribe para el lector argentino?

Cuando escribo textos periodísticos escribo sobre todo para el lector argentino. Cuando escribo ficción, para serte totalmente sincero, no pienso en ningún lector. Si pienso en un lector, me paralizo, no puedo seguir escribiendo. En realidad, me miento a mí mismo si me digo "nadie va a leer esto que estoy escribiendo", y con ese engaño escribo.

—¿Cúal es su método como escritor?

Ha ido cambiando. En general, cuando estoy trabajando un libro trabajo todo el día, pero no sentado en la máquina sino esporádicamente. Me siento en la computadora y voy calentando los motores. Mi mejor período de producción, por lo general, son los días en que me siento a trabajar a las nueve de la mañana. Empiezo a escribir entre las seis y las nueve de la tarde. Muchas veces tengo que cortar antes, y a veces, casi las mejores cosas que escribo, las escribo después de las nueve de la noche pensando en cómo debía haber escrito lo que escribí de seis a nueve. Entonces me levanto y grabo eso que se me ocurrió y al día siguiente lo releo y suele ser lo mejor.

—¿Se sintió un poco a la sombra del boom?

No, en verdad, yo fui uno de los constructores del boom. No me puedo sentir a la sombra porque fui protagonista. Qué papel cumplí ahí, no me interesa. No, nunca sentí que estuviera participando del grupo que disfrutaba de la gran difusión del boom, pero tampoco me importaba mucho porque yo era uno de sus difusores. La posición, en ese sentido, es como muy extraña. Como escritor, nunca me sentí envidioso de la posición que ocupaba. Yo mismo sentía como crítico y difusor de la cultura, o como quieras llamarlo, porque era una posición muy privilegiada. No me siento a la sombra porque estaba al otro lado. Lo que quiero acotar es que esta respuesta tal vez suene muy arrogante, muy porteña o presuntuosa. No, no es así. En verdad, tal vez haya que comprender el papel que *Primera Plana*, la revista en la que yo dirigía la parte literaria, cumplía en esa época para entender lo que yo quiero decir. En fin, parece arrogante pero no lo es.

—¿Qué recepción tuvo *Sagrado* en su momento?

En el momento en que sale la novela yo era un periodista bastante conocido y muy leído, y la editorial hace un lanzamiento de seis mil ejemplares, que era excepcional para la época con una propaganda de media página de la novela. Yo creo que la recepción que tuvo por parte de los lectores fue de sorpresa y decepción porque el libro deliberadamente no se parecía en nada a lo que yo había escrito. Quise hacer un texto antiperiodístico. Por lo tanto, el lector debe haberlo tirado a la basura en seguida. Es ahora, extrañamente, cuando ese texto está encontrando una cierta revaloración crítica. Mucha gente ha vuelto a ver *Sagrado*, pero yo no quiero re-editar ese libro —aunque tanto Planeta como Sudamericana me han propuesto hacerlo— porque me parece que el que está ahí ya no soy yo. Tal vez, le sacaría mucho material. O sea, resumiendo, el libro tuvo solamente dos ediciones porque todos los lectores quedaron muy frustrados. Creo que la recepción de crítica fue excelente, tal vez por ser yo quien era, pero la lectura no fue buena. Me parece que tenían más razón los lectores que los críticos.

—¿Qué lugar le concede al periodismo?

Durante una primera etapa el periodismo me fue muy útil. Si yo hubiera dejado el periodismo en el año sesenta y cuatro y me hubiera dedicado a escribir novelas, sería mucho mejor escritor del que soy ahora. Creo que Hemingway vio lo mismo. Hay un momento en que el periodismo actúa como un proceso de saturación y te impregna la escritura y tenés que cuidarte porque te llenás de tics, de lugares comunes y de facilidades. Por eso *Sagrado* estuvo construido como un texto antiperiodístico para que no lo alcanzaran los lugares comunes que iban conmigo, que viajaban conmigo, que se me habían pegado demasiado. Entonces, para evitar eso, tuve que escribir un texto que fuera el reverso. Pero al mismo tiempo el periodismo te proporciona una posición, un lugar público tan visible que impide que impongas a tu literatura el riesgo que toda literatura necesita. Sólo cuando uno madura y se es mayor como soy yo ahora, se puede superar eso o no preocuparte. En un momento dado, sobre todo porque yo concedí al periodismo una gran importancia, sostenía que era una efusión del ser tan importante como escribir ficción. Pero creo que estuve en el periodismo más tiempo del debido por razones de supervivencia. De todos modos, también me enriqueció. Me permitió ver realidades que desconocía. Si yo hubiera hecho literatura, sería mejor novelista de lo que soy, en teoría. Si no hubiera hecho periodismo, sería peor persona de lo que soy, o tal vez, menos rico en experiencia humana de lo que puedo ser.

—Usted incorpora en sus textos un trabajo colateral de periodista. En el '73, aparece *La pasión según Trelew* (un documental), en el '79, *Lugar común la muerte* (una colección de relatos), y sigue escribiendo novelas. ¿Está buscando todavía un "género" que lo defina o ..?

Lo que yo siempre estoy haciendo en cada libro es huir de la comodidad de repetir el libro anterior. Es por eso que *Santa Evita* me dio tanto trabajo porque era muy fácil copiar la receta de *La novela de Perón* y escribir sobre Evita lo mismo. Ahí tenía asegurado el éxito. Lo que creo es que si un escritor no trata de mirar todos los materiales que tiene a mano y de agotar los instrumentos de que dispone en un libro, se esclerosa o se detiene. Hay, por supuesto, excepciones a esa regla. Si yo fuera Borges, yo escribiría siempre un mismo libro con esa perfección y brillo con que lo hace Borges. Yo creo que cada vez que comienzo un libro ese libro debe, en la medida de lo posible, ser distinto del anterior. Estoy buscando cada vez que se parezca a mí mismo, no en lo evidente sino en lo secreto: en las obsesiones, o en las visiones del mundo que son siempre parecidas o semejantes, o incluso en los errores que son los mismos. *La pasión segun Trelew* es un panfleto, un libelo, irritado, excesivo, pero ése también soy yo. Eso corresponde a una etapa de mi vida. Y todavía, por fortuna, sigo escribiendo esos textos absolutamente adolescentes que son como arremetidas contra los molinos de viento del mundo.

—La imagen de los "ojos de la mosca" en *La novela de Perón*, ¿surgió como un desafío a la "verdad histórica"?

Es una idea que ya Wittgenstein establece con toda claridad. Yo no creo que la verdad sea una ni tan siquiera demostrable. Por eso, me hizo mucha gracia cuando Menem le dijo a Oliver Stone: "Solamente voy a permitirle usar los lugares históricos u oficiales de la Argentina para filmar la vida de Evita, cuando esa vida de Evita se atenga a la verdad histórica". ¿Cuál es la verdad histórica? Yo parto del hecho de que la verdad histórica es una entelequia indemostrable. A partir de esa idea de la indemostrabilidad de la verdad, un día vi en la *Enciclopedia Britannica*, o en alguna enciclopedia, los ojos con retículas de la mosca, y lo primero que se me ocurrió es que el personaje vea una mosca. Entonces, hice que la abuela de Perón dijera eso. Puse esa frase en boca de la abuela de Perón.

—¿Hasta qué punto cree en la ficción como un espacio donde se revela "la verdad de las mentiras"? Estoy pensando en la posición de los intelectuales de los sesenta.

En la ficción el problema para mí pasa por otro lado. La ficción es centralmente una mentira. *Es* una mentira. De ahí, la palabra ficción. De ahí, todas las palabras conectadas que significan fábula, invención, novela, mito. Novela, mito, las raíces de todas esas palabras tienen como origen etimológico invención, o fábula, *ergo* mentira. Por lo tanto, la ficción en sí es una mentira. De modo que cuando yo digo "ésta es una novela sobre Perón o la *novela* de Perón", que tiene una multiplicidad semántica, estoy diciendo "ahora lean las mentiras que voy a contar sobre Perón". De allí, el chiste que hay en la contratapa de la primera edición: "Todo lo que se cuenta en esta novela es verdad". Es un oxímoron lo que estoy planteando. La novela es una fábula siempre, una fábula que se apoya sobre realidades y que la única ley que para mí es consustancial a la novela misma es la ley de la verosimilitud, es decir, el hecho de que el lector se diga: "Este mundo en el cual estoy sumergido es un mundo en el cual creo". De allí, la irritación de *La novela de Perón* que crea un conflicto con lo verosímil, y que sucederá con *Santa Evita* también de otra manera.

—Después de *La novela de Perón* aparece *La mano del amo*. Ambas construyen relaciones de poder desde lo nacional y desde la institución familiar. ¿Cómo se dan esas relaciones en ambas novelas?

Bueno, eso tiene que ver con lo que me preguntaste: qué cosas me marcaron. Toda forma de poder me marca. El primer poder que me marcó de forma consciente fue el poder de lo religioso, de la Iglesia, si querés. Yo tuve una educación muy —como te dije— cerradamente católica, y además, profundamente conservadora, fundamentalista. Para darte una idea, mi madre mandó a decir cien misas para la salvación de mi alma en Tucumán después que apareció *Sagrado*. En el caso de *La novela de Perón*, yo decía: "esta vez, voy a darle el gusto a mi madre y no voy a meter ningún elemento religioso". Y yo no lo pesqué, pero ella se dio cuenta porque no sé si en el segundo o tercer capítulo —porque la novela aparecía por capítulos en *El Periodista* en folletín— Arcángelo Gobbi mira a Isabel como si fuera la Virgen. Y dice mi madre: "Ya tuviste que arruinar la pobre Virgen María que te hizo". Así que los elementos fluyen aunque yo no tenga ganas de que fluyan. Por eso, la opresión, el poder, todo aquello que no te deja ser como realmente sos. Eso me ha influido tanto que mis amigos me lo sorprenden, y mis hijos me lo reprochan porque los dejé ser como ellos querían ser, es decir, sólo les puse los límites imprescindibles para que no se hicieran daño. Pero cada uno es lo que quiso hacer de sí y esa es una cualidad que yo reivindico bastante, porque por fin logré hacer de algo que es de mi estricta responsabilidad, como es la educación de mis hijos, algo que hubiera querido que ellos hicieran conmigo.

—Habló de la verdad histórica, pero ¿qué es para usted la historia?

La historia es una narración, como bien dice Hayden White. En la medida que es una narración está sujeta a todas las carencias o ángulos de visión del mundo que tenga el narrador. Por lo tanto, es una verdad que se establece desde alguien y no desde lo absoluto. Por eso, la historia me parece, en cierta medida, en el peor de sus aspectos, el arma usada por el poder absoluto para imponer ciertas consignas, códigos o formas de comportamiento o visiones de tu propio pasado que afecta tu presente y que determina o marca tu futuro. Por otro lado, en su mejor aspecto, la historia es memoria pero una memoria fragmentaria, parcial de la especie, y por lo tanto, fundamental en cuanto herramienta que impide el olvido y que permite la construcción del sujeto como tal. Fundamentalmente, la historia es una narración, y en ese sentido, no me parece que la verdad de la historia sea tan relativa como la mentira de las novelas. Por supuesto, cuando yo leo una biografía, estoy leyendo ahora la de Truman de David McCullough, la leo como formas o aproximaciones a la verdad. En ese sentido, son documentos y demás, pero no son *todos* los documentos, no es *toda* la verdad. Lo que me parece que enriquece la verdad es que es inagotable.

—Para Zamora, periodista/personaje en *La novela de Perón*, "hay que desarmarse de la historia para encontrar la verdad" ...

Sí, eso decía Zamora. Ese es un poco el objetivo de *La novela de Perón*. Lo que yo quería demostrar es que ese Perón era más verdadero que el Perón de los documentos. El libro se planteó desde un principio como un duelo contra Perón. Es lo que yo llamo "un duelo de versiones narrativas", su versión contra mi versión. Obviamente, no esperaba ganar pero lo que me importaba era librar, y en ese sentido, creo que el libro sí funciona porque le ha cambiado el imaginario a mucho gente, y ha cambiado la visión del peronismo de mucha gente. Lo que ocurre, además, es que fue planteada como un desafío. Yo comencé a escribir el libro como ahora lo recuerdo. Yo vivía muy precariamente en un departamentito en Caracas y no tenía comodidades para escribir. En un departamento en frente vivía un científico al que le sobraba un cuartito. El me prestó ese cuartito para que yo empezara a escribir *La novela de Perón*. Después que yo terminaba en las tardes, él me preguntaba para qué yo escribía esa historia y yo le contestaba lo mismo que acabo de decirte, que estoy tratando de que mi versión se imponga sobre la de Perón, que prevalezca. Y él me decía: "Vos estás totalmente loco porque vos no te das cuenta de que Perón es un plano inclinado. Nosotros estamos navegando por este plano inclinado. En un plano inclinado la fuerza nos arrastra hacia abajo, esperándonos para tragarnos. Todo lo que vos hagas no puede nada contra el peso de esa fuerza gravitacional y de atracción que tiene la figura de Perón". Le dije: "Es verdad, es posible, pero por lo menos voy a demorar más tiempo arriba del plano inclinado". Con esa intención de desafío escribí *La novela de Perón*.

—¿Cuántas versiones previas hay a *La novela de Perón*.

Por lo menos dos versiones basadas en la estructura misma de la novela que vos conocés y hay otras tres novelas de Perón que nadie conoce. Dos de las tres versiones son bastante avanzadas; llegan más allá de las trescientas páginas. En las tres versiones, Perón no se llama Perón ni ninguno de los personajes que lo rodea tiene nombre histórico. Pero sí es cierto que muchas cosas que le suceden a Perón son ciertas. Por ejemplo, una de las novelas sucedía en Caracas y narraba la vida de Perón en Caracas en el momento del Pacto con Frondizi. Los personajes eran Isabel Perón, López Rega, John William Cooke, Frigerio, más otros nombres. Ese es uno de los textos casi terminados y está escrito en Caracas. Hay muchos elementos narrativos que tienen que ver con la visión de la costa venezolana donde suceden partes de las historias, encuentros en Caraballeda, en la playa. Ése es un relato que podría llamarse "El Pacto", y tiene que ver con el pacto entre Perón y Frondizi. Hay otra novela, que también está bastante avanzada, que es más próxima a *La novela de Perón* final, digamos. Ésa es una novela que habrá llegado a las ciento veinte o ciento treinta páginas cuyo eje es la relación de Perón con jóvenes montoneros y cuyo centro es la expulsión de Galimberti de la Juventud Peronista en abril del '73. A partir de lo cual, Perón les recuenta su historia a los jóvenes, y es una versión más política de la novela porque lo que trato de demostrar es hasta qué punto la vida de Perón —que Perón está narrando— contradice el afán o la fe o la credulidad, mejor dicho, revolucionaria de estos jóvenes que creen que Perón va a hacer la revolución con ellos. Ahí están también Isabel, López Rega y es la primer versión del retrato de Norma Kennedy que reaparece en la versión final. La tercera versión es una versión religiosa que también tiene que ver con *La novela de Perón* porque es toda la relación de Perón con la Iglesia. Empieza en el momento en que Perón e Isabel están por volver a la Argentina y depositan, lo cual no es cierto, el cadáver de Evita en la cripta de los mercedarios en Madrid. Esta novela es una novela de unas doscientas cincuenta páginas. De lo que recuerdo, hay un reloj que los mercedarios tienen que son curas que dan vueltas, marcando las horas; hay una versión como muy funeraria de la Iglesia. A partir de ahí, se reconstruye el momento en que Perón se casa con Isabel en ese mismo convento de los mercedarios en el año sesenta, y la novela cuenta hacia atrás la vida de Perón, el exilio de Perón. Parte de esta estructura está en *La novela de Perón* en el capítulo que se llama, creo, "Si Evita viviera", en el que recuerda con un chofer marroquí, me parece, la gira de Evita por Europa, sus celos y envidia por Evita. Lo mismo pasa con Isabel porque el relato es una disminución de Isabel a Evita para que Perón quede más demagógico. La demagogia de Perón se ejerce en el plano de su vida personal con Isabel como única oyente. Éstas son las tres versiones previas a *La novela de Perón*.

—¿Por qué escogió Ezeiza y el retorno de Perón, esa coyuntura del país, como punto de partida en su novela?

Mirá, porque, ahora no me acuerdo, ni creo que me acuerde. Lo que recuerdo es que después de estos tres ensayos de *La novela de Perón* de que te hablé me dije a mí mismo: "A esta novela le falta un eje, una estructura, una herramienta, una columna vertebral". Entonces, pensé: "¿Cuál es la columna vertebral en la vida de Perón? Y me dije: "El 17 de octubre de 1945". Ese no es un eje verdadero porque históricamente detrás de eso no hay casi nada. Y de ahí nació la idea. Vamos a ver qué hay después del 17 de octubre. Aparentemente, está todo. Todo lo que hay después del 17 de octubre, yo no lo quiero contar porque en *La novela de Perón* no se ve nunca a Perón en la plenitud de su poder, porque parte de mi apuesta contra Perón es no mostrarlo en la plenitud de su poder. Puede estar cayendo o subiendo, pero no en el apogeo, cosa que no ocurre con Evita. A Evita, la ves casi siempre en el apogeo. El esqueleto se me ocurrió así: si lo que yo quiero contar está entre su ascenso en el poder y su caída, el momento que marca el cenit es Ezeiza. Escribí en Caracas un esquema de la novela que debo conservar. El narrador de toda la novela es Zamora. En esa versión, escribe con los documentos residuales que en el garage de automóviles que fue el asiento de la AAA en Argentina dejó detrás de sí. Eso, como me exigió un final mucho más largo, comenzaba con una ciudad, con una imagen que me sigue rondando, que nunca he logrado ponerla, una ciudad infectada por una plaga de mosquitos. Porque, efectivamente, Buenos Aires, por varios momentos, está infectada por las plagas de mosquitos, las aguas del río se secan, los peces se pudren, y los mosquitos del río invaden la ciudad. Pero el eje era ahí sí, ya, Ezeiza. Cómo se me ocurrió esa idea, no lo sé, pero fue una idea salvadora porque le dió a la novela su bisagra, su articulación. En *Santa Evita*, la bisagra es el día de la muerte de Evita. La novela está pensada como una mariposa con dos alas, un ala negra que vuela hacia adelante, y una ala amarilla o blanca que vuela hacia atrás. El ala negra es la muerte, entonces, el relato de la muerte va en la progresion histórica normal, y la otra ala que va hacia atrás es el ala de la vida, y vas viendo la vida de Evita de la muerte hacia atrás, retrocediendo.

—Ahora que mencionó la muerte, ¿cuál es el campo de significaciones que ésta adquiere en su obra? Porque siempre está ahí.

Yo creo que tiene que ver con el hecho de que cada vez que iba a ocurrir algo importante en mi infancia la muerte me lo truncaba. Como mi familia era tan extremadamente conservadora, se moría un primo, por ejemplo, y la familia entraba en duelo. Me acuerdo que yo iba a hacer la primera comunión, y a mí me importaba un carajo la primera comunión, me importaba la fiesta de la primera comunión. De repente, un tío político, que era mi padrino, se murió. Como este tío era como la figura más importante de la familia porque era el director del diario de la provincia, mi familia decidió que había que guardar duelo absoluto, y la fiesta no se hizo. Otro recuerdo infantil: yo soñaba cuando era chico algo que fuera equivalente a la televisión, pero una vez había un programa doble con dos películas que no he visto nunca. Una se llamaba *Buffalo Bill* y la otra era *La Bomba* con Laurel y Hardy. Yo era muy chico, tendría siete u ocho años, y las dos películas se iban a dar en un programa doble en el cine de mi barrio. Cuando lo anunciaron, como un mes antes, dije: "Éstas no me las pierdo". El sábado, anterior a ese domingo, se murió una tía, la hermana de mi madre, y me prohibieron ir al cine. Entonces, debe ser mi venganza contra la muerte. Como en el caso de Perón, en el que dije: "Este tipo me jodió la vida", la muerte me jodió la infancia.

—Habiendo fracasado el programa peronista, ¿cuál sería un proyecto posible para la reconstrucción del país?

Yo no tengo proyecto. No sé. No hubo un programa peronista. Yo nunca fui peronista. Voté por Perón en el '73, o Cámpora, mejor dicho, por una razón muy simple. Y volví a votar a Perón en septiembre, en un segundo voto totalmente irracional, porque sabía que Perón iba a morir e Isabel iba a quedar, pero porque yo creía que Perón, y creo todavía que es cierto, en ese momento era el único elemento de unidad posible en la Argentina. Lo que quería era acabar con los gobiernos militares, con la anarquía, y no me daba cuenta de que Perón era otra forma de gobierno militar. Voté por Perón, pero nunca fui peronista. Soy una persona de izquierda, que cree en esas cosas utópicas en que ya nadie cree. Creo en la necesidad de la soberanía de los pueblos, creo en la necesidad de los bienes o las riquezas, en la igualdad de oportunidades, en fin. En esas cosas en que los apóstoles de la modernidad como Paz y Vargas Llosa ya no creen más (yo soy *old-fashioned* en ese sentido). Pero, no me resigno a que la humanidad, que ha sido capaz de resolver ecuaciones tan complejas como la teoría de la relatividad, o los *chips* cada vez más chicos, o la hiperconductividad, o lo que fuere, cualquier ecuación científica, no sea capaz de resolver una ecuación tan sencilla de principio como que haya justicia y al mismo tiempo libertad. Tanto libertad como justicia y tanta justicia como libertad, ambas al mismo tiempo. No me resigno a que el hombre no encuentre un modo de construir un mundo en el que cuando hay libertad, la justicia o el reparto de la riqueza sea desigual, y cuando hay justicia, como en el mundo socialista, se haga a costa de la libertad. No, no entiendo. Voto por cualquier alternativa que abogue por ese cambio en la conciencia del hombre.

MÉXICO

Alfonso Reyes y Carlos Fuentes: concierto en grata compañía

Rogelio Arenas Monreal

Rogelio Arenas Monreal hizo sus estudios en México y ahora da clases en la Escuela de Humanidades de la Universidad Autónoma de Baja California en Tijuana, México. Es autor de varios artículos sobre escritoras latinoamericanas, especialmente mexicanas, y tiene en preparación un libro titulado: Miradas en el espejo: escritoras y escritores mexicanos actuales. Entrevistas. *Tambén ha publicado un estudio de los cuentos de Jesús Gardea.*

Alfonso Reyes representa en el panorama de la literatura mexicana y de la literatura hispanoamericana a uno de los escritores más sólidos. Por el vasto campo que abarcan sus escritos se ha convertido en el modelo de escritor para el que nada le era extraño. Dicho con palabras ajenas: "La extensión y la variedad de la obra de Reyes nos permiten decir que el oasis de Reyes se encuentra poblado de todos los géneros literarios y que en cualquiera de los viajes por la literatura mexicana siempre podremos detenernos en un espacio en el cual la sombra y el follaje de la buena información son amenizados por las fuentes de un corazón que brota con limpieza desde lo más profundo y nos permite refrescarnos".[1] Su amplia mirada, horizonte sin límites, y sus aciertos como ensayista desde edad temprana, quedaron expuestos en *Cuestiones estéticas* (1911), su primer libro publicado.[2] Reyes, que había comenzado escribiendo versos, siguiendo el consejo de Pedro Henríquez Ureña se somete "con mayor frecuencia a las disciplinas de la prosa" como parte de su aprendizaje.[3] Logra así con los ensayos escritos entre 1908 y 1910 integrar el libro mencionado, que es recibido con gran entusiasmo por la crítica, al grado que se llegó a decir: "Este Henríquez Ureña con sus consejos nos ha matado en flor a un poeta".[4]

---

[1] Adolfo Castañón, "Alfonso Reyes: otra grata compañía", en *Arbitrario de literatura mexicana*. Vuelta (México, 1993) 486.
[2] Alfonso Reyes, *Cuestiones estéticas* (París: Ollendorff, 1911).
[3] Alfonso Reyes, *Obras completas* XXIV (México: Fondo de Cultura Económica, 1990) 154. "... me aconsejó someterme con mayor frecuencia a las disciplinas de la prosa, como parte de mi aprendizaje y para habituarme a buscar la forma de mis expresiones no exclusivamente poéticas ... —Yo creo —me dijo— que usted va a acabar en la prosa, que es la música clásica", dice Reyes recordando el consejo de Pedro Henríquez Ureña.
[4] Alfonso Reyes, *Obras completas* 156.

Francisco García Calderón, prologuista de este libro, saludaba con palabras muy elogiosas su aparición: "No son dones de toda juventud su madurez erudita y su crítica penetrante. Tiene cultura vastísima de literaturas antiguas y modernas, analiza con vigor precoz y estudia múltiples asuntos con la ondulante curiosidad del humanista", decía; y un poco después asentaba categórico: "Su prosa artística y a la vez delicada y armoniosa. Ni lenta como en sabios comentadores, ni nerviosa, como en el arte del periodista. De noble cuño español, de eficaz precisión, de elegante curso, como corresponde a un pensamiento delicado y sinuoso".[5] Reyes mismo reconocía en *Cuestiones estéticas* temas y conceptos que aparecerían posteriormente por todas sus obras: "ya las consideraciones sobre la tragedia griega y su coro, que reaparecen en el comentario de la *Ifigenia cruel*; ya algunas observaciones sobre Góngora, Goethe o bien Mallarmé ... Mis aficiones —dice— mis puntos de vista con los mismos".[6] El elogio y la crítica de estas obras se extendieron, incluso, a los especialistas, así lo documenta el mismo Reyes: "La publicación de *Cuestiones estéticas* me valió, entre otras, dos cartas inolvidables. El 19 de agosto de 1911 Arturo Farinelli me escribía desde Austria, invitándome a continuar mis estudios a su lado, en Turín. El 31 de octubre del mismo año, Émile Boutroux ... me escribía desde París: 'Tal vez se le ocurra a usted venir cualquier día y charlar con nosotros sobre esos grandes asuntos que usted trata con tanta competencia como gracia y generosidad'.[7] La situación política de México en ese tiempo y en la que la familia de Reyes estuvo directamente involucrada le impidió acceder a cualquiera de estas invitaciones, sin embargo, continuó con su trabajo diligente en los diversos géneros literarios.

Son de sobra conocidas las circunstancias por las que Reyes salió del país, en 1913. Con él llevaba ya entonces los materiales que constituirían algunos años después el *Plano oblicuo* (1920), su primer libro de cuentos, escrito todo él en México, entre 1910 y 1913, con excepción de un relato que pertenece a la primera época parisina. La Gran Guerra de 1914 expulsó a Reyes de Francia. Las condiciones en México seguían siendo difíciles como para emprender el regreso. Ante esta situación el camino que tomó fue el de los Pirineos hasta llegar a establecerse en Madrid, para ganarse la vida con el trabajo exclusivamente de su pluma, como el abuelo Juan Ruiz de Alarcón, tan grato a su memoria.

Al período de Madrid pertenecen varios de los libros fundamentales de la época de juventud de Alfonso Reyes. En "Carta a dos amigos" que envía desde París, en 1926, a Genaro Estrada, su amigo de México, y a Enrique Díez-Canedo, su amigo de España, Reyes hace un recuento de su obra. En el grupo de "los libros verdaderos" que les encarga que no toquen a sus "discretos ejecutores testamentarios" se encuentran, además de *Cuestiones estéticas*, (siguiendo su propio orden) *El suicida* (1917), *Cartones de Madrid* (1917), *Visión de Anáhuac* (1917), *El plano obicuo* (1920), *Calendario* (1924) e *Ifigenia cruel* (1924).[8] El estudio que demandan cada una de estas obras escapa a los alcances de esta comunicación: sólo me detendré, por tanto, sobre algunas ideas de *Visión de Anáhuac*

---

[5] Francisco García Calderón, Prólogo a *Cuestiones estéticas* 1 y 2. Cito de la edición de 1911.
[6] Alfonso Reyes, *Obras completas* 158-59.
[7] *Obras completas* 158-59.
[8] Alfonso Reyes, "Carta a dos amigos", *Simpatías y diferencias* II, 2ª edición (México: Porrúa, 1975) 338-39.

y de *El plano oblicuo* por estar relacionadas con lo que me propongo mostrar. Sobre la causa que motiva la escritura del primero Reyes dice: "el recuerdo de las cosas lejanas, el sentirme olvidado por mi país y la nostalgia de mi alta meseta mexicana me llevaron a escribir la *Visión de Anáhuac (1519)*.[9] Tal propósito se lo comenta en una "Carta a Antonio Mediz-Bolio" que le envía en 1922:

> —Yo sueño —le decía yo a usted— en emprender una serie de ensayos que habían de desarrollarse bajo esta divisa: "En busca del alma nacional". La *Visión de Anáhuac* puede considerarse como un primer capítulo de esta obra, en la que yo procuraría extraer e interpretar la moraleja de nuestra terrible fábula histórica: buscar el pulso de la patria en todos los momentos y en todos los hombres en que parece haberse intensificado; pedir a la brutalidad de los hechos un sentido espiritual; descubrir la misión del *hombre mexicano* en la tierra, interrogando pertinazmente a todos los fantasmas y las piedras de nuestras tumbas y monumentos.[10]

Este proyecto, sin embargo, Reyes no lo llevó a cabo: será a Carlos Fuentes a quien le corresponda continuarlo. Sobre los cimientos que Reyes levantó bajo la divisa: "en busca del alma nacional", Fuentes logrará edificar, sin maniqueísmos, la más sólida y bella arquitectura en toda su obra literaria: "Somos indios, somos españoles y somos mestizos. Pero a través de España somos mediterráneos; y ser mediterráneo es ser griego, es ser fenicio, es ser romano y, sobre todo, es ser árabe y judío. Y además, el elemento negro, que no hay que olvidarlo. Hay una etnia negra en México también. Somos el resultado de todo eso", ha dicho Carlos Fuentes, de diferentes maneras, desde *Los días enmascarados* (1954) hasta *Valiente mundo nuevo* (1990), *El espejo enterrado* (1992), *El naranjo o los círculos del tiempo* (1993) y *Geografía de la novela* (1993).[11]

El reconocimiento que Fuentes ha hecho sobre la obra de Reyes se ha expresado en diversas ocasiones: "... puedo afirmar que mi primer contacto con la literatura fue sentarme en las rodillas de don Alfonso", repite con orgullo. Fue una de sus primeras afirmaciones al recibir el "Premio Internacional Alfonso Reyes", en 1979. En el tono de su discurso se manifiesta una profunda admiración por el maestro y muestra hasa qué punto, en vida, se dió una estrecha relación entre ellos: ambos unidos por un destino común, la literatura y su pasión por México. Recordando los fines de semana en que invariablemente viajaba de la ciudad de México a Cuernavaca para encontrarse con don Alfonso, Fuentes dice: "fue Reyes quien decidió mi vocación de escritor ... Él me enseñó a leer a Stendhal y Galdós, a Chesterton y Sterne. Después de las discusiones literarias me invitaba a ir al cine sin importarle la película que proyectasen. Decía que el cine es la épica de nuestro tiempo: todo se sabe por anticipado y éste es su deleite".[12] Al reconocer la dimensión profunda y la honda huella que le transmitió la visión universalista de Reyes, afirma:

---

[9] Alfonso Reyes, "Historia documental de mis libros (1955-1959)", en *Obras completas*, 178.
[10] Cita tomada de Martín Solares, "La identidad y el agua. Entrevista con Carlos Fuentes", en *La Jornada Semanal* 222 (12 de setiembre de 1993) 19.
[11] "Palabra del escritor Carlos Fuentes ganador del Premio Internacional Alfonso Reyes 1979", en *Boletín Capilla Alfonsina* 34 (enero-diciembre de 1979) 9. Como se sabe, el cine fue otra pasión temprana de Reyes, quien comenzó haciendo crítica de cine desde su época madrileña.
[12] "Palabra del escritor ..."

Comprendí cerca de Reyes la dimensión de su tarea. Este hombre supo ser en todo momento mexicano, latinoamericano y universal sin sacrificio de ninguno de los dos términos, sino potenciándolos todos al parejo, seguro como estaba que la vocación de nuestra cultura no podía realizarse en un aislamiento debilitador, sino mediante una suprema afirmación de nuestros valores en contacto constante con una herencia que es nuestra por derecho: la del mundo occidental y, en particular, mediterráneo.[13]

En otro texto reciente, que en esencia recoge el espíritu que animaba un escrito temprano de 1950, en el que Fuentes entrevistó a Reyes acerca del cine mexicano y en el que el maestro afirmaba: "Sí, México debe comprender el valor nacionalista del cine", Fuentes vuelve a los recuerdos de toda la vida en su relación con Reyes. Su visión corrobora la lección fundamental que de él aprende: integridad por México en su dimensión universalista: "A mí me enseñó que la cultura tenía una sonrisa; que la tradición intelectual del mundo entero era nuestra por derecho propio y que la literatura mexicana era importante por ser literatura y no por ser mexicano".[14]

Al abordar esta cuestión, quizás se esté llegando a uno de los problemas más vulnerables en la vida de Reyes. Es ampliamente conocida la defensa que se ve obligado a hacer Reyes de sí cuando Héctor Pérez Martínez, en un artículo que apareció en el *El Nacional* el 7 de mayo de 1937, apreciaba una "evidente desvinculación de México" en *Monterrey*, periódico literario con el que Reyes mantenía relación con sus amigos. La respuesta de Reyes, en "A vuelta de correo" es inmediata y muy dolida, constituye un auténtico alegato digno de los mejores tribunales donde se ofrecen pruebas irrefutables. ¿Que no me he ocupado de México durante estos casi veinte años que llevo fuera del país? parece preguntarse Reyes para contestar en seguida: "En todo este tiempo he publicado muchos libros de prosa y unos pocos de versos. Quien tuviera la paciencia de examinarlos, fácilmente se convencería de que no hay uno solo en que no aparezcan el recuerdo, la preocupación o la discusión directa del tema mexicano".[15]

Una síntesis de algunas ideas de este importante testimonio que años después incorporaría a su libro *La x en la frente*, junto con otros escritos sobre el mismo tema, como el de "Los dos augures (arranque de novela)", única pieza de este tipo cuyo valor lo constituye la enteraza de los personajes y su amor por México en un medio parisino,[16] bien vale que se intente, sobre todo si se tiene en cuenta que México y lo mexicano es un eje central en la obra de Reyes: "... si puedo, algún día escribiré una historia de la idea nacional en México, en que diré mis más profundas verdades sobre la situación de México en el

---

[13] Carlos Fuentes Macías, "Alfonso Reyes, un espectador de calidad, habla de cine", en "Alfonso Reyes desde tres perspectivas", selección, notas y recopilación de Miguel Capistrán, *Sábado* 611 (17 de junio de 1989) 3. (Es reproducción del que apareció en *Hoy* 675 [28 de enero de 1950] 45).
[14] Carlos Fuentes, "Recuerdo de Alfonso Reyes", en *La Gaceta del Fondo de Cultura Económica*, Nueva Época 220 (abril de 1989) 35.
[15] Alfonso Reyes, "A vuelta de correo", en *Obras completas* VIII (México: Fondo de Cultura Económica, 1958) 428.
[16] Alfonso Reyes, *La x en la frente (Algunas páginas sobre México)* (México: Porrúa, 1952). "Los dos augures (arranque de novela) ya había sido publicados en *Verdad y mentira* (Madrid: Cándido Aguilar, 1950) 225-84.

mundo ..." le escribía a Martín Luis Guzmán en una carta fechada en París el 12 de marzo de 1914,[17] de manera que cuando Reyes se entera de la noticia no hace sino abrir aun más una herida muy sensible en su vida. Sólo así se explica su reacción inmediata: como una necesidad de limpiar la honra le entra la urgencia por aclarar este "equívoco".

Los argumentos que utiliza para mostrar y demostrar su profundo compromiso con México son de dos tipos: no sólo se encuentran en su ser como escritor y la actividades que realizaba para poner el nombre de México, por ejemplo, en las mejores revistas del mundo, procurando dondequiera contactos a la literatura mexicana; sino que se encuentran además en la naturaleza de su función diplomática: ¿cómo podría el representante diplomático "desvincularse aunque quisiera, si pensar y tratar de México es su cuidado y su norma, es su oficio, es su honor?"[18] Reyes, que se declara contra quienes "ignorando los altos intereses nacionales, se encierran, aíslan y enquistan en pequeñas luchas de campanario", se rehúsa a erigirse en censor y maestro de la literatura mexicana, pues para ello se necesita "haber realizado una honda obra de cimentación... tal situación —expone— es un mérito que se gana". Sin embargo, como humildes muestras probatorias de su continua atención para la realidad mexicana menciona sus más recientes (en aquel entonces) obras relacionadas con este tema: "Tal el *Juan Peña*, tal el diálogo de *Los dos augures* ... Tal el *Discurso por Virgilio*, que escribí atendiendo a un llamado genuinamente nacional", nos dice la propia expresión de Reyes.[19]

En fin, muchos otros puntos sustanciosos se encuentran en este valioso escrito, en el que Reyes entiende —como lo entenderá posteriormente Fuentes— que hablar "de nuestra América ... es también referirse a México, pues las cosas mexicanas ... no son tan específicamente mexicanas que resulten ajenas al resto de nuestras repúblicas, y siempre será lícito considerar a México como un caso agudo y expresivo de la cuestón americana".[20] Éste es el marco de su *credo* humanístico que repetirá con fuerza en "Notas sobre la inteligencia americana", texto que presentó en la 7ª Conversación del Instituto Internacional de Cooperación Intelectual, en Buenos Aires, en 1936: "Tengo la impresión de que con el pretexto de América, no hago más que cosquillear al paso algunos temas universales", dijo en aquella ocasión.[21] Esta idea no era sino el eco de lo que de manera categórica había asentado en "A vuelta de correo":

---

[17] Martín Luis Guzmán/Alfonso Reyes, *Medias palabras. Correspondencia 1913-1959*, edición, prólogo (epistolar), notas y apéndice documental de Fernando Curiel (México: UNAM, 1991) 84. Esta carta ya había sido publicada en Louis Panabière, *Contribution à l'Étude de L'Ateneo de la Juventud. Affinités intellectuelles. Divergences idéologiques*, tomo 1, thèse de 3e cycle, (Montpellier, 1975) 191-92.
[18] Alfonso Reyes, "A vuelta de correo" 430.
[19] Alfonso Reyes, "A vuelta de correo" 431.
[20] Alfonso Reyes, "A vuelta de correo" 434.
[21] Alfonso Reyes, "Notas sobre la inteligencia americana", en *Sur* (Buenos Aires, setiembre de 1936) 7. *Entretiens Europe-Amérique Latine* (París: Institut International de Coopération Intellectuelle, 1936) es el texto que en francés recoge los resultados completos de este encuentro entre diversos intelectuales europeos con intelectuales latinoamericanos. Reyes fue el encargado de hacer la presentación inicial por la parte de América Latina. Su intervención se recogió en las páginas 12-19. Se encuentra después de la de M. Georges Duhamel, quien intervino a nombre de Europa.

... reconozcamos que para ser buen hijo de México, tampoco es fuerza invocar el nombre de la patria desde el aperitivo hasta los postres, costumbre que algunos cultivan y no pasa de una lamentable afectación, tan buena para conducir derecho a la esterilidad como todos los exhibicionismos. ¡Señores: un poco de pudor en los amores más entrañables! No: nadie ha prohibido a mis paisanos —y no consentiré que a mí nadie me lo prohiba— el interés por cuantas cosas interesan a la humanidad.[22]

Adolfo Castañón ha dicho que "Reyes es en cierto modo el padre de la literatura mexicana".[23] El que Carlos Fuentes continúe en *Aura* (1962) con la atmósfera y la temática del doble y la identidad que Reyes inició cincuenta años antes en su cuento "La cena", de 1912, primero de los del *Plano oblicuo*, no hace sino confirmar tal afirmación y nuestra hipótesis de que en Alfonso Reyes y Carlos Fuentes se da un concierto en grata compañía (por supuesto apropiándonos de uno de los múltiples títulos de Reyes y pensando que ellos son los músicos mayores de una prestigiada orquesta).

Quizás una nota discordante en este concierto, que no afecta el fondo de la armonía lograda entre estos dos grandes escritores, la constituya la situación que generó la publicación de la primera novela de Fuentes, en 1958. Como se sabe, Fuentes tomó el título de esta obra del primer epígrafe de Reyes que aparece en *Visión de Anáhuac (1519)*: "Viajero, has llegado a la región más transparente del aire".[24] En consulta reciente, en la Capilla Alfonsina, del epistolario cruzado entre Reyes y Fuentes me encontré con dos cartas cuyo contenido contrasta: una está fechada el 19 de mayo de 1958, en ella Reyes se muestra muy contento y entusiasta con la novela de Fuentes, lo elogia, le proporciona material y con un tono exageradamente cariñoso se despide nombrándose "tu viejo padrino". Dada la brevedad, se reproduce completa:

Mi querido Carlos:
Tú, que has demostrado poseer una mirada de águila que acierta a ver sin miedo todas las extravagancias y fantasías cotidianas, le hallarás seguramente sabor a la noticia del anexo recorte que bien podría figurar en tu enjundiosa y palpitante novela.
Por lo cual te envía un estrecho y caluroso abrazo, tu viejo padrino.
Alfonso Reyes[25]

La otra carta, en cambio, ofrece una imagen poco frecuente en don Alfonso. Está fechada el 5 de enero de 1959, año en el que Fuentes publica un texto poco reverente y que es colocado sobre una caricatura un tanto desacralizadora del maestro. ¿Signo de alguna ruptura entre ellos? Sería temerario afirmarlo, pues forma parte de un conjunto de "burlas literarias" con que la *Revista de la Universidad* rindió homenaje a Reyes al cumplir 70 años. La carta de Reyes, sin embargo, se expresa en un tono enérgico y se adivina molesto.

---

[22] Alfonso Reyes, "A vuelta de correo" 438.
[23] Adolfo Castañón 487.
[24] Alfonso Reyes, *Visión de Anáhuac (1519)*, en *Obras completas* II (México: Fondo de Cultura Económica, 1956) 13.
[25] Agradezco las facilidades proporcionadas por la Directora de la Biblioteca Museo Capilla Alfonsina, Sra. Alicia Reyes, para consultar los materiales que aquí se citan con su autorización.

Trata sobre las circunstancias que rodearon la publicación de *La región más transparente*. Reyes corrige a Fuentes, le hace algunas precisiones e incluso se muestra inconforme con haberle autorizado a utilizar la frase de su epígrafe:

> No voy a negarte que si yo hubiera conocido el carácter de tu novela cuando me pediste permiso de bautizarla con mis palabras, hubiera dudado en concedértelo, pues siempre hay lectores y críticos malévolos que pueden atribuirte el deseo de lanzarme un sarcasmo; y, sobre todo, yo hubiera preferido que no empañaras mi frase, aplicándola a un objeto tan turbio.

Fuera de este incidente, para Fuentes "[l]a *Paideia* de Reyes consiste en un proyecto cultural a largo plazo en el que la cultura sea equivalente a democracia activa".[26] Reyes contestará en este concierto de voces: "... un vistazo diario al reino de la cultura, desde nuestra humilde ventanita, nos libertará de accidentes y desgracias".

Dadas las condiciones críticas que se viven actualmente en México, concluiré con las palabras de Fuentes sobre la imponente imagen del pensamiento de Reyes:

> Sobre el enorme muro mexicano del crimen, la inepcia y la corrupción, Alfonso Reyes escribió para siempre las palabras ejemplares de un encuentro: el de la responsabilidad personal de un escritor libre y el de la responsabilidad común de un pueblo que, milagrosamente, ha mantenido la esperanza en medio del fatalismo y la explotación que le han impuesto demasiados hombres crueles, cobardes y necios.[27]

En estos momentos, que en México impera una situación de violencia soterrada o manifiesta, el mensaje de Reyes como el de Fuentes, en grata compañía, se eleva como símbolo de la más alta conciencia humana.

---

[26] Carlos Fuentes, "Alfonso Reyes", en *Presencia de Alfonso Reyes. Homenaje en el X aniversario de su muerte 1959-1969* (México: Fondo de Cultura Económica, 1969) 27.
[27] Carlos Fuentes 28.

La (nueva) novela histórica mexicana, 1988-93: la re-escritura del pasado como discurso de la modernidad

Francisco R. Álvarez

Francisco Álvarez nació en los EE.UU., hizo la maestría en la San Diego State University y se doctoró en la Universidad de California, Irvine; ahora es profesor en la Bowling Green State University, Ohio. Ya ha publicado artículos sobre la autobiografía chicana y la novelística de David Sánchez Juliao; en preparación tiene uno titulado "A la sombra de los (neo)liberalismos en flor: discursos para entrar en la modernidad en el México de Salinas de Gortari"

La novela histórica hispanoamericana contemporánea ha alcanzado un notable éxito tanto crítico como comercial: a nivel continental, se ha llevado tres de los premios Rómulo Gallegos (*Terra Nostra*, *Los perros del Paraíso* y *La visita en el tiempo* del venezolano Uslar Pietri, quien además recibió el Premio Príncipe de Asturias en 1990).[1] En México, además del reconocimiento otorgado a *Noticias del imperio*,[2] *Maluco*, del uruguayo Napoleón Baccino Ponce de León, recibió el Premio Latinoamericano de Narrativa (1990) de la Editorial Planeta (además de haber obtenido el Premio Casa de las Américas el año anterior); *Memorias del Nuevo Mundo*, de Homero Aridjis, se adjudicó el Premio Literario Novedades y Diana (1987-88); *El México de Egerton*, de Mario Moya Palencia (ex-Secretario de Gobernación), y *La campaña* de Fuentes figuraron entre los libros más vendidos de 1991; *La lejanía del tesoro* de Paco Ignacio Taibo II ganó el Premio Planeta/Joaquín Mortiz de 1992 y alcanzó una edición de 50,000 ejemplares, etc. Todo esto sin contar las ventas sin precedentes de dos novelas que exploran el pasado revolucionario desde una perspectiva doméstica: *Arráncame la vida* (1986) de Ángeles Mastretta y *Como agua para chocolate* (1989) de Laura Esquivel.[3] Además del aliciente que significaron los premios mencionados, otras causas que contribuyeron a la explosión novelística fueron:

1) el Quincentenario del Descubrimiento, lo cual llevó a la revisión de 500 años de historia, pero favoreciendo ahora la perspectiva de los vencidos y mostrando los abusos y debilidades de los héroes de antaño;

---

[1] Si bien el término "novela historiográfica" —novela en la que se (re)escribe la historia— nos parece más descriptivo y circunscrito que "novela (o ficción) histórica", utilizamos éste por ser el de mayor vigencia en la terminología crítica actual.
[2] Véanse, por ejemplo, las reseñas de Fabienne Bradu ("una novela cabal" [48] de "inusual fuerza narrativa" [50]), Dante Medina ("una novela capital en las letras escritas en español ... una Obra Maestra" [57] y José Emilio Pacheco ("obra de mucho riesgo, talento y ambición" [50]).
[3] Para noviembre de 1992, *Como agua para chocolate* estaba en su 16ª reimpresión, dato que resulta aun más impresionante si consideramos que el tiraje fue de 25,000 ejemplares.

2) la crisis política y económica de los ochenta (la llamada década perdida) resultó en ciertos casos en manifestaciones escapistas del género; es decir, en novelas que permitían, dentro de lo posible, escapar de la realidad y problemas cotidianos (Menton 28-29).

A la par que en el resto de Latinoamérica, uno de los fenómenos más sobresalientes de la literatura mexicana contemporánea ha sido también el auge de la novela histórica. Autores tan diversos camo Aridjis, Brianda Domecq, Carmen Boullosa, Fernando del Paso, Carlos Fuentes, Herminio Martínez, Julián Meza, Ignacio Solares, Paco Ignacio Taibo II e incluso algunos de la generación post-Tlatelolco (p.e., Guillermo Arriaga y Eugenio Partida), han emprendido la tarea de dar forma novelesca al pasado mexicano. La distorsión y la parodia de los "hechos" históricos, la desmitificación de los héroes nacionales, la crítica de las versiones oficiales de la historia y la re-escritura de ellas son elementos afines a la mayoría de los textos de este *corpus*.

LA NUEVA NOVELA HISTÓRICA Y LAS (META)FICCIONES HISTORIOGRÁFICAS DE LA POSMODERNIDAD: SU PERIODIZACIÓN EN EL CASO DE MÉXICO

Georg Lukács, sin duda el teórico más reconocido de la novela histórica, postulaba que ésta debía dar forma "a la totalidad de la vida nacional" (53) y que también debía captar "la unidad del espíritu popular ... [a través de una] profunda comprensión de la autenticidad histórica" (54). Dichas nociones remiten tanto a una subyacente e ingenua conceptualización del valor referencial del lenguaje como a una asunción poco crítica de la capacidad del novelista para captar y desentrañar lo real. La opacidad de lo real, acentuada por la no inmediatez del pasado y por el tener que recurrir por lo tanto a otros textos o visiones ya condicionadas y fragmentadas del evento histórico, ha sido afirmada por las estéticas posmodernistas y por la crítica posestructuralista del discurso historiográfico (y de la ficción), los cuales la han asumido como punto clave de un cuestionamiento epistemológico de todo discurso narrativo. Sin bien en Lukács se pasa por alto dicho cuestionamiento y se asume la transparencia del pasado histórico —reduciendo así la problemática de la novela histórica a la mayor o menor habilidad del autor para representar lo real en su auténtica y total historicidad— no sucede lo mismo con la mayoría de los novelistas mexicanos mencionados. De hecho, tanto la denominada "nueva novela histórica latinoamericana", como las metaficciones historiográficas de Occidente (Hutcheon 105-23), rompen precisamente con esa pretensión de fidelidad al evento, documento o texto histórico.[4]

Las definiciones y re-evaluaciones más recientes del género coinciden en su señalamiento de una transformación epistemológica que abarca tanto la ficción historiográfica europea y norteamericana como la escrita en Latinoamérica. Así, en términos generales, se concluye que la novela histórica en diversos ámbitos nacionales parece reflejar un cambio de la conciencia histórica contemporánea.[5] En México, la ya establecida tradición

---

[4] Sobre la denominada "nueva novela histórica latinoamericana" que surge en la década de los ochenta, consúltese los estudios de Fernando Ainsa, Alexis Márquez Rodríguez, Seymour Menton y Elzbieta Sklodowska.

[5] En *Latin America's New Historical Novel*, Menton considera que se ha producido un quiebre estilístico y epistemológico en el género, por lo cual es posible identificar un subgénero que se

del género empieza a mostrar las raíces de dicha transformación en tres textos publicados entre 1959 y 1965: *El rey viejo* (1959) de Fernando Benítez, *Los recuerdos del porvenir* (1963) de Elena Garro y *Los relámpagos de agosto* (1965) de Jorge Ibargüengoitia. En particular, la visión paródica de la última anticipa el cuestionamiento de los géneros y la retórica sancionados por los medios oficiales (la novela de la Revolución Mexicana).

Sin embargo, preferimos recurrir a *Terra Nostra* (1975) —una novela enciclopédica concebida por su autor como texto fundacional— como punto de partida de nuestro estudio. Hay por lo menos dos razones de peso: primero, en los ocho años que transcurren entre la publicación del texto de Ibargüengoitia y el de Fuentes sólo se publican dos o tres novelas históricas, así que no se podría afirmar que *Los relámpagos de agosto* haya reactivado el interés por el pasado entre los novelistas mexicanos. Segundo, aunque de momento sólo a nivel de hipótesis, dada la fractura de la imagen del Estado mexicano moderno a partir de Tlatelolco y, dado que después del sexenio echeverrista se inicia un proyecto modernizador neoliberal que ha alcanzado el cenit con el régimen de Salinas de Gortari, cabe preguntarse entonces si la crítica del Estado mexicano y la "disputa por la nación" (en términos de los economistas Rolando Cordera y Carlos Tello) se manifiestan en la novela histórica mexicana. Si antes ésta ha predominado en tiempos de crisis institucional —como lo fueron tanto los años de consolidación de la República liberal como los de la inestabilidad post-revolucionaria (1918-24) en que se escribieron los textos preciocistas de los colonialistas— no deben entonces sorprendernos su éxito y proliferación en el marco de una sociedad que, a partir del '68, ha enfrentado una prolongada crisis de legitimización de sus modelos sociopolíticos y económicos. Finalmente, resultaría absurdo que desdeñáramos *Terra Nostra* (1975) como punto de partida cuando críticos de tan diversa orientación ideológica como Ángel Rama y Seymour Menton han coincidido en su reconocimiento de la importancia de dicho texto. *Terra Nostra* es, sin duda, la primera novela histórica mexicana en que adquiere gran relevancia la presentación de una filosofía de la historia.[6]

---

distingue del conjunto previo (de los textos que a lo largo del siglo XIX y primera mitad del XX se habían ajustado al modelo clásico iniciado por Walter Scott y sancionado por Lukács) (22-25). En términos más generales, Octavio Paz ha señalado —en *Los hijos del limo* (1974) y más recientemente en *La otra voz* (1990)— la crisis e inconsistencia de la concepción moderna de la historia como progreso ("su quiebra revela una fractura en el centro mismo de la conciencia contemporánea: la modernidad empieza a perder la fe en sí misma" [*Los hijos* 212]). Por su parte, Leopoldo Zea menciona la crisis del sentido de la historia occidental, es decir, "de una historia que venía descansando sobre la teoría de un progreso infinito y, de acuerdo con ella[,] del paso de la barbarie a la civilización" (125). Nos hallamos, según Zea, ante una crisis del sentido hegeliano de la historia, crisis de la noción del "progreso infinito cuyo sentido e historia relata Hegel" (126-27), así como de "la interpretación que de la historia hizo el mundo occidental al expandirse sobre el resto del mundo" (133). Es posible postular también que las nociones críticas de la historiografía se han dado no sólo como discursos de la posmodernidad (p.e., la *débâcle* de los Grandes Relatos/Narrativas descrita por Lyotard) sino que han sido constitutivas de la conciencia moderna, si bien en mucho menor grado —piénsese en Voltaire ("History consists of a series of accumulated imaginative inventions") o en Schopenhauer ("Clio, the muse of history, is as thoroughly infected with lies as a street whore with syphilis").

[6] Cito tan sólo un ejemplo de dicha visión: "Seamos razonables, Guzmán, y preguntémonos por qué hemos aceptado como verídicos sólo una serie de hechos cuando sabemos que esos hechos no eran singulares, sino comunes, corrientes, multiplicables hasta el infinito en una serie de tramas repetidas hasta el cansancio" (*Terra Nostra* 199).

De hecho, autores como el mismo Fuentes se muestran conscientes de la vocación historiográfica asumida por "la más nueva novela hispanoamericana," en la cual se ve:

> una afirmación del poder de la ficción para decir algo que pocos historiadores son capaces de formular: el pasado no ha concluido; el pasado tiene que ser reinventado a cada momento para que no se nos fosilice entre las manos. (*Valiente mundo nuevo* 23)

Entre los historiadores, Leopoldo Zea comparte dicha visión del quehacer historiográfico latinoamericano ya que, dada la marginalidad de la América Latina en la filosofía de la historia occidental (p.e. en Hegel), su historia y su filosofía de la historia se ven obligadas a adquirir "sentido precisamente a partir de la toma de conciencia de esta situación [de marginalidad]" (109).

Si en Europa occidental y los Estados Unidos la caída del muro de Berlín y la desintegración de la Unión Soviética provocaron que se celebrase el "fin de la historia", *no es tal el caso* de México y de toda América Latina, conglomerado de naciones que están todavía a la búsqueda de planes globales de desarrollo que las lleven a alcanzar la modernidad, modernidad a cuyo banquete —parafraseando a Alfonso Reyes— se ha llegado tarde y cuyos frutos, a la manera de Tántalo, tan sólo han parecido estar a su alcance o, en el mejor de los casos, al alcance de unos pocos. El susodicho fin de la historia presupone el triunfo de la Razón hegeliana encarnada ahora en las bondades del sistema capitalista, triunfo que deberá reflejarse, tal como lo conciben los Francis Fukuyama y los neoliberales de hoy, en un estado utópico de gobiernos rectores (sin los aparatos burocráticos del *welfare state*) y de economías regidas por la lógica de los mercados globales.

Frente y a la par del auge de la ideología (neo)liberal y de las visiones desarrollistas, las novelas historiográficas contemporáneas más significativas ofrecen una reinterpretación de los eventos, protagonistas y males de antaño para tratar de evitar que, como en el famoso *dictum* de Marx, la historia americana sea la repetición fársica e inacabable de las tragedias del pasado. Mientras que en una "Nota" del autor que aparece al final de *La noche de Ángeles* (1991), Ignacio Solares aventura que quizá tengamos que concebir la historia "más como un gran sueño que como una maquinaria exacta" (188), Carlos Fuentes, por su parte, le asigna a la narrativa no sólo el papel de "crear una segunda historia, tan válida o más que la primera" (*Valiente* 27), sino también el de ser depositaria y guardiana del ideario histórico y simbólico-cultural hispanoamericano. Cabe mencionarse que dicha disposición historiográfica de la novela y los novelistas no es característica tan sólo de nuestra época sino que de hecho ya se encuentra presente en las Crónicas, por lo que no debe sorprendernos que al acercarse 1992 varios de los novelistas mexicanos se hayan volcado sobre las épocas del Descubrimiento y de la Conquista en busca de temas y modelos.[7] Sin embargo, la fascinación por el pasado no se ha limitado a los desmanes de los conquistadores (*Diario maldito de Nuño de Guzmán, La huella del conejo*) sino que

---

[7] Para Enrique Pupo-Walker, las crónicas de Indias son textos precursores de una nueva visión de la praxis histórica, visión en que se rebasa el discurso informativo o literal para asignarle igual importancia como testimonio cultural a los elementos creativos (literarios, legendarios y mitológicos) (12, 19). Resume Pupo-Walker: "la percepción imaginaria del pasado se incorporó como un valor integral en el marco historiográfico y literario del Nuevo Mundo" (49).

abarca también las andanzas y desventuras de caudillos y gobernantes (Maximiliano y Juárez en *Noticias del imperio* y *La lejanía del tesoro*, Carranza, Madero, Villa, Obregón, etc.), las rebeliones de grupos oprimidos (*A la voz del Rey*, *La insólita historia de la Santa de Cabora*), la expropiación petrolera de 1938 (*Quemar los pozos*), las envidias y disputas que caracterizan el ámbito intelectual mexicano (*En defensa de la envidia*), etc.

La novela como discurso del devenir histórico: hacia una tipología (im)posible

Además de una serie de rasgos literarios (la metaficción, la intertextualidad, lo dialógico, etc.), Seymour Menton destaca en *Latin America's New Historical Novel* la gran variedad de modalidades adoptadas por la Nueva Novela Histórica: desde las que cubren varios períodos históricos o un período muy amplio hasta las que se concentran en un evento específico; desde las autobiografías ficticias y las novelas detectivescas, con su único o pocos protagonista(s), hasta los textos enciclopédicos (22-25). Debe resultar obvio que ante un conjunto novelístico tan extenso y tan variado es quizá vano afán tratar de formular taxonomías o tipologías totalizantes del género. De hecho, críticos como Linda Hutcheon se refieren, bajo el rubro de "metaficciones historiográficas", tan sólo a aquéllas que, a pesar de reflejar la desconfianza posmodernista ante las epistemologías empíricas y positivistas y aun cuando problematizan la naturaleza del conocimiento histórico, también revelan y desestabilizan sus fundamentos en cuanto textos literarios (105-23).

Julio Ortega nos recuerda en *Crítica de la identidad* —un estudio sobre los vínculos entre poder, proyectos nacionales y discursos críticos en el contexto de la historia y la literatura peruanas— la importancia de no pasar por alto la relación entre el discurso literario hispanoamericano y la formulación de la identidad; formulación que incluye, por supuesto, modelos para la comprensión de la historia. Tan acertados conceptos deberán servirnos de punto de partida para concebir la novela histórica mexicana (al igual que la latinoamericana) y sus transformaciones más recientes en términos más amplios que los rigurosamente estilístico-literarios. Es decir, dichos textos literario-historiográficos deben considerarse como una manifestación más de un discurso cultural que es y ha sido, en esencia, un discurso del devenir histórico.

Tomando en cuenta lo anterior, proponemos tres parámetros que, en base a las nociones del pasado o del "hecho" y de los agentes históricos y su re-escritura en el texto de ficción, pueden ayudar a distinguir las llamadas nuevas novelas históricas (o novelas históricas posmodernas, si se prefiere) de las que aún parecen conservar cierta fe en los discursos historiográficos que les sirven de pre- o intertexto. La amplia producción que ha resultado de la articulación de la conciencia histórica y el discurso novelístico mexicano de los últimos seis años (véase el Apéndice) nos proveerá de instancias que permitan ilustrar como se formula, en el México contemporáneo, la crítica del poder, de los mitos nacionales y de la historiografía oficial.

Un (obvio) primer criterio lo conforma el grado de historicidad del texto novelístico, o sea, qué tan fieles son a los "hechos" o documentos históricos. En un lado del espectro tenemos novelas que incorporan extensamente las fuentes existentes; se valen de ellas para acentuar su veracidad. Entre los ejemplos más extremos se encuentran *El secuestro de William Jenkins* (con sus 21 páginas de notas y tres más de referencias bibliográficas que documentan los asertos del autor) así como *A la voz del Rey*, del historiador Jean Meyer, texto que además de ostentar el subtítulo "Una historia verídica", hila su narración mediante el empleo de gran número de documentos del Archivo de Indias. Precisamente al final de su novela, Meyer asegura: "Todo es cierto: fechas, lugares, personajes, y todo está fundamentado en documentos históricos" (131). De esta forma la novela asume literal y muy explícitamente la función de archivo o repositorio del pasado y de los textos historiográficos.

Un caso intermedio lo encontramos al final de *La lejanía del tesoro* (1992), novela de Paco Ignacio Taibo II que se cierra con un "Epílogo para ilustrados, curiosos y especialistas; del cual el lector común puede prescindir sin problemas". En él, Taibo no sólo reconoce desdibujar los límites entre historia y ficción sino también que falsea o recompone la historia del México del siglo XIX por falta de ciertos documentos:

> No era suficiente este material para mis intenciones, por lo que hube de apelar a la tijera diacrónica. (309)
> Esta labor implicó la creación de frecuentes y voluntarias ucronías, haciéndole recitar a [Guillermo] Prieto en el 63 un poema que escribiría en la década de los 70, o poniendo en su boca reflexiones hechas 15 años antes o 20 después de los hechos narrados.
> Si esta historia tiene alguna característica como historia, es la infidelidad al detalle en la búsqueda de la fidelidad al ambiente y a la creación de personajes. (311)

En el otro extremo del espectro tenemos las "autobiografías hipócritas" o apócrifas que tratan del Descubrimiento y de la Conquista: *Diario maldito de Nuño de Guzmán, Las puertas del mundo* o *Son vacas, somos puercos*. En éstas priva la (re-)elaboración de sus autores y, de hecho, novelistas como Herminio Martínez, Julián Meza y Carmen Boullosa prueban que se ha superado ya la tiranía del código mimético al que aludía la crítica Ursula Brumm —el que requería la sumisión de los autores a "las realidades dadas de la historia" y, por lo tanto, no sólo a admitir la inviolabilidad del texto historiográfico sino incluso a privilegiarlo en el *locus* de la ficción. *La huella del conejo* (1991), primera novela de Julián Meza, es quizá el texto que más libertades se toma al re-escribir la historia latinoamericana, la cual tergiversa, arma y desarma a su antojo. El siglo XVI es en realidad, como ha señalado con acierto uno de sus críticos, "un pretexto" para pervertir o "destruir" la historia al someterla a la imaginación novelesca. Por su parte, la segunda novela histórica publicada por Herminio Martínez, *Las puertas del mundo: una autobiografía hipócrita del Almirante* (1992), no pretende ser un testimonio fidedigno. Por el contrario, como lo anuncia el subtítulo, el texto de Martínez se esfuerza en romper con la pretensión de narrar una vida verdadera. Así, el Colón-narrador de *Las puertas* rompe con el contrato autobiográfico al admitir que es "ficcionero" (dado a contar ficciones). Si a lo anterior se agrega una caracterización anti-hagiográfica del Almirante así como todo un catálogo de las fantásticas maravillas "vistas" por él (un perro de dos cabezas que dialoga consigo mismo, pájaros que ponen huevos cuadrados, un hombrecito del tamaño de un dedo índice, un ser mitad cabra y mitad hombre, etc.), resulta obvio que se provocará la desconfianza de los lectores; desconfianza que, podemos suponer, se hará extensiva al *Diario* y a otros textos escritos por y sobre Colón.

En segundo término, aunque todavía en relación con el punto anterior, también es posible diferenciar en base al respeto que la versión novelada le guarda a una concepción de la historia como sucesión de eventos discretos y períodos y causas bien definidos. Los textos enciclopédicos como *Noticias del imperio* (o *Terra Nostra*) tienden a presentar los procesos históricos (y su escritura) como algo abierto no sólo al pasado sino también al presente, al igual que a una multiplicidad de interpretaciones —entre otros, cabe aquí recordar a Hayden White y Paul Ricoeur y su acertada caracterización de la historiografía como una forma narrativa más.

En otras palabras, la validez epistemológica de la ficción es comparable a la de la historia (proceso[s]) al igual que a la de sus explicaciones causales (historiografía) o especulativas (filosofía de la historia). De ahí el empleo deliberado de anacronismos históricos y lingüísticos, el privilegio de lo literario como fuente que implica la re-escritura de textos tales como las obras teatrales de Usigli (sobre Carlota) y Garro (sobre el general Felipe Ángeles), el relato de un filibustero holandés del siglo XVII (en *Son vacas, somos puercos*, de Boullosa).[8] Al respecto, escribe Fernando del Paso en *Noticias del imperio*:

> uno podrá siempre —talento mediante— hacer a un lado la historia y, a partir de un hecho o de unos personajes históricos, construir un mundo novelístico o dramático autosuficiente. La alegoría, el absurdo, la farsa, son posibilidades de realización de ese mundo: todo está permitido en la literatura que no pretende ceñirse a la historia. (641)

Contrastan con los textos enciclopédicos aquéllos que podríamos denominar novelas de "la pequeña historia" o "la historia inconsecuente": se distinguen tanto por aceptar una concepción de la historia como serie (lineal y discreta) de eventos y, en consecuencia, por no elaborar una filosofía de la historia o una crítica de la historiografía propiamente dichas sino más bien por sacar a la luz eventos marginales o periféricos —lo cual ya supone en sí, debemos admitir, cierta dosis de insatisfacción respecto a la forma en que se ha escrito el pasado. Temáticamente, se nos ofrece el secuestro sin mayores consecuencias de un cónsul norteamericano en 1919 (*El secuestro de William Jenkins*, de Rafael Ruiz Harrell) o, bien, la agria disputa por una cocinera entre dos escritores de renombre (Alfonso Reyes y Salvador Novo en *En defensa de la envidia*, de Sealtiel Alatriste). Gracias a la influencia del feminismo, Brianda Domecq ha rescatado la figura de Teresita Urrea, la Santa de Cabora; y, gracias al afán de revalorar la importancia de ciertas épocas del pasado mexicano, se ha novelado también un levantamiento de indios nayaritas a principios del siglo XIX.

Un tercer criterio diferenciador —aplicable, por cierto, a la gran mayoría de las novelas mencionadas— es la forma en que se asume la conjunción de historia, poder e ideología, en particular en el tratamiento de los héroes del panteón nacional. Mientras que se le debe a Jorge Ibargüengoitia el inicio de una tradición irreverente y desmitificadora cuyos primeros blancos fueron el padre Hidalgo y los caudillos Obregón y Calles, los autores más recientes nos divierten al desmitificar a Colón, Zumárraga, Benito Juárez, Pancho Villa, Alfonso

---

[8] En cuanto a los anacronismos, *La lejanía del tesoro* se lleva la palma con el bombardeo aéreo (no de proyectiles, sino de mierda) que sufre el ejército francés que invade México en 1862 —episodio que Taibo II transplanta de *No habrá más penas ni olvido*, novela del argentino Osvaldo Soriano.

Reyes, etc. Por otra parte, debe hacerse notar que *también* hay novelistas que, al alabar en sus textos a éstos u otros de los grandes personajes de la historia mexicana, afirman las ideologías nacionalistas y el meta-relato de un pasado glorioso y común. Ignacio Solares, por ejemplo, nos revela a un Francisco Madero oculto (y ocultista) y lleno de contradicciones, pero todavía capaz de recibir nuestra admiración. Sin ir más lejos, el mismo autor nos pinta a un general Felipe Ángeles mesiánico, noble y bondadoso, a cuyo maniqueísta retrato sólo le hace competencia el sabio e incorruptible presidente Lázaro Cárdenas que se enfrenta a los intereses petroleros extranjeros —en *Quemar los pozos* (1990), de David Martín del Campo.

Cabe detenerse un poco en la ambigüedad ideológica del texto de Martín del Campo, en particular al leerlo en el contexto de la modernización salinista y la pretendida globalización y apertura de la economía mexicana. Por una parte, se presenta a Cárdenas como modelo del gobernante íntegro capaz de sacar triunfante a una nación asediada por los intereses económicos de las compañías extranjeras. Por otra, dicha caracterización maniquea de extranjeros y uno que otro mexicano corrupto se ve negada en buena medida por la figura de Josephus Daniels, el embajador norteamericano en México. Sorprende que sea Daniels quien apoye la decisión de Cárdenas de expropiar el petróleo y que sirva así como portavoz de una ideología nacionalista. Cito:

> sabemos [se dirige Daniels a los representantes de las compañías] que ustedes pueden pagar no solamente lo ofrecido al sindicato petrolero sino dos y hasta tres veces esos 14 millones ... Ustedes, además, no pagan impuestos. Pagan migajas ... ¿Usted permitiría esas condiciones en nuestro país? (51)

Queda al criterio de los lectores el interpretar el mensaje de *Quemar los pozos* como advertencia (o como recordatorio) de los desastrosos resultados que las aperturas de la economía mexicana (y el Tratado de Libre Comercio) le han traído (o le traerán) a México.

La nueva novela histórica en el contexto de la moderinidad/modernización en México

La modernidad ha sido caracterizada en base a fenómenos o elementos constitutivos tan diversos como el predominio de la razón y sus proyectos, el desarrollo de los medios masivos de comunicación o el surgimiento y fortalecimiento de la conciencia nacional. Para otros, como H. G. Gadamer, el comienzo de la época moderna se distinguió por la aparición de la conciencia histórica, conciencia que continúa caracterizando al hombre contemporáneo, si bien no está claro si es como privilegio o como carga. Independientemente de que los consideremos como parte de un fenómeno de la modernidad tardía o como parte de la posmodernidad, tanto el auge de la novela histórica en el México de los últimos seis años como el cuestionamiento de la historia (y su escritura) emprendido en los textos mencionados deben alertarnos, antes que nada, sobre el estado de cambio de dicha conciencia en buen número de intelectuales mexicanos. Debe resultar obvio también que ya no se trata de un género escapista (si bien hay algunos casos que sí lo son). Por el contrario, creo necesario recalcar cuán pertinente es para la hora actual de la nación el pasado que se rescata y se re-escribe. Agnes Heller ha postulado que los historiadores son los sicoanalistas de la especie humana ya que nos instigan a traer lo olvidado a la superficie

(80). Con toda justicia, es posible afirmar lo mismo de los novelistas mencionados. Bien podríamos conjeturar que no deja de ser mera coincidencia que Jean Meyer haya publicado su novela sobre la rebelión indígena nayarita de 1801 cinco años antes de los eventos de Chiapas y que Guillermo Chao Eberguenyi haya publicado la suya (sobre el asesinato del presidente electo Álvaro Obregón en 1928) *tan sólo* cuatro meses antes de la muerte de Luis Donaldo Colosio. Sin embargo, la ficcionalización de los hechos del pasado no deja de proveer un diagnóstico de los males que aún aquejan al México contemporáneo, diagnóstico cuya certeza es aun más notable si consideramos la fachada de modernidad y progreso con que ha sido revestida la psique nacional. Queda entonces por determinar qué tanto le debe la transformación de la conciencia histórica mexicana, tal como se refleja en la nueva novela histórica, a la crisis de legitimidad interna del estado mexicano moderno —la cual se acentuó, sin duda, durante el sexenio salinista. Y, por último, queda para la crítica futura el evaluar qué tan imperecedero habrá de ser el efecto de dicha transmutación tanto en el género "novela histórica" como en la conciencia de sus lectores.

Apéndice

Cronología de la novela histórica en México: 1987-1993

1987	Fernando del Paso (1935-), *Noticias del imperio* Ricardo Elizondo (1950-), *Setenta veces siete* Gerardo Laveaga, *Valeria* Alberto Ruy Sánchez (1951-), *Los nombres del aire*
1988	Homero Aridjis, *Memorias del Nuevo Mundo*
1989	Jean Meyer, *A la voz del Rey* Ignacio Solares (1945-), *Madero, el otro*
1990	Armando Ayala Anguiano, *Cómo conquisté a los aztecas* Brianda Domecq (1942-), *La insólita historia de la Santa de Cabora* David Martín del Campo (1952-), *Alas de ángel* y *Quemar los pozos* Herminio Martínez (1949-), *Diario maldito de Nuño de Guzmán* José Luis Ontivero, *Cíbola* Severino Salazar (1947-), *Desiertos intactos*
1991	Guillermo Arriaga Jordán (1958-), *Relato de los esplendores y miserias del Escuadrón Guillotina y de cómo participó en la leyenda de Francisco Villa* Carmen Boullosa (1954-), *Son vacas, somos puercos* Guillermo Chao Ebergenyi, *De Los Altos* Carlos Fuentes, *La campaña* Francisco Cuevas Cancino, *La pradera sangrienta* Leopoldo Garza González, *La fundación de Nuevo Laredo* Julián Meza (1944-), *La huella del conejo* Mario Moya Palencia (1933-), *El México de Egerton*

Eugenio Partida (1964-), *La ballesta de Dios*
Antonio Sarabia (1944-), *Amarilis*
Ignacio Solares, *La noche de Ángeles*

1992 Sealtiel Alatriste (1949-), *En defensa de la envidia*
Mario Anteo, *El reino en celo*
Herminio Martínez, *Las puertas del mundo: Una autobiografía hipócrita del Almirante*
Morales, Heberto, *Jovel, serenata a la gente menuda*
Jorge Mejía Prieto, *Yo, Pancho Villa*
Elena Poniatowska (1932-), *Tinísima*
Gustavo Sainz (1940-), *Retablo de inmoderaciones y heresiarcas*
Paco Ignacio Taibo II (1949-), *La lejanía del tesoro*

1993 Guillermo Chao Ebergenyi, *Matar al manco*
Jean Meyer, *Los tambores de Calderón*
Otilia Meza, *Un amor inmortal: Gonzalo Guerrero*
Rafael Ruiz Harrell (1933-), *El secuestro de William Jenkins*

Bibliografía

A. Textos primarios:
* Publicados en la ciudad de México a menos que se indique lo contrario.

Alatriste, Sealtiel. *En defensa de la envidia*. Planeta, 1992.
Aridjis, Homero. *Memorias del Nuevo Mundo*. Diana, 1988.
Boullosa, Carmen. *Son vacas, somos puercos*. Era, 1991.
Del Paso, Fernando. *Noticias del Imperio*. Diana, 1988.
Domecq, Brianda. *La insólita historia de la Santa de Cabora*. Planeta, 1990.
Fuentes, Carlos. *Terra Nostra*. Joaquín Mortiz, 1984.
Martín del Campo, David. *Quemar los pozos*. Plaza y Valdés, 1990.
Martínez, Herminio. *Diario maldito de Nuño de Guzmán*. Diana, 1990.
_____ *Las puertas del mundo (una autobiografía hipócrita del Almirante)*. Diana, 1992.
Meyer, Jean. *A la voz del Rey*. Cal y Arena, 1989.
Meza, Julián. *La huella del conejo*. Vuelta, 1991.
Ruiz Harrell, Rafael. *El secuestro de William Jenkins*. Planeta, 1993.
Solares, Ignacio. *Madero, el otro*. Joaquín Mortiz, 1989.
_____ *La noche de Ángeles*. Diana, 1991.
Taibo II, Paco Ignacio. *La lejanía del tesoro*. Planeta/Joaquín Mortiz, 1992.

B. Textos secundarios:

Ainsa, Fernando. "La nueva novela histórica latinoamericana", *Plural* 240 (1991) 82-85.
Bradu, Fabienne. Reseña de *Noticias del imperio*. *Vuelta* 139 (1988) 48-50.

Brumm, Ursula. "Thoughts on History and the Novel", *Comparative Literature Studies* 6, 3 (1969) 317-30.
Fuentes, Carlos. *Valiente mundo nuevo: épica, utopía y mito en la novela hispanoamericana.* México: Fondo de Cultura Económica, 1990.
Heller, Agnes. *A Theory of History.* Londres: Routledge & Kegan Paul, 1982.
Hutcheon, Linda. *A Poetics of Postmodernism.* Nueva York y Londres: Routledge, 1988, 105-40.
Lukács, Georg. *La novela histórica.* (1955). Traducción de Jasmin Reuter. México: Era, 1977.
Márquez Rodríguez, Alexis. *Arturo Uslar Pietri y la nueva novela histórica hispanoamericana.* Caracas: Colección Medio Siglo de la Contraloría General de la República, 1986.
_____ "Raíces de la novela histórica", *Cuadernos Americanos* 28 (1991) 32-49.
Medina, Dante. "La fiesta delirante de la historia". Reseña de *Noticias del Imperio. Revista de la Universidad de México* 43, 448 (1988) 55-57.
Menton, Seymour. *Latin America's New Historical Novel.* Austin: University of Texas Press, 1993.
Ortega, Julio. *Crítica de la identidad.* México: Fondo de Cultura Económica, 1988.
Pacheco, José Emilio. Reseña de *Noticias del Imperio. Proceso* 583 (1988) 50-51.
Paz, Octavio. *Los hijos del limo.* México: Seix Barral, 1985.
Pupo-Walker, Enrique. *La vocación literaria del pensamiento histórico en America.* Madrid: Gredos, 1982.
Ricoeur, Paul. *Time and Narrative.* 3 vols. Traducción de Kathleen McLaughlin y David Pellauer. Chicago y Londres: University of Chicago Press, 1984.
Sklodowska, Elzbieta. "El (re)descubrimiento de América: la parodia en la novela histórica", *Romance Quarterly* 37/3 (1990) 345-52.
White, Hayden. *Metahistory: The Historical Imagination in Nineteenth-Century Europe.* Baltimore y Londres: The Johns Hopkins University Press, 1990.
Zea, Leopoldo. *Filosofía de la historia americana.* México: Fondo de Cultura Económica, 1987.

Primordialidad y vigencia de Federico Gamboa en el cine mexicano

María Guadalupe García Barragán

La profesora e investigadora mexicana M" Guadalupe García Barragán hizo sus primeros estudios en Guadalajara y luego se doctoró por la Sorbona, París. Ahora está radicada otra vez en Guadalajara donde forma parte del profesorado del Departamento de Investigaciones Literarias de la Universidad. Entre sus publicaciones figuran El naturalismo literario en México *(México, 1979 y 1993) y* Rafael Delgado. Obras *(México, 1986 y 1993). Actualmente está preparando varios estudios sobre la obra de Federico Gamboa*

El escritor y diplomático mexicano Federico Gamboa (1864-1939) jamás escribió un solo guión para el cinematógrafo, empero sus obras han sido llevadas a la pantalla nacional más que las de ningún otro hombre de letras, en particular su popular novela *Santa*. Cuatro filmes de este nombre que se basaron en ella, por sus características y fecha de estreno —1918, 1931, 1943 y 1969, respectivamente— son verdaderos hitos en la historia de la cinematografía, y todavía en 1991 el cineasta mexicano Paul Leduc produce y estrena con gran éxito en España *Latino Bar*, también sobre la misma obra,[1] sin olvidar algunos más, inspirados en otros libros del propio autor.

Federico Gamboa, hoy casi en completo olvido, fue acaso el más renombrado de los escritores del México de su tiempo, pudiendo decirse que se le conocía y estimaba en todo el mundo de habla española. Su obra vasta, valiosa y variada, comprende principalmente tres géneros: novela, teatro y memorias, pero debe su nombradía sobre todo a la novelística, en la que cuenta con los siguientes títulos: *Del natural* (1889) es un volumen de novelas cortas, cuyo título anuncia las inclinaciones literarias del autor por el naturalismo. En estos relatos se encuentran ya bosquejados los principales tipos y ambientes que Gamboa desarrollaría plenamente en sus novelas ulteriores, tomados tanto de la realidad como de los asuntos y personajes que el naturalismo francés había puesto en boga. Siguieron seis novelas extensas: *Apariencias* (1892), *Suprema ley* (1894), que algunos consideran su obra maestra, *Metamorfosis* (1899), *Santa* (1903), *Reconquista* (1908), *La llaga* (1913) y la novelita *El Evangelista*, editada en libro en 1927.

El diario, o las memorias, género que casi no se cultiva en Hispanoamérica antes de los últimos ochenta años del siglo actual, tiene en Gamboa a uno de los contados autores

---

[1] Véase el diario *La Jornada*, de Madrid, del 4 y 5 de junio de 1991.

de su época que lo escribe y en forma constante lo publica desde 1893 hasta 1938, y deja inédito un voluminoso material del mismo.[2]

La producción teatral de don Federico Gamboa,[3] aunque menos abundante que sus novelas y sus libros de memorias, es de gran trascendencia en la historia de la escena mexicana. Comprende una comedia, *La última campaña* (1899), y tres dramas, *La venganza de la gleba* (1905), *A buena cuenta* (1914) y *Entre hermanos* (1928), además de traducciones y adaptaciones de "vodevil" francés.[4]

Volvamos a *Santa*, la obra mexicana anterior a la Revolución más reimpresa en México y primer éxito editorial de las letras mexicanas, inspiradora de los cinco filmes citados, de innumerables escenificaciones, y en años relativamente recientes, de una adaptación televisiva, una comedia musical de Sergio Magaña, *Santísima*, y *Santa mía* (1983), representada en Guanajuato. La trama de la novela, extremadamente audaz para 1903, y su título paradójico y sensacionalista, porque narraba la vida de una pecadora cuyo nombre de pila era Santa, le atrajeron incontables lectores, incluso por morbosa curiosidad. De tendencia moralizante, aúna la audacia al sentimiento y concluye con una plegaria expresada sobre la tumba de la heroína. Una gran parte de la crítica afirma que *Santa*, francesa de origen como el naturalismo que su autor profesaba, es un calco o versión más o menos nacionalizada de la *Nana* de Zola. Para disentir de esta interpretación —a falta de espacio para hacerlo debidamente— cabe recordar que Gamboa, quien vivió una intensa y tempestuosa vida amatoria durante los años de su soltería, conocía demasiado bien los sitios y tipos que describe en su novela y no tuvo que recurrir al documento o a la literatura para pintarlos. Por otra parte, la reacción del público la desmiente mejor que nada y que nadie, pues encontró a *Santa* tan mexicana y tan suya, que muchísimos creyeron que era un personaje de la vida real. La heroína de don Federico se metió en el corazón del público, llegando a ser una especie de mito nacional.

Dicha obra produjo la mayor parte de sus ingresos a Gamboa, quien bromeando solía decir que nunca hubiese imaginado que concluiría siendo sostenido por una mujer de pequeña virtud. El anciano autor vivía penosamente del periodismo, privado entonces de su pensión de diplomático y de sus cátedras. En su diario del 3 de julio de 1931 escribe: "Fiel y generosa Santa, que después de lo mucho que me has dado de aplausos y monises, todavía vienes a socorrerme y a endulzar mi vejez menesterosa" (*Excelsior*, 6 de enero de 1960).

Santa y *La llaga* fueron llevadas a la pantalla del cine mudo en 1918 y en 1920, respectivamente. Ambas tuvieron como director a Luis G. Peredo y a la actriz Elena Sánchez Valenzuela, quien en la primera interpretó a la protagonista. *Santa* fue estrenada en el cine Olimpia el 13 de julio de 1918, y *La llaga* el 5 de enero de 1921 en el cine Fausto.[5]

---

[2] Véase *Diario de Federico Gamboa (1892-1939)*. Selección, prólogo y notas de José Emilio Pacheco (México: Siglo XXI, 1977).
[3] No confundir con la del dramaturgo José Joaquín Gamboa (1878-1931), sobrino y contemporáneo de don Federico, y asimismo naturalista en la primera época de su producción.
[4] Los años consignados a continuación de las obras de teatro son las de su estreno.
[5] Las fechas de estreno y salas de cine de las películas silentes las localizamos en el diario inédito de Gamboa y en la página de cine de la prensa coetánea de la Ciudad de México.

La primera versión sonora de *Santa*, también primera cinta mexicana de largo metraje con sonido directo, fue filmada en 1931 y se estrenó el 30 de marzo de 1932, en el cine Palacio. El adaptador del argumento fue Carlos Noriega Hope, escritor, periodista y cronista de cine, uno de los prestigiados autores de teatro del *Grupo de los Siete*. El director fue Antonio Moreno, estadounidense de origen español, y la actriz mexicana Lupita Tovar hizo el papel de Santa. Agustín Lara escribió para la película la canción de igual nombre, que siguió interpretándose como fondo y tema en las dos *Santas* que siguieron a esta primera. La de 1943, dirigida por el estadounidense Norman Foster con un reparto muy interesante, se estrenó el 10 de junio del mismo año en el cine Palacio. El papel estelar lo interpretó Esther Fernández; José Cibrián el de Hipólito, Ricardo Montalbán fue "El Jarameño". En 1968 Magna Films produjo la cuarta *Santa* —en colores— bajo la dirección de Emilio Gómez Muriel, estrenada el 25 de abril de 1969 en los cines París y Colón. Julissa interpretó a la protagonista y Julián Pastor a Hipólito. Hay que recordar que hubo todavía una especie de continuación de *Santa*, *Hipólito el de Santa*, debida a la pluma de Miguel Gamboa, hijo de don Federico, que se llevó a la escena con Agustín Lara como Hipólito, y luego se filmó en 1948 con diferente reparto.

Mencionemos las otras obras de don Federico llevadas a la pantalla por el cine sonoro: *Suprema ley*, filmada en 1936, que se estrenó en el cine Rex el 19 de marzo de 1937, dirigida por Rafael E. Portas, tuvo como principales intérpretes a Andrés Soler, Gloria Morel y Aurora Cortes. Emilio García Riera en la primera edición de su *Historia documental del cine mexicano* (México: Era, tomo I, 1969) indica que hubo una versión más de *Suprema ley* que se filmó en Hollywood, sobre la cual no logró obtener mayores datos, razón por la que, sin duda, ya no la menciona en la segunda edición de la misma obra.[6]

La llaga sonora, estrenada el 8 de julio de 1937 en el cine Palacio y dirigida por Ramón Peón, tuvo como principales intérpretes a René Cardona como Eulalio, María Luisa Zea como Pilar, primera esposa de Eulalio, y Adria Delhort como Nieves.

Todavía hay otro filme titulado como el drama *Entre hermanos*, muy parcialmente basado en él, dirigido por el cubano Ramón Peón y adaptada por Emilio Fernández, Mauricio Magdaleno y Carlos Velo. Carmen Montejo actuó como Pilar, Pedro Armendáriz como Ramón, y Rafael Baledón hizo el papel de Gerardo. *Entre hermanos* se estrenó el 18 de mayo de 1945 en el cine Metropolitan y obtuvo algunas preseas. Es de extrañar que Magdaleno haya sido uno de los adaptadores de esta malísima versión de la postrera obra de teatro de Gamboa, de la que sólo conserva el título, el desenlace y el nombre de los principales protagonistas, cambiando su ocupación y carácter, ya que en la obra teatral de Gamboa la heroína no tuvo jamás la menor inclinación sentimental por Gerardo ni vacilaciones entre éste, su hermano de crianza, y Ramón, con quien se casa, y a quien ama siempre.

---

[6] Emilio García Riera, *Historia documental del cine mexicano* (Guadalajara: Universidad de Guadalajara/Gobierno de Jalisco, Secretaría de Cultura/ Consejo Nacional para la Cultura y las Artes/Instituto Mexicano de Cinematografía), 1992. (Hemos tomado de esta obra, en su primera o en su segunda edición, la mayor parte de los datos que se refieren a los créditos de las películas sonoras, como la fuente más completa y fidedigna sobre nuestro cine.)

Es indudable que las regalías de los cinco filmes (*Santa, La llaga* y *Suprema ley*), dos silenciosos y tres sonoros, exhibidos en México en vida del autor, lo beneficiaron económicamente. Pero ¿qué efecto tuvieron en su prestigio de hombre de letras? Creemos que casi del todo adverso, ya que los cronistas de cine han multiplicado sus críticas negativas, aplicándolas no tanto a los filmes cuanto al autor, culpándolo incluso por el sinnúmero de desafortunadas descendientes originadas por su heroína en la pantalla nacional.

Algo especial debe tener la obra de Gamboa para seguir proporcionando la base del argumento de películas filmadas en tres cuartos de siglo —sin contar las producciones que sobre ella siguen llevándose a la escena. Sin embargo, el problema estriba en que éstas, en gran parte, son de discutible calidad artística y poco tienen que ver con el libro original, y en que casi todos los críticos de cine desconocen la producción literaria de Gamboa y le atribuyen al escritor todas las flaquezas que los filmes presentan en la trama, en la caracterización de los personajes y en otros aspectos, que a menudo son enteramente producto del guionista o del adaptador cinematográfico.

No pretendemos equiparar a Federico Gamboa con Gustave Flaubert, pero creemos que para hacer justicia a un libro de Gamboa, creador de la novela psicológica en las letras nacionales, se requeriría —¿por qué no?— un cineasta tan cuidadoso como el francés Claude Chabrol, quien en su filme *Madame Bovary* capta desde la letra y el espíritu de la inmortal novela hasta el más sutil de los detalles del diálogo, el ámbito y los caracteres principales y secundarios de la misma. Quizá un Paul Leduc haya hecho, por fin, justicia a Federico Gamboa y a su heroína en *Latino Bar*. Así lo esperamos.

Más que muchos otros literatos fue Federico Gamboa hombre de su tiempo, y como la mayoría de los grandes autores hispanoamericanos no logró sustraerse a los excesos sentimentales que permean principalmente las letras mexicanas novocentistas, y que conmovían a los lectores doctos y a los ignorantes de esos días. Sería relevante recordar la sabia recomendación hecha en 1965 por el conocido crítico tapatío Emmanuel Carballo —nada fácil ni acomodaticio— "A quienes hoy se burlan de Gamboa les aconsejo que mediten en lo que de ellos pensarán los lectores dentro de medio siglo".[7]

---

[7] "Ha pasado casi inadvertido entre nosotros el centenario de Federico Gamboa, uno de los mejores novelistas mexicanos. A quienes hoy se burlan de Gamboa les aconsejo que mediten en lo que de ellos pensarán los lectores dentro de medio siglo". Emmanuel Carballo, *La Cultura en México*. Suplemento de *Siempre* número 624, 9 de junio de 1965, I, IV.

Pedro Henríquez Ureña y la tradición hispanoamericana

Enrique Zuleta-Álvarez

Enrique Zuleta-Álvarez, socio del Instituto Internacional de Literatura desde hace treinta años, sacó sus títulos universitarios en la universidad donde actualmente es catedrático: la Universidad Nacional de Cuyo, Mendoza, Argentina. Es autor de numerosos estudios sobre las corrientes ideológicas en la literatura hispanoamericana y, en particular, sobre Pedro Henríquez Ureña

El tradicionalismo surgió en la política y la religión del siglo XIX, pero la tradición como factor configurador de culturas y civilizaciones es tan remota como la historia humana. La memoria y la invención creadora se relacionan dialécticamente y el dinamismo del cambio sólo puede operar sobre un pasado que se conserva en lo individual y lo social.

Todas las civilizaciones concedieron un lugar predominante a las costumbres, hábitos, mitos y símbolos que venían de generaciones anteriores y en las culturas orientales y occidentales profundamente religiosas, la tradición ocupaba una jerarquía máxima, como signo de la madurez con que la humanidad conservaba el valor de la experiencia y de prácticas cuya utilidad el tiempo había consagrado.

Por el contrario, el racionalismo moderno consideró a la tradición como símbolo de un primitivismo irracional en el cual se mezclaban la magia y las supersticiones. La historiografía política y literaria de la Ilustración, por ejemplo, se aplicó a esa crítica cientificista y sólo a comienzos del siglo XIX y en el marco del Romanticismo alemán, comenzó una lenta recuperación de los valores que la tradición había acumulado. En el orbe hispánico esa significación histórica fue ponderada por Milá y Fontanals y la escuela catalana y logró su plenitud conceptual en la obra de Marcelino Menéndez Pelayo.

Pedro Henríquez Ureña se formó en una sociedad dominicana impregnada por la cultura hispánica y la lectura de Menéndez Pelayo lo familiarizó con la idea de que la tradición permitía la integración de lo nacional español con el catolicismo para definir al espíritu hispánico. Con el mismo sentido se interesó por la herencia clásica greco-latina, esencial en este punto porque ese clasicismo implicaba un reconocimiento tácito del valor de la tradición.[1]

---

[1] Para una bibliografía general sobre el tema y en materia de textos: Pedro Henríquez Ureña, *Obras completas*, 10 tomos. Juan Jacobo de Lara, editor (Santo Domingo: Universidad Nacional PHU,

Sus estudios posteriores en los Estados Unidos (1901) y en Cuba (1905) no lo apartaron de esta convicción y en su primer libro, *Ensayos críticos* (1905), a pesar de su entusiasmo por las corrientes estéticas y literarias modernas, se advierte la importancia que concedía a la tradición en las ideas y las letras. Situaba al autor y su obra en un proceso evolutivo que conservaba valores del pasado pero transformados y progresivamente integrados en una formulación nueva que no renegaba de aquella herencia. Construcción selectiva, desde luego, porque no todo conservaba el mismo valor y, por ejemplo, en su ensayo sobre "El Modernismo en la poesía cubana" (1905), señalaba que la tradición española hasta podía llegar a ser exótica y que sólo se debía conservar "lo castizo y lo correcto".[2] También en su estudio sobre "Ariel" (1904) indicaba que junto a la "herencia insustituible de la tradición gloriosa" de España era necesario alentar la moderna democracia que evolucionaba hacia el futuro.[3]

Durante su primera residencia en México (1905-14), su actitud frente a la tradición se consolidó con su entusiasmo por los clásicos griegos y latinos, en el marco del proceso de renovación ideológica y literaria que tuvo lugar en aquel país entre 1907 y 1910.

Sus lecturas de autores franceses, ingleses y alemanes no modificaron su idea de la tradición, como tampoco la afectaron su Positivismo inicial ni su tránsito posterior al idealismo y espiritualismo. El recuerdo de la herencia intelectual familiar y de los maestros de los "viejos días" que le inculcaron el amor a los clásicos españoles, definían un espíritu que siempre buscó conciliar y armonizar tendencias contrapuestas, perspectiva desde la cual la aceptación de la tradición era un elemento esencial. Este rasgo está presente en los ensayos filosóficos de su segundo libro, *Horas de estudio* (1910), pero sobre todo en sus estudios literarios, porque la tradición exhibía toda su riqueza en la continuidad del idioma y en la creación intelectual y artística hispánica. Sobre las huellas de la *Antología* de Menéndez Pelayo, Henríquez Ureña había seguido el desarrollo de la literatura

---

1976-80). Pedro Henríquez Ureña, *Memorias - Diario*, edición, prólogo y notas de Enrique Zuleta-Álvarez (Buenos Aires: Academia Argentina de Letras, 1989). Pedro Henríquez Ureña y Alfonso Reyes, *Epistolario íntimo*, 3 tomos. Prólogo de Juan Jacobo de Lara (Santo Domingo, 1981-83). Pedro Henríquez Ureña, *Correspondencia. 1907-1914*. Edición de José Luis Martínez (México: Fondo de Cultura Económica, 1986). Pedro Henríquez Ureña, *Obra crítica*. Edición de Emma S. Speratti Piñero (México: Fondo de Cultura Económica, 1960). Pedro Henríquez Ureña, *Plenitud de América*. Edición de Javier Fernández (Buenos Aires: Peña Del Giudice, 1952). Pedro Henríquez Ureña, *La utopía de América*. Edición de Rafael Gutiérrez Girardot y Ángel Rama (Caracas: Ayacucho, 1978). Para los estudios sobre Pedro Henríquez Ureña: Emilio Carilla, *Pedro Henríquez Ureña: signo de América* (Santo Domingo: OEA-Universidad Nacional PHU, 1988). Max Henríquez Ureña, *Pedro Henríquez Ureña. Antología: hermano y maestro* (Ciudad Trujillo: Librería Dominicana, 1950). Sonia Henríquez Ureña de Hlito, *Pedro Henríquez Ureña. Apuntes para una biografía* (México: Siglo XXI, 1993). Julio Jaime Juliá, *Libro jubilar de PHU*, 2 tomos (Santo Domingo: Universidad Nacional PHU, 1984). Juan Jacobo de Lara. *Pedro Henríquez Ureña; Su vida y su obra* (Santo Domingo: Universidad Nacional PHU, 1976). Alfredo A. Roggiano, *Pedro Henríquez Ureña en los Estados Unidos* (México: State University of Iowa, 1961). Alfredo A. Roggiano, *Pedro Henríquez Ureña en México* (México: UNAM, 1989).

[2] Pedro Henríquez Ureña, *Obra crítica* ... 22.
[3] Pedro Henríquez Ureña, *Obra crítica* ... 27.

hispanoamericana, pero su criterio histórico se acendró con los trabajos sobre autores mexicanos del siglo XVIII, para la *Antología del Centenario* (1910).[4]

Los estudios universitarios que realizó durante su segunda residencia en los Estados Unidos (1914-21) le proporcionaron un fundamento sistemático para su visión de la historia. Desde mediados del siglo XIX se desarrollaba en Europa un movimiento historiográfico de extraordinaria significación y temas como los de la continuidad y el progreso habían dado a la tradición una importancia tan relevante como polémica. Una de las direcciones de este movimiento fue encabezada por el crítico danés George Brandés (1842-1927), cuya obra *Las corrientes principales de la literatura del siglo diecinueve* (1890) se vinculará, más tarde, con el pensamiento de Henríquez Ureña.[5]

En España, a su vez, Ramón Menéndez Pidal había elaborado su teoría de la tradicionalidad, con la cual armonizaba la creación individual, propia de la literatura, con el contexto colectivo de la sociedad nacional. Esa continuidad permitía asomarse al alma de las generaciones pasadas, comprender su psicología y el sentido de su presencia en la historia. Henríquez Ureña conoció las ideas de Menéndez Pidal y adhirió a su magisterio en *La versificación irregular en la poesía castellana* (1928), libro que se suma a numerosos trabajos sobre las letras españolas e hispanoamericanas que para él integraban la misma tradición hispánica, cuya vigencia advirtió en sus dos viajes de estudios a España (1917 y 1919), cuando se consolidó la madurez de su percepción de este valor cultural. La dedicación de Henríquez Ureña a las letras españolas e hispanoamericana de todos los tiempos se debió, precisamente, a su convicción de que la obra original y renovadora que los hispánicos podíamos crear, sólo provendría de la asimilación y la preservación de esa tradición.

Durante su segunda residencia en México (1921-24), profundizó en la importancia de estos conceptos, porque ese país era un ejemplo de la obra de la tradición en el proceso civilizador de Hispanoamérica. Conservaba la herencia clásica y la española, pero en mestizaje con el pasado precolombino, que mantenía con fuerza su vigencia. En "La utopía de América" (1925), afirmó que era "el único país del Nuevo Mundo donde hay tradición, larga, perdurable, nunca rota, para todas las cosas", y como creía toda creación original debe partir de aquella base, confiaba en su desarrollo social y cultural de cara al futuro.[6]

---

[4] Las relaciones intelectuales de Pedro Henríquez Ureña con Marcelino Menéndez Pelayo iluminan este concepto de la tradición, del mismo modo que muchos otros aspectos de su pensamiento. El dominicano le envió sus primeros trabajos con una carta (28 de abril de 1909), donde se declaraba su discípulo y afirmaba que Menéndez Pelayo era el crítico que más había leído: "he sido siempre, por gusto y por tradición familiar, devoto del glorioso pasado ..." y Menéndez Pelayo le respondió con elogios condignos (*Menéndez Pelayo y la hispanidad*, 2ª edición, Santander, Junta Central del Centenario de Menéndez Pelayo, 1955, 154-56). Véase Rafael Gutiérrez Girardot, *Aproximaciones* (Bogotá: Procultura, 1986) y Florencia Ferreira de Cassone, "El concepto de historia en Pedro Henríquez Ureña", en *Nuestra América* (enero-abril, 1984) 139-50.
[5] Para las relaciones entre las ideas de Pedro Henríquez Ureña y las de Brandés, se deben considerar los estudios de Gutiérrez Girardot, tanto en el trabajo citado como en otros que el crítico colombiano ha dedicado al tema.
[6] Pedro Henríquez Ureña, "La utopía de América", en *La utopía de América*, 3.

En México esta conciencia se acendró, tanto por la experiencia que vivía como por sus reflexiones y estudios sobre España y su literatura, tal como se aprecia en su *En la orilla*. *Mi España* (1924) y en especial en los estudios sobre Azorín y Menéndez Pelayo, de quien afirmó que era "el único crítico que puede servir de guía para toda la literatura española, y representa el criterio más amplio de nuestro siglo".[7]

El desarrollo pleno de ese pensamiento sobre Hispanoamérica que armonizaba la tradición y la renovación se produjo en la etapa de su residencia en la Argentina (1924-46), cuando escribió sus obras mayores. En los *Seis ensayos en busca de nuestra expresión* (1928) y en muchos otros trabajos formuló su teoría de la expresión original americana, como producto del mestizaje de lo hispánico y lo aborigen y, lo que ahora nos interesa, de la tradición y la construcción perfectiva del futuro.

Aparte de los innumerables estudios sobre literatura española e hispanoamericana —cuya mención excede los límites de este trabajo— Henríquez Ureña subrayó la importancia de la tradición en trabajos históricos donde la relevancia de este principio era esencial. Así por ejemplo, los que versaron sobre la historia de Santo Domingo, donde le interesaba subrayar la continuidad de la herencia hispánica como garantía de una personalidad nacional que veía amenazada.[8]

Henríquez Ureña sabía que en los pueblos de América era difícil que se mantuviera la conciencia de la tradición, que debía luchar contra la ignorancia, el esnobismo de los intelectuales y, sobre todo, con la crítica excesiva de los nacionalismos y autoctonismos. Por ello insistió en el valor de la continuidad cultural, aun a riesgo de la imitación, como había ocurrido desde los tiempos más remotos de la cultura europea. España fue un ejemplo de recepción de tradiciones incorporadas a su propia capacidad creadora, desde la Edad Media y el Renacimiento hasta la época contemporánea y en nuestra América había ocurrido lo mismo, desde el Neoclasicismo y el Romanticismo. Más aun, había países, ciudades, hechos, ideas, escritores y obras cuyas características valiosas nada habían perdido por recibir aportes ajenos que se habían transformado y renovado en América.[9]

Uno de los núcleos de su pensamiento fue que los pueblos hispánicos se definían por su unidad en una comunidad de cultura sostenida a través de las generaciones por el vínculo irrenunciable del idioma castellano. Recorría una y otra vez la historia de España y América, lo mismo que la literatura, el pensamiento y el arte, para concluir que había valores que

---

[7] Pedro Henríquez Ureña, "En torno a Azorín", en *Obra crítica*, 335. Sobre las relaciones con la literatura española, véase Emilia de Zuleta, "España en la comprensión de América de Henríquez Ureña", *Sur* 355 (julio-diciembre 1984) 155-76.
[8] Véase Pedro Henríquez Ureña, "En mi tierra", *Repertorio americano* (San José de Costa Rica, octubre 1934). Sobre el tema del mestizaje, central en el pensamiento del maestro dominicano, véanse Enrique Zuleta-Álvarez, "El mestizaje en la historia de las ideas hispanoamericanas" (Buenos Aires: Academia Nacional de la Historia, 1989) 399-422 y "Teoría y práctica del mestizaje hispanoamericano. Pedro Henríquez Ureña", *Cuadernos Americanos* VI, 2 (marzo-abril 1992) 64-70. Sobre el carácter de su nacionalismo, véase Enrique Zuleta-Álvarez, "Pedro Henríquez Ureña y los Estados Unidos", *Cuadernos Hispanoamericanos* 442 (abril 1987) 93-108.
[9] Pedro Henríquez Ureña, *Plenitud de España; estudios de historia de la cultura*, 2ª edición (Buenos Aires: Losada, 1945) 137.

debían recrearse permanentemente. Sólo había presente si se partía del pasado y se tenía fe en el porvenir, y la expresión cultural y original sólo se lograría "cuando hayamos acertado a conservar la memoria de los esfuerzos del pasado, dándole solidez de tradición", como escribió en "La América española y su originalidad" (1937).[10]

Al final de su vida esta teoría de la tradición como base de la creación cultural propia, fundamentó *Las corrientes literarias en la América hispánica* (1945) y la *Historia de la cultura en la América hispánica* (1947), donde junto a la idea de la literatura hispanoamericana como proceso a través del cual se realiza un mundo social y cultural, se afirmaban los valores de esta interrelación dialéctica entre continuidad y renovación. De las ideas de Brandés al libro de Vernon Louis Parrington *Las corrientes principales del pensamiento norteamericano* (1930) provenía la concepción del proceso historiográfico en relación con el desarrollo de la sociedad, a través de corrientes, autores y obras que definían sus hitos de rebeldía. Pero la influencia de estos modelos, que sin duda Henríquez Ureña conoció, debe considerarse como otra de las formas de una tradición historiográfica que, en el caso del maestro dominicano, se transformó en la versión que él ofreció de las letras y la cultura de Hispanoamérica, con un rasgo original y propio: la aceptación del pasado, no como peso inerte o retardatario sino, por el contrario, como la mejor garantía del valor que debía revestir la creación espiritual americana.[11]

---

[10] Pedro Henríquez Ureña, *La utopía de América* 25.
[11] Para el tema de la crítica literaria, véase Enrique Zuleta-Álvarez, "Pedro Henríquez Ureña y la crítica hispanoamericana", *Cuadernos hispanoamericanos* 531 (setiembre 1994) 59-67.

Perú

Tradición migrante e intertextualidad multicultural: el caso de Arguedas

Antonio Cornejo-Polar

Antonio Cornejo-Polar, ex-Presidente del Instituto Internacional de Literatura Iberoamericana, se doctoró en la Universidad Nacional de Arequipa antes de pasar a la Universidad Nacional Mayor de San Marcos, Lima, donde fue Rector. Vino a la Universidad de Pittsburgh a finales de los ochenta y se marchó a la de California (Berkeley) en 1993. Su área de especialización es la zona andina y entre sus publicaciones se encuentran: Los universos narrativos de José María Arguedas *(Buenos Aires, 1973),* Sobre literatura y crítica latinoamericanas *(Caracas, 1982) y* Escribir en el aire. Ensayo sobre la heterogeneidad socio-cultural en el área andina *(Lima, 1994)*

Vista en conjunto, la obra de José María Arguedas ha sido leída como la espléndida celebración de la gesta del indio y del mestizo, pese a que se trata, sin duda, de un proceso intelectual y estético incisivamente desestabilizado por dramáticas vacilaciones y ambigüedades. En la base, sin embargo, hay tanto una fidelidad sin fisuras con respecto a los valores de la cultura nativa cuanto una imbatible fe en su triunfo histórico, aunque con frecuencia —para esto— tenga que desplazarse hacia la utopía y el mito. Salvo en pocos instantes, en los que se insinúan contenidos que tienen que ver con formas impenetrables de resistencias algo arcaizantes, o en los que se filtran tonos de un escepticismo desgarrado, la vasta discursividad arguediana examina casi siempre con optimismo la fortaleza o la astucia (la "plasticidad cultural", diría Rama)[1] que permite al hombre andino apropiarse selectivamente de atributos que le son ajenos y enriquecer con ellos su experiencia de mundo. En el indio moderno —pensaba Arguedas— casi no hay rastros del pasado prehispánico, pero lo que se le ha impuesto desde fuera y lo que más o menos libremente ha asumido de otras tradiciones resulta radicalmente transformado en términos de uso y de sentido hasta un punto tal que su identidad moderna —pese y tal vez gracias a esos cambios— sigue siendo inconfundiblemente indígena.[2]

De esta manera, si por una parte se extrae el asunto de la identidad de su habitual y desdichado nicho metafísico, como terca persistencia de un ser inmodificable, y se le coloca mucho más sensatamente en un campo fluido y relacional, no más que como *diferencia*; por otra, se instituye una dinámica convergente en la que las mezclas e hibridaciones

---

[1] El concepto es ampliamente utilizado por Ángel Rama en *Transculturación narrativa en América Latina* (México: Siglo XXI, 1982). Véanse especialmente página 38 *et seq.*
[2] El tema es tratado constantemente, aunque con obvias variantes, en los textos de Arguedas recogidos por Ángel Rama en *Formación de una cultura nacional indoamericana* (México: Siglo XXI, 1975).

terminan siempre en la coherencia y la unicidad de una nueva síntesis. Esta materia tendría que ser objeto de un examen harto más minucioso, pero —dicho en grueso— la ideología salvífica del mestizaje, con su neoplatónica esperanza en la armonía de los contrarios, reaparece aquí y aquí se instaura —además— un modelo ejemplar de las intersecciones transculturales. No se me escapa que esta abrupta esquematización no hace justicia a la acezante fluidez ni a las equívocas oscilaciones que enriquecen, con sus multivalencias, la obra de Arguedas, como tampoco paso por alto que la rápida asociación entre mestizaje y transculturación tendría que ser sopesada con cuidado y esmero que por ahora sobrepasan las necesidades de mi estrategia argumental. En todo caso, me parece oportuno advertir que no intento invalidar esta casi consensual interpretación de la producción arguediana —que también y varias veces ha sido la mía[3]— interpretación que me sigue pareciendo legítima en lo sustancial.

Sin embargo, una reciente revisión de su inquietante novela póstuma, *El zorro de arriba y el zorro de abajo*,[4] me ha hecho sospechar que existen otros ejes semánticos que —confundidos con los anteriores— tienen la consistencia suficiente para solventar nuevas y tal vez más incitantes lecturas. En este orden de cosas pretendo examinar, primero, la configuración de un sujeto que no sustituye pero sí reposiciona a los hasta ahora privilegiados, el indio o el mestizo, e indagar en el tejido de una red articulatoria multicultural que, desde este punto de vista, no obedece más que parcialmente a los códigos de la transculturación. Se trata de la figura del migrante y del sentido de la migración.

Como se sabe, la última novela de Arguedas propone —en su estrato propiamente narrativo— la construcción de una azarosa hermenéutica social que pueda dar razón de la conversión en pocos años de una modesta caleta de pescadores en el puerto pesquero más grande del mundo —con una referencia minuciosamente real, la de Chimbote. Obviamente la explosión demográfica de Chimbote sólo se explica por una masiva migración cuyos protagonistas tenían las más variadas procedencias geográficas y condiciones sociales de infinita diversidad: extranjeros de múltiples orígenes, criollos costeños y afroperuanos, pero —sobre todo— indios y mestizos andinos, que prefirieron enfrentarse a la temible amenaza del mar, recién descubierto, y a maquinarias nunca vistas, ciertamente también aterrorizantes, que repetir su inacabable y secular servidumbre. Ante tal desgalgamiento Arguedas elaboró una variada retórica narrativa que finalmente ancló en una intuición primordial: "hervor", "ebullición", "hervidero" son los signos una y otra vez reiterados.

Pero si migrante y migración son motivos obviamente recurrentes en el orden del relato propiamente novelesco, ambos aparecen asimismo en los otros estratos discursivos que forman la textura global de *El zorro de arriba y el zorro de abajo*: en las secuencias que re-enuncian los antiquísimos mitos de Huarochirí, recopilados por Francisco de Ávila hacia 1598 y traducidos del quechua por Arguedas en 1966, especialmente por el talante

---

[3] La bibliografía más reciente, aunque no del todo satisfactoria, aparece en José María Arguedas, *El zorro de arriba y el zorro de abajo*, edición crítica coordinada por Eve-Marie Fell (Madrid: Colección Archivos, 1990). Véase mi libro: *Los universos narrativos de José María Arguedas* (Buenos Aires: Losada, 1973); después he vuelto muchas veces sobre el tema.

[4] La primera edición —póstuma— es la de la Editorial Losada, aparecida en 1971. Mis citas se refieren a la edición crítica referida en la nota anterior.

andariego de los animales legendarios que finalmente dan título a la novela; pero también en los fragmentos del diario del autor, interpolados en el texto, diario que con frecuencia deriva hacia la memoria y echa luz sobre lo que tal vez sea decisivo: la condición migrante del propio narrador. Aun a riesgo de caer en la "falacia biográfica" me parece inevitable aludir a los traumáticos desplazamientos que Arguedas sufrió y gozó desde niño: de la casa-hacienda de su padre y su madrastra, dueña de vastas tierras que incluían feudalmente a siervos indios, a pobres comunidades quechuas que acogieron con amor al pequeño fugitivo y luego el desorientado deambular por decenas de pueblos y ciudades andinos para concluir (omito muchas instancias) en una Lima que aún insistía en su hechizo linaje hispánico y en su acerado desprecio por los serranos. No en vano Arguedas se autodefinió como un forastero permanente y elaboró sutiles y agobiadas consideraciones sobre lo que llamaba el "forasterismo", esa desasosegante experiencia de ser hombre de varios mundos, pero a la larga de ninguno, y de existir siempre —desconcertado— en tierra ajena.

Creo que a la luz de su novela final, en la que es tan evidente la marca semántica de la migración, se puede releer toda la obra de Arguedas en esa misma clave —que, curiosamente, los críticos hemos frecuentado poco. De hecho, en efecto, casi no hay ningún texto arguediano que no aluda elípticamente o tematice de manera explícita tal asunto. De este modo, cabría definir la producción de Arguedas como —*también*— la gesta del migrante. Aunque ahora que casi todo es discurso resulta hasta de mal gusto referirse a la realidad, me parece que no está demás añadir que el fenómeno migratorio es —a la par que la violencia— el de mayor relieve en el Perú contemporáneo; una migración interna del campo a la ciudad, en muchas ocasiones compulsiva, que en menos de cincuenta años ha convertido un país rural, con alrededor del 65% de campesinos, en *otro* —urbano— en el que la masa citadina sobrepasa un casi increíble 70% de la población.

Ciertamente la condición del migrante no desplaza a las categorías étnicas de indio o mestizo, pero de alguna manera puede englobarlas, como a otras, en términos de un proceso tanto individual como colectivo, dentro de un imprevisible proceso que sitúa al movimiento, y por consiguiente a la historia y su encabritada fluencia, en un primer plano. Después de todo, migrar es algo así como nostalgiar desde un presente que es o debería ser pleno las muchas instancias y estancias que se dejaron allá y entonces, un allá y un entonces que de pronto se descubre que son el acá de la memoria insomne pero fragmentada y el ahora que tanto corre como se ahonda, verticalmente, en un tiempo espeso que acumula sin sintetizar las experiencias del ayer y de los espacios que se dejaron atrás y que siguen perturbando con rabia o con ternura.

Intento decir que la condición del migrante, si bien se vive en un presente que parece amalgamar los muchos trajines previos, es en algún punto contraria al afán sincrético que domina la índole del mestizo. En efecto, en ésta la apuesta más enérgica es a favor de la síntesis de sus encontrados ancestros, como se percibe en la figura paradigmática del Inca Garcilaso, verdadero fundador de este linaje mezclado y sincrético, aunque la verdad es que esa anhelada coherencia casi siempre se deshilacha en conflictos tan soterrados como imborrables; en cambio, imagino que el migrante estratifica sus experiencias de vida y que ni puede ni quiere fundirlas porque su naturaleza discontinua pone énfasis precisamente en la múltiple diversidad de esos tiempos y de esos espacios y en los valores o defectividades de los unos y los otros. La fragmentación tal vez sea su norma. En el nutrido y bellísimo cancionero andino, por ejemplo, el migrante nunca confunde el ayer/allá con el hoy/aquí; al revés, marca con énfasis una y otra situación y normalmente las distingue y opone, inclusive cuando el peregrinaje ha sido exitoso: aun entonces la antigua tierra de origen es drásticamente *otra* y en ella anidan vivencias o mitos —en el fondo vivencias míticas— que condicionan y disturban pero no se mezclan con el presente y sitúan la actualidad en el imperioso orden de la necesidad, pero —casi siempre— muy lejos del deseo.

Sería fácil, tratándose de Arguedas, enlistar decenas y decenas de fragmentos en los que su imborrable experiencia infantil —cuando fugitivo del inhabitable mundo de los *mistis* se internó en las comunidades indígenas— es explícitamente contrapuesta a sus transcursos por las ciudades —aunque éstas frecuentemente lo entusiasmen y aunque, lo que es más importante, sólo desde ellas pueda cumplir sus objetivos de reivindicación de lo indígena. Añado un dato obvio. Aquí la migración tiene su sentido más fuerte porque a todos los disturbios previsibles añade lo que en estas circunstancias es fundamental: el paso de una cultura a otra, en más de un sentido contrapuestas, cuyo signo mayor es un bilingüismo que aun si fuera simétrico —y casi nunca lo es— produce una aguda ansiedad por la confusa hibridación de lealtades y pragmatismos y —a fin de cuentas— por la coexistencia de competencias lingüísticas desigualmente efectivas y como enraizadas en una memoria que está trozada en geografías, historias y experiencias disímiles que se intercomunican, por cierto, pero preservan con rigor su vínculo con el idioma en que se les vivió. Arguedas solía decir que le era casi imposible expresar en español lo que había experimentado en quechua, desde sus relaciones con el paisaje andino hasta sus modos de sentir las pulsiones primarias, como las del amor o del odio, tal como las conoció de niño, con sus protectores nativos, en circunstancias que nunca más se repetirían. Es sintomático que la poesía de Arguedas esté íntegramente escrita en quechua.

En cualquier caso, y para burlar el inminente riesgo de trazar las coordenadas de una precaria psicología del migrante, prefiero preguntarme —y sé que la respuesta será tentativa— si la condición migrante funciona —como sin duda sucede con la del mestizo— como un *locus* enunciativo y si a partir de allí se genera un cierto uso más o menos diferenciado del lenguaje que podría remitir a la constitución de un sujeto disgregado, difuso y heterogéneo: el sujeto migrante.

Emplearé con abusiva libertad las categorías de intertextualidad y dialogismo. Diré primero que ambas, que en el fondo se solapan, ejercen y operan una vacilante pero confortable economía para quienes hablan desde una perspectiva mestiza: todas las palabras ingresan a una constelación hecha precisamente para acoger las voces múltiples de sus ancestros dialogantes, pero —obviamente— se trata de una operación que normaliza la dispersión originaria en un discurso más o menos autocentrado. No digo que la lengua del mestizo desproblematice la basculación que está en su origen, pero sí que su política del idioma reitera el gesto sintético que funda a su enunciante y opta por generar esa fusión en el nivel de la lengua "culta" —haciéndola porosa para rescatar a la otra, siquiera parcialmente, u operando (en caso extremo) una traducción explícita o subterránea. Se trata entonces de una doble agencia lingüística: si en la primera los signos preservan su filiación y funcionan con los intertextos que efectivamente les corresponden, dialogando conflictivamente con otros que no les son afines y que mantienen su diferencia, en una segunda instancia —que en este punto es definitoria— las dos o más series lingüísticas ingresan en una espacio más dialéctico que dialógico y producen al menos un *efecto* de conciliación armoniosa que desemboca o puede desembocar en la configuración de una voz monológica.

Quisiera recordar, como ilustración somera, cómo narra Garcilaso la reacción de indios y españoles ante una extraña piedra que en su interior guardaba oro. Anota el Inca: "En el Cuzco la miraban los españoles por cosa maravillosa; los indios la llamaban *huaca* que [quiere decir] admirable cosa".[5] Aunque brevísimo, el texto consigna —de un lado— las dos voces ancestrales: "cosa maravillosa" y "*huaca*", pero —de otro— el ejercicio del lenguaje mestizo las unimisma mediante la traducción de la segunda como "admirable cosa", que es —a todas luces— sinónimo de "cosa maravillosa", con lo que se realiza a plenitud el ideal de síntesis que anima a todo proyecto mestizo. Es necesario advertir, sin embargo, que el costo es muy alto: en efecto, para obtener ese resultado se ha tenido que restarle a *huaca* su sentido sagrado porque de lo contrario —inútil decirlo— la trabajosa sinonimia hubiera quedado drásticamente obturada. Quiero insinuar que para que la fusión sea pasible siquiera uno de sus términos debe adelgazar sus diferencias, y desligarse o alejarse de los intertextos que culturalmente le corresponden, para facilitar, de este modo, la producción de la síntesis.

Ahora bien: creo que el lenguaje enunciado desde la posición del migrante es en parte similar al que acabo de caracterizar algo bruscamente, pero asimismo me parece claro que entre ambos hay, a la vez, notables diferencias. Me interesa en particular, primero, una coincidencia fundamental: en uno y otro caso se trata de la producción de discursos encabalgados en varias culturas, conciencias e historias; pero, también, y sobre todo, pongo énfasis en una diferencia decisiva: el discurso del migrante normalmente yuxtapone lenguas o sociolectos diversos sin operar ninguna síntesis que no sea la formalizada externamente por aparecer en un solo acto de enunciación. Subrayo en este orden de cosas la dinámica centrífuga del discurso migrante y su reivindicación de la múltiple vigencia del aquí y el allá y del ahora y el ayer, casi como un acto simbólico que en el instante mismo en que afirma la rotundidad de una frontera la está burlando, y hasta escarneciendo, mediante la fluidez de un habla que se emite desde cualquiera de sus lados y siempre de manera eventual, transitoria, repitiendo la condición viajera del sujeto que la dice. Naturalmente esta trashumancia implica la falta de un eje centrado y fijo, ordenador de variables o disidencias; al revés, su no-lugar es lo que incita al desparrame de signos ubicuos, sin territorio establecido, o con varios sobrepuestos, que convocan desde su propia confusión intertextos desordenados y vacilantes. Dicho sin sutileza: si el sujeto mestizo intenta rearmonizar su disturbado orden discursivo, sometiéndolo a la urgencia de una identidad tanto más fuerte cuanto que se sabe quebradiza, el migrante como que deja que se esparza su lenguaje,

---

[5] Inca Garcilaso de la Vega, *Comentarios reales de los Incas*. Estudio preliminar y notas de José Durad (Lima: Universidad de San Marcos, 1967). El episodio aparece en el Tomo IV, Libro VIII, Capítulo XXIV, páginas 80-81. El texto lo he trabajado en varias ocasiones. Véase especialmente mi artículo "La 'invención' de las naciones hispanoamericanas. Reflexiones a partir de una relación textual entre el Inca y Palma", en Iris Zavala (ed.), *Discursos sobre la "invención" de América* (Amsterdam: Rodopi, 1992) y "El discurso de la armonía imposible" en *Revista de Crítica Literaria Latinoamencana* XIX, 38 (1993).

contaminándolo o no, sobre la superficie y en las profundidades de una deriva en cuyas estaciones se arman intertextos vulnerables y efímeros, desacompasados, porque su figuración primera es la de un sujeto siempre desplazado. Me atrevería a decir, desde esta perspectiva, que en un caso el sentido último es dialéctico —y tal vez su retórica interna sea sobre todo la de la metáfora— mientras que en el otro los términos serían los del diálogo abierto e inconcluso y su modo preferencial —presumiblemente— el de la metonimia. Aquélla establece su eficacia en la solidez de un espacio clausurado dentro del marco de la similaridad y ésta, a la inversa, en la fragmentada pero continua indeterminación de su horizonte.

Precisamente la naturaleza de tal continuidad hace difícil encontrar fragmentos breves que permitan observar el funcionamiento de este tipo de discurso —que se advierte, con nitidez, en cambio, cuando se trata de desarrollos textuales más vastos. Extraigo sin embargo, de *El zorro de arriba y el zorro de abajo*, el siguiente parlamento entre dos migrantes:

—Cierto —dijo don Esteban ... Quizás el evangélico de Chimbote es ... ¿cómo ostí dice? ¿Desabridoso?
—Desabrido.
—Eso mismo, en quichua, más seguro dice *qaima*. Pero, diga ostí. Ese desabridoso, *qaima*, hace conocer a profeta Esaías. Grandazo es ...[6]

Anoto apenas la persistencia del español anómalo ("desabridoso"), pese a que es corregido ("desabrido"); la afirmación de la mejor pertinencia del quechua (*qaima* es "más seguro" que "desabridoso"/"desabrido"); y finalmente la abrupta irrupción del intertexto bíblico, no católico sino evangélico, en fonética quechuizada: Esaías por Isaías, en cuya definición —además— aparece un español fuera de sitio, desubicado: "grandazo es". Subrayo que aquí, al revés del ejemplo anterior, *qaima* no es propiamente materia de traducción y el término quechua no forma sinonimia con "desabrido"; y marco que el hablante distingue al menos tres niveles: aunque sabe que "desabrido" es la forma correcta, insiste en su peculiar dicción ("desabridoso") a la vez que subordina a ambas frente a la voz quechua (*qaima*) que expresaría mejor lo que quiere decir. Obviamente esta preferencia remite a un tiempo-espacio anterior, la forma normalizada se instala en el presente y la otra, en algún sentido intermedia, como que grafica el desplazamiento del sujeto. La situación lingüística se dramatiza porque su secuencia íntegra está vinculada con la confusa novedad del mensaje de la iglesia evangélica: para el migrante quechua se trata de algo "desabridoso", que en su memoria verbal tiene un calificativo más fuerte (*qaima*), aunque no deja de reconocer que las palabras del profeta Isaías, que escucha en las predicaciones, lo conmueven por su intensidad.

Ciertamente no todo esto aparece plasmado de forma explícita en el breve segmento que he citado, pero tal vez —pese a su vaguedad— sirva para entender la fragmentación de una experiencia y de un lenguaje que se sitúan casi indistintamente en diversos puntos y pueden acodarse en ellos —sin diluirlos— para ejercer las funciones identificatorias y lingüísticas que corresponden a su condición errática y trashumante.

---

[6] *El zorro* ... 153.

Como el sujeto mestizo, el migrante es también —por cierto— un sujeto social. Tal vez con menos arraigo colectivo y con tradición menos solvente, tiene, sin embargo, como el otro, su figura y texto fundadores: Guamán Poma de Ayala, *La nueva crónica y buen gobierno* y de manera especial el intenso acápite "El autor camina". De otro lado, la espectacular masividad de su actual presencia urbana permite rever una historia que —por siglos— ha sido en efecto la historia de migraciones sin fin, aunque sobre ella no se haya trabajado lo suficiente —y, mucho menos, lamentablemente, en el campo específico de la literatura.[7] Bastaría el reto implícito en *El zorro de arriba y el zorro de abajo* para instalar al sujeto migrante, a su lenguaje y sistema de representaciones, en el centro de una nueva reflexión sobre la discursividad andina —y no sólo andina. Habría que recordar, en todo caso, que si Arguedas narró en su última novela la aventura de un pueblo casi íntegramente "trasplantado" y dejó constancia de su propia incertidumbre frente a un "hervor" que trasmutaría sus sentidos —sin modelo posible— al imprevisible ritmo de incontenibles avalanchas, él mismo, pocos años antes, publicó lo que tal vez fuera su primer poema, escrito en quechua como se anotó hace un momento, que es un himno-canción en honor a la gesta del migrante.

En "A nuestro padre creador Túpac Amaru", cuya primera edición es de 1962, Arguedas confiere origen y legitimidad mítica a una experiencia histórica que por entonces ya es evidente: la conquista de Lima, símbolo del Perú hispánico e hispanizante, por inmensas muchedumbres indígenas que hacen suyo, más con energía que con violencia, un espacio que siempre les fue ajeno y hostil. Con el ánimo que les viene de antiguo, los migrantes invaden la ciudad, la transforman profundamente y realizan desde ese *topos* —paradójicamente— la utopía milenaria de la "ciudad feliz". Cito la traducción al español de los versos de Arguedas:

> Somos miles de millares, aquí, ahora. Estamos juntos; nos hemos congregado pueblo por pueblo, nombre por nombre, y estamos apretando a esta inmensa ciudad que nos odiaba, que nos despreciaba como a excremento de caballos. Hemos de convertirla en pueblo de hombres que entonen los himnos de las cuatro regiones de nuestro mundo, en ciudad feliz, donde cada hombre trabaje, en inmenso pueblo que no odie y sea limpio [de corazón] como la nieve de los dioses montañas donde la pestilencia del mal no llega nunca.[8]

Ciertamente el presagio de Arguedas no se cumplió: la cruda y extendida miseria impidió la realización del enhiesto ideal con el que se soñaba en una intensa y unánime felicidad social, pero sí fue certera, en cambio, la imagen de una ciudad aluvional en la que conviven hombres y mujeres de los cuatro *suyos* —las regiones de la cosmografía prehispánica— que cotidianamente realizan la múltiple hazaña de preservar sus filiaciones de origen, comunicarse y enriquecerse con las experiencias de los *otros*, ahora vecinos, y asumir como propia —pero a su manera— una modernidad que felizmente siempre tiene —cuando es auténtica— más de un sentido, incluyendo el prismático y entreverado de la

---

[7] Véase Mirko Lauer, *El sitio de la literatura* (Lima: Mosca Azul, 1989).
[8] Cito por la recopilación póstuma (bilingüe) de las poesías de José María Arguedas, *Katatay/Temblar* (Lima: Instituto Nacional de Cultura, 1972) 24-25.

modernidad periférica. Transculturación masiva o mestizaje universalizado se podría decir, y con razón, pero sucede que el migrante nunca deja de serlo del todo, aunque se instale definitivamente en un espacio y lo modifique a su imagen y semejanza, porque siempre tendrá detrás su experiencia fundante y una casi imperturbable capacidad para referir la existencia en relación a la índole de las estaciones y de las fronteras que hubo de conocer para instalarse en un lugar que probablemente lo fascina tanto como lo aterra.

Una advertencia final: aunque en esta aproximación preliminar he insistido en las diferencias, me interesa dejar en claro que no intento formular una dicotomía entre mestizo y migrante, y entre sus respectivos lenguajes e inserciones intertextuales, sino establecer dos posiciones de enunciación, que a veces pueden y deben articularse. En todo caso, por el momento, me entusiasma la idea de cruzar de ida y vuelta el paradigma del mestizo y la transculturación, y su modelo en última instancia sincrético, de una parte, con la movediza sintaxis del migrante y su multicultura fragmentaria, de otra. Tal vez sólo con ambas perspectivas —que por cierto no excluyen otras— nos será posible dar razón de la trama de una literatura enredada, de un vasto y escurridizo discurso, de una cultura que prolifera en variantes, de un universo plural y pluralizante cuyo único orden quizás no sea otro que el caos de una creación (¿gozosamente?) incompleta.

De Arguedas a Rivera Martínez: evolución y renovación del canon de la narrativa indigenista peruana

Ismael P. Márquez

Ismael Márquez, de nacionalidad peruana, se doctoró en la Universidad de Texas, Austin, EE.UU. y ahora ofrece cursos en la de Oklahoma, Norman. Sus publicaciones incluyen: La retórica de la violencia en tres novelas peruanas *(Nueva York, 1994) y, como co-editor,* Los mundos de Alfredo Bryce Echenique *(Lima, 1994). Tiene dos nuevos libros en preparación:* New Trends in Contemporary Peruvian Fiction *y una compilación de ensayos críticos sobre la obra de Julio Ramón Ribeyro. Actualmente su campo de investigación preferido es la narrativa indigenista peruana*

Desde la aparición de *Los ríos profundos* (1958) de José María Arguedas (1911-69), novela considerada unánimemente como iniciadora del neoindigenismo, la narrativa neoindigenista peruana ha transcurrido por cauces que naturalmente se entrecruzan e interconectan conformando un sistema autogenerador expansivo y dinámico. Dentro de este proceso se ha venido elaborando un nuevo canon en el que participan y alternan —cada una dentro de sus particularidades estéticas e idiosincrasias conceptuales— las obras de autores ya consagrados tales como Eleodoro Vargas Vicuña (1924-) Manuel Scorza (1928-83), Carlos Eduardo Zavaleta (1928-), Marcos Yauri Montero (1930-) y Edgardo Rivera Martínez (1933-); y conformando una generación más reciente, Víctor Zavala Cataño (1932-), Félix Huamán Cabrera (1939-), Hildebrando Pérez Huarancca (1946-) y Óscar Colchado Lucio (1948-).[1] Este listado no pretende ser total ni excluyente; su propósito es objetivar la poderosa atracción que sigue ejerciendo el género sobre tan connotados narradores.

Examinar y hacer justicia a la obra de todos y cada uno de los autores mencionados sería una tarea que está fuera de los límites de este trabajo. Lo que se propone aquí es dar una visión del estado actual de la narrativa indigenista peruana en su vertiente neoindigenista, enfocando para ello exclusivamente en la obra de Edgardo Rivera Martínez (1933-). Dignísimo depositario del legado literario de José María Arguedas, Rivera Martínez se ha erigido en el nuevo paradigma del género con la exitosa publicación de su última novela titulada *País de Jauja* (1993),[2] que constituye hasta ahora la cima de su quehacer narrativo.

---

[1] Tomás G. Escajadillo, "'Los ilegítimos' en la literatura neo-indigenista", en *Márgenes* III, 5, 6 (diciembre 1989) 85-92.
[2] Edgardo Rivera Martínez, *País de Jauja* (Lima: La Voz, 1993). Todas las citas textuales serán de esta edición y se indicarán parentéticamente.

y que se sitúa ya como una de las obras principales de las letras peruanas de todos los tiempos.

Conviene aquí hacer un deslinde semántico entre términos que habitualmente se emplean sin mayor precisión, pero que merecen esclarecerse por las importantes implicaciones que conllevan: indigenismo y neoindigensimo, y sus formas adjetivales indigenista y neoindigenista. Blas Puente-Baldoceda[3] indica que el indigenismo:

> se refiere al movimiento ideológico-político y científico de los criollos y mestizos que se proponen revelar la realidad indígena, reivindicar sus intereses sociales y económicos y revalorizar su cultura con el propósito de integrarla a la comunidad nacional. [Indigenista] alude específicamente a la creación literaria que se inscribe dentro del movimiento del indigenismo.(12)

El neoindigenismo, por otro lado, y como lo observa el mismo crítico peruano, propone una visión interna de los valores culturales autóctonos con el propósito de dignificarlos y legitimarlos intelectualmente, pero también de preservar sus características intrínsecas, a la vez que los presenta como alternativas autosuficientes a la cultura europea. El neoindigenismo, pues, no sólo profundiza su visión sobre la identidad y los valores culturales del mundo indígena sino que concibe la cultura mestiza como derivación de la precedente, y además, incorpora creativamente los aportes de la civilización occidental. En el ámbito literario, la narrativa neoindigenista se nutre de esta ideología y detenta rasgos, como los ha señalado Antonio Cornejo-Polar,[4] que van desde el empleo de la perspectiva del realismo mágico, la incorporación del mito y la intensificación del lirismo, hasta la complejización de la técnica narrativa y la expansión del espacio de la representación.

Sin embargo la naturaleza de la literatura neoindigenista no se agota en la exaltación de valores culturales ni en la adopción de recursos técnicos novedosos en el discurso literario, entre ellos el uso de un registro literario-estilístico que refleje la tradición oral andina como lo hiciera tan magistralmente Arguedas. Más aun, la premisa que el neoindigenismo sea la genuina representación literaria del indio en cuanto intenta capturar la intimidad de su ser y la visión de su universo mítico-religioso ha sido cuestionada por críticos como Peter Elmore,[5] quien destaca que:

> El problema ... consiste en asumir la existencia de un supuesto "indio auténtico" ...: entre el discurso de la ficción y el referente social habría, así, una transpariencia absoluta. Por otro lado, uno puede interrogarse sobre las credenciales de quienes perciben que, en efecto, el novelista reprodujo objetivamente las condiciones materiales de existencia de los campesinos ... y, además la cosmovisión de éstos. (104)

---

[3] Blas Puente-Baldoceda, "Narrativa, lenguaje literario e ideología en la literatura neoindigenista y de la negritud en el Perú: Manuel Scorza y Gregorio Martínez". Tesis doctoral (Universidad de Texas, Austin, 1989).

[4] Antonio Cornejo-Polar, "Sobre el 'neoindigenismo' y las novelas de Manuel Scorza", *Revista Iberoamericana* 127 (1984) 549-57.

[5] Peter Elmore, *Los muros invisibles. Lima y la modernidad en la novela del siglo XX* (Lima: Mosca Azul, 1993).

Lo que constituye el elemento fundamental y diferenciador de la ficción neoindigenista, independientemente de las múltiples connotaciones ideológicas y estéticas que se la atribuyan, es el hecho de que, a la vez que revaloriza la esencia sociocultural indígena, se refuerza y enriquece en un proceso simbiótico con el legado multicultural del mesticismo.[6] La síntesis de estos factores es un nuevo discurso andino que refleja ya una identidad nacional.[7] El proceso de evolución orgánica[8] que informa el neoindigenismo adopta —además de las mencionadas innovaciones formales— un cariz inusitado al recoger y registrar un fenómeno socioeconómico de profundas consecuencias en el destino del país: el gran movimiento migratorio desde el Ande hacia las zonas urbanas que se da con creciente intensidad a partir de la década del cuarenta. La literatura no sólo consta el efecto de la migración sobre los desplazados y sobre las urbes receptoras, como es el caso de *El zorro de arriba y el zorro de abajo* (1971), sino también las graves consecuencias del abandono y desolación de comunidades andinas, dramáticamente representadas en los cuentos de Hildebrando Pérez Huarancca, reunidos en la colección titulada *Los ilegítimos* (1980). Lo que curiosamente queda virtualmente sin representación literaria es el estadio que Mirko Lauer ha caracterizado como "el proceso interno de la migración", o sea, "los aspectos físicos, psíquicos, de la experiencia, del movimiento ... por contraste con situaciones que anteceden o siguen al movimiento".[9] Lauer aduce que:

> a pesar de la migración, el Perú sigue definiéndose como dos mundos sin un nexo problemático. Si el indigenismo poético tiende a cargar las tintas a una visión estereotipada de la subjetividad popular, la narrativa urbana sociologiza al sujeto popular, de alguna forma colaborando así a la amputación de su pasado. (81)

Dentro de este contexto, la obra narrativa de Edgardo Rivera Martínez reúne con amplia suficiencia los elementos constitutivos necesarios para ser considerada como eminentemente representativa del género neoindigenista, tanto por su concepción como por su elaboración. El caso de Rivera Martínez es inédito en las letras peruanas. Distanciado voluntariamente de los afanes de la fácil notoriedad, y con un *corpus* narrativo limitado pero de impecable factura, Rivera Martínez es respetuosamente reconocido en el medio literario como un excelso artífice, dueño de una prosa pulida de fina intensidad poética, que refleja una voluntad infatigable de encontrar la expresión más exacta para representar las tensiones de una intimidad profunda y particular. Heredero de la rica tradición que va de Garcilaso Inca a José María Arguedas, Rivera Martínez se ubica en la encrucijada entre dos polos culturales que en el espacio histórico se han atraído y repelido con igualdad de

---

[6] Ángel Rama, *Transculturación narrativa en América Latina* (México: Siglo XXI, 1982) 183.
[7] Para un incisivo análisis de la problemática de la identidad nacional peruana véase José Guillermo Nugent, *El laberinto de la choledad* (Lima: Fundación Friedrich Ebert, 1992).
[8] En su tesis doctoral "La narrativa indigenista: un planteamiento y ocho incisiones" (Universidad Nacional Mayor de San Marcos, 1971), Tomás G. Escajadillo postula que el neoindigenismo no cancela el indigenismo sino que implica más bien una de "transformación orgánica". Citado en Puente-Baldoceda, 31.
[9] Mirko Lauer, *El sitio de la literatura. Escritores y política en el Perú del siglo XX* (Lima: Mosca Azul, 1989).

fuerzas, pero que inevitablemente se funden y conjugan en un irreversible proceso de transculturación. No es sorprendente entonces, que su ficción haya oscilado entre temas arraigados en el universo andino al que está firmemente ligado por experiencia vital, y otros cuyos espacios son ambientes urbanos, instancias que proyectan una singular y perturbadora visión del mundo citadino costeño. En ambos casos, la lírica prosa que informa su obra teje una sugestiva tela en la que la realidad, los sueños y la fantasía se confunden en elusivas imágenes donde los símbolos y los mitos adquieren significados de difusas tonalidades.

La dualidad referencial que marca la narrativa de Rivera Martínez se manifiesta desde sus primeros cuentos recogidos en *Azurita* (1978), en *Enunciación* (1979), en *Historia de Cífar y de Camilo* (1981), y con especial brillantez en *Ángel de Ocongate y otros cuentos* (1986), obra con la cual se consagra como cuentista de primera magnitud. Es en esta última colección donde Rivera Martínez despliega con característica sutileza su vasto arsenal estilístico y alegórico, y logra plasmar una poética que transita entre la barroca mitología de cuentos como "Ángel de Ocongate" y "Amaru" hasta el patético realismo de "Rosa de fuego" y "El fierrero". "Rosa de fuego", mejor que ningún otro cuento ha calado tan profundamente en la problemática del desarraigo social y proletarización cultural derivados de la migración. La temática en sí no es novedosa; ya Julio Ramón Ribeyro en *Los gallinazos sin plumas* (1956) y Enrique Congrains Martín en *No una, sino muchas muertes* (1957) habían retratado de cuerpo entero la degradante marginación de vastos segmentos populares en una Lima en caótica carrera hacia el espejismo de la modernidad. Pero el sesgo lírico y la sensibilidad netamente andina que Rivera Martínez le imprime a su obra, cualidades que nos remiten directamente a la fuente primigenia que es Arguedas, difiere en gran medida del punto de vista esencialmente realista-urbano de sus colegas. Las observaciones de Mirko Lauer que citamos arriba son válidas en cuanto testifican de la ausencia de una literatura de la migración, pero este hecho no le resta vigencia social a la obra de Rivera Martínez; el autor, con la tersa prosa que lo distingue, emplaza al lector cara a cara con la brutal alienación y profunda nostalgia que sufren aquéllos que se han visto forzados a abandonadar el hogar andino en busca de un elusivo El Dorado.

La función de la memoria de un pasado idílico como sustento del espíritu nos trae los lejanos ecos de otra nostalgia, la del niño Ernesto, protagonista de *Los ríos profundos*. Y es que la obra de Rivera Martínez se imbrica con la de Arguedas en un "diálogo intertextual",[10] que se genera y actúa mucho más intensamente que si fuera un simple caso de influencia.[11] No es más evidente esta consonancia que en *País de Jauja*, novela que igualmente se fundamenta en la memoria de un adolescente como vehículo de recuperación del pasado, pero también como exaltación de un presente jubiloso, imbuido de optimismo, emoción insólita en el Perú de hoy.

Si la relación intertextual de Rivera Martínez con Arguedas es manifiesta, lo es igualmente con su propia obra, tanto en lo temático como en una variedad de recursos expresivos. En *País de Jauja*, Rivera Martínez ha acudido a su bagaje autobiográfico —

---

[10] Umberto Ecco, *The Limits of Interpretation* (Bloomington IN: Indiana University Press, 1990).
[11] Para una elaboración del tema de influencia literaria véase Harold Bloom, *The Anxiety of Influence* (Nueva York: Oxford University Press, 1973).

ya exhibido en su libro *Casa de Jauja* (1985)— para recapturar experiencias hogareñas vividas en su ciudad natal y rescatar situaciones y personajes —verdaderos y ficticios— que pueblan sus anteriores obras. De aparente simplicidad por el plácido fluir de su lectura, esta novela en efecto es un complejo tramado estructural, simbólico y semántico en el que se conjugan las mitologías andinas y clásicas y donde se mezclan e interactúan las literaturas, músicas y lenguas nativas y europeas, clásicas y modernas. La fábula de la novela se ambienta en los años cuarenta en la remota y apacible ciudad andina de Jauja y abarca un período de vacaciones escolares del joven Claudio, cortas semanas que propician el inevitable rito de pasaje a un grado más alto de maduración intelectual y afectiva y también el descubrimiento de una incipiente sexualidad. La educación sentimental de Claudio se da en el seno de una familia de clase media venida a menos económicamente, donde su madre nutre su vocación y talento musical y su hermano cultiva sus inclinaciones literarias. Ambas inquietudes artísticas le presentan a Claudio perspectivas culturales que no se excluyen mutuamente sino que más bien se enriquecen y complementan. Al lado de su madre recoge del folklore local huaynos y yaravíes que transcriben con particular celo al piano, a la vez que toma lecciones de piano clásico siguiendo los métodos europeos de Lemoine y Czerny. Guiado por su hermano, bibliotecario municipal, Claudio explora el mundo de los libros donde se ve envuelto por los épicos personajes y vicisitudes de *La Ilíada*, pero con igual fascinación apela a la tradición oral que le transmite una empleada doméstica para indagar sobre los mitológicos amarus que habitan los insondables lagos sagrados andinos. A través de la narrativa que se da principalmente en la segunda persona, técnica que crea una atmósfera de intimidad y reminiscencia, Claudio esparce entradas en un diario personal que comienza siempre con la frase "Marcelina dijo: ...". De esta manera transcribe el texto oral de Marcelina, leyendas en que la criada da cuenta de los orígenes del hombre, el significado de las cosas, y de las luchas entre las fuerzas cósmicas que rigen el universo. Así, el muchacho que comienza el verano en infantiles juegos con sus amigos, alcanza al final de éste una plena conciencia de su vocación artística y, más importante aun, de su polivalente herencia histórica y cultural.

Pero aun en medio de la plétora de experiencias y emociones recogidas, es la ciudad de Jauja la que asume el centro protagónico de la novela al servir como elemento catalizador de culturas que se sintetizan en un proceso de genuino mestizaje. Jauja, país utópico enclavado en los Andes, es el espacio mediador entre la realidad de una modernidad que avanza desde Lima y la remota puna donde los apus —dioses tutelares andinos— y los mitológicos amarus que habitan los lagos sagrados todavía ejercen su poderosa influencia. Este lugar paradisíaco no sólo devuelve la salud a quienes acuden a él en busca de su clima restaurador, sino que simboliza y objetiva la feliz unión de valores que secularmente se habían considerado incompatibles. Quizás éste sea el principal mérito —entre muchos otros— de esta extraordinaria novela.

La selección de la obra de Rivera Martínez como paradigmática de la narrativa neoindigenista peruana contemporánea, no ha sido arbitraria. Su *corpus* literario exhibe elementos de representatividad, exhaustividad y homogeneidad[12] que no sólo la inscriben

---

[12] El tema de representatividad de un *corpus* narrativo ha sido tratado en A. J. Greimas, *Sémantique Structurale. Recherche de méthode* (París: Presses Universitaires de France, 1986) 142-45.

sólidamente dentro del género, sino que también definen su naturaleza y envergadura. La ancha veta de la literatura indigenista peruana se ha enriquecido, y sigue floreciendo, con los aportes de varias generaciones de autores que han bregado heroicamente contra lo que Cornejo-Polar ha llamado su "heterogeneidad conflictiva" (550).

Obras como las de Edgardo Rivera Martínez, y de tantos otros como Samuel Cárdich, Andrés Cloud, Mario Malpartida y Teodoro Núñez Ureta, por nombrar sólo unos pocos además de los anteriormente mencionados, constituyen el nuevo canon que por su forma y espíritu seguirá manteniendo incólume la vigencia del género que ya definiera con tanta visión José Carlos Mariátegui y que alcanzara resonancia mundial con José María Arguedas.

La abyección del mestizo en la obra de José María Arguedas

Silvia Spitta

Silvia Spitta nació en Lima, Perú, pero se doctoró en la Universidad de Oregon, EE.UU., de donde fue a ofrecer cursos en Dartmouth College. Le interesan la colonización y el mestizaje en la literatura y ya ha publicado: Between Two Waters: Narratives of Transculturation in Latin America *(Houston, 1995),* "Gloria Anzaldúa; The New Mestiza Rides/ Writes" *(una contribución a* Gender, Self and Society, *Frankfurt, 1993) y un artículo sobre el chamanismo y la cristiandad. En preparación tiene:* Immense Abjection: The *Mestizo* in Latin/o American Narratives *y un estudio de las teorías de la colonización en, y de, las Américas*

Somos miles de millares, aquí, ahora. Estamos juntos; nos hemos congregado pueblo por pueblo, nombre por nombre, y estamos apretando a esta inmensa ciudad que nos odiaba, que nos despreciaba como a excremento de caballos. Hemos de convertirla en pueblo de hombres que entonen los himnos de las cuatro regiones de nuestro mundo, en ciudad feliz, donde cada hombre trabaje, en inmenso pueblo *que no odie*.

José María Arguedas, "A nuestro padre creador Tupác Amaru" (1962)[1]

La obra etnográfica y novelística de Arguedas se desarrolló paralelamente a lo largo de casi cuarenta años —desde los años treinta hasta fines de los sesenta— y se transformó a medida que registraba los cambios operantes en el Perú durante esa época. Arguedas una vez reflexionó que el mundo maniqueo de sus primeros cuentos (*Agua*,1935) fue el producto de "de ese odio puro que brota de los amores universales, allí, en las regiones del mundo donde existen dos bandos enfrentados con implacable crueldad, uno que esquilma y otro que sangra".[2] Esta concepción inicial dicotómica dio lugar al casi épico esfuerzo de escribir una novela que abarcara "todas las sangres" que conforman el Perú contemporáneo. En el mundo de *Agua* creado por una interpretación binaria de la realidad peruana, Arguedas establece una coincidencia entre clase y raza, y caracteriza esquemáticamente como "blancos" a todos los opresores y como "indios" a los que sangran y son oprimidos. Hacia el final de su vida, sin embargo, esa fácil dicotomía había sido inmensamente complicada por el vertiginoso mestizaje a que dieron lugar las diferentes fases de la modernización en

---

[1] José Maria Arguedas, *Temblar. El sueño del pongo* (La Habana: Casa de las Américas, 1976) 19-20.
[2] José María Arguedas, "La novela y el problema de la expresión literaria en el Perú", *Mar del Sur* III, 9 (enero-febrero 1950); también en *Recopilación de textos sobre José María Arguedas* (La Habana: Casa de las Américas, 1986).

el Perú. A medida que crecía la presencia del mestizo en el país, Arguedas empezó a dedicarse a estudiar cada vez más las formas que adquiría la cultura mestiza en provincias y más aun en las barriadas de Lima. Así, sus trabajos etnográficos y su obra novelística siguen las migraciones de sierra a costa. Sin embargo, si estudiamos la obra novelística de Arguedas a la luz de sus trabajos etnográficos, encontramos una disyuntiva problemática entre sus postulados teóricos etnográficos sobre el mestizo y su caracterización novelística.

La novelística de Arguedas no se puede separar de sus estudios etnográficos ya que sus cuentos y novelas reflejan la manera cómo éste percibía las transformaciones que estaban tomando lugar en el Perú. A veces, simplemente transcribe la tradición oral andina a la literatura como lo hace en el cuento "El sueño del pongo", donde la intervención del autor en la transición de trabajo de campo (recopilación de la tradición oral quechua) a obra literaria es mínima. En este cuento se ve claramente la división del mundo en dos bandos también subyacente en las diferentes versiones del mito de Adaneva que es incorporada a los cuentos de *Agua*: opresores/oprimidos, blancos/indios, amos/pongos. El blanco y el indio, es decir el amo y el pongo, se encuentran en un cielo soñado por un mesianismo andino donde la posición que ocupaban en la tierra es invertida absolutamente. Allí, Dios cubre al amo de miel y al pongo indio de caca y después les ordena lamerse el uno al otro. El mundo representado en "El sueño del pongo" y en los cuentos que conforman *Agua* es un mundo donde —a excepción del narrador— no hay grupos intermedios capaces de desestabilizar la clara dicotomía social en dos bandos: indios/señores; oprimidos/opresores; indios/blancos. El narrador sin embargo se sitúa en Lima como etnógrafo adulto que rememora su niñez a través de un protagonista niño —el niño Ernesto— que crece en un ayllu andino de Puquio. En esta disyuntiva se empieza a vislumbrar —hay que recordar, ya para 1933— la vertiginosa descongelación de un mundo que había permanecido petrificado en dos bandos desde la Conquista. La perspectiva ex-céntrica del narrador es articulada explícitamente al final del último cuento de la colección cuando éste se va a la costa y describe su posición, comparándola a la de su amigo indio Kutu que permanece en la sierra, de la siguiente manera: "El Kutu en un extremo y yo en el otro. Él ... está en su elemento .... Mientras yo, aquí, vivo amargado y pálido, como un animal de los llanos fríos, llevado a la orilla del mar, sobre los arenales candentes y extraños".[3] El lugar intermedio, ni dentro ni fuera, que ocupan el narrador y el niño protagonista es el mismo que ocupa también Pantacha en "Agua", primer cuento de la colección *Agua*. Esta posición intermedia, en la narrativa de Arguedas, la ocupa generalmente un indio que ha vuelto a la sierra después de vivir en Lima o alguna ciudad costeña ("el migrante" como lo llama Antonio Cornejo-Polar)[4] y cuyas experiencias le permiten adquirir una visión crítica del orden feudal imperante. La perspectiva ex-céntrica de estos personajes les permite ver la aberración del sistema que para los demás es vivido como normalidad. Ésta es la perspectiva desde la cual surgen las descripciones grotescas y absurdas que atraviesan la obra de Arguedas; grotesco que desenmascara el poder absoluto de la clase hegemónica andina. Así, el narrador describe las borracheras dominicales de los blancos hacendados del pueblo

---

[3] José María Arguedas, *Agua* (Lima: Francisco Mocloa, 1967) 94.
[4] Antonio Cornejo-Polar, XXX Congreso del Instituto Internacional de Literatura Iberoamericana (Pittsburgh, 1994). Véanse las páginas 87-94 de este tomo.

de San Juan de Lucanas donde Arguedas pasó algunos años de su niñez de la siguiente manera: "Como loco, don Braulio hacía tomar cañazo a uno y a otro, se reía de los mistis sanjuanes, les hacía emborrachar y les mandaba cantar waynos sucios .... Los mistis borrachos se sacaban el pantalón; se peleaban; golpeaban por gusto sus cabezas sobre el mostrador".[5]

Además de representar el poder absoluto de los hacendados como absurdo y grotesco, Arguedas teoriza el poder como una serie interminable de abyecciones a las que los más poderosos someten a los menos poderosos. Así, en el último cuento de *Agua*, "Warma kuyay", traducido al castellano como "Amor de niño", el hacendado blanco viola a una mujer india que trabaja para él, y su amante en su impotencia a su vez maltrata a los becerros más finos y más delicados del hacendado: "Kutu se escupía en las manos, empuñaba duro el zurriago, y les rajaba el lomo a los torillitos. Uno, dos, tres ... cien zurriagazos; las crías se retorcían en el suelo, se tumbaban de espaldas, lloraban; y el indio seguía, encorvado, feroz".[6] Y el narrador que ocupa una posición voyeurística describe su complicidad: "¿Y yo? me sentaba en un rincón y gozaba. Yo gozaba". Cuando se da cuenta de que el abuso de los animales indefensos del patrón es simplemente parte de una cadena sin fin de donde los más fuertes simplemente "violan" —sexual y económicamente— a los más débiles, decide marcharse de la sierra y así, simbólicamente, romper esa cadena.

Hay que señalar que el "goce" del testigo frente a la abyección está presente también en los cuentos autobiográficos de *Amor mundo*, donde Arguedas recuerda haber sido forzado a ser testigo de las violaciones a las que su hermanastro sometía a las mujeres del pueblo. La diferencia entre estos cuentos es que los cuentos de *Agua* datan de 1933 y los de *Amor mundo* fueron escritos 30 años después casi al final de su vida. En los cuentos de *Amor mundo*, Arguedas nos muestra el lado distópico —es decir, la otra cara de su niñez en la sierra idealizada a lo largo de su vida. Estos cuentos nos permiten vislumbrar la razón de su equiparación poder/sexualidad que contribuirá a estratificar las relaciones sociales en toda su narrativa. Esta cadena interminable de opresión, de violación y de abyección sexual es ampliada cada vez más hasta incluir a los presidentes de corporaciones multinacionales norteamericanas en las últimas novelas de Arguedas, *Todas las sangres* y *El zorro de arriba y el zorro de abajo*. Hay que señalar también que en Arguedas la violación sexual no se limita a la violación únicamente de mujeres sino también es predominantemente homosexual. Así habla del "amariconamiento" y del "achuchumecamiento" del mundo.

En *Agua* la visión y posición ex-céntricas permiten que el niño, al final del primer cuento le pida justicia al mundo por la muerte de su amigo Pantacha, implorando desde la punta de una montaña: "Tayta, ¡que se mueran los principales de todas partes!"[7] Podríamos decir que toda la obra de Arguedas gira alrededor de este grito tratando de establecer las condiciones de posibilidad de un alzamiento general que, en más de tres décadas se anticipa a la guerra senderista. Además pone el énfasis en la posición intermediaria del emisor, voz que va a ser progresivamente asociada con la del mestizo como narrador y como serie de protagonistas muy diferentes.

---

[5] José María Arguedas, *Agua* 31.
[6] José María Arguedas, "Warma kuyay (Amor de niño)" *Agua* 92.
[7] José María Arguedas, *Agua* 40.

De hecho, el móvil que impulsó los estudios etnográficos de Arguedas a lo largo de su carrera fue el hallar la respuesta a una única pregunta que se puede formular de la siguiente manera: ¿cómo se explica que después de tantos siglos de opresión y de casi exterminio —en "Razón de ser del indigenismo" escribe que casi el 70% de la población andina fue exterminada durante los primeros años de la colonia— la cultura andina hoy en día sigue teniendo vigencia y aun más, en algunos casos, se encuentra en pleno apogeo?" La respuesta a esta pregunta la encontró en la diferencia que halló entre los valles mestizos del Mantaro y otras comunidades andinas aisladas. Encontró que en el valle del Mantaro, por una razón u otra, no se había impuesto el rudo vasallaje que se había impuesto en el resto de los Andes. Como consecuencia y hallándose en el cruce de dos culturas, las comunidades del Mantaro habían desarrollado lo que Arguedas llama "anticuerpos" a la cultura occidental, mientras que los ayllus representados en *Agua* habían permanecido aislados del resto del mundo por una geografía infranqueable. Allí se había establecido desde la Conquista una jerarquía absoluta entre amos e indios que había permanecido petrificada durante siglos —petrificación que, paradójicamente, había contribuido a preservar y a diferenciar a la cultura andina de la occidental. A la vez, el aislamiento de las regiones que no habían tenido que transculturarse continuamente como los valles del Mantaro, con la modernización y la apertura de caminos se hallaban de repente "en peligro de muerte, de extinción absoluta, de esas extinciones que no dejan huellas" (Arguedas, *Señores e indios* 257). Debido a esto, la etnografía de Arguedas es, por un lado, una etnografía "de urgencia",[8] que trata de preservar un mundo antes de que éste desaparezca, y a la vez es una etnografía dinámica que se va interesando cada vez más en el mestizo y en las nuevas formas culturales que estaba adquiriendo el Perú. Como lo demuestra su posición en contra de la folklorización artificial de la feria de Huancayo, Arguedas siempre se opuso a los que entendían la cultura andina como museo vivo.[9]

De su comparación entre la desintegración de comunidades aisladas y las comunidades mestizas del Mantaro que tuvieron un auge económico con la mejora de las redes de comunicación, Arguedas desarrolló su teoría de la transculturación o del mestizaje cultural —parecen haber sido sinónimos para él— y escribió en los años sesenta a modo de manifiesto:

> Cuando se habla de "integración" en el Perú se piensa invariablemente en una especie de *aculturación* del indio tradicional a la cultura occidental; del mismo modo que cuando se habla de alfabetización no se piensa en otra cosa que en castellanización. Algunos antropólogos ... concebimos la integración en otros términos o dirección. La consideramos no como una ineludible y hasta inevitable y necesaria *aculturación*, sino como un proceso en el cual ha de ser posible la conservación o intervención triunfante de algunos de los rasgos característicos no ya de la tradición incaica, muy lejana, sino de la viviente hispano-quechua que conservó muchos rasgos de la incaica. Así creemos en la pervivencia de las formas comunitarias de trabajo y vinculación social que se han puesto en práctica, en

---

[8] James Clifford y George E. Marcus, eds., *Writing Culture: The Poetics and Politics of Ethnography* (Berkeley: University of California Press, 1986) 112-13.

[9] José María Arguedas, citado en Eve-Marie Fell, "Arguedas y Huancayo: hacia un nuevo modelo mestizo", *José María Arguedas: Vida y obra*, R. Forgues *et al.*, eds. (Lima: Amaru 1991) 91.

buena parte por la gestión del propio gobierno actual, entre las grandes masas no sólo de origen andino sino muy heterogéneas de las "barriadas", que han participado y participan con entusiasmo en prácticas comunitarias que constituían formas exclusivas de la comunidad indígena andina.[10]

Contrariamente a lo que se ha pensado, lo que Arguedas maneja en sus estudios etnográficos y en su obra novelística es una categoría intermedia entre indios y blancos que sería la del "hispano-quechua" como es llamada aquí, o la del mestizo como la llama otras veces. Así, escribió que aun la cultura andina más claramente diferenciada como "india" ha estado transculturándose continuamente a lo largo de los siglos y ya no es, ni lo ha sido desde la Conquista, una cultura india "pura". Arguedas corrobora esta tesis en sus numerosos estudios sobre las danzas, los mitos, y el folklore peruanos. "El folklore peruano", escribe, "es ... muestra elocuente de la vitalidad de la cultura india que no se ha anquilosado ni detenido, como se supone, sino que, asimilando constantemente cuanto le ha sido necesario de la cultura occidental, se transforma y alienta paralelamente a la misma, creando con ella, como zona de confluencia, al mestizo inestable y dinámico" (*Señores e indios* 173). Vista desde esta perspectiva, la cultura peruana que describe Arguedas en su narrativa es una cultura que se encuentra a lo largo de lo que yo llamaría "un continuo de mestizaje" donde las categorías "blanco" e "indio" son categorías relativas que sólo reflejan diferentes grados de transculturación. Es más, la idea del "mestizo" que maneja Arguedas es más que nada una categoría cultural y de clase que de raza. Hay blancos empobrecidos que son mestizos como hay indios amestizados o "cholos", como son llamados despectivamente. Arguedas relata el caso de un cabecilla del pueblo andino de Pichqachuri que le contó que los mayores conscientemente fomentaban el amestizamiento de sus hijos para así tratar de desarrollar sus comunidades. También hay terratenientes descendientes de españoles que se indianizan. "Los españoles y sus descendientes", postula Arguedas radicalmente, "rodeados por la masa indígena que a todo lo largo del país habla una sola lengua y aislados por gigantes montañas ... se indigenizan mucho más de lo que hasta ahora se ha descubierto".[11]

En estas ecuaciones hay dos componentes diferentes. El primero, el de los blancos empobrecidos o blancos aindiados, opera bajo un criterio de clase social; mientras que en el segundo, el de indios amestizados habría un criterio de cultura que afecta el modo cómo se percibe su raza demostrando que aún hoy en día, en América Latina la coincidencia establecida en la Colonia entre raza (blanca) y clase hegemónica sigue en pie y funciona como ideologema. Lo que registra la obra de Arguedas en su totalidad y lo que quizás explique su creciente importancia para la literatura peruana es un cambio paradigmático. Si antes de Arguedas la ecuación hegemonía/raza/cultura, herencia de la Colonia, seguía en pie, y servía de motivo estructurante, con Arguedas cambia el énfasis hacia el Perú "profundo" y la concomitante confusión y ambigüedad de códigos culturales y raciales que habían prevalecido hasta ese entonces.

---

[10] José María Arguedas, "Razón de ser del indigenismo", *Recopilación* 61-62.
[11] José María Arguedas, *Indios, mestizos y señores* 16.

Este cambio paradigmático se refleja en la trayectoria novelística de Arguedas ya que desaparecen por completo los indios y los blancos como categorías separables y diferenciadas. Por otro lado, a un nivel particular —ya no de mestizaje universal o "profundo",[12] como lo llamó Rama (haciendo eco de las ideas del historiador peruano Jorge Basadre), siguen existiendo indios, blancos, y mestizos como categorías descriptivas pero imposibles de diferenciar claramente. Lo que hay entonces, a partir de los cuentos de *Agua*, es una progresiva confusión de los códigos culturales con los que hasta ese entonces se venía conformando la versión literaria e ideológica del Perú. Así, un personaje como Fermín Aragón de Peralta en *Todas las sangres* (1964), terrateniente de descendencia española de un pueblo andino aislado, es caracterizado de la siguiente manera: "Tiene usted", le dice su abogado en Lima, "un aire de aristócrata con tintes de yanquilandia y andilandia".[13] Esta caracterización, y la incorporación de anglicismos en la novela, dicho sea de paso, ya refleja la influencia del neocolonialismo norteamericano. Este mismo personaje es llamado despectivamente "serrano" y "cholo" por un ingeniero costeño (*Todas las sangres* 69). O Rendón Willka, portavoz de Arguedas en *Todas las sangres*, es caracterizado por otros personajes como "ex-indio", indio entre comillas, "cholo bueno", "cholo", "cholo confuso", "cholo aturdido", y hasta como "zorro sin rumbo fijo" (78, 74, 81). Lo que demuestra la multiplicidad de estas caracterizaciones de un personaje es la progresiva desestabilización de los elementos que previamente habían servido para arraigar las identidades. Como escribe Arguedas, "hay infinidad de grados de mestizaje".[14] Como lo demuestra el ejemplo de Rendón, también hay infinidad de modos de percibir y categorizar el mestizaje. Ya no hay una identidad fija como lo habían sido hace ese entonces las categorías abarcadoras "indio" o "blanco".

Esta desestabilización se manifiesta también, paradójicamente, en una gran contradicción que atraviesa la obra de Arguedas. Basándose en sus estudios etnográficos, Arguedas descubrió al mestizo como futuro del Perú por su capacidad de salvar los elementos más viables de la cultura andina y a la vez de sobrevivir al abrirse paso como una cuña entre dos mundos.[15] A la vez, el modelo "orgánico" e ideal de mestizaje incorporado por Rendón Willka y que Arguedas había descubierto en el valle del Mantaro no funcionaba uniformemente en todo el Perú. Había otros modelos operantes también —aun más prevalecientes— que eran los de las identidades y culturas forjadas sobre la marcha debido a las grandes migraciones de sierra a costa. Este mestizaje era el del "hombre confuso"[16] que se encuentra en el cruce de dos culturas; estética y cultura del "hombre nuevo" sobre quien Arguedas se expresa con ambivalencia. Como tampoco pudo dejar de lado su compromiso con los "indios", especialmente en la medida en que renegaban el mundo de su niñez y le servían de conexión psíquica, Arguedas vio al nuevo mestizo con cierto recelo ya que éste estaba contribuyendo a cambiar el rostro del Perú radicalmente. Esta

---

[12] Ángel Rama, "Introducción", *Formación de una cultura nacional*, ix.
[13] José María Arguedas, *Todas las sangres* (Buenos Aires: Losada, 1964) 287.
[14] José María Arguedas, *Formación* 3.
[15] José María Arguedas, "La novela y el problema de la expresión literaria en el Perú", *Recopilación* 400.
[16] José María Arguedas, "La narrativa en el Perú contemporáneo", *Recopilación* 417.

ambivalencia subyacente en todo su pensamiento hace que Arguedas acabe caracterizando al mestizo en su obra novelística en términos de su abyección sexual mientras que en sus estudios etnográficos ponía hincapié en su creciente importancia.

Por eso hace una división entre mestizos en dos clases: cholos buenos y cholos malos. En *Todas las sangres*, Rendón Willka es el modelo de un cholo bueno mientras que Cisneros, hacendado mestizo de la región, es un cholo malo, a pesar de que su caracterización corresponde claramente con los postulados teóricos sobre el mestizo como "cuña" en los estudios etnográficos arguedianos.[17] Me detengo en esta novela porque lamentablemente ha sido pasada por alto por los críticos debido a que como "novela de tesis" es la más sociológica y a la vez técnica y poéticamente la menos innovadora. Sin embargo es de gran interés por su insistencia en tener que partir siempre de un punto cero y explicar al Perú etnográficamente —es decir, que es una novela "crisis" que ya no puede asumir ni una realidad inteligible para todos ni una identidad coherente.

Rendón Willka es un mestizo porque Arguedas lo caracterizó de acuerdo a sus estudios etnográficos donde había encontrado que la clara huella que dejaba la transición cultural de "indio" a "mestizo", especialmente en los que bajaban de la sierra a Lima, se hallaba en los huaynos quechuas cantados por nuevos mestizos. Éstos recordaban la melodía pero se habían olvidado de la letra o recordaban la letra y se habían olvidado de la melodía. También cantaban en quechua y en español, mezclando ambos idiomas y demostrando un incipiente bilingüismo. Basándose en estos estudios que no resumo en su totalidad aquí, Arguedas concluye que "[e]l wayno es como la huella clara y minuciosa que el pueblo mestizo ha ido dejando en el camino de salvación y de creación que ha seguido" (*Indios, mestizos y señores* 59). Rendón Willka, cuando volvió a su pueblo después de haber permanecido durante largos años en Lima y después en Huancayo,[18] a veces viste a la americana y otras de acuerdo a las convenciones de su comunidad, y cuando canta huaynos los canta como los "nuevos mestizos" que Arguedas ha estudiado en las barriadas de Lima y tiene que improvisar la letra (118). Por eso es caracterizado por todos inmediatamente como "exindio" (30). Estos cambios aparentemente superficiales son acompañados por cambios radicales en su visión del mundo. Rendón, después de su estadía en Lima, ha dejado de creer en el animismo andino y lo ve como uno de los elementos que más ha sido manipulado por las clases hegemónicas. Por otro lado, aunque deja de lado las creencias andinas denominándolas, como Fermín, "irracionalismo" y "superstición", sí continúa creyendo —como lo hace Arguedas en el manifiesto antes mencionado— en formas comunitarias de trabajo y de cooperación y no cree en el individualismo impuesto por el capitalismo sino

---

[17] Escribe: "Existe otra alternativa que sólo uno de mil la escoge. La lucha es feroz en esos mundos, más que en otros donde también es feroz. Erguirse entonces contra indios y terratenientes, meterse como una cuña entre ellos; engañar nl terrateniente afilando el ingenio hasta lo inverosímil y sangrar a los indios, con el mismo ingenio, succionarlos más, y a instantes confabularse con ellos, en el secreto más profundo o mostrando tan sólo una punta de las orejas para que el dueño acierte y se incline a ceder, cuando sea menester". "La novela y el problema de la expresión literaria en el Perú", *Recopilación* 400.

[18] Rendón hace eco de los estudios etnográficos de Arguedas sobre las comunidades mestizas del valle del Mantaro cuando dice: "Yo andando, patrón, barriada en barriada; yendo Huancayo. ¡Allí bien, patrón! Es respeto" (*Todas las sangres* 155).

más bien aboga por la pervivencia del sujeto colectivo de la tradición cultural andina y la opción de desarrollo de las comunidades mestizas del Mantaro. "No pueden matar a todos", les dice a los miembros de su comunidad (442). Por su compromiso incorruptible con su comunidad, Rendón ha sido visto como "indio idealizado", compromiso por el cual encarna la visión ideal arguediana para el Perú, razón por la que es caracterizado como "cholo bueno".

La cara opuesta de Rendón es Cisneros, cholo malo, representante paradigmático de los estudios etnográficos de Arguedas. Cisneros no forma alianzas con nadie. Él sigue su propio camino y se abre paso traicionando a los terratenientes tradicionales y explotando a la vez a los indios. "Cisneros", dice un personaje sobre él, "no es cristiano mestizo, ni cristiano indio, ni misti blanco. Nu'hay regla para él. A todos odia, a todos quiere desollar. Siquiera, pues, su padre le habría dado instrucción. Le dejó sólo su pistola, azote y rabia" (*Todas las sangres* 337). Otros personajes "buenos" lo llaman "cholo inmundo" por su abyección sexual y se preguntan adónde va a llevar el odio de Cisneros (200-01). Él mismo se describe como hombre "de nuevo cuño" (198). Sin embargo, Cisneros, como incorporación de un proyecto de futuro es caracterizado por su abyección sexual. Viola a una mujer india repetidas veces y el padre de ésta lo condena al describir las violaciones de la siguiente manera: "don Cisneros le ha contagiado su pus; ¡a su cuerpo le ha metido noche a noche, podredumbre de su cuerpo!" (256). La indígena violada a su vez caracteriza su embarazo como "hinchazón de pus" y dice: "yo llevo en mi vientre el hijo de este condenado. Seguro nacerá con cerdas y lo echaré al río" (260).

¿Cómo se explica que el personaje que más perfectamente incorpora las teorías de Arguedas sobre el mestizo sea caracterizado casi exclusivamente en términos de su abyección sexual? Como lo ha señalado Mary Douglas en sus estudios antropológicos, la suciedad es un concepto relativo que se corresponde a lo que una cultura considera que está fuera de sitio.[19] Así, el polvo es tierra fuera de sitio. Si se aplica este mismo concepto al mestizo, encontramos que el mestizo, como lo teorizó Arguedas, es un hombre "confuso" en vías de futuro —por así decirlo— pero que en el "ahora" de la narración no se encuentra en ningún lugar. Esta falta de posicionalidad da lugar a que en *Todas las sangres*, Cisneros tenga que incorporar forzosamente el *status* del polvo, de la suciedad, lo que en términos sexuales se vuelve en abyección.

Otro personaje caracterizado por su abyección sexual como Cisneros es don Bruno, hijo del hacendado más poderoso de la región y que incorpora la tesis arguediana de la otra cara del mestizaje, que sería la del descenso social o pérdida de hegemonía. La abyección sexual de Bruno empieza cuando de adolescente viola a una niña india jorobada de doce años que había sido amparada en la casa paterna. Las palabras que su padre emplea para describir este incidente son significativas por su modo de evocar la violación de la niña dentro de un esquema más amplio de relaciones coloniales. Dice el padre: "Don Bruno la corrompió, derramó sobre ella su maldita semilla y la malogró. Tenía doce años no más, y ese cerdo del infierno la violó en el corral. Parió después un feto corrompido" (16). Fermín, el hermano mayor corrobora la interpretación del padre y acusa a Bruno hasta de

---

[19] Mary Douglas, *Purity and Danger. An Analysis of the Concepts of Pollution and Taboo* (1966). (Londres: Ark, 1985).

haber sido encontrado con "bestias y hasta con criaturas sin la edad del juicio" (21). El "feto corrompido", producto de la violación, nació también —casi como lo prevé la mujer violada por Cisneros "muerto y con cerdas".

La descripción del padre y de Fermín se adhiere a lo que yo llamaría "la lógica del mulato", es decir, a una lógica que no permite la reproducción a partir de la mezcla de razas o que sólo permite la reproducción de hijos bastardos pero no permite la paternidad (Bruno, como Cisneros, es llamado "semental" y también "cerdo fornicario" porque tiene hijos bastardos por todos lados) y que postula el espacio colonial como espacio marcado por el signo de la violación, la consecuente bastardía[20] y la ausencia del padre (85, 189). En *Todas las sangres* una lógica inflexible convierte en "cerdas" un comportamiento descrito metafóricamente como de "cerdo". Es más, la abyección sexual de Bruno también representa su descenso social ya que él es quien pertenece al lado de la familia más aindiado, más venido a menos desde un punto de vista hegemónico. Como tal ocupa un lugar intermedio entre "blancos" e "indios" que también es la posición inestable e imposible del mestizo. Símbolo de su posición intermedia es que tiene la barba y el pelo rubios pero viste poncho. También, como su padre, se expresa mejor en quechua que en español. Sin embargo, a diferencia de Cisneros, la abyección sexual de Bruno es redimida —hasta cierto punto— por la reflexividad de este personaje, su angustia religiosa, y su modo de cargar su culpa como una cruz.

A lo largo de esta trama, el compromiso del narrador/autor está claramente con Rendón Willka, es decir, con el "cholo bueno" y la opción del mestizaje sin odio que representa expresada en el epígrafe de este ensayo pero, a través de sus escritos etnográficos, sabemos que Arguedas, muy a pesar suyo, veía que el Perú tomaba el camino de Cisneros —del semen como pus, del odio y de la violación. Como ya mencioné antes, Arguedas entendía al capitalismo como una cadena de explotación económica que metaforizaba en términos sexuales. En *Todas las sangres*, con la llegada del capitalismo a la región llega también la prostitución. Los indios no comprenden la mediación del dinero en las relaciones personales. Insisten en encontrarse con las prostitutas al aire libre a la manera del ayla —rito anual de limpieza de los canales de irrigación— donde hay una equivalencia entre acto sexual y rito. Debido a la ecuación sexo/dinero, todos los prostíbulos mencionados por Arguedas huelen a ruda —planta usada en el comercio para atraer dinero. Capitalismo, neocolonialismo, mestizaje y sexualidad abyecta se vuelven sinónimos. Acompaña a esta constelación el uso narrativo de un lenguaje cada vez más escatológico y que predominará en su última e inconclusa novela *El zorro de arriba y el zorro de abajo*.

---

[20] "[L]os mestizos [surgen] ... según el proceso tradicional ... de empobrecimiento de mistis o como consecuencia de la bastardía". José María Arguedas, *Formación de una cultura nacional indoamericana*, Ángel Rama, ed. (México: Siglo XXI, 1975) 37.

La memoria de la historia en el Perú: los quipos y Manuel Scorza

Dunia Gras Miravet

Dunia Gras Miravet, de nacionalidad española, sacó su primer título en la Universitat de Barcelona en 1991 y se hizo socia del Instituto Internacional de Literatura Iberoamericana en 1994. Actualmente está escribiendo un estudio de la obra de Manuel Scorza que llevará el título De relámpagos y luciérnagas *y, junto con unos colegas de Barcelona, está preparando un libro sobre la recepción de la literatura hispanoamericana en España entre los años 1960 y 1990. En prensa tiene un artículo: "Papeles de Son Armadans y la narrativa hispanoamericana: una muestra de recepción crítica"*

> Quise que mis novelas rescataran la memoria de un pueblo humillado, cuya historia es vergonzosa
>
> Manuel Scorza

Aunque existe una cierta controversia histórica en torno a esta cuestión, al parecer los *quipos* —conjuntos de hilos anudados de distintos colores— fueron empleados por los antiguos habitantes del Perú precolombino como sistema mnemotécnico, como archivo de la memoria. Así, por ejemplo, el Inca Garcilaso de la Vega en sus *Comentarios reales* (1609)[1] señala que los jóvenes indígenas, tras la Conquista, no sabían leer a la manera de los españoles: preferían memorizar lo que se les daba por escrito —un catecismo, generalmente, o alguna obra religiosa— y pedían a los misioneros que les repitieran varias veces el texto en voz alta, mientras ellos tomaban piedras o semillas de diferentes colores a las que asociaban con lo que iban oyendo, método que les permitía aprender "con facilidad y brevedad" los textos, dada su práctica ancestral del *quipo*, que se servía de una técnica similar.

Los *quipos* no sólo eran utilizados, sin embargo, como archivo histórico, quizás su función más conocida, sino también como medio de comunicación, para enviar mensajes,[2] es decir, como carta, cuya transmisión era encargada a correos o *chasquis*,[3] como el que

---

[1] Libro II, Cap. XXVII (Caracas: Biblioteca Ayacucho, 1976) 114.
[2] Sobre este tema se alza la polémica; no obstante, sigo la línea de Carlos Radicati en *La seriación como posible clave para descifrar los quipus extranumerables* (Lima: Universidad Nacional de San Marcos, 1964). También resulta muy interesante y útil un libro suyo anterior, *Introducción al estudio de los quipus* (Lima: Biblioteca de la Sociedad Peruana de Historia, 1951).
[3] Así es como los llama el Inca Garcilaso (Libro VI, Cap. VII, 22-23).

Felipe Huamán Poma de Ayala dibuja en la ilustración 201 de su *Nueva corónica y buen gobierno* (1615?),[4] donde puede leerse escrito en un recuadro "carta", señalando a un "quipo". Estos correos formaban parte de una cadena de relevos que llegaban a recorrer distancias de hasta dos mil kilómetros. No obstante, nuestro interés por el sistema semiótico del *quipo* y por el significado de sus cordeles coloreados y nudos surge a partir del estudio de la pentalogía del novelista y, ante todo, poeta peruano Manuel Scorza, titulada "La guerra silenciosa", compuesta por los cantares o baladas *Redoble por Rancas* (1970),[5] *Historia de Garabombo el Invisible* (1972),[6] *El jinete insomne* (1977),[7] *El cantar de Agapito Robles* (1977)[8] y *La tumba del relámpago* (1979),[9] así como a partir del análisis de su última novela publicada, *La danza inmóvil* (1983),[10] que debía constituir junto con *Los Pétalos de la quimera* y *El verdadero descubrimiento de Europa*, proyectos ambos inconclusos, la truncada trilogía de "El Fuego y la Ceniza". El uso, absolutamente preciso e intencionado, del elemento cromático adquiere una función significativa importante en el desarrollo de la narrativa scorziana, que el mismo autor relaciona, metafóricamente, con la influencia en su obra de aquellos archivos de la memoria que fueron los *quipos*.

Desgraciadamente, las descripciones de los *quipos* (cuando las hay) no son completas en absoluto, hecho que no facilita el pretendido juego de correspondencias y paralelismos que podría trazarse, primero, entre las mismas descripciones y, segundo, entre los *quipos* y el cromatismo en la obra de Manuel Scorza. Es decir, no es posible confeccionar una tabla de equivalencias que diera fe de la también posible polisemia cromática, como sucede, por ejemplo, con el color blanco que, según ciertos testimonios, podía indicar a la vez plata, es decir, un objeto tangible, y paz, es decir, un concepto abstracto, o con el amarillo, que podía significar al mismo tiempo —según el contexto— oro o engaño. Y esto se debe a varias razones. En algunos casos, sencillamente, a que quienes realizaron estas descripciones poco debían saber de este sistema —salvo algunas excepciones, como la del Inca Garcilaso— y, por tanto, les resultaba imposible trazar poco más que una aproximación al *quipo*, tratado como objeto desusado y casi como maravilla. En otros casos, esa ausencia descriptiva pudo deberse precisamente a lo contrario, a un conocimiento más que suficiente de este sistema y su "gramática", por lo que el empleo de este código les parecía natural y, por consiguiente, sin mayor interés, como sucede en las referencias que aparecen en el

---

[4] Caracas: Biblioteca Ayacucho, 1979.
[5] Barcelona: Plaza & Janés, 1983, ampliada con un epílogo. Antes había aparecido en Planeta (Barcelona, 1970) —ya que fue finalista al premio otorgado anualmente por esta editorial en 1969— y en Monte Ávila (Caracas, 1977).
[6] La edición que he utilizado fue publicada por Plaza y Janés (Barcelona, 1984). Antes había aparecido ya también en Planeta (Barcelona, 1972) —con una pequeña variación en el título que reza *Historia de Garabombo, el invisible*— y en Monte Ávila (Caracas, 1977) —donde se añadía al título una especificación: "Balada 2".
[7] Plaza & Janés (Barcelona, 1984). Anteriormente se había publicado en Monte Ávila (Caracas, 1977).
[8] Plaza y Janés (Barcelona, 1984). También existe una edición anterior en Monte Ávila (Caracas, 1977).
[9] Plaza y Janés (Barcelona, 1988). Existe una edición anterior, la de Siglo XXI (México, 1979).
[10] Plaza y Janés (Barcelona, 1983).

texto anónimo *Relación de las costumbres antiguas de los naturales del Perú*, recogido por Francisco Esteve Barba (151-91). Lo cierto es que no se ha hallado ningún texto que dejara constancia de los entresijos de este sistema semiótico empleado como registro de la memoria y medio de comunicación que, redactado por algún cronista curioso, pudiera considerarse, posteriormente, como "manual" en la materia. Claro está que estos conocimientos se transmitían siempre oralmente, pero este hecho no es razón suficiente para justificar que ningún autor, español o mestizo, recogiera por escrito los mecanismos de un sistema semejante de transmisión histórica, cuando el interés por la comunicación con los indígenas se había traducido, desde un principio, en la confección de "vocabularios" en los que se recopilaban los vocablos indígenas más usuales —transcritos según aproximaciones fonéticas— junto con sus equivalencias al castellano. Con la destrucción de estos archivos precolombinos de la memoria, desaparecieron siglos de historia, de datos y de información sobre el vencido imperio inca, que jamás podrán recuperarse. Jamás. Por todo ello, debemos concentrarnos en el testimonio de una carencia.

En esta comunicación se pretende demostrar que, a pesar de la destrucción de un archivo histórico tan valioso como fueron los *quipos*, su rescoldo se puede reavivar, literariamente, como trata justamente de hacer Manuel Scorza en sus novelas, trazando un puente intemporal entre el pasado, lamentablemente destruido y perdido, en la nostalgia, y el presente, inmediato y aún por construir. Por todo ello, quizás no debería considerarse al *quipo* como depósito de la historia, sino como almacén (perdido) de la memoria (también perdida) del Perú.

Aun así, a lo largo de estos siglos de pérdida, el hombre andino no ha abandonado en el de cantar de su intimidad la tradición de sus antepasados, tratando de ganarle el pulso al olvido. Siguió creando su arte verbal sobre la base de formas aprendidas y ejercitando su memoria dentro de los esquemas de composición poética altamente formular y repetitiva, con una concisión y un ritmo que facilitaba la recitación. De alguna forma, para la tradición literaria indigenista, especialmente para sus autores más innovadores, sólo faltaba desear oír de nuevo esas fórmulas, esos ritmos, y leer en *quipos* invisibles. La memoria, o la metáfora, de los "quipos" se constituía como un precioso elemento para conjugar argumentos, conciencia histórica y creación literaria. La perspectiva antropológica en la literatura peruana aportada desde Arguedas, y que se traduce en la incorporación del folklore indígena de canciones y componentes míticos subsistentes en el universo quechua, coincide en su evolución y evaluación final con la perspectiva de Scorza: el descubrimiento de que la quiebra del pasado mítico es condición indispensable para la aparición de una conciencia histórica objetiva, no necesitada de la acción de las fuerzas sobrenaturales. Este descubrimiento se manifiesta en *La tumba del relámpago* de Scorza, la última novela del ciclo de "La guerra silenciosa". Esta perspectiva sobre el uso y el poder de la tradición, del mito, que sustituye a una historia arrasada en la literatura peruana conecta con su preocupación por la necesidad de un cambio en la conciencia histórica de las complejas sociedades andinas, en particular, y de la latinoamericana, en general: la historia de la historia latinoamericana es el resultado de una gran tensión dramática que se da entre la realidad y el mito, entre la realidad y el deseo. Esta lógica toma un sentido especial en el discurso de Manuel Scorza, al proponer, paradójicamente en su obra, una recreación del mito, para bombardearlo, para decirlo de algún modo, desde dentro, como camino hacia la recuperación de la realidad.

En su razonamiento, Scorza parte de la consideración que, desde la Conquista, el pueblo peruano se quedó parado, anonadado, porque se quedó sin historia, ya que se le extirpó la que le era propia y se le impuso una ajena. Como sentencia Scorza en una entrevista con Elda Peralta (29): "en América Latina toda 'la historia' es una colosal mentira y esa mentira comienza el día mismo de la Conquista, de la fundación de la sociedad colonial por notarios, soldados, sacerdotes, que hablan una lengua extranjera ... Todas las leyes han sido mala mitología: las constituciones, amargas bromas, mitos en el peor sentido de la palabra".

El Perú, pues, quedó sin historia cuando —sin ánimos de nutrir la leyenda negra— se destruyeron los *quipos* que habían atesorado el recuerdo histórico durante más de cuatrocientos años, arrancando de este modo parte de sus raíces, su verdadera historia. Entonces se hizo necesaria una contrahistoria para hacer frente a esa historia oficial que les era impuesta y extraña, una realidad ancha y ajena como el mundo, parafraseando al maestro Ciro Alegría, en la que no tenían —ni tienen— lugar. Esa contrahistoria sólo podía encarnarse en el mito, que es la respuesta a la locura, al desequilibrio colectivo tras la destrucción del tiempo histórico. El mito inventa, pues, otra historia paralela para negar la realidad, para huir de ella. El mito recorre la literatura de la América Latina desde el descubrimiento de América, porque era y es la única posibilidad de existir que les quedaba a los pueblos conquistados. El mito actúa como coraza que refuta la historia y se convierte en una trampa peligrosa, paralizante, en la que frecuentemente cae el indigenismo, en general, seducido por los cantos de sirena de la tradición revisitada de forma equívoca. Por este motivo, la recuperación de la historia auténtica de los pueblos indígenas debe implicar, actualmente, por necesidad, la destrucción de la trampa del mito ... y ésa precisamente es la operación que realiza Scorza en su ciclo épico: dirigirse hacia la salida del mito.

En una conversación con Manuel Osorio (57) comenta clarificadoramente Scorza: "Yo admiro por su belleza grandes libros míticos, pero el mito es una forma de impotencia ... La respuesta simplemente mítica es peligrosamente ingenua". Scorza emplea la tradición y el mito, curiosamente, como aclaración de la realidad, y no como escape de ésta, como ocurre en novelas de otros autores. El objetivo de Scorza es llevar a sus personajes, al mismo tiempo que al lector, hacia una toma de conciencia a lo largo de sus páginas. Mediante su ciclo narrativo, Scorza desea recobrar para el pueblo peruano —un pueblo amnésico— y para toda Latinoamérica, la memoria perdida. Ese es el objetivo de "La guerra silenciosa" e incluso de *La danza inmóvil*, como apunta el propio Scorza: "mis libros, los cuatro primeros ... son o tienen proyecciones míticas, pero que culminan con *La tumba del relámpago*, un libro no mítico ... son una marcha a la conciencia" (Peralta 27).

Retornando a la cuestión de los *quipos*, desde el punto de vista del análisis literario de la obra de Manuel Scorza, resulta interesante señalar la relación presente en su obra entre la metáfora cromática, la gama de colores empleados en los *quipos*, como símbolo de aquella memoria perdida de la historia en el Perú, y el deseo scorziano —ya mencionado— de emplear esta tradición mitificada como *aclaración* de las tensiones que conlleva la creación de una conciencia del presente. Ello conlleva un atractivo especial, en cuanto se configura como una de las vías que el autor utiliza para relacionar poética y metafóricamente —y no de forma conceptual— los distintos planos de su argumento transformador: cambiar la relación entre esa tradición mitificada, la propia conciencia mítica. y la conciencia histórica en las sociedades indígenas.

Tanto en las baladas o cantares del ciclo épico de "La guerra silenciosa" como en la primera —y última— entrega de su trilogía "El fuego y la ceniza", surgen con fuerza elementos cromáticos recursivos que recuerdan el uso que se hacía de los nudos y cordones coloreados en los *quipos* del antiguo imperio inca. De este modo, puede leerse en sus páginas cómo los diversos colores eran los encargados de mantener la memoria de los tiempos en que esos indígenas, explotados en las haciendas —y, por extensión, en el Perú y el resto de América Latina— eran aún libres: "En los quipus de la guerra, los hilos verdes señalaban a los vencidos y los castaños a los vencedores. El rojo era la guerra. El negro era el tiempo ... el morado la desconfianza, el amarillo el engaño, el verde la traición, el azul los celos" (*La danza inmóvil* 193).

Scorza emplea cada uno de estos colores justamente con ese mismo significado. Por este motivo que los ojos de Maco/Maca Albornoz son verdes, porque son traidores, pero a veces son azules porque también despiertan continuamente celos. Asimismo, los delatores son acusados de "amarillos" por el resto de comuneros, como aparece en *El cantar de Agapito Robles* (74): "—Amarillo es un traidor. ¡Tú eres un amarillo al servicio de la hacienda Huarautambo!". El empleo del color se identifica también con la perdida libertad de la que disfrutaban los pueblos indígenas en el pasado. Por esta razón, los colores de la bandera del Tauantinsuyo, el vencido imperio inca, acoge toda la libertad del espectro lumínico: "¡Los colores del arco iris, el estandarte de los quechuas!" (*El cantar de Agapito Robles* 148). De la misma forma, el poncho de Agapito Robles, con su colorido centelleante ("¡Un zigzag de colores avanzaba incendiando el mundo!" (*El cantar de Agapito Robles* 245) cierra la única novela del ciclo scorziano que no termina con una masacre expresa, sino con un baile enloquecido, con el arcoiris, es decir, la libertad, como esperanza. El poncho multicolor de Agapito Robles simboliza su deseo y ansias de libertad: "El atardecer ribeteó su poncho cuajado de soles azules, verdes, rosados, amarillos. Porque el personero de Yanacocha amaba los colores tanto como el juez Montenegro los execraba" (*El cantar de Agapito Robles* 8-9), frente a la negrura monocorde de la injusticia, el abuso y la podredumbre del tiempo estancado, encarnados en el "traje negro", el omnipresente y todopoderoso juez Montenegro.

Scorza lucha por la recuperación de ese extenso espectro lumínico, el arco iris de la libertad, para borrar con él el rojo inflamado de la sangre inocente vertida en las masacres cíclicas que tiñen sus epopeyas calladas.

Estos colores que aparecían tanto en los *quipos* —a manera de "epifanías", podría decirse— se encuentran igualmente en los ponchos que teje la ciega doña Añada y que narran el futuro: "Creyendo tejer el pasado había tejido el porvenir. No pudiendo avanzar bajo la luz, por el Mundo de Afuera, la ciega había viajado por el mundo de Adentro ... había recordado lo que todavía no había sucedido" (*La tumba del relámpago* 6). Estos ponchos son la contrafigura de los *quipos*, ya que en ellos no se recuerda el pasado, sino lo que está por ocurrir. Podría considerarse que los ponchos de doña Añada constituyen una especie de híbrido que participa del tejido y el color que se empleaba en los *quipos* así como de los dibujos que se hallaban almacenados en los "quilcas". Curiosamente, Felipe Huamán Poma de Ayala, quien también se basó en estos *quilcas*,[11] o dibujos, en la realización de las ilustraciones de su *Nueva corónica y buen gobierno*, advierte que realizó sus 399 grabados "para los ciegos" —como doña Añada— refiriéndose con esta expresión a aquéllos que no supieran leer (Padilla Bendezú 171), porque la pintura en el Perú precolombino no respondía a la concepción occidental de la belleza, sino que tenía un sentido a la vez más modesto pero más importante: el de auxiliar gráfico de los archivos históricos, es decir, de los *quipos*.[12] Como informa José de Acosta en su *Historia natural y moral de las Indias*: "[los incas] suplían la falta de escritura y letras, parte con pinturas, como las de México, aunque las del Perú eran muy groseras y toscas; parte, y lo más, con quipos".[13] Scorza demuestra en su ciclo novelístico que el elemento mítico, lo maravilloso —como puedan ser los dibujos que cobran vida, relatando el futuro, en los ponchos de doña Añada, o la metáfora cromática del *quipo* —sirven únicamente de "muletas" al pueblo indígena. Por este motivo, Scorza acaba con ese elemento maravilloso justo en la novela que cierra el ciclo, en *La tumba del relámpago*. En el fondo, después de su consciente utilización como fuente de creación literaria, se llega a una ruptura con el mito y con la tradición mitificada, a partir del convencimiento de que la historia perdida es algo que ya no se puede recuperar y que debe dejarse atrás para permitir la reincorporación a la historia actual. Es decir, para sobrevivir.

De este modo responde Manuel Scorza a esa búsqueda del pasado emprendida por la mayoría de escritores indigenistas. De esta forma traza Scorza ese puente intemporal, ya citado, entre pasado y presente, para demostrar y comunicar la necesidad de su ruptura urgente, único modo de comenzar a caminar, como un pueblo maduro, hacia el futuro. Con la destrucción de los ponchos que se hallan almacenados en la simbólica "Torre del Futuro", en *La tumba del relámpago*, Scorza indica el camino hacia la libertad y la verdadera recuperación de la historia del Perú, que no se halla, como pretendía cierto indigenismo tradicionalista, peligrosamente anclado en el pasado, perpetuador de un tiempo estancado y negro, en la invocación de una antigua historia gloriosa, ni en la recuperación de aquellos *quipos* —como símbolo de todo un imperio— puesto que forman parte de una realidad que ni existe ni, repetimos, volverá a existir jamás, sino precisamente en la asimilación de la destrucción de ese pasado lejano y dorado, en la aceptación de un retorno imposible y de una situación real, que es el presente.

Esta opción liberadora aparece expresada en labios del personaje Villena en *La tumba del relámpago* (186):

—Villena, ¿por qué hizo usted eso? ¿No sabía que en esos tejidos estaba el porvenir?

---

[11] Ésta es, al menos, la tesis que desarrolla Emilio Mendizábal Losack (1961). No parece desacertada esta idea, pues la existencia de tales pinturas incaicas se halla comprobada con el testimonio de los cronistas Sarmiento de Gamboa, Cristóbal de Molina (el cuzqueño), José de Acosta y Martín de Murúa.

[12] En esta dirección apunta, asimismo, por lo que coincide con Padilla Bendezú (48-49) Emilio Mendizábal Losack (283) cuando advierte: "Si esto es exacto, el verdadero sentido de qellqa fue, en la época precolombina, de registro; registro en función mnemótica, realizado a base de imágenes coloreadas o pintadas. Estas imágenes, por la función mnémica de la qellqa, deben ser consideradas como signos".

[13] Madrid: Biblioteca de Autores Españoles (1954) 189.

—¡Por eso mismo los quemé! Porque no quiero el porvenir del pasado sino el porvenir del porvenir. El que yo escoja con mi dolor y mi error.
—Quizá en algún poncho figuraba el fin de nuestra empresa —insistió Farruso.
—¡Nuestra empresa sólo depende de nuestro coraje! ¡Nadie decidirá más por nosotros! ¡Existimos! ¡Somos hombres, no sombras tejidas por una sombra![14] ¡Mi cuerpo y mi sombra me seguirán adonde los lleve mi valor o mi cobardía! ¡Nos calienta un verdadero sol! ¡Nos enfría una nieve verdadera! ¡Estamos vivos!

Sólo aceptando la destrucción de ese pasado que ya no podrá volver —como sucede con los ponchos de la ciega visionaria— se podrá comenzar a construir el presente desde un nuevo punto de partida.[15] Scorza parte necesariamente de un punto de vista legendario porque los acontecimientos se ofrecían como mito y, paradójicamente, recurrir al mito era en este caso la única forma de ser realista. Los personajes comprenden, finalmente, que no son criaturas míticas aunque por sus cualidades pudieran parecerlo, y aceptan su condición de habitantes del Tercer Mundo: "Entonces comprendió todo. Supo por qué los ríos ... se habían detenido en los viejos tiempos.... Y comprendió por qué los habitantes de su sueño ya no vestían las espléndidas telas de las edades míticas sino los miserables ropajes de la realidad de los pobres de un país pobre. ¡Pero ahora el tiempo volvía a correr!" (*La tumba del relámpago* 134).

Se trata de un paso de la superstición a la acción. Y este paso se simboliza con la quema de los ponchos de doña Añada, que nos remite a la destrucción misma de los *quipos* siglos atrás: "No quería ya acatar ninguna ley emitida en las sombras por la mano de una delirante sombra ciega, sino ordenarse él mismo y obedecerse él mismo, asumir su propio futuro" (*La tumba del relámpago* 184).

Scorza intenta devolver, literariamente, a los campesinos peruanos esa memoria ancestral perdida, desligándolos, sin embargo, de la tiranía de la tradición. Por este motivo, a Scorza no le preocupa que reconozcan su voz, sino simplemente que la oigan y, sobre todo, que la escuchen: Scorza produce una narrativa que espera ser recordada menos como espacio imaginario y más como memoria colectiva, y aspira a modificar —o, al menos, así lo manifiesta— la misión del escritor que, en Occidente y desde el Renacimiento, huye del anonimato. La última voluntad de Scorza fue, ante todo, que su voz sobreviviera, no tanto en el texto sino por su eco oral, rumor o leyenda, epopeya y canción, balada y cantar, en la línea de los "amautas" y los "haravecs", como cantor de las epopeyas de un pueblo, como cronista lírico de su historia, como *quilca*— y *quipucamayoc*. Y lo cierto es

---

[14] Un poco antes, el mismo personaje reflexiona: "No quería acatar ya ninguna ley emitida en las sombras por la mano de una sombra ciega, sino ordenarse él mismo y obedecerse él mismo, asumir su propio futuro" (*La tumba del relámpago* 184).
[15] También Scorza quería hallar un nuevo punto de partida para su narrativa, tras saldar cuentas pendientes con la historia en "La guerra silenciosa" y *La danza inmóvil* —primera novela del que debía convertirse en un nuevo ciclo titulado "El fuego y la ceniza"— que, por fin, le hicieron sentir libre. Ese nuevo punto de partida debía tomar forma en *La verdadera historia del descubrimiento de Europa*, novela que quedó truncada por un desgraciado accidente en el aeropuerto de Madrid, en noviembre de 1983, en el que también perdieron la vida Ángel Rama, Marta Traba y Jorge Ibargüengoitia, entre tantos otros.

que la rebelión de los comuneros de Pasco, como tantas rebeliones en el Perú, como tantas revoluciones en toda Latinoamérica, hubiera desaparecido quizás en el olvido si no hubiera sido cantada narrativamente en este ciclo épico.

Bibliografía

Bensoussan, Alberto. "Entrevista con Manuel Scorza", *Ínsula* 340 (1975) 1 y 4.
Esteve Barba, Francisco. *Crónicas peruanas de interés indígena*. Madrid: Atlas; Biblioteca de Autores Españoles, tomo CCIX, 1968.
Huamán Poma de Ayala, Felipe. (1615?). *Nueva corónica y buen gobierno*. Caracas: Biblioteca Ayacucho, 1979.
Inca Garcilaso de la Vega (1604-17). *Comentarios reales*, 2 vols. Caracas: Ayacucho, 1976.
Mendizábal Losack, Emilio. "D. Phelipe Guaman Poma de Ayala, Señor y Príncipe último Quellqacamayoq", *Revista del Museo Nacional* XXX, Lima 1961.
Peralta, Elda. "Liberar lo imaginario. Entrevista a Manuel Scorza", *Plural* 114 (1981) 26-30.
Osorio, Manuel. "Conversación con Manuel Scorza: América Latina y los fantasmas de la historia", *Plural* 151 (1984) 56-59.
Padilla Bendezú, Abraham. *Huaman Poma, el indio cronista dibujante*. México: Fondo de Cultura Económica, 1979.
Prescott, William H. *Historia de la conquista del Perú* (1843). Madrid: Istmo, 1986.
Radicati, Carlos. *Introducción al estudio de los quipus*. Lima: Biblioteca de la Sociedad Peruana de Historia, 1951.
_____ *La seriación como posible clave para descifrar los quipus extranumerables*. Lima: Universidad Nacional de San Marcos, 1964.
Scorza, Manuel. *Redoble por Rancas* (1970). Barcelona: Plaza y Janés, 1983.
_____ *Historia de Garabombo el Invisible* (1972). Barcelona: Plaza y Janés, 1984.
_____ *El jinete insomne* (1977). Barcelona: Plaza y Janés, 1984.
_____ *Cantar de Agapito Robles* (1977). Barcelona: Plaza y Janés, 1984.
_____ *La tumba del relámpago* (1979). Barcelona: Plaza y Janés, 1988.
_____ *La danza inmóvil*. Barcelona: Plaza y Janés, 1983.

Estrategias epistemológicas en dos novelas de Mario Vargas Llosa

Maarten Steenmeijer

Maarten Steenmeijer, socio holandés del Instituto Internacional de Literatura Iberoamericana, es doctor de la Universidad de Leiden y profesor en la de Nijmegen. Es autor de: De Spaanse en Spaans-Amerikaanse Literatuur in Nederland 1946-1985 *(Muiderberg, 1989),* Bibliografía de las traducciones de la literatura española e hispanoamericana al holandés 1946-1990 *(Tübingen, 1991) y un artículo sobre* El túnel *de Ernesto Sábato. Tiene proyectados dos estudios: una historia de la literatura española e hispanoamericana moderna, en holandés, y, en español, un análisis del modernismo y posmodernismo en la literatura hispanoamericana*

Si Mario Vargas Llosa es un autor realista —como él mismo no ha dejado de destacar a lo largo de toda su carrera— lo es de una forma sumamente sofisticada cuando no equívoca. Es cierto que sus novelas buscan su inspiración en el mundo concreto de la realidad circundante y que pretenden referir a él. Pero no es menos cierto que, al mismo tiempo, sus novelas recalcan su carácter de artificio, obligando al lector a participar en la construcción del mundo representado en ellas y problematizando el proceso cognitivo que implica esta construcción. Este elemento epistemológico está presente a dos niveles: al nivel del discurso y al nivel temático. Si en una primera fase (que abarca las primeras tres novelas de Vargas Llosa) predomina la presencia del elemento epistemológico en el discurso, en la segunda fase (y sobre todo a partir de *La tía Julia y el escribidor*) va cobrando mucha importancia, asimismo, como tema.

Para tratar con algún detalle las estrategias epistemológicas y su desarrollo en la obra de Vargas Llosa, me propongo examinar su presencia y su funcionamiento en dos novelas: *Conversación en La Catedral* (1969) e *Historia de Mayta* (1984). La selección no es arbitraria: las dos novelas son representativas de las dos fases que se suelen distinguir en la narrativa vargasllosiana y, además, son afines temáticamente por ser las más políticas: ambas escudriñan *toute la vie sociale* del Perú, para citar el epígrafe de Balzac con el que empieza *Conversación en La Catedral*.

Ambas novelas están dominadas por una pregunta o, para ser más preciso, dos preguntas parecidas. *Conversación en La Catedral* va directamente al grano, pues su segunda oración reza: "¿En qué momento se había jodido el Perú?" El autor enlaza esta pregunta político-social con otra más bien existencial, que surge unos renglones más adelante: "El era como el Perú, Zavalita, se había jodido en algún momento. Piensa: ¿en cuál?" *Historia de Mayta*, por otra parte, se centra en los obstinados esfuerzos del narrador por reconstruir unos acontecimientos ocurridos en un pasado no muy lejano: la historia de Mayta, un antiguo compañero del narrador que estaba implicado en la insurrección de

Jauja en el año 1958, que debería llevar a una sublevación a gran escala pero que fracasó lamentablemente. Al mismo tiempo, el narrador se devana los sesos preguntándose cuál es el origen de su obsesivo interés por este acontecimiento histórico más bien anodino.

Desde el enfoque manejado aquí, la diferencia más llamativa entre las dos novelas es la perspectiva desde la cual se emprenden las pesquisas, pues es heterogénea en el caso de *Conversación en La Catedral* (en que el narrador heterodiegético se alterna con un abrumador número de narradores homodiegéticos) y homogénea en el caso de *Historia de Mayta*, en la que la perspectiva queda monopolizada por un narrador homodiegético.

No es de extrañar, pues, que los procesos cognitivos experimentados por el lector sean muy distintos en las dos novelas. En el caso de *Conversación en La Catedral*, ya desde los primeros renglones el lector se ve enfrentado con un texto despedazado y pluridimensional (tanto al nivel del discurso como al nivel de la historia) que le obliga a hacer un esfuerzo enorme por correlacionar los añicos y dar coherencia al texto, que nunca se rendirá completamente: siempre quedan dudas, vacíos, ambigüedades, tanto al nivel del discurso como al nivel de la historia.

Más de una vez el discurso alcanza tal grado de densidad y diversidad que ya no se puede determinar con exactitud quién narra y/o focaliza, o sólo se puede hacerlo más adelante en la novela, cuando el lector vea los paralelismos (en el tiempo verbal, en el vocabulario, etc.) que le permitan averiguar la identidad de los narradores y de los focalizadores.

Al nivel de la historia se destaca la ausencia de informes que le hacen falta al lector para construir el significado del texto. Se trata de lo que el propio autor ha denominado datos escondidos. Nada más como ejemplo, piénsese en el hecho de que en el primer párrafo no se revela quién es Zavalita ni quién es Carlitos ni quién es Norwin. También los datos escondidos contribuyen a que el significado del texto no se rinda al instante sino que se aplace continua y caprichosamente. Otra técnica que contribuye a ello son los vasos comunicantes, cuyo procedimiento consiste en la narración simultánea de dos o más hilos narrativos ("historias"), que se alternan. En *Conversación en La Catedral*, figura este recurso sobre todo a dos niveles: el del párrafo y el de los bloques separados por los espacios en blanco. Alternándose estas unidades ("vasos") se contaminan las unas a las otras, poniendo de relieve contrastes, correspondencias, etc. Así, sus significados se aplazan y, al mismo tiempo, se influyen los unos a los otros.

Pasando a un nivel estructural más global, hay que decir que la estructura de *Conversación en La Catedral* se caracteriza, por regla general, por la falta de un patrón fijo o regular, a pesar de que la novela "progresa" (es decir que a medida que ella va avanzando el lector va acumulando más información sobre la realidad representada) y a pesar de las similitudes temáticas entre ciertos capítulos y la concentración temática que muestran, en cierta medida, los cuatro libros que forman la novela.

Del análisis anterior se puede desprender que el ritmo narrativo de *Conversación en La Catedral* es muy intenso y caprichoso. Se alternan y se entretejen los puntos de vista, los tiempos, los espacios y los tiempos verbales a un ritmo veloz. Discutir con detenimiento las funciones de este dinamismo rebasaría los límites de este trabajo. Aquí conviene destacar, ante todo, que este dinamismo —fruto de una intensísima sucesión de mudas a diversos niveles narrativos— pone de relieve el texto como materia, como lenguaje. Sin embargo, lo curioso es que, contrariamente a lo que se esperaría en base de esta comprobación, la autorreflexión no es una característica dominante de *Conversación en La Catedral*. Es de notar, además, que no se subvierte el poder referencial del texto, pues a pesar de destacarse su construcción (su artificialidad) la novela no deja de representar un mundo concreto, tanto respecto a su tiempo y su espacio como a los seres humanos que lo pueblan. Por regla general, el texto tampoco da pie a malentendidos en lo que concierne a sus temas y motivos (la dictadura, la violencia, el racismo, el servilismo, las frustraciones y perversiones sexuales, la soledad, la ambición, la hipocresía, el fraude). Pero por otra parte, son tan frecuentes las mudas de perspectiva y focalización, son tan intrincadas las relaciones entre las unidades textuales (sea cual sea su extensión) y son tan numerosas (aunque momentáneas, en la mayoría de los casos) las inseguridades y las indeterminaciones —tanto al nivel del discurso como al nivel de la historia— que la representación no suele ser inmediata sino que sólo puede ser realizada a lo largo de un dificultoso proceso interpretativo.

Otro factor digno de mención en este contexto es que el lector carece de un apoyo narrativo estable durante su travesía por la novela. Pues como hemos visto, al nivel homodiegético pululan los narradores formando una estructura narrativa dinámica, complicadísima y ambigua, en que brilla por su ausencia tanto el personaje-guía que forma el centro radiante de muchas novelas modernistas, como el narrador heterodiegético de la novela realista tradicional. Es cierto que hay un narrador heterodiegético, pero es invisible, negándose a intervenir y a actuar como una autoridad organizadora. De ahí que los únicos contactos del lector con los narradores de *Conversación en La Catedral* suelen ser fugaces y, en muchos casos, ambiguos e inseguros. Por esta misma falta de un intermediario sólido, de un "organizador", la narración obliga al lector a adoptar este mismo papel y responsabilizarse de la representación del texto. Así, el lector se convierte en el eje narrativo (o cognitivo, si se quiere) del texto. (Sobra decir que *todas* las novelas obligan al lector a encargarse de la tarea de [re]crear su representación, pero por la falta de un intermediario seguro, esta tarea se hace mucho más ardua, intensa y directa en el caso de *Conversación en La Catedral*.)

En lo que concierne a la estructura narrativa, *Historia de Mayta* contrasta marcadamente con *Conversación en La Catedral*, ya que el narrador invisible de ésta ha sido sustituido por un narrador-personaje que, dominando la narración, es la autoridad última de la misma. Lleva de la mano al lector guiándolo por su historia o, para ser más preciso, sus historias. La primera tiene su acción en 1983, aproximadamente. Se trata de la historia del yo-narrador que, en base de lecturas y, ante todo, de entrevistas con participantes y testigos, reconstruye la historia de Mayta. La segunda es la propia historia de Alejandro Mayta, trotskista teórico que participó en la insurrección revolucionaria de Jauja en 1958, cuya importancia no reside en su trágico y anodino fracaso sino en su carácter precursor: con ella se inauguraría la lucha guerrillera de las facciones radicales de la izquierda que iba a dominar el panorama político de América Latina en las siguientes décadas. En la dialéctica de estas dos historias entreveradas se oponen el pasado reciente y el presente del Perú y, en particular, de Lima, destacándose así la dramática degradación del país en los dominios de la política, la moral, la economía, la cultura, etc.

La mayor claridad del discurso de *Historia de Mayta* en comparación con el de *Conversación en La Catedral* no sólo estriba en la dominante presencia de un intermediario estable sino también en el hecho de que la novela se desarrolle, a grandes rasgos, en orden cronológico. Esto no quita, no obstante, que desde un enfoque epistemológico, *Historia de Mayta* es, asimismo, una novela intrincada. Más aun: la representación que ofrece es, en el fondo, más ambigua que la de *Conversación en La Catedral*, como espero demostrar.

En *Historia de Mayta* se pone de relieve el mismo proceso de la ficcionalización: la novela de Vargas Llosa no es sólo la historia de Mayta sino también la historia de la *creación* de la propia historia de Mayta. Dice el autor en un ensayo iluminador sobre su novela, que el lector le pisa los talones al narrador (= el autor ficticio) en su empresa:

> The reader would follow the process of building a fiction. The reader would see this writer using what he knows, what he reads, what he hears, what he discovers in objective reality as material out of which his fantasy and imagination construct a fiction ... (Vargas Llosa 1991, 152)

A primera vista parece que el narrador, en efecto, pone sus cartas sobre la mesa, pues en muchísimas ocasiones comenta el trabajo que está realizando. Salta a la vista, sin embargo, que los comentarios explícitos sobre el proceso de la ficcionalización no son muy específicos sino más bien globales. A modo de ejemplo citaré un pasaje representativo:

> Le explico una vez más que no pretendo escribir la "verdadera historia" de Mayta. Sólo recopilar la mayor cantidad de datos y opiniones sobre él, para, luego, añadiendo copiosas dosis de invención a esos materiales, construir algo que será una versión irreconocible de lo sucedido. (Vargas Llosa 1984, 93)

Pero ¿cuáles son, en realidad, las dosis de invención y de fantasía que añade el narrador a los materiales que está recopilando? ¿Dónde termina la realidad y empieza la ficción? Lo curioso es que el narrador apenas revela cómo transforma los hechos en ficción. Parece empeñarse más bien en confundir, por un lado, las informaciones sobre Mayta que le son transmitidas por las personas entrevistadas y, por otro lado, los elementos ficticios añadidos por él. Lo consigue "censurando" el discurso de sus informantes, pues apenas reproduce lo que le dicen sobre Mayta. En vez de ello, se centra en la propia historia de Mayta, formada por episodios narrados en tercera persona y en los tiempos verbales del pasado, en los que el focalizador principal es Mayta. Hay que destacar que estos episodios intercalados no están marcados ni introducidos como tales en la historia principal sino que se encuentran al mismo nivel narrativo que ésta. Surge la pregunta, pues, ¿quién es el narrador de estas evocaciones del pasado? A pesar de que en un principio apenas intervenga en estos episodios, se diría que no puede ser otro que el *yo*-narrador. Sin embargo, no es imposible que algunos de estos pasajes sean narrados por las personas entrevistadas.

A lo largo de la novela el *yo*-narrador va poniéndose en primer plano más y más en los episodios que forman la propia historia de Mayta. Primero lo hace intercalando preguntas que expresan sus dudas acerca del curso de los acontecimientos y acerca de los pensamientos y sentimientos de Mayta. Luego va borrando los límites entre su propia historia y la historia de Mayta alternando en un mismo pasaje sus propias peripecias y las de Mayta y, a partir del Capítulo VI (es decir, en la segunda mitad de la novela) introduciendo la primera persona del presente en los episodios sobre Mayta (reservada hasta aquí para la historia de la investigación), que alternan con la tercera persona del pretérito manejada hasta entonces en estos episodios. Se borran, pues, los límites entre las dos historias y se intensifica la identificación del *yo* con Mayta.

Pero todo ello no quita que en casi toda la novela no sea posible determinar con precisión en qué medida el narrador se basa en las informaciones recopiladas y en qué medida está añadiendo elementos que provienen de su imaginación. Se podría objetar que en varios capítulos el narrador enfrenta su propia versión con la de uno de los informantes, por lo cual sería posible distinguir entre los hechos reales y los hechos imaginados. Me limito a un breve comentario. En primer lugar hay que decir que si es verdad que en algunos momentos esenciales el narrador disiente claramente de sus respectivos informantes, también lo es que esto no significa que la versión que él da sea el mero producto de su propia imaginación, ya que el narrador puede haberse basado en datos suministrados por *otros* informantes, sin indicar en qué medida. La confusión no desaparece, pues.

El último capítulo tampoco aclara las incertidumbres señaladas, ya que durante su encuentro con el Mayta "real", el narrador sólo le revela a éste algunas pocas de las mentiras incorporadas por él en "su" historia de Mayta. Además, se podría dudar incluso de la veracidad de estas revelaciones puesto que provienen de un narrador que a lo largo de la novela se ha ido revelando como muy poco fiable. No ha sopesado los datos reunidos buscando una verdad intersubjetiva sino que los ha falsificado con plena libertad en función de su propia historia. En ella, los datos reunidos y los datos añadidos por el narrador forman un ovillo que el lector no es capaz de desentrañar, ya que el narrador se niega a suministrarle los informes necesarios para ello.

Contrariamente a lo que se puede comprobar en *Conversación en La Catedral*, en *Historia de Mayta* el narrador se manifiesta como una indiscutible autoridad. Por consiguiente, el lector se ve obligado a resignarse a una posición secundaria, cuando no pasiva. Tanto en lo que concierne a la propia historia de Mayta como a la crítica ideológica construida en base de ella como a la historia de la propia investigación, el lector depende completamente del narrador. La única libertad que le queda es criticar esta actitud autoritaria o incluso negarse a aceptar la autoridad del narrador. Y no faltan razones para hacerlo, puesto que su pretensión democrática de hacer partícipe al lector de su ficcionalización de la historia sólo es democrática en apariencia, y no en esencia. Con plena libertad confunde historia y ficción, debilitando así gravemente cualquier pretensión referencial de su texto. Tanto, que habrá que preguntarse si todavía es posible considerar esta novela de Vargas Llosa como realista. Por las incertidumbres epistemológicas y ontológicas que provoca, *Historia de Mayta* se aproxima más la posmodernidad que al realismo.

Bibliografía

Vargas Llosa, Mario. *Conversación en La Catedral*. Barcelona: Seix Barral 1983.
_____ *Historia de Mayta*. Barcelona: Seix Barral 1984.
_____ "Transforming a Lie into Truth. *The Real Life of Alejandro Mayta* as a Metaphor for the Writer's Task", *A Writer's Reality*. Boston/Nueva York/Londres: Houghton Mifflin Company 1991, 143-58.

Conflictos de "género" (y de géneros) en la poesía peruana de nuestro fin de siglo

Susana Reisz

Susana Reisz, de nacionalidad argentina, sacó su primer título universitario en Buenos Aires pero se doctoró en la Universidad de Heidelberg, Alemania. Actualmente reside en Nueva York donde ofrece cursos en el Lehman College y Graduate Center de la CUNY. Entre sus publicaciones figuran: Poetische Aequivalenzen *(Amsterdam, 1977),* Teoría literaria. Una propuesta *(Lima, 1986), y* Teoría y análisis del texto literario *(Buenos Aires, 1989). Tiene varios artículos en prensa y un libro,* Ensayos sobre "escritura femenina" e hispanidad, *en preparación.*

Los conflictos de género, en singular y plural, que aparecen en mi título, se refieren a fenómenos aparentemente tan dispares como las clasificaciones de la enciclopedia china de que hablaba Borges.[1] Se trata, en efecto, de roles sexuales, desinencias gramaticales, y tipos de discurso, tres magnitudes cuya relación lógica no es, en absoluto, evidente.

La primera de ellas sería materia de un tratado aparte, por lo que renuncio a definirla, contentándome tan sólo con recordar que las diferencias biológicas no son más que las bases sobre las que cada sociedad ha construido sus propios monumentos-cárceles a la masculinidad y la feminidad.

La segunda parece, en cambio, menos problemática: si quiero comunicar mi cansancio siendo, como soy, una mujer, mi única opción gramatical es decir "estoy cansada". Es sabido, sin embargo, que en el terreno de la literatura ésta no es mi única posibilidad. Como escritora podría escribir "estoy cansado" y nadie se admiraría ... a menos que atente contra las normas del género literario en el que inscribo mi frase, con lo cual rozamos la tercera magnitud.

En un texto novelesco, cuya ley fundante es, antes que la constitución de un mundo, la representación de los lenguajes sociales que lo atraviesan, aceptamos sin problemas que un escritor se sirva de una voz narrativa femenina o que una escritora dé vida a una voz narrativa masculina. En poesía, en cambio, tales licencias están bastante más restringidas y tienen consecuencias diversas según el sexo de quien las practique. Si se deja de lado el caso, cercano a la narrativa, de aquellos poemas que yo llamo "ficcionales" (Reisz 1986, 193-221), en los que se delinea la voz y la imagen de un personaje completamente independiente del autor, la alteración de los géneros (en el sentido gramatical y sexual) suele resultar menos llamativa en el discurso de un poeta que en el de una poeta.

---

[1] Me refiero a la taxonomía delirante que aparece en "El idioma analítico de John Wilkins", la misma en la que se inspira el prefacio de *Las palabras y las cosas* de Foucault (Borges 142).

Cuando Vallejo, por ejemplo, escribe: "Y hembra es el alma de la ausente./ Y hembra es el alma mía", la afirmación desviante se interpreta de inmediato como una metáfora que describe un estado anímico.[2]

Cuando Manuel Ramos Otero, poeta puertorriqueño fallecido en 1990, comienza su poema "Vigilia" (publicado póstumamente en *Invitación al polvo*) con la frase "Yo soy esa mujer que solitaria espera", no logra despertar el escándalo que seguramente se propuso: también en este caso se tiende a normalizar la declaración provocativa tomándola como un discurso ficticio o como una metáfora de su condición *gay*. Al parecer, el género femenino es marcado y limitante. Por eso, cuando un hombre hace uso de él, nunca se lo interpreta literalmente ...

Por el contrario, cuando una mujer introduce en su discurso poético mínimos cambios de género, sorprende y perturba a lectores y críticos a pesar de que esté muy lejos de decir cosas tan rotundas como "yo soy ese hombre que solitario espera".

Casi nadie ha dejado de observar, en efecto, que en su primer libro, *Ese puerto existe*, Blanca Varela vistió esporádicamente a su *yo* lírico con adjetivos masculinos. Aunque las gramáticas nos enseñen que el sufijo masculino puede funcionar como universal y no marcado, válido para ambos sexos, en la voz de una poeta expresiones como "Sé que estoy enferm*o*" o "He de almorzar sol*o* siempre" (del poema "Las cosas que digo son ciertas") al parecer no suenan ni neutrales ni metafóricas sino simplemente extrañas.

"En sus primeros poemas —escribía en 1959 Octavio Paz, en el Prólogo a *Ese puerto existe*— demasiado orgullosa (demasiado tímida) para hablar en nombre propio, el yo del poeta es un yo masculino, abstracto. A medida que se interna en sí misma —pero, asimismo, a medida que penetra en el mundo exterior: la mujer se revela y se apodera de su ser. Cierto, nada menos 'femenino' que la poesía de Blanca Varela; al mismo tiempo, nada más valeroso y mujeril" (13).

Pienso que Octavio Paz acertó plenamente en describir el núcleo de la personalidad vareliana como un tremendo orgullo que es a la vez tremenda timidez. Creo, sin embargo, que se asustó un poco de lo que estaba descubriendo en los textos de la impertinente joven de entonces y que lo perturbó el hallazgo de que la "gran" poesía puede llevar una marca de género. La comprensible ansiedad generada por ese reconocimiento lo llevó a tratar de acuñar calificativos que él creyó más potables que "femenino" pero que dejan ver, por contraste, las valoraciones negativas asociadas al género en cuestión. Como si feminidad y valentía fueran atributos incompatibles ...

Siguiendo el dictamen de Paz, algunos críticos insisten todavía —recurriendo incluso al trillado "la poesía no tiene sexo" (Oviedo 310)— en que el discurso vareliano en su conjunto —y no sólo en esos primeros poemas— "se resiste a ser femenino".[3]

---

[2] La documentación sobre este tema se puede encontrar en mi artículo "*Trilce* IX o el naufragio de la diferencia", actualmente en prensa.

[3] "Discurso que no es femenino (que se resiste a serlo)", proclama en tono laudatorio un comentarista anónimo en la contratapa del último poemario de Varela, *El libro de barro*, que acaba de ser publicado en España (Varela 1993). Uno de los pocos lectores hombres que contradicen este lugar común es David Sobrevilla, quien en su extensa reseña de la edición mexicana de *Canto Villano* polemiza con Oviedo (Sobrevilla 58).

La mayoría de las lectoras amigas (y de las jóvenes poetas que consideran a Blanca una figura modélica) creemos todo lo contrario: que su lenguaje es profundamente femenino pero que lo es de un modo desconcertante para la mayoría de los hombres (y para muchas mujeres también) por su total falta de convencionalismo.

En todo caso, lo que me importa remarcar en este contexto es que, sea cual fuere el uso que un hombre poeta haga de los géneros, a nadie se le ocurriría decir que su discurso "se resiste a ser masculino" (a menos que ostentara marcas evidentes de militancia antimachista o *gay*). Y que, en el caso hipotético de que a alguien se le ocurriera tal idea, es sumamente improbable que la usara como una alabanza.

Los presupuestos en que se funda esta valoración desigual son que la "gran" poesía es la hecha por hombres y que, cuando un hombre escribe, su discurso no es masculino ni femenino sino "universal". Como complemento de esta creencia —tan arraigada y tan poco razonada como la recitación del catecismo— se da por sentado que la tendencia "natural" de las mujeres es escribir "femeninamente" —en el sentido de una limitación o una deficiencia— y que, por lo mismo, sólo alcanzan la excelencia aquéllas que logran reprimir o controlar lo femenino en su lenguaje.

Las premisas en que se apoyan las hipótesis que propondré a continuación son casi las inversas. No creo, en efecto, en tendencias "naturales" sino en elecciones personales. Creo, sí, que las mujeres de hoy estamos más predispuestas que los hombres a expresarnos desde nuestra posición genérica pues sabemos, como los pueblos colonizados y como ciertas minorías (o mayorías) étnicas en desventaja, que el único modo de emanciparse de una identidad desvalorizada es reconocerla y articularla explícitamente para poder dejarla atrás. No todas las mujeres escritoras, sin embargo, están comprometidas en este empeño, lo que puede dar como resultado que su lenguaje artístico se muestre genéricamente neutral. Obsérvese que al formular así el fenómeno, mis presuposiciones son muy diferentes de las que están en juego cuando se dice que un lenguaje "se resiste a ser femenino".

Insisto, pues —y ésta es mi hipótesis central— en que escribir (o leer) como mujer es una opción política[4] y que, cuando se la asume, el producto de tal actividad ingresa en un sistema literario que se puede caracterizar como en relación de intersección con el sistema dominante, es decir, que en parte coincide con él y en parte lo erosiona o lo desborda.

Desde este punto de vista la literatura "femenina" (rótulo que reservo para el sistema en cuestión), se deja comparar en muchos aspectos con aquellas literaturas que, sin ser ni orales ni "étnicas" ni "alternativas" ni "subterráneas", se desarrollan, no obstante, en una situación de diglosia o de dependencia cultural o de ambas a la vez. Dos buenos ejemplos a la mano son la literatura chicana y la literatura gallega contemporánea, cuya problemática conozco de cerca gracias al diálogo que mantengo con mis colegas y amigos, el crítico Xoán González Millán y el poeta Claudio Rodríguez Fer.

En un trabajo de hace un par de años en el que saludaba la aparición en Lima del poemario *Entre mujeres solas* de Giovanna Pollarolo se me ocurrió leer esos textos a la luz de la categoría, acuñada por Kafka, y puesta en boga por Deleuze y Guattari, de "literatura menor" (Reisz 1991). Hoy tengo aun más razones para ver una básica afinidad entre esa

---

[4] Véase, como complemento de las ideas expuestas aquí, una extensa fundamentación teórica de la categoría "escritura femenina" en Reisz 1990.

poesía que caractericé sin vacilar como "femenina" y los productos de literaturas como la chicana o la gallega.

En estos sistemas, que González Millán llama indistintamente "marginales", "deficitarios" o "menores", el tratamiento de los géneros literarios tradicionales presenta dos rasgos opuestos complementarios: una "canibalización" de todas las formas canonizadas por la cultura dominante (como el tan criticado cultivo de la novela erótica o policíaca en la narrativa gallega de los últimos años) y, a la vez, tendencias antidiscursivas o contradiscursivas en el interior de cada forma asimilada para articular, a través de la parodia o de otros recursos desestabilizadores, la idiosincrasia individual y grupal.

La tendencia "canibalística" se puede explicar, como ya lo sugirió el propio Kafka, por la escasez de creadores(-as) consagrados(-as) en cada uno de los espacios literarios tradicionales y por la consiguiente urgencia de llenar lagunas. Me limitaré a recordar, en este respecto, la tendencia, cada vez más visible en las escritoras peruanas de las recientes promociones, a moverse sin problemas del ensayo periodístico a la poesía, de ésta a la novela o al cuento y de la narrativa al libreto fílmico o telenovelesco. Carmen Ollé, Rocío Silva Santisteban y Giovanna Pollarolo son los ejemplos que conozco más de cerca pero sin duda hay muchos otros.

La inclinación a erosionar las bases de cada género desde el momento mismo en que se lo adopta se puede explicar por la relación ambivalente —de atracción y desconfianza a la vez— frente a las formas de codificación consagradas por la cultura dominante. Huelga decir que, en el caso de las poetas peruanas actuales, la "cultura dominante" es toda la tradición de la lírica occidental, en la que las "Safos" o las "Sor Juanas" son la excepción que confirma la regla del patriarcado poético.

Hace algunos años, en un esfuerzo por delimitar ese territorio que la voz de Petrarca inaugura para la modernidad, sugerí que una de las razones por las que no encaja en ninguna gaveta de la clasificación platónico-aristotélica es que la "gran" lírica —la sacralizada por las historias literarias— a diferencia de las otras dos "formas básicas" de la poesía —la narrativa y el drama— no es un tipo de discurso fundado en la actualización de un esquema subyacente específico, sino mas bien un "antidiscurso", que resulta de la transgresión sistemática de cualquier esquema-sustrato, no importa si descriptivo, narrativo, argumentativo o de cualquier otra clase (Reisz 1981a, 1981b; y 1986, 119-32).

Ahora compruebo que esa definición, correcta dentro de sus coordenadas restrictivas, me permite entender buena parte de la poesía "femenina" actual como producto de la transgresión de aquellas leyes transgresivas institucionalizadas.

Esta especie de "transgresión a la segunda potencia" se hace visible ya en la obra temprana de Blanca Varela. Desde sus primeras creaciones su estilo se ha distinguido por cierto exacerbamiento de los mecanismos comunes a toda la lírica moderna. La alteración del ordenamiento lineal de los elementos discursivos y el bloqueo de su integración en un contexto unitario que los dote de "buen" sentido lógico dan como resultado un lenguaje oscuro y áspero, de insólitas combinaciones y violentos baches semánticos. Pero la tendencia, dominante en su obra, a condensar u omitir es erosionada a veces por la interpolación de pasajes narrativos lineales o de citas o estilizaciones de la lírica popular o de registros lingüísticos cotidianos.

El ejemplo más notorio es el largo texto con que se abre su serie de "Valses" y que comienza con la expresión, entre valsística y catuliana, "No sé si te amo o te aborrezco". Estas palabras marcan desde un comienzo una doble distancia y un doble recelo: hacia el sistema "alto" o "canónico" y hacia el sistema "bajo" o "popular". De éste último toma la autora expresiones que, vistas desde el sistema "alto", representan los "mejores" momentos de la canción criolla: fragmentos de discurso emotivo y metáforas sueltas que, al ser desprendidas de su marco estereotípico habitual, expanden sus connotaciones de base hacia múltiples contextos simultáneos y generan efectos de sentido impredecibles. Sin embargo, no son asimilados pacíficamente ni por el organismo poético ni por las digresiones narrativas autobiográficas que lo interrumpen. Quedan como cuerpos extraños que, al igual que los paréntesis evocativos, abren innumerables puntos de fuga en el proyecto de apóstrofe a Lima. La sensación final que le queda al lector es que el sujeto de este discurso de alabanza y de reproche, de amor y de odio a la ciudad natal y a una tierra más visible desde la lejanía como "(m)atria" que como "patria", respeta a la lírica aristocrática tan poco como a la plebeya.

En Carmen Ollé la "transgresión de la transgresión" muestra su aspecto más escandaloso en la tendencia a banalizar o degradar, mediante alusiones humorísticas u obscenas, casi todos los motivos vinculados con los "grandes" temas líricos: el amor, el paso del tiempo, el deterioro corporal y la muerte. Se pone en evidencia, asimismo, en la frecuente contaminación de géneros mayores y menores o "altos" y "bajos", a la manera de un *pot-pourri* lingüísticamente caótico.

El extenso poema de *Noches de adrenalina*, "Damas al dominó", marca ya desde el subtítulo el revoltijo deliberado. En él se lee: "vals/ o minué/ (una escena)", después de lo cual siguen una lista de personajes, acotaciones escénicas, indicaciones sobre los movimientos de los actores-hablantes, amagos de diálogos sin un atisbo de lógica conversacional, juegos verbales, juegos gráficos, y toda la variedad de recursos que pueden caber, como veremos en seguida, en una "poética del zafarrancho".

En Giovanna Pollarolo las operaciones contra-canónicas que organizan su estilo —y que son, de acuerdo con el ángulo de descripción adoptado aquí, "contra-transgresivas"— dan como resultado un tipo de discurso cuyo impacto estético se deriva, paradójicamente, de su parentesco con el carácter simple, directo e instrumental del habla familiar.

El modelo antidiscursivo de la "gran" poesía —que, cuando parte de un esquema narrativo, tiende a erosionarlo con saltos temáticos, un uso inconsistente de los tiempos verbales, incongruencias semánticas o audacias gramaticales— está presente en los textos de Giovanna como un trasfondo negado, que se vislumbra precisamente por contraste con un tipo de linealidad y de coherencia basados en la mimesis del discurso narrativo de la lengua cotidiana. El producto final de estas manipulaciones se puede leer, como tantos otros textos de la literatura femenina de hoy, en dos registros que son complementarios y a la vez disociables: como discursos "naturales" y espontáneos, despojados de toda pretensión artística "alta" o, por el contrario, como ejercicios miméticos y piezas de resistencia, elaborados con arreglo a dos principios básicos: el cultivo minucioso de la hipotextualidad y la narrativización normalizadora —y casi siempre trivializadora— de los tópicos amorosos constitutivos del género desde su nacimiento en Occidente.

El triunfo de lo narrativo-novelesco sobre un espacio textual que tradicionalmente lo rechaza tiene otras consecuencias que anticipé a modo de síntesis con la expresión "poética del zafarrancho", tomada en préstamo de la propia Giovanna.

Pienso que ya en su primer poemario, *Huerto de los Olivos*, ella cuestionaba las formas de codificación canónicas (y los valores que la institución les adjudica) de un modo indirecto y sutil: contaminando de historia sagrada una reflexión general sobre la condición femenina o, si se prefiere, invadiendo con apóstrofes y preocupaciones profanas una serie de viñetas líricas sobre los últimos momentos de Cristo.

En su segundo libro, *Entre mujeres solas*, la contaminación de poesía y ficción narrativa es tan radical e insistente que termina por hacer estallar el horizonte de expectativas del lector. El *yo* poético confesional, cuya imagen y cuya voz se sugieren desde los aspectos más externos del libro a la manera de una implícita instrucción de lectura en clave de lírica, se refracta desde un comienzo en una multiplicidad de voces ficcionales distribuidas, a la manera de una novela, entre una narradora primaria o principal y una serie de personajes femeninos monologantes o dialogantes a los que aquélla se dirige o a los que implícitamente les cede la palabra. La estrategia, remarcada por el uso de epígrafes procedentes de textos narrativos no poéticos, cumple la doble función de erosionar las leyes del género bajo el que se cobijan los discursos y de entreverar lo testimonial con lo imaginario en el estilo del "Zafarrancho" que da título a la última sección.

El movimiento pendular de la adhesión a la desconfianza frente a los géneros literarios "altos" o "bajos", del exhibicionismo al pudor en la representación del mundo interno y del orgullo a la timidez en el despliegue del *yo* productor de la enunciación —los contrarios que Octavio Paz descubrió tempranamente en la personalidad artística de Varela— encuentra una expresión adicional en otra práctica que me inclino a caracterizar como una "poética de la impostura".

Como para compensar su tendencia "omnívora", que las lleva a echar mano de las más variadas formas literarias y a hacer con ellas audaces injertos, muchas de nuestras poetas, empezando por Varela, realizan el acto de apropiación con una actitud de no-compromiso, de distanciamiento irónico y hasta de renegación de lo absorbido.

Nociones como "falsedad", "ficción", "mentira", "robo" o "plagio" vienen en ayuda de las reticentes para enfatizar su desapego ante lo dicho. Tales expresiones y otras similares se deslizan frecuentemente desde los títulos, en los que funcionan como proclamas burlonas, hacia el interior de los textos. Pasan también, como por vasos comunicantes, de la poesía a la prosa y de la prosa a la poesía. La intención de estos guiños cómplices parece ser la de librar al *yo* femenino de tener que asumir entera responsabilidad por el discurso que está produciendo. Sin embargo, en la medida en que ese *yo* no solo "roba", imita, cita (o finge citar) para desconstruir lo ajeno sino también para expresar por esa vía oblicua unas emociones propias (o de las que se ha apropiado a través del "hurto"), el efecto resultante es paradójico y auto-desconstructivo.

Entre las peruanas la pionera de este procedimiento es Blanca Varela, cuyo título "Valses y otras falsas confesiones" no se agota, creo, en una explicación de carácter universal y abstracto como la que apunta Roberto Paoli en el prólogo a *Canto Villano*: "Porque las confesiones siempre son falsas, ya que inevitablemente nos escondemos cuando nos confesamos" (7).

No hay que olvidar el "otras", que incluye en primer lugar a los valses entre las "falsas confesiones". Ni hay que olvidar la relación ambivalente de la poeta con esas letras de pseudo-emotividad desbordada, con la cultura popular que las produjo, con la Lima tradicional que resuena en ellas, con la madre compositora de música criolla, con la condición de madre, con la madre-tierra y ... *last but not least,* consigo misma de cara al sistema dominante, que, independientemente de que sea "alto" o "bajo", se sustenta en un rígido orden patriarcal.

La mimetización irónica o la incorporación conflictiva de esos paradigmas de irrealismo sentimental que son los textos del cancionero hispanoamericano es otro aspecto en el que Blanca abrió un camino que sería luego muy transitado por muchas escritoras del mundo hispánico en general. A partir de los setenta, los boleros, las rancheras, las guarachas, los valses, los danzones o los tangos se infiltran en todos los géneros de la literatura femenina y extienden su radio de influencia desde México y el Caribe hasta la Argentina y desde el Cono Sur hasta España.

Una de las principales razones de este aparente entusiasmo populista —detectable asimismo en la escritura de algunos autores abierta o implícitamente *gays*— es, a mi entender, la transparencia y el cinismo con que esas letras exhiben versiones típicamente latinoamericanas de misoginia y de machismo, lo que da pie a un juego desconstructivo sin mayores complicaciones y que abre muchas posibilidades al ejercicio del humor.

Los títulos de secciones del poemario *Mariposa negra* de Rocío Silva Santisteban configuran una perfecta síntesis del programa estético-político de una escritura femenina hispánica acorde con la posmodernidad y con el fin del siglo: los rótulos "Cantos", "Epigramas", "Plagios", "Boleros" y "Responsos", en combinación con los dos epígrafes de la última sección, en donde Cioran convive con el grupo rockero Soda Stereo, ponen de relieve la tendencia a mezclar y revolver géneros literarios y no literarios, lírica culta y popular, bolero y rock, textos propios y ajenos, confidencias verdaderas y ficticias, y a tratar de diluir la responsabilidad por el "zafarrancho", poniéndolo bajo el signo de lo fingido, lo imitado, lo apócrifo o lo plagiado.

Los procedimientos que acabo de analizar tienen algunos rasgos en común con la estrategia que Marylin Randall llama "poética del plagio" y que ella vincula causalmente con una intención revolucionaria y descolonizadora. Dos de sus argumentos me parecen útiles para esta reflexión: que el plagio no es un fenómeno claramente discernible sino un juicio institucional condenatorio (ya que una reputación literaria establecida salvaguarda de la acusación y convierte al préstamo en "intertextualidad") y que, por eso mismo, puede constituir un gesto de desafío a la autoridad y a la competencia del *establishment* literario y del sistema social que lo engloba. Quisiera enfatizar, sin embargo, el verbo modal: el plagio, como la superchería al estilo del *Ossian* de Macpherson, como la imitación o el fingimiento, *puede* tener una función contestataria dentro de un contexto político particular pero no es forzoso que la tenga. Y, de hecho, son muchos los casos en que el autor (o la autora) simplemente busca pasar gato por liebre ...

Pienso que la mayoría de las escritoras del mundo hispánico que practican el juego de la impostura para sacudir la rigidez de los "géneros canónicos" (en todos los sentidos posibles de la expresión) son conscientes de que corren el riesgo de que lo que ellas conciben como medio de esclarecimiento y de autoafirmación pueda ser leído como simple "gracia" o pose frívola. No obstante, siguen jugando y apostando a ser comprendidas, con la tenacidad y la valentía de quien ha aprendido a controlar sus ansiedades y se sabe capaz de aceptar públicamente sus contradicciones.

"Finjo lo que no sé, soy una actriz, mi trabajo/ es perverso", comenta con cierta frialdad el *yo* poético de Carmen Ollé en uno de los poemas de su segundo libro, *Todo orgullo humea la noche*. Un par de años después, en "esa mezcla despiadada de poesía y realidad"[5] que lleva el título *¿Por qué hacen tanto ruido?*, la narradora —y *alter ego* ficcional de la autora— retoma la misma idea pero la ubica en un contexto autobiográfico que la vuelve amenazante para su supervivencia artística. Ante el augurio del marido-poeta de que, en caso de separarse de él, ella seguramente dejará de ser escritora, la misma frase que en el pasado podía sonar a simple comprobación con un leve dejo de coquetería, se transforma ahora en angustiosa duda y amago de autocrítica:

> Sólo podía empujarme a desisitir de serlo el hecho de reconocer que nunca había sido una escritora de verdad, sino una especie de actriz, alguien que fingía, que inventaba una parodia. Posiblemente inventé mi sufrimiento, mi deleite, mi alma y hasta mi propio vacío. (22)

Casi todas las mujeres sabemos que la propensión a fingir es uno de los tópicos en que se basa la construcción de nuestro género. Las máscaras de la "histérica" o la "teatrera" son tan antiguas y resistentes que hasta quienes las detestamos podemos llegar a creer que se han convertido en una "segunda naturaleza" o, peor aun, en la única "naturaleza" que somos capaces de imaginar. Por eso, quizás una de las maneras menos cruentas de librarse de ellas sea llevarlas puestas con tanto ahínco y con tal despliegue de autocomplacencia que puedan empezar a resultarles inquietantes a quienes nos han solicitado la actuación. Pero el peligro, por supuesto, es que, a fuerza de mirar la máscara en el espejo, ya no podamos reconocer nuestro rostro ...

Bibliografía

Borges, Jorge Luis. *Otras inquisiciones*. Buenos Aires: MC Editores, 1960.
Deleuze, Gilles y Félix Guattari. *Kafka: Towards a Minor Literature*. Trad. de D. Polan. Minneapolis: University of Minnesota Press, 1986.
González-Millán, Xoán. "Os xéneros e os sistemas literarios periféricos. Ámbitos de investigación", *Actas de la Asociación Española de Semiótica* (1992) en prensa.
Ollé, Carmen. *Noches de adrenalina* (1981). Lima: Lluvia Editores, 1992.
_____ *Todo orgullo humea la noche*. Lima: Lluvia Editores, 1988.
_____ *¿Por qué hacen tanto ruido?* Lima: Flora Tristán, 1992.
Oviedo, José Miguel. "Blanca Varela o la persistencia de la memoria", *Escrito al margen*. Bogotá: Procultura, 1982.
Pollarolo, Giovanna. *Huerto de los olivos*. Lima: Arcadia, 1987.
_____ *Entre mujeres solas*. Lima: Colmillo Blanco, 1991.

---

[5] La acertada definición es de Blanca Varela, en la "Presentación" del libro (en Ollé 1992, 7).

Ramos Otero, Manuel. *Invitación al polvo*. Río Piedras: Plaza Mayor, 1991.
Randall, Marylin. "Appropriate(d) Discourse: Plagiarism and Decolonization", *New Literary History* 22, 3 (1991) 523-41.
Reisz, Susana. "La posición de la lírica en la teoría de los géneros literarios", *Lexis* 5(1) (1981) 73-78. (1981a)
____ "Texto literario, texto poético, texto lírico. Elementos para una tipología", *Lexis* 5(2) (1981) 1-34. (1981b)
____ *Teoría literaria. Una propuesta*. Lima: Fondo Editorial de la PUCP, 1986.
____ "Hipótesis sobre el tema 'escritura femenina e hispanidad", *Tropelías. Revista de Teoría de la Literatura y Literatura Comparada* 1 (Universidad de Zaragoza, 1990) 199-213.
____ "Las mujeres sí tienen afán", *hueso húmero* 28 (1991) 131-47.
____ "*Trilce* IX o el naufragio de la diferencia" (Proceedings of the "International Colloquium on César Vallejo", Universidad de Nottingham, diciembre 1992) en prensa.
Silva Santisteban, Rocío. *Mariposa negra*. Lima: Jaime Campodónico, 1993.
Sobrevilla, David. "La poesía como experiencia. Una primera mirada a la poesía reunida (1949-1983) de Blanca Varela", *Kuntur* 2 (setiembre-octubre, 1986) 53-58.
Varela, Blanca. *Ese puerto existe*. Prólogo de Octavio Paz. Xalapa: Universidad Veracruzana, 1959.
____ *Canto Villano*. Prólogo de Roberto Paoli. México: Fondo de Cultura Económica, 1986.
____ *El libro de barro*. Madrid: Ediciones del Tapir, 1993.

Venezuela

Las estrategias narrativas en tres obras de Salvador Garmendia

Blas Puente-Baldoceda

Blas Puente-Baldoceda, de nacionalidad peruana, se doctoró en la Universidad de Texas, Austin, EE.UU. Ahora es profesor en la Universidad de Northern Kentucky y su campo de investigación principal lo constituyen los cronistas indios y la narrativa neoindigenista y de la negritud en el Perú, más la narrativa venezolana. Ya ha publicado: Fonología del Quechua Tarmeño *(Lima, 1977) y varios artículos.* En prensa tiene: Narración, estilo e ideología en "Canto de sirena" de Gregorio Martínez, *y un artículo sobre la narrativa neoindigenista en el Perú*

El tema de mayor relieve en las narraciones breves de la colección de cuentos *Difuntos, extraños y volátiles* (1970) es el tiempo en sus varias facetas: la evocación de la pureza infantil rodeada de personajes pintorescos, el deterioro que corroe al ser humano, la caducidad de objetos, el anhelo de eternizarse en cada instante vivido, y, finalmente, la muerte. Esta inquietud metafísica con el devenir temporal se relaciona en cierto modo con la angustia ontológica por revelar la esencia de las cosas, la conciencia de la corrosión humana y el problema de la identidad. Todo lo anterior, por otro lado, se vincula con las disquisiciones de cierto matiz epistemológico sobre la dialéctica entre el pensamiento y la realidad, y la insuficiencia del lenguaje para representar ambas categorías. Obviamente, estos temas no se exponen racionalmente en el texto sino que se abordan a través de una rica capacidad fabuladora que ejercita diestramente los códigos onírico y fantástico.

Ahora bien, la avasallante alienación de las grandes urbes inflige en los personajes visiones alucinatorias en las cuales los objetos del mundo circundante se animizan y adquieren autonomía: en el vértigo, la chatura y la anonimidad de la ciudad, los protagonistas optan por el escape por la vía del delirio y la ilusión. Es más: el destino de estos personajes grotescos, irracionales y absurdos es configurado por circunstancias fortuitas, y en la caracterización de los mismos se manifiesta una tendencia hacia la fealdad, la abyección, la vulgaridad y la corrupción. Por otro lado, son los instintos atávicos los que instigan el comportamiento colectivo.

Rodríguez Ortiz sintetiza con acierto las apreciaciones críticas acumuladas sobre la obra de Garmendia en los siguientes términos:

> Enajenación y abyección en cuanto imagen del mundo, suele ser la definición crítica

primera, producto de la lectura de síncopes e impromptus de la vida cotidiana; ciudad como ciclo estructurante; monotemismo en cuanto motivo típico explorador de la trivialidad; grotesco, expresionismo, imagen alucinada, a nivel de recursos estilísticos.[1]

Sea como fuere, la colección presenta algunos textos en los que se evidencia una cuidadosa organización de la trama, una hábil construcción del personaje y un dinamismo eficaz en el diálogo. Sin embargo, en ciertos textos la intriga es mínima o, en todo caso, no existe. Todorov hace la distinción entre narrativa mitológica y narrativas epistémica o gnoseológica.[2] En *Difuntos, extraños y volátiles* prevalece el segundo tipo ya que el código proairético[3] de las acciones no es el factor importante, sino la perspectiva desde la cual se comprende el significado de la acción.[4] "El evento —señala, por su parte, Rodríguez Ortiz— de simple acción cuando la hay y justamente para que no exista, se convierte en una pregunta de fondo sobre la naturaleza de la acción, alguna vez traducida en la imagen de una búsqueda" (21). Así, pues, en uno de los cuentos de corte detectivesco el autor implícito parodia la elaboración realista de la trama y del personaje puesto que su narrador-escritor no sólo se niega a crear un personaje imaginario sino se incluye como protagonista y, siguiendo las normas del género policial, cumple con asesinar a una anciana del vecindario.

En efecto, en algunos de los textos de la coleccion cobra mayor prioridad la descripción

---

[1] Óscar Rodríguez Ortiz, *Seis proposiciones en torno a Salvador Garmendia* (Caracas: Síntesis Dosmil, 1976) 13. Este trabajo crítico cubre un amplio *corpus* literario que abarca las siguientes obras: *Los pequeños seres* (1959), *Los habitantes* (1961), *Día de ceniza* (1963), *Doble fondo* (1966), *La mala vida* (1968), *Difuntos, extraños y volátiles* (1970), *Los escondites* (1972), *Los pies de barro* (1973) y *Las memorias de Altagracia* (1974). A lo largo de nuestra aproximación crítica a nuestro corpus, que comprende tres obras (*Difuntos, extraños y volátiles*, *Las memorias de Altagracia* y *El único lugar posible* [1981]), comentaremos las conclusiones de Ródriguez Ortiz.
[2] Tzvetan Todorov, *Genres in Discourse*, traducción por Catherine Porter (Cambridge: Cambridge University Press,1990) 31.
[3] Roland Barthes, *S/Z* (París: Seuil, 1970).
[4] Rodríguez Ortiz sostiene que una de las direcciones de la ficción de Garmendia es negar el arte de contar haciendo uso de los recursos del género. A riesgo de ser considerado experimentalista abocado a las búsqueda de innovaciones formales, Garmendia utiliza el artificio del balbuceo y la duda con el propósito de poner en tela de juicio el texto mismo y de mostrar las deficiencias del lenguaje. El "desnovelar" es "ese poner en tela de juicio la novela, y en todo caso la literatura en su acepción más general; destituirla ante la mirada del lector en el tiempo mismo que parece edificarse; escribir la novela de una novela o la literatura de una literatura que no se hace, que no puede hacerse y para lo cual se emplea el recurso del balbuceo" (15). El crítico no alude sino a la autorreflexidad literaria — llamada también metaficción— cuyos cultivadores más conspicuos en la narrativa latinoamericana son Borges, Onetti, Cortázar, entre otros; aunque habría que admitir que la manera como se manifiesta en Garmendia —es decir, mediante la estrategia del balbuceo— podría ser considerada una peculiaridad metaficticia del escritor venezolano.
[5] Este afán de "desnarrar", según Rodrigués Ortiz, se relaciona no sólo con la visión caótica, fragmentaria y dislocada de la realidad, atribuida al autor biográfico, sino también con al proceso de deterioro que afecta a los personajes y al ambiente. "En este terreno existe una correspondencia estrecha entre la carroña como enfermedad de las cosas y los seres y la homología que puede establecerse válidamente, con la enfermedad estructural respecto a la 'salud' de un relato en el que 'normalmente' debería ocurrir algo" (18).

de personajes y de los objetos circundantes antes que la narración de las acciones.[5] Es más: en la penetrante y detallista descripción analítica de la interioridad psíquica de los personajes se exhibe un refinamiento sensorial en lo referente a los sentidos visual, olfativo y auditivo. La exploración de las sensaciones es concomitante a la variadísima gama de sentimientos y las emociones del tumultuoso mundo afectivo de los personajes. Asimismo, en la caracterización de los personajes, se mantiene la decimonónica descripción del rostro, la contextura corporal y la indumentaria, y se pone gran énfasis en lo grotesco, lo defectuoso y lo anómalo. Todo lo anterior exige una sintaxis narrativa en la que predomina la construcción nominal con una adjetivación y un metaforismo que se sustentan en asociaciones insólitas e innovadoras. Este registro estilístico de corte nominal retarda y, en algunas instancias, anula el dinamismo del relato.

Memorias de Altagracia (1974) está conformado por 18 textos en los que prevalece una relativa autonomía puesto que el hilo conductor que los entreteje son las reminiscencias de un narrador acerca de su infancia y adolescencia las cuales transcurren en una aldea de atmósfera rural. De hecho, el referente socio-histórico del mundo ficticio es Altagracia, localizada en la provincia de Baquisimeto, Estado de Lara, donde nació el autor biográfico. Al respecto, en la Introducción de su edición de *Memorias de Altagracia*, Rodríguez Ortiz nos dice:

> El pueblo del interior del país, la aldea un poco rural ofrece también un efectivo contraste de superficie: es el paraje estable, es el espacio que se posee. La ciudad en crecimiento y vibraciones, se padece; el pueblo se vive. En uno impera la alucinación y, acaso, la fantasmagoría; en el otro el fantasma es parte de la naturaleza. (27)

Las creencias animísticas, las antiguas supersticiones y la mitología del acervo popular son las fuentes del imaginario de estas narraciones mitológicas donde el anecdotismo es el ingrediente primordial. La transfiguración estética de la vigorosa tradición de la cultura popular se plasma mediante las pautas de lo real maravilloso y la poética del sueño. En la mayoría de los relatos sobresale un personaje estrambótico cuya caracterización al modo decimonónico se funda en la detallada descripción de los rasgos faciales y corporales, así como también en los pormenores de la indumentaria. La excentricidad tipicista y pintoresca de estas criaturas ficticias se basa generalmente en la proclividad del narrador por explorar el lado burdo, grotesco, escabroso en el ser humano. El Mariferínfero, Don Abelito, Adelmo, Absalón Olavarrieta, El andarín, Eddie el Garantizado, Fritz y La Chamusquina, protagonistas de acontecimientos sobrenaturales, se aíslan del resto del pueblo pero estos seres alienados son comprendidos tiernamente por los niños con quienes comparten una imagen lúcida del mundo. El universo representado de los relatos se nutre de las ensoñaciones durante la vigilia, los sueños, los fantasmagorías, las alucinaciones, las pesadillas de los niños, los locos, los parias, las brujas y los jerarcas militares. Ahora bien, la perspectiva del narrador —ya sea en la fase infantil o en la fase del adulto— se correlaciona hasta cierto punto con el registro estilístico ya sea coloquial o culto de la voz narrativa. Pues bien, existen otros personajes-narradores dentro del nivel intradiegético[6]

---

[6] Genette distingue dos niveles narrativos: extradiegético e intradiegético. El primer nivel narrativo que ocupa una posición superior con respecto a otros niveles narrativos y que controla el proceso

tales como Absalón, el tío Luis, Fritz y la narración colectiva y anónima. Del primero de éstos, el narrador del nivel extradiegético dice:

> Era algo que se me venía a la imaginación cada vez que lo oía narrar sus historias de pájaros y aguas encantadas, en comarcas donde solía llover durante meses. A mitad de sus cuentos, la penumbra fresca de la choza se cubría de sonidos, como si nos cobijara una espesa arboleda y el agua corriera entre las piedras. (84)

La subyugante fabulación del narrador-protagonista logra neutralizar el descreimiento del lector al narrar los acontecimientos maravillosos: por ejemplo, cuando vuela cogido de los cálidos dedos de su tío Gilberto que acaba de morir, o contempla a Marinferínfero que brota de la tierra, o viaja en el tren con Don Abelino y desciende un paraje lunar cubierto de nieve, o contempla todo pueblo cabalgando en un remolino de viento, o es testigo de las apariciones de las almas en pena en los días de lluvia poblados por brujas y diablos. En general, dichos acontecimientos que trascienden la lógica de la causalidad son consubstanciales a la realidad de Altagracia y, por lo tanto, ocurren de la manera más natural. En efecto, el autor implícito no recurre a artificios textuales *ad hoc* para acentuar la verosimilitud de los hechos narrados. No obstante, en algunos casos es posible detectar una motivación intratextual; por ejemplo, el viaje imaginario en el tren es desencadenado por el hojeo de un libro sobre ferrocarriles. El recurso retórico más conspicuo en la elaboración de lo real maravilloso es la hipérbole.

De cualquier modo, la transgresión del orden racional se lleva a cabo mediante la lógica onírica: por ejemplo, en uno de los textos el narrador-protagonista, mediante la imaginería surrealista y la dislocación temporal, narra sus encuentros con la hija del general Raldiriz acuchillada en la nuca, con el tendero de Don Abilio que exhibe un tajo en la garganta y con una de las hermanas Sorondo en cuyo cuello esta clavada una tijera. Al final del relato, el lector se entera que toda la intriga escabrosa no es sino fruto de un sueño. El desborde de la imaginación del narrador-protagonista no sólo se manifiesta en la ensoñación diurna y el sueño nocturno sino, asimismo, en el afán lúdico de reactualizar o inventar historias en las que él mismo participa como personaje. Comparte el rol protagónico con Fritz en la historia de su naufragio durante la una batalla de la Segunda Guerra Mundial; y con Alí, tomando como punto de partida un libro que leen sobre el río Turbio, se imaginan como personajes de una aventura en que se combinan escenas bélicas que ocurren paralelamente en Altagracia y en el Ganges. Por otra parte, en la escenificación de estos eventos, la descripción muestra una íntimo conocimiento de la naturaleza telúrica cuyo referente es indudablemente el paisaje de Barquisimeto.

Ahora bien, en cuanto a los recursos retóricos, la adjetivación, el símil y la metáfora antroporfomizan los elementos del mundo natural, y en virtud de un fino y eficaz ejercicio

---

mismo de la narración se denomina extradiegético; mientras que la narración de un personaje dentro del primer nivel narrativo se coloca en un segundo nivel narrativo y se denomina intradiegética. *Narrative* 227-31. Por su parte, Rimmon-Kenan comenta, asimismo, sobre las relaciones de subordinación entre estos niveles narrativos y señala tres funciones del segundo nivel narrativo (o intradiegético) con respecto al primer nivel (o extradiegético): función accional, función explicativa y función temática. *Narrative Fiction* 91-94.

de la facultad sensorial, la descripción se singulariza por su impresionismo rico en matices poéticos. No en vano se describen una que otra escena de pinturas. No obstante, se reconoce las deficiencias del lenguaje en cuanto a la representación de las formas y colores de la naturaleza.

De otra parte, dos relatos en *Memorias de Altagracia*, parecen tener como referente histórico batallas que tuvieron lugar en Barquisimeto. El primer relato se narra mediante un narrador de tercera persona que no participa de los hechos narrados y que goza de cierto grado de omnisciencia y omnipresencia, puesto que se traslada por diversos tiempos y espacios y penetra en la conciencia de su personaje, el padre Azueta, mediante una focalización interna.[7] La trama gira en torno al hecho de que el padre Azueta busca ayuda para sepultar a los patriotas fusilados por las tropas que han saqueado y destruido el pueblo. La autoridad del pueblo le niega la petición arguyendo que los muertos al fin y al cabo son algo, pero la vida de los que sobreviven no es nada ya que de participar éstos últimos en el entierro corren el peligro de ser delatados inmediatamente. A pesar de que se las condena por pecadoras, en todo caso, son las prostitutas —viejas, gordas, enanas, tuertas y locas— las que al final ayudan al padre Azueta para quien la violencia no es sino un hecho demencial e inútil. El segundo relato posee los mismos rasgos narrativos del anterior, aunque el narrador posee mayor peso autorial puesto que posee "the strongest diegetic authority",[8] la cual se manifesta en el vínculo que establece con la audiencia de lectores virtuales mediante un texto en cursiva cuyo registro afectado y preciosista no es sino sátira paródica de las patrañas de historiografía oficial del poder.[9] El Coronel Belisario Terán llega a ser Presidente

---

[7] La focalización —denominada también "punto de vista" o "perspectiva"— es incluida dentro de la categoría narrativa de modo. La narración novelesca se nos presenta a través de la mediación de un punto de vista o perspectiva que adopta tres maneras: a) focalización cero: cuando el narrador dice más de lo que el personaje sabe; b) focalización interna: cuando el narrador dice lo que el personaje sabe y ve las cosas a través de esta conciencia individual; c) focalización externa: cuando el narrador sabe menos que el personaje y ve las cosas desde afuera sin poder penetrar los pensamientos y sentimientos ajenos. Es la llamada narración "objetiva" o "behaviorista". Genette, *Narrative Discourse*. Traducción por Jonathan Culler, 1ª edición, 1972 (Ithaca NY: Cornell University Press, 1980) 189-90.

[8] Lanser efectúa una distinción con un criterio pragmático: distingue dos niveles narrativos: narrador público y narrador privado. El primero es el que define el mundo ficticio para la audiencia de lectores y establece una relación autorial con el acto discursivo; mientras el segundo es un personaje del mundo ficticio autorizado para narrar por el narrador público y que se dirige a uno o varios personajes del mundo ficticio. Además, sostiene que estas categorías no son absolutas; al contrario, operan dentro de un espectro de posibilidades, de manera que puede distinguir un nivel semi-público o semi-privado. Lo que llamamos narrador autorial vendría a ser el narrador público. Susan Snaider Lanser, *The Narrative Act: Point of View in Prose Fiction* (Princeton: Princeton University Press, 1981) 138.

[9] Bakhtin acuña el término de estilización paródica para una variedad discursiva en la cual el narrador usa un discurso ajeno, pero introduce una intención semántica distinta al original, de modo que existe un conflicto entre las dos voces discursivas. Ahora bien, no sólo se parodia la estructura superficial o estilo, sino la estructura profunda o cosmovisión. Ambos niveles son interdependientes. Mikhail Bakhtin, *Problems of Dostoevsky's Poetics*. Traducido y editado por Caryl Emerson (Minneapolis: University of Minnesota Press, 1984) 193.

del Estado en recompensa al crimen que perpetró bajo la orden del General Maximiliano Andueza.[10] La víctima, Venancio Contreras, líder de los guerrilleros, se rinde y quiere firmar la paz, pero es torturado y asesinado. El General Andueza monta un grandioso simulacro de la batalla final cuya única baja es un negrito enloquecido por el alcohol, y propaga la mentira de que Contreras se suicidó. Sin embargo, esta mentira sirve para justificar el poder político, económico y cultural de los vencedores. Todo el relato se entreteje en torno a la conversación del Coronel Terán y su amante La Pancha mediante las retrospecciones, la superposición de otros diálogos, y las narraciones de los personajes en un segundo nivel narrativo con un registro coloquial en el que cobra relieve la oralidad. En fin, estos dos relatos de tercera persona son una especie de suplemento a los 16 relatos que tienen como hilo conductor a un narrador de primera persona que sí está involucrado en los hechos narrados.

Para el análisis de la colección de relatos titulada *El unico lugar posible* (1981), partimos del análisis textual del siguiente segmento textual con el propósito de caracterizar su escritura. Leamos:

> Es un espacio creado que establece comunicación con los sentidos, una ligera lluvia cae sobre el polvo que el viento ha removido poco antes poco antes; una de esas lloviznas que se desprenden a pleno sol, e imprimen en su entorno una iluminación irreal llena de fantasía y transparencia. En ellas, es posible escuchar lo que parece un incomprensible rumor de voces que sale de la sobresaltada naturaleza, mientras los cordeles de agua, al romper contra las fachadas o en el asfalto de las calles, despiden astillas de vidrio. Pero esto ocurre en mi interior, dentro de un espacio oxigenado que rápidamente se despeja y se prepara a recibir sus criaturas. (11-12)

Parafraseando un tanto a Severo Sarduy,[11] postulo que significante "lluvia" se desdibuja mediante una cadena de significantes tales como "incomprensible rumor de voces", "cordeles de agua", "astillas de vidrio", los cuales progresan metonímicamente y trazan una órbita alrededor de él, pero esto no impide inferirlo mediante una lectura radial. De la misma manera, en los relatos se parte de una situación en apariencia real y por medio de una

---

[10] El referente histórico de estos eventos y personajes ficticios ocurrió en Barquisimeto. Garmendia, en "Por qué escribo", *Inti: Revista de Literatura Hispánica* 37-38 (1993) 264, lo refiere en estos términos: "El presidente del Estado, era un adusto General llamado Don Eustaquio, sobrino de Juan Vicente Gómez, el amo del país. Era un andino de oscuros antecedentes, cuyos lazos de sangre con la estirpe rural de los Gómez, le permitieron eternizarse en el cargo. Un golpe de palacio lo había llevado al poder a su tío Juan Vicente, y aunque él debió aceptar la silla casi a regañadientes, por tratarse de sustituir en el mando a su jefe y compadre don Cipriano, al final se encariñó tanto con el encargo que se quedó 27 años. El mismo día del golpe, Eustaquio abandonó apresuradamente el calabozo del Castillo de Puerto Cabello, donde cumplía condena por asesinato, y desde ese momento se dedicó a servir de manera incondicional, y con mano a de hierro, a su tío, administrando, en nombre suyo, el estado más rico del occidente de Venezuela. Al parecer, nadie, que se sepa, lo vio reír alguna vez" (264).

[11] Severo Sarduy, "El barroco y el neobarroco", en *América Latina en su literatura*, coordinación e introducción por César Fernández Moreno (México: Siglo XXI, 1979).

"enumeración disparatada, acumulación de diversos nódulos de significación, yuxtaposición de unidades heterogéneas, lista dispar y collage", es decir, en virtud de una vertiginosa proliferación de significantes, dicha situación real se transfigura ya sea de una manera brusca o gradual en una situación irreal. Este proceso de fantasmagorización obedece, obviamente, a las pautas de la lógica onírica. Más aun: la vertiginosa proliferación de significantes, de acuerdo a Sarduy, es uno de los mecanismos de la escritura barroca. Como quiera que sea, Garmendia retorna a dos variantes temáticas del tiempo: el deterioro y la reminiscencia, ya que en estos relatos, que tienden hacia una narrativa epistémica o gnoseológica, se reiteran una y otra vez los mismos ambientes —sanatorios, hoteles, ruinosos y desolados— y los mismos personajes —ancianos, enfermos, viudos, viajeros, solitarios y sombríos. En el ocaso de sus vidas, éstos bregan por rescatar del pasado la inocencia de la niñez o el amor idílico de la juventud recurriendo a la fantasía que proviene de las ensoñaciones evocativas o las alucinaciones delirantes. Léase, por ejemplo, la siguiente descripción minuciosa de una plaza:

> el emparrado ocioso que se pudre, ciertas mamposterías orinosas. Hay algo aquí de tiempo retenido, empozado que comienza a descomponerse. Cierto anacronismo impera en la decoración que ha sido ejecutada con visible desgano. (13)

Esta visión desesperanzada de una realidad que se desintegra y disuelve por el implacable devenir del tiempo se advierte, asimismo, en el siguiente párrafo:

> Pero el material ha perdido vigor en la intemperie; palidece. Los bordados y los caireles se conservan ajados y sin brillo. Asimismo, las líneas del modelo han salido de un añejo figurín de modas. (15)

Por otra parte, la inclinación por el carácter grotesco se advierte en las siguientes:

> Presenta, además, en su contorno, algunas hojas semi-desprendidas y rotas que le atribuyen una imagen maltrecha de pordiosero. (17)
> Pronto me encuentro en medio del gentío, presenciando una confusión de ojos y narices que se cubican, testas bífidas o enfrentadas en un mismo tronco, miembros plásticos que se anudan o manos que nacen a todo lo largo de los brazos y allí se multiplican como esporas. Un muchacho se ha implantado un pie en lugar de su nariz. Las venas se aglomeran en masas de fibras, en una cara que ha sido dejada en carne viva. (58)

Anteriormente se indicó que la inquietud metafísica concerniente al devenir del tiempo se relaciona en cierta medida con el afán ontológico de revelar lo esencial en la relación entre el individuo y las cosas, lo cual se logra gracias a una sutil penetración en la psicología humana. Esta persistencia existencialista de Garmendia queda ilustrada en la siguiente cita:

> Y ahora que ha vuelto a la realidad del hotel, comprende que una gran parte de su existencia pulverizada alienta en el espesor de las cosas que reposan o se mueven a su alrededor y que de esa manera él se prolonga en todas ellas y por esa razón las experimenta inasibles, irreales e irrecuperables. (85)

En resumidas cuentas, sólo resta mencionar que en esta colección de relatos Garmendia incursiona nuevamente en la metaficción literaria. Este proceso autorreflexivo sobre el arte de la ficción se manifiesta en la autoconciencia de las posibilidades expresivas del lenguaje y el problema de la verosimilitud cuando admite, por ejemplo, que "todo su palabrerio suena a falso y además resulta incomprensible aun para mí mismo" (37). Esta preocupación metaficticia incide, asimismo, en el problema de la autoría y el personaje cuando se dirige al lector en estos términos: "A propósito, una madrugada desperté después de un sueño singular que me propongo relatarle lo mejor que pueda" (19). O cuando dice: "He allí, pues —he dicho mis criaturas— el origen probable de los sentimiento de culpa que acabo de mencionar: ocurre que me siento en gran parte dueño de estos seres. Debo entonces ser responsable de sus actos, hasta donde ello es humanamente posible" (57). Asimismo, Garmendia reitera el cuestionamiento del potencial expresivo del lenguaje y la eficacia de la ficción cuando afirma: "Quiero decir que ella continuó siendo para mi Diana, la desconcertante muchacha (¿no le empieza a sonar falso todo esto; narrado, promiscuo en cuanto al hacinamiento de adjetivos?) (74). O, finalmente, cuando dice: "La ficción habían comenzado a llenarse de huecos" (75).

Bibliografía

Bakhtin, Mikhail. *Problems of Dostoevsky's Poetics*. Traductor y editor: Caryl Emerson. Introducción por Wayne C. Booth. Minneapolis: University of Minnesota Press, 1984.

Barthes, Roland. *S/Z*. París: Seuil, 1970.

Garmendia, Salvador. *Difuntos, extraños y volátiles*. Santiago de Chile: Editorial Universitaria, 1970.

_____ *Memorias de Altagracia*. Edición de Óscar Rodríguez Ortiz. Madrid: Cátedra, 1974.

_____ *Único lugar posible*. Barcelona: Seix Barral, 1981.

_____ "Por qué escribo", *Inti: Revista de Literatura Hispánica* 37-38 (1993) 263-72.

Genette, Gérard. *Narrative Discourse* (1972). Traducción. y prólogo de Jonathan Culler. Ithaca NY: Cornell University Press, 1980.

Lanser, Susan Snaider. *The Narrative Act: Point of View in Prose Fiction*. Princeton: Princeton University Press, 1981.

Sarduy, Severo. "El barroco y el neobarroco", *América Latina en su literatura*. Edición y coordinación por César Fernández Moreno. México: Siglo XXI, 1979.

Rodríguez Ortiz, Óscar. *Seis proposiciones en torno a Salvador Garmendia*. Caracas: Síntesis Dosmil, 1976.

El espacio de la ruralidad en la narrativa venezolana contemporánea

Carlos Pacheco

Carlos Pacheco, que actualmente ofrece cursos en la Universidad Simón Bolívar, Caracas, es un venezolano que sacó su primer título en Colombia (la Universidad Javieriana, Bogotá) y su doctorado en Inglaterra (King's College, Universidad de Londres). Ya ha publicado: Narrativa de la dictadura y crítica literaria *(Caracas, 1986),* La comarca oral *(Caracas, 1992) y, con Luis Barrera Linares,* El cuento y sus alrededores *(Caracas, 1993). Está preparando un estudio sobre la historia y la ficción y otro sobre la oralidad, el exilio y la historia en la trilogía paraguaya de Augusto Roa Bastos*

> "Cuando alguien ha viajado, tiene algo que contar", dice el adagio alemán; y la gente se imagina al contador de cuentos como alguien que regresa de remotos parajes. Y sin embargo, no disfruta menos escuchando al hombre que se ha quedado en casa ... y que conoce las historias y tradiciones del lugar.
>
> Walter Benjamin[1]

Desde la perspectiva de la renovación de los años sesenta, podría pensarse la nueva narrativa venezolana como una apuesta definitiva por el ámbito urbano. Caracas está ya presente por supuesto desde mucho antes como referente ficcional en los relatos de autores como Díaz Rodríguez, Pocaterra, Blanco Fombona o Julio Garmendia. Es más, Orlando Araujo llega a proponer que nuestra narrativa está dominada por lo metropolitano.[2] Pero en seguida él mismo señala la diferencia y el tránsito de "Caracas la gentil" a "Caracas la horrible". Para mediados de este siglo, ya no se trata de la pequeña y casi pueblerina capital de fines del gomezato, siempre al borde del campo, sino de una urbe cuyas primeras autopistas y modestos rascacielos permiten calificarla de moderna. Además, la mirada hacia lo urbano ha dejado desde mucho antes de ser idealizada, distanciada, descriptiva; y se ha vuelto inmersa, fragmentaria, participante. Y este viraje es percibido por los escritores de aquel momento como supuesto signo de una entrada en la modernidad literaria, en perfecta sincronía con las transformaciones socio-económicas, políticas y culturales que experimentaba el país en aquella coyuntura.

---

[1] A falta de una versión española asequible, ofrezco mi propia traducción de la edición en inglés: "The Storyteller", en *Illuminations* (Nueva York: Schocken Books, 1985) 84.

[2] Orlando Araujo, *Narrativa venezolana contemporánea* (Caracas: Tiempo Nuevo, 1972) 50-52.

Consecuentemente, se tendió a considerar la ficcionalización del mundo rural como rezago de criollismos y regionalismos superados. Según esa visión, el foco de atención narrativa se había desplazado de manera definitiva de lo rural agropecuario a lo urbano industrial, del pequeño pueblo amenazado con la extinción por el éxodo de sus pobladores, como en *Casas muertas*, a la vida de la ciudad capital, plena de realidades y personajes inéditos, como en *Campeones*; y también a esos caóticos poblados, producto del aluvión migratorio, que proliferan desordenadamente, promovidos por el magnetismo de los campos petroleros, como en *Mene*.

Esa apreciación responde sin duda a un real predominio en la ficción de los ambientes urbanos y modernos sobre los rurales y tradicionales. Una migración del campo a la ciudad se está operando también en la literatura. Y esta migración pareciera cumplirse ficcionalmente en la dualidad ambiental de *País portátil*, para afianzarse luego en los relatos ya plenamente citadinos de Salvador Garmendia, Carlos Noguera o Luis Britto García. Pero sería inexacto ignorar la permanencia de un espacio de la ruralidad en nuestra narrativa de la segunda mitad de este siglo. Esta presencia del campo ya no opera allí por supuesto como evocación romántica o nativista de una campiña idealizada ni —a la manera de Gallegos— como complejo simbólico representativo de las rémoras y valores telúricos de una venezolanidad raigal. En ellos, el pueblo campesino, el río, los caminos de tierra, el "árbol familiar", el loco, la abuela, el maestro, aparecen más bien como los fragmentados escombros de vivencias infantiles que la memoria de un narrador testigo intenta recuperar de la hecatombe del olvido.

Aunque ellos no están solos en este espacio de la ruralidad, quisiera llamar la atención en esta oportunidad acerca de la convergencia de los proyectos estéticos de dos narradores: Alfredo Armas Alfonso (1921-90) y Orlando Araujo (1928-86), ya que son ellos probablemente la señal más visible de esa nueva presencia de lo rural. En efecto, *El osario de Dios* (1969), de Armas Alfonso, y *Compañero de viaje* (1970), de Araujo,[3] además de ser los libros principales de cada uno, son probablemente los relatos que marcan la pauta de esta nueva mirada ficcional a la ruralidad. Mediante un acercamiento comparativo a estos dos libros deseamos caracterizar esa mirada en el contexto de la narrativa venezolana contemporánea.

A pesar de sus diferencias de concepción y realización, son numerosos los hilos que vinculan a estos dos relatos casi coetáneos. La geografía física y humana de sus respectivos universos referenciales es divergente. El extremo norte del Estado Anzoátegui, en la costa oriental venezolana, para Armas Alfonso, y las últimas estribaciones de la cordillera de los Andes en el Estado Trujillo, para Araujo, son los bien diferenciados territorios geoculturales elegidos como referentes. En ambos casos se trata sin embargo de zonas rurales de economía fundamentalmente agropecuaria en las primeras décadas de este siglo. La ganadería en pequeña escala, la agricultura de conuco, el comercio aldeano, son allí las actividades dominantes, sin olvidar los incesantes enfrentamientos de tropas gobiernistas y montoneras que en estos predios hacen de la guerrilla y el saqueo medios de vida. Pueblos relativamente

---

[3] Alfredo Armas Alfonso, *El osario de Dios*, 1ª edición 1969 (Caracas: Monte Ávila, 1991). Orlando Araujo, *Compañero de viaje* (Caracas: Domingo Fuentes, 1970).

aislados, asolados por la ignorancia, las endemias y la violencia. Aldeas de casas construidas de cara al páramo en *Compañero de viaje*, alimentadas por oleadas de fugitivos de alguna oscura venganza o de la ley, que se mantienen alejados de los caminos de la historia, mientras en *El osario de Dios*, entre el polvo de los cardonales, se asoman apenas los signos de una precaria modernidad, acelerados por el inicio en la zona de la explotación petrolera.

El período histórico representado en ambas obras se centra en el segundo cuarto de este siglo, época correspondiente a la infancia y juventud tanto de sus autores reales como de los respectivos narradores internos concebidos a imagen y semejanza de aquéllos. Con frecuencia, no obstante, este período tiende a expandirse retrospectivamente hacia el diecinueve, mediante el recurso a las evocaciones y relatos de personajes ancianos que aún recuerdan episodios de las guerras civiles y hasta de las guerras de la Independencia. Entre estos personajes destacan las dos abuelas, confluyentes también en la sonoridad cariñosa de sus respectivos sobrenombres familiares: "Mamachía" en *El osario de Dios*, "Mamaiche" en *Compañero de viaje*, son las contadoras de cuentos en cuyas voces fluye la oralidad de una tradición a la vez familiar y comunitaria que los nietos-narradores intentan, al parecer de manera siempre deficitaria, hacer resonar en su escritura.

Pero las confluencias van mucho más allá del aspecto temático. Una de los más notables y que ha sido mencionada con insistencia por la crítica es la dubitación genérica característica de ambos textos. Y es que por una parte, éstos podrían leerse válidamente como colección de cuentos breves y hasta de minicuentos. En *Compañero de viaje*, secciones como "La mula de vergara" (37-43) o "El muerto que no era el suyo" (52-62), por ejemplo, poseen potencialmente la autonomía propia de los cuentos literarios. Cada libro, al mismo tiempo, conforma una novela virtual, fragmentaria, cuyos episodios deben ser integrados por un lector activo para lograr finalmente un conjunto significativo mayor, capaz de representar la vida social y cultural de toda una comarca rural venezolana.

Esa resaltante fragmentariedad de estos libros no puede dejar de vincularse con el carácter predominantemente oral de la cultura allí representada ni con el proyecto de "recuperación" de la frágil memoria comunitaria que no cuenta en muchos casos con el apoyo de un texto escrito. Como en *Hijo de hombre*, de Roa Bastos, cuyos capítulos tienen también la autonomía de cuentos independientes, el relato escrito aparece como contaminado por la índole episódica de la narración oral. Como Miguel Vera en la novela paraguaya, el narrador principal cumple entonces en estos textos la función de rememorar esos momentos, compilarlos de otros informantes, interrelacionarlos, recontarlos. Mediante esa operación reconstitutiva, integradora de lo fragmentario, que sobrevive a las turbulencias de la desmemoria, avanza este narrador en pos de un sentido para el pasado de su comunidad que a su vez otorgue sentido a su propia existencia. Cada fragmento aparece entonces como un náufrago en el océano del olvido, rasgo perecedero de los tiempos idos que, rescatado de manera fugaz por la memoria del narrador, logra sobrevivir a través de la ficción.

Con frecuencia ese fragmento es un breve retrato. Se organiza en torno a alguno de los personajes familiares o populares, narrando un episodio capaz de caracterizarlo. Este rasgo es más notable en *El osario de Dios* (de allí su título), obra calificada por su autor como colección de "biografías municipales",[4] cuyos episodios son encabezados con notable frecuencia por el nombre del personaje "retratado". En *Compañero de viaje*, por su parte, los personajes individualizados aparecen desde un inicio enraizados en la vivencia infantil del narrador quien dice haber sido impresionado por su fuerza y su estoicismo al conocerlos directamente y al internalizarlos a través de la voz de su padre, su "compañero de viaje", esa figura fundadora cuya permanencia más allá de la muerte es simbolizada a través del motivo de la maleta que una y otra vez pasa ante su mirada, viajando siempre por el río aguas abajo.

La narración llega a adquirir un tono dominante de oralidad, ya sea porque un fragmento dado consiste enteramente en la voz del narrador principal quien, como solía decir Rulfo, trata de "escribir como se habla", ya porque explícita o implícitamente ese narrador nos transmite (también como una voz) ese contar de los otros, sus familiares o sus conocidos, quienes —como el primero— dirigen su relato a una audiencia presente, íntima y participante. Alfredo Chacón, refiriéndose a *El osario*, lo expresó adecuadamente: "Lo que en esta parábola se propone al lector es el reinado montaraz del habla escrita, de la voz emitida junto con su habla, por virtud de una escritura que es también voz y habla al mismo tiempo".[5] Esa oralización de la escritura es por supuesto un esfuerzo por acercarse a la condición naturalmente oral de ese medio cultural. Ella se pone en evidencia no sólo en el énfasis y la reiteración de ciertos giros idiomáticos, o de los nombres y apodos de los personajes, reiteración que llega en ocasiones a adquirir la función de lo formulaico, sino también en el uso estratégico de una medida arbitrariedad sintáctica que nos recuerda —aunque en este caso dentro de los bordes de una misma lengua— los "sutiles desordenamientos del español" que confesaba practicar Arguedas para oralizar algunos de sus relatos.

Otra coincidencia fundamental se encuentra en la presencia y el funcionamiento de la figura del narrador en la economía narrativa de estos relatos, rasgo que se muestra también en consonancia perfecta con su vinculación al mundo oral. Este narrador rara vez se refiere a sí mismo de manera directa. Sin embargo, la reiterada alusión a su entorno familiar y el aporte de otros datos de tiempo, espacio y episodios permiten inferir en el texto una voluntad de identificar al yo que presencia, recuerda, escucha y relata estas historias con el autor real. Cada texto resulta entonces también una ficcionalización de su autor, quien aparece representado como perspectiva y como voz narrativa dominante. De esta manera, *El osario de Dios* y *Compañero de viaje* se acercan al testimonio, a la autobiografía, a las memorias de infancia, géneros donde prevalece un propósito de fidelidad a la vivencia personal, a esa realidad que fue primero experienciada y interiorizada, para ser luego transmutada por la elaboración ficcional en verdad comunicable, en literatura con valor subjetivo de autenticidad. El narrador aparece así como un mediador; frágil vínculo con un pasado en trance de desaparecer, intenta recordarlo y llevarlo a la escritura para evitar su hundimiento irremediable en el olvido. Por eso es tan frecuente en estas

---

[4] Alfredo Armas Alfonso, citado por Juan Liscano, *Panorama de la literatura venezolana actual* (Caracas: Publicaciones Españolas, 1970) 115-16.
[5] Alfredo Chacón, "Una escritura hablante", en varios, *Una valoración de Alfredo Armas Alfonso* (Cumaná: Casa Ramos Sucre /CONAC, *s.d.*) 84.

obras la alternancia entre la perspectiva del niño que experiencia la realidad de manera directa y la del adulto que la revive en el recuerdo.

Si bien aparecen como lo más característico de esta tendencia, Araujo y Armas Alfonso no están solos. La montaña merideña, la Sierra de Coro, los llanos del Guarico, se perciben como nuevas comarcas rurales de la ficción en la obra de narradores más recientes como Ednodio Quintero, Orlando Chirinos o Enrique Mujica, respectivamente, mientras en la poesía de Ramón Palomares y Luis Alberto Crespo cobran vida el paisaje, la vivencia, la voz de sus respectivas comarcas trujillana y larense. Y es que no obstante las diferencias de sus respectivos lugares de origen y las peculiaridades que naturalmente distinguen su escritura, ellos parecen responder a un impulso fundamentalmente común: el de reactualizar en la obra literaria lo que fuera la pequeña comarca rural, campesina, oral de su infancia; el de retornar literariamente a los orígenes. Este impulso los hace recurrir a técnicas similares de elaboración lingüística, de estructuración narrativa y de construcción de concepciones mágico-míticas del mundo, fundadas a menudo en recursos culturales provenientes de fuentes orales y tradicionales de sus propias regiones interioranas, aunque muy conscientes, al mismo tiempo, de las innovaciones estéticas de las vanguardias de este siglo.

Por estas razones, no puede dejar de vinculárseles con ese conjunto de narradores (Arguedas, Rulfo, Guimarães Rosa, Roa Bastos, entre otros) que sin llegar a formar un grupo propiamente tal, a partir de mediados de este siglo marca una pauta en la ficcionalización de las trastierras hispanoamericanas. Aunque éstos sean más renombrados internacionalmente, en la literatura de cada país latinoamericano, como en el caso de Venezuela, apenas esbozado, se desarrolla una narrativa (y seguramente también una vertiente lírica) vinculadas a lo rural y a la oralidad tradicional de las regiones interiores o trastierras.

En aquel conocido ensayo acerca de la figura del contador de cuentos, Walter Benjamin proponía dos tipos fundamentales de narrador oral, el primero, epitomizado por el marino, es el que tiene mucho que contar a su regreso de un largo viaje. El segundo es el que, habiendo permanecido enclaustrado, labrador tal vez de su valle nativo, tiene también —precisamente por haberse quedado— mucho que contar. Tal vez convendría dar fin a esta intervención insinuando que los escritores como Araujo y Armas Alfonso corresponden de cierta manera a ambas categorías. Porque ellos (y sintomáticamente sus personajes más logrados) partieron en su juventud de la comarca campesina que los vio nacer y en la ciudad hicieron su vida, accediendo así a una educación profesional y tal vez a la sofisticada comunicación de la aldea global. Al mismo tiempo, lo más preciado de sí quedó emocionalmente asentado en el pueblo de su infancia. Y por saberlo no dejan de volver a él, también a través de su obra literaria, ya que esa ambigua fuente de sentido no se halla en ninguna otra parte.

Otro espejo por respuesta

José Balza

José Balza, que forma parte del Instituto de Investigaciones Literarias de la Universidad Central de Venezuela, Caracas, es autor —entre muchas otras publicaciones— de: Este mar narrativo *(2ª edición, México, 1994),* Tres ejercicios narrativos (Marzo anterior, Largo, Setecientas palmeras plantadas en el mismo lugar) *(Caracas, 1994) y* La Fleur de minuit *(traducción de Claude Fell, París, 1993). En prensa tiene el segundo volumen de* Iniciales, *sobre los anuncios de la teoría literaria en la Colonia*

Quiero anotar tres frases y algunos comentarios a ellas.
1) Hasta hace quinientos años, a pesar de nuestros grandes poetas autóctonos y de narraciones sagradas como el *Popol Vuh*, no teníamos la literatura (griega, latina, española).
Sin embargo, a partir del siglo XX la literatura de América Latina construye una edad del esplendor, que tal vez sólo comience. En esa literatura somos lo que fuimos y lo que seremos, pero también lo que nunca hemos sido y hasta lo que no seremos.
Todo pudo resultar de un proceso que se iniciara hace mil años, que tuvo tradiciones inquietantes como el *Popol Vuh* y un genio renacentista en Nezahualcóyotl. Después la original mezcla de lo indígena con lo español y lo africano creció en un mixto árbol hacia la aventura, las pasiones, la confusión y el pensamiento.
De esa sustancia que constituyó nuestro español, ¿no hay luz propia para la sensibilidad de Pedro de Oña, del *Lunarejo*, de Domínguez Camargo, de Sor Juana, de Eugenio de Santa Cruz y Espejo, en cuyas raíces hispánicas y clásicas terminó por despertar la percepción de un nuevo ámbito verbal ya absolutamente americano? ¿Y qué decir de la dramática escritura de Bolívar, de la lúdica pedagogía visualizada por Simón Rodríguez y del aura sensual que atraviesa los versos de Martí y Darío?
En todos ellos hubo la savia emergente que cristalizará al surgir el siglo XX. Ya todo estaba preparado: las guerras y su desamparo, las ambiguas independencias políticas, la apropiación del pensar universal, la conciencia de una otredad, de una pertenencia a lo íntimo y a lo cósmico del Continente.
Creo —y tal vez así debía ser— que los primeros en caracterizarnos fueron los poetas. El martirio de Martí, la sacudida hacia el placer guiada por Darío: desde allí emergió la búsqueda del doble fuego: la originalidad, la contemporaneidad.
Serán Eguren, Lugones, López Velarde, el Ramos Sucre que ve vacilar al universo en palabras ("Un idioma es el universo traducido a ese idioma"), el Huidobro que devuelve

los vocablos al juego, serán Tablada, Girondo, Vallejo, quienes despejen el aire. Y entonces la conciencia literaria, pura y práctica, no tardará en desafiar e ironizar desde el cuento. Quiroga y Felisberto Hernández desafían con humores opuestos; Julio Garmendia, Julio Torri, dos nombre intercambiables en concepción, en organicidad irreal, atan desde México y Venezuela los anillos de Moebius (o de Escher) con que la ficción desembocará en seguida y también en décadas más tarde, hacia Macedonio Fernández, Borges, hacia Cortázar y Fuentes.

Entretanto se fraguaba el lento cuerpo de la novela. Sus primeros asomos son briosos y salvajes: se levantan como los suelos, mostrando la maravilla y el horror de las grandes selvas, los ríos, el desierto, las montañas. Tal vez, precisamente, por atender con tal intensidad a la pujanza de lo terreno y a la denuncia social, el oído de esos creadores no guarda la misma proporción entre su intención y su expresión.

Ya desde el poema, sin embargo, se había revertido la voluntad analítica y si Darío y Huidobro pensaron el poema y sus relaciones, no tardaron Torri, Julio Garmendia, Borges en convertir a la ficción en reflexión paralela.

Por lo tanto, como hubiera anotado Jesús Semprum en los años veinte, la obra desencadena el abordaje crítico, ensayístico: "tras una generación de autores eminentes sobreviene casi siempre un gran crítico".

El siglo XX afina a partir de su segunda década el riesgo conceptual, la búsqueda de una coherencia explicativa o sugerente que vaya bordeando la realidad y lo que la imaginación fija desde ella. Reyes ("El concepto de literatura nacional es una convención reciente: la Antigüedad es un todo; la Edad Media cristiana, un todo; el Renacimiento, un todo. No bien se exacerban las nacionalidades, el desarrollo planetario de las comunicaciones tiende otra vez a mezclar las aguas"), Vasconcelos, Henríquez Ureña, Franz Tamayo, Picón Salas, Semprum mismo despliegan la panoplia que legitima el ir de lo analítico hacia el mundo para volverse aquí territorio más profundo.

Lo que vendría después bien puede tener su correspondencia en los versos que hacia 1939 creaba José Gorostiza:

> ... y el prometido fruto de mañana,
> como un espejo del revés, opaco,
> que al consultar la hondura de la imagen
> le arrancara otro espejo por respuesta.

El fruto literario ya era un pasado, es el presente que hoy vimos y que también será lo imprevisible (siempre un espejo por respuesta). Si algo envejece entre nosotros es la narrativa, sobre todo cuando se vuelve obsesiva con elementos morales o políticos ("¿Para qué sirve un escritor si no para destruir la literatura?" aceptaba Cortázar) y aun si sólo quiere servir a un manifiesto. Es fácil notarlo en el escaso grado de placer con que un lector busque las obras criollistas; se percibe en la desconfianza que ya rodea a lo real maravilloso o al realismo mágico, no sólo porque América sea cada vez más urbana y los problemas del alma otros, sino porque la fantasía no puede ser confundida con boberías. Hasta una de sus ventajas (ser imitado en otras naciones) puede llevar ese tono de falsa magia a la parodia, como recién lo recicla Raymond Williams. Lo cual terminaría convirtiéndolo en una señal de decadencia.

Poesía y ensayo (ensayo crítico, teórico), aunque guardan misteriosas afinidades con toda la narrativa de estos tiempos, si bien parecían secretos y prescindibles, han terminado por madurar con libertad, por iluminar aspectos existenciales y estéticos de nuestra cotidianidad y, sobre todo, por alcanzar a un vasto público lector.

A partir de los veinte con frecuencia narradores y poetas se desdoblan en acuciosos ensayistas; de tal modo que en la actualidad pueden coincidir por lo menos tres generaciones de pensadores. No es desalentador, por lo tanto, que hoy podamos seguir las reflexiones de autores tan disímiles en percepción, nacionalidad y edades como Octavio Paz, Saúl Yurkievich ("El arte y por ende la literatura, como la historia que los incluye y condiciona, son oscilantes en su progresión sin progreso. Los anima un movimiento pendular entre inherencia y trascendencia, centrípeto y centrífugo"), Armando Rojas Guardia, Crespo.

Nombres como los de Onetti, Rulfo, Cortázar, Guimarães Rosa, Guillermo Meneses predominan y persisten sobre la hojarasca que desató la narrativa del boom, y con ellos siguió el establecimiento de Fuentes, de Sarduy, y la relectura de cuentistas y novelistas un tanto postergados como Sergio Pitol, Alejandro Rossi.

Ahora el siglo XX se cierra para ser abierto. "Digamos que el mundo es una figura, hay que leerla. Por leerla entendemos generarla", volvía a apuntar Cortázar en *Rayuela*. Y de nuevo parecen ser los poetas, por su gestión tan numerosa y por su colectiva verastilidad, las voces de primera línea en lo que podría considerarse cierre o apertura. Y junto a ellos un cuadro de ensayistas doblemente afinados hacia la cultura interna y externa de nuestra realidad continental. "Espejo de la realidad cósmica, el poema es un modelo de lo que podría ser la sociedad humana", concluye Paz: sólo que hoy el poema transita por la ficción y el ensayo. Ese modelo correspondería también al de la escritura como totalidad.

¿Dónde están los narradores en esta escena a la vez última y primordial del siglo? Precisamente atendiendo al diálogo entre la realidad y lo imaginario, que es su sangre; atendiendo al llamado de una forma con la cual forjar su retrato más íntimo: el de aquello que des/conocen, de su tiempo, de lo soñado. Y sobre todo, releyendo la más antigua tradición literaria del planeta y del Continente, así como hurgando las obras del siglo que concluye y las que apenas nacen. Todos esos textos, como recrea Harold Bloom sobre lo bíblico, "fueron y son tan originales, que hay otro sentido muy distinto en el cual jamás los hemos leído y en el que, tal vez, jamás podremos leerlos". Pero los leemos, los negamos, los cambiamos y los re-escribimos. Seguimos siendo tan jóvenes, somo tan fieles al Continente que sensibilidad e inteligencia son intercambiables entre nosotros: escribimos un mismo libro —toda nuestra literatura— como lo hubiera soñado Mallarmé. El vasto libro que resume la Independencia literaria de América Latina, lograda, a través de él, durante este siglo XX.

2) UNA LITERATURA FIGURABLE

Fin de siglo: autores de una literatura figurable o figural hacen coincidir la tradición latinoamericana y lo improbable. En ellos queda el eco de lo coloquial y de la denuncia, tan próximos a los criollistas; en ellos murmura la asunción y el olvido de las vanguardias, tambiés la novedad de lo urbano o de lo fantástico; son todo eso y una a la vez desolada y rica vitalidad. "Descubro nuevos mundos simultáneos y ajenos", insiste Cortázar mientras confirma su sed de ubicuidad y la lúcida lucha contra el tiempo.

El mundo propio, secreto, y su entorno; las esferas del yo individual y colectivo, tan simples como ajenas; los siglos del pasado, el vacío del nuevo milenio; el planeta desprotegido en su travesía por el tiempo, la inmediatez, "la imaginación al servicio de nadie", según Cortázar: he allí nuestro verdadero espacio que reta y devora y que sólo puede admitir frente a él, a la escritura y su última clave, el individuo.

De allí que la literatura de América Latina equivalga a su filosofía. En ella se ocultan o asoman nuestros rasgos, el asedio a un sentido; cuánto estamos siendo. A medida que nos volvamos sistemática y conceptualmente hacia ese disperso testimonio imaginario de lo vivido, nuestras potencialidades podrán ser sopesadas, figuradas. entre tanto, atravesamos pasado y presente (es decir lo rural que pervive, pero ya contaminado de una percepción urbana, y más que eso universal), muy conscientes del aliento flexible con el cual, en nosotros, la vivencia del tiempo y de la tierra se vuelve ritmo, no carente de alegría.

Literatura latinoamericana de hoy: "investigación —la obra dada— de la obra probable" según el proverbio de Franz Tamayo. Eterno despertar de la cifra y lo cifrado, *computare*, número dis/armónico, silueta que nos transparenta y nos oculta, figura que necesitamos leer, creándola. Configuración del mundo cotidiano a partir del pensamiento, y viceversa. Letra que es figura y luego transfiguración. Energía que termina por devorar al figurante para restituirlo a esa historia única y banal que es la vida cotidiana, la figuración.

3) La literatura es nuestra filosofía

Si pensamos que de la literatura latinoamericana puede extraerse aquello que consitituye nuestra sensibilidad filosófica o un conjunto de apreciaciones que irían integrando nuestra *Weltanschauung*, dos derivaciones podrían ser delimitadas en este sentido: la primera requiere y absorbe la libertad analítica con que todo lector puede (ha podido) acercarse a las obras del Continente. Nacido aquí o en cualquier parte del mundo, ese crítico, ese intérprete, ha estado aplicando —para iluminar, relacionar— un punto de partida, una visión, un sistema teórico surgido de otra cultura a nuestra literatura.

Tal práctica resulta esclarecedora y rica. Permitió detectar concepciones universales tras nuestos textos o destacar la actualidad, lo atractivo de nociones ajenas que también circulan dentro de nuestra literatura.

Mucho de lo original que aporta el continente, resalta así precisamente por su capacidad de reflejar, captar o adaptar tales proposicones. No importa que el creador haya sido consciente de esta actividad de intermediario. El analista ejerce una libertad (también una violencia) que termina por resultar fértil.

Como es obvio, tal procedimiento produce de inmediato una consecuencia: a fuerza de ser comprendido o arrinconado por esta energía interpretativa, algo —o mucho— de nuestros textos queda en suspenso, marginado o ignorado. ¿Habrá acaso en ese área irreductible un componente que no pueda ser, filosóficamente, comprendido desde afuera?

La segunda derivación es apenas prospectiva. Como resultado de lo anterior, tanto el creador —de nuevo sabiéndolo o no— y el crítico nuestro han ido aportando aproximaciones, intuiciones, toques hipotéticos en sus obras que se alejan de los reinos ya domesticados por la teoría extraña.

Nada pudiera haber suscitado este estilo de pensamiento sino nuestras obras mismas (cada una "un libro al cuadrado", como quiere Héctor Libertella), en que se expone. Allí estaría, entonces, una primera señal de cierta figura, de cierta visión muy nuestra que, partiendo de experiencias ajenas, se vuelve componente íntimo y convoca claves, otra vez universales, desde una manera de ser latinoamericana. Quien se pierda y se encuentre en esas entonaciones comenzará a disponer de un apoyo conceptual, brotado acá, que le permita visualizar una totalidad perspectiva para hurgar la unidad secreta de nuestra literatura, latitud de lo imaginario y lo racional que nos conecta con el mundo.

Bibliografía

Bloom, Harold. *Los vasos rotos*. México: Fondo de Cultura Económica, 1986.
Cortázar, Julio. *Rayuela*. Buenos Aires: Sudamericana, 1966.
Gorostiza, José. *Poesía y poética*. París: UNESCO, 1988.
Libertella, Héctor. *Las sagradas escrituras*. Buenos Aires: Sudamericana, 1993.
Tamayo, Franz. *Obra escogida*. Caracas: Biblioteca Ayacucho, 1979.
Paz, Octavio. *La otra voz*. Barcelona: Seix Barral, 1990.
Yurkievich, Saúl. "Memoria y balance de nuestra modernidad", *Quaderni de Letterature Iberiche e Iberoamericane* 11/12 (1990).

Por una literatura menor

Antonio López Ortega

Antonio López Ortega fue estudiante en la Université Sorbonne Nouvelle, París antes de volver a Venezuela donde actualmente trabaja para la Fundación Bigott en Caracas. Es autor de la colección de relatos Cartas de relación *(Caracas, 1983), la novela breve* Calendario *(Caracas, 1989) y otra colección de relatos,* Naturalezas menores *(Caracas, 1991). En prensa tiene un libro de ensayos,* El camino de la alteridad, *y un libro de relatos titulado* Lunar

Desde sus inicios la América hispana ha sido habitada por los grandes discursos. Encarnación terrestre de la utopía europea, paraíso del buen salvaje o escenario para el ensayo revolucionario, América es el espejo en el que Occidente mira sus deformaciones o idealiza su deseado rostro. Si, como bien afirmara Lezama Lima, nuestra primera pulsión literaria es la del inventario, se entiende entonces que nuestro primer lector sea el de ultramar. No comenzamos a escribir para hablarnos a nosotros mismos sino a ese ser distante que esperaba ansioso las noticias o "relaciones" del nuevo mundo. ¿Qué otra cosa esconde el empeño de Colón o el de los cronistas reales sino el de remitir lo más certeramente posible los signos de la realidad desconocida? Retorciendo la expresividad para endulzar los oídos lejanos, el cronista convierte a la guanábana en "un melón con labores sutiles" o casi extermina al mamífero manatí creyéndolo una sirena tropical del Caribe.

Con el paso de los años, nuestro distante lector se troca en habitante de estas tierras pero sin que la visión logocéntrica lo abandone. Así, en pleno siglo XIX, como un cronista camuflado, don Andrés Bello tiene que convencernos de las bondades del banano o del estupor que genera la visión de la piña. Es, todavía, el hombre obsesionado con su desmedido entorno, el hombre que hurga con precisión milimétrica en lo que lo rodea para encontrar un poco de sentido en sí mismo. Ya Murena desde Argentina, con mayor inteligencia que otros, nos alertaba sobre "la pasión adánica" de nuestra literatura, es decir, sobre la necesidad de irlo nombrando todo a cada paso. La constante del inventario ha recaído en civilizaciones ajenas, en la flora y fauna deslumbrantes, en una climatología desconocida, en los ritos y costumbres, pero también en la proyeccion mental de los bestiarios medievales o de los héroes de caballería. California y Amazonas son apenas dos de los términos que nos remiten a las lecturas de nuestros conquistadores.

Si bien "la pasión adánica" ha abusado hasta la saciedad del paisaje o de las costumbres (piénsese, por ejemplo, en la novelística de Icaza o en ciertas obras narrativas), también la historia ha ofrecido en años más recientes un terreno transitable. Desde la novela indigenista de los Andes, pasando por la novela de la Revolución mexicana, hasta llegar a la novela de los dictadores (*El otoño del patriarca*, *El recurso del método* o *Yo, el Supremo*), el escritor hispanoamericano ha sentido la necesidad de transponer la historiografía oficial —por incompleta o falsa— y construir cuerpos autónomos que no aspiran a ser otra cosa que tentativas de reinterpretación de la realidad. Una vez más, el empeño por conocer el rostro definitivo de un ser, por arrojar las claves de una cosmovisión, es lo que prevalece en estas tentativas. Cambiamos el banano por Guzmán Blanco o la piña por el doctor Francia para tratar de dar con los signos del entorno y conocernos mejor a nosotros mismos. Aun en las novelas que no transitan por lo histórico —como, por ejemplo, *Cien años de soledad*— el tufillo de la historia se siente cuando García Márquez recrea la genealogía de una estirpe que bien resume los aciertos y desmanes de estas "sociedades en formación".

Si a la pasión por el inventario unimos la tentación enciclopédica tendremos lo que, mal o bien llamado, ocurrió con el boom de la novela de los años sesenta. Se trataba, francamente, de una gesta libertadora, de una reinvención del mundo con nuevas palabras y nuevas visiones. Catedrales del conocimiento como *Terra Nostra* o desdoblamientos temporales como *La Casa Verde* nos hacían pensar por un momento que el mundo se iniciaba allí, fresco y recién bautizado, y que todo había que reaprenderlo. Era, ciertamente, el momento de unos titanes cuyas obras nos acercaban al paroxismo de una concepción literaria: novelas singulares que fundían en un solo rapto expresivo diferentes lenguajes, hablas, concepciones temporales y espacios históricos. Así, la reafirmación de los espejos (las obras) nos inducían a tener una imagen más clara de nosotros mismos, de nuestra cultura y de nuestra civilización.

Ahora bien, no hay afirmación cultural sin fisuras, interrupciones y contracorrientes. Las grandes corrientes marinas no dejan ver con facilidad los breves torrentes que regulan las temperaturas o moldean las cavernas. Es posible que la literatura que ha apostado al inventario haya monopolizado buena parte de nuestra realidad expresiva pero, evidentemente, no es la única. Sus grandes cimas, incluso, han revelado grandes deudas espirituales: la de un García Márquez con la obra efímera de un Rulfo, la de un Cortázar con la obra disparatada de un Felisberto Hernández o con el carácter voluntariamente fragmentario de la narrativa de Borges. Detrás, o por debajo, del apetito totalizante, se esconden otras cosmovisiones quizás menos ambiciosas pero no menos certeras. Es la pulsión que apuntando a la brevedad, al detalle, a la historia menor; es la pulsión que se ha apartado de los grandes cuerpos míticos, que no se ha dejado subyugar por la abundancia y que ha preferido optar por los relatos aparentemente insignificantes de una realidad aplazada u olvidada por los cuerpos mayores.

En definitiva, la fuerza que ha impulsado a la literatura del inventario es de raigambre ideológica. Desde las *Cartas de relación* de Cortés hasta la novela histórica de nuestros días, la pulsión literaria parece querer responder a factores externos: un lector de ultramar ansioso de "relaciones", o un ciudadano autóctono que tiene que definir su existencia entre el viejo y el nuevo orden, o un lector moderno desconfiado de sus mitos históricos y cuya integridad espiritual debe ser resguardada a toda costa por el imaginario de los escritores. El síndrome de las "sociedades en formación" no parece abandonarnos tan fácilmente y mucha tinta se ha invertido en el esclarecimiento de nuestro signo colectivo.

Ya en las postrimerías del siglo, cuando se han cumplido quinientos años de una hazaña histórica indudable, oscilando entre quienes se dejan seducir por las profecías milenaristas o quienes apuestan decididamente a la inserción de la América hispana en el diálogo global de las naciones, valdría la pena esbozar algunas reflexiones en torno a la misión —si alguna cabe— de la literatura en nuestros días. La primera: si, coincidiendo con Carlos Fuentes, la única celebración posible en este recientemente cumplido Quinto Centenario del Descubrimiento es la de percatarnos de nuestra cohesión cultural más allá de nuestros aún fallidos ensayos políticos o económicos, no otro destino aguarda a nuestros artistas que el de perfeccionar sus vocaciones. El discurso cultural está llamado a ser la línea de fuerza mayor de estas sociedades y, dentro de él, la literatura jugará un papel capital. No ya quizás con las grandes catedrales narrativas, que al inaugurar un sentido casi lo agotan; no ya quizás con el inventario del ser sino inventando el ser hispanoamericano: su manera de sentir, de amar, de temer. Se impone una tarea de reconciliación —cuando no de relectura— con esos cuerpos menores de nuestra narrativa, con esas tentativas nada enciclopédicas, puntuales, afirmativas, desordenadas en el tiempo y en el espacio, que escritores periféricos a las líneas centrales nos han ido dejando más allá de los discursos dominantes y de las modas.

La expresión narrativa hispanoamericana vive un momento de recogimiento, de contracción, en el que los grandes monumentos literarios parecen haber saldado una vieja deuda con tiempos y exigencias que ya no nos pertenecen. Mucho más inseguros y perplejos, los narradores hispanoamericanos de nuestros días apuestan al relato breve, al fragmento, a la anotación de turno, al ensayo fronterizo en el que una narración bien puede ser un poema en prosa. Es la reacción natural frente a un mundo que ha logrado esfumar las certezas en las que se ha fundado o que ha disipado todo residuo ideológico. De la afirmación hemos pasado al escepticismo o a la humildad. ¿Reflujo ante un tiempo recién pasado de prosperidad y un futuro más promisorio? Responder sería admitir que todo discurso cultural tiene momentos mayores y menores cuando lo que acá nos ocupa es más bien reconocer la validez y trascendencia de ciertas obras más allá de estas vicisitudes.

Una literatura menor sería, pues, aquélla que desconfía de los cuerpos mayores, aquélla que hurga y proyecta una intimidad. Deleuze y Guattari, en su sorprendente ensayo sobre la obra de Kafka, destacan tres condiciones invariables: la desesterritorialización de la lengua, el entroncamiento de la voluntad individual por encima de las condicionantes del entorno y la disposición para hablar con la voz de un colectivo. Así como Kafka, en su situación extrema de judío alemán en Praga, habla desde una lengua minoritaria y a punto de desaparecer, asimismo el escritor hispanoamericano, tal como lo recordara Fuentes, sacrifica su lengua en el altar de la expresión hispánica cada vez que escribe. En lo íntimo de su médula expresiva, el escritor hispanoamericano sabe que su postura dentro de esa lengua mayor llamada el español es esencialmente revolucionaria, pues si algo ha demostrado el decurso de la literatura hispanoamericana, ello es la infinidad de voces que en ella y por ella hablan. La mejor literatura hispanoamericana se ha desplazado siempre desde la periferia idiomática, desde el destierro lingüístico. Sólo así hemos podido reconciliarnos con nuestra realidad y con nuestro signo colectivo.

La literatura menor en Hispanoamérica es aquélla que nos ha comenzado a hablar desde una experiencia de vida, es la que nos ha comenzado a relatar las nimiedades de los ritos cotidianos. Así como la historiografía más reciente se aparta de los frescos épicos para atravesar verticalmente, a la manera de un ejercicio arqueológico, hábitos y costumbres, asimismo nuestra literatura menor recupera los registros de la realidad que las tentativas enciclopédicas han dejado de lado. Los personajes señoriales y decadentes de un Felisberto Hernández, las apariciones virtuales en algunos cuentos de Juan José Arreola, los dilemas absurdos en Augusto Monterroso o la intromisión natural de lo fantástico en las secuencias socialmente cotidianas en Bioy Casares, son algunas de las huellas que esta literatura ha sembrado. Pero también la diáspora existencial de Oliveira de Cortázar o el vértigo de significaciones y lecturas en Jorge Luis Borges son signos inequívocos de la vertiente más rica de nuestra tradición: aquélla que se ha abocado más a inquirir que a testimoniar, más a reflexionar que a describir, más a cuestionar que a enumerar.

A pesar de algunos brotes persistentes, como el reciente auge de la llamada novela histórica, los nuevos narradores hispanoamericanos han tomado distancia de los grandes monumentos literarios para subvertir el orden de los legados y rastrear una nueva expresión en las fisuras de la realidad y en los despojos del sentido. Ha sido una búsqueda ansiosa del revés, que no del envés; ha sido la recuperación de géneros menores como la crónica, el diario, la apostilla; ha sido un ensayo más interesado en el personaje que en su entorno; ha sido el apego a las historias menores, insignificantes, cotidianas, intrascendentes; ha sido un movimiento más humilde, menos sonoro y vociferante; ha sido, en definitiva, un saludable ejercicio de depuración en el que se ha ido a las herramientas elementales de la narración por encima de selvas adjetivantes y neobarroquismos en boga.

Una literatura menor no sólo correspondería al estado de calma que sobreviene a todo vértigo; es también, y sobre todo, la recuperación de una tradición, de un legado de autores y obras que nos estan dado claves de entendimiento y razones de vida. Comprenderlo es, en nuestros días, un acto de fe y de honestidad intelectual.

El nuevo ensayo venezolano o la voluntad de una escritura

Juan Carlos Santaella

Por ser el ensayo un género que se resiste a ser evaluado y concebido como una entidad estética capaz de producir sus propias definiciones, resulta válido, a su vez, entenderlo como una abierta posibilidad de la escritura dentro de un territorio caracterizado por la aventura de lo imaginario, por la amplitud de sus límites y por la heterogeneidad de sus propuestas. En este sentido, todo ensayo inaugura para sí mismo y para la mirada de los demás una voz que se sabe dueña y soberana de sus propios miedos, de sus propias meditaciones. Ensayar, como bien lo indica la palabra, significa intentar un recorrido que incluye su virtual reconstrucción y desconstrucción, una suerte de *ars combinatoria* en la cual quedan sellados, a su modo, el sentido envolvente de la razón y la seducción atropellante de la pasión. Quien ensaya legítimamente, juega de manera simultánea con estas dos vertientes, para fundar luego una territorialidad exclusiva, un reino, si se quiere, que desecha los dominios del saber riguroso y las definiciones tajantes.

Robert Musil ha dicho que el ensayo es una especie de "combinación de exactitud e inexactitud, de precisión y de pasión". Sólo en el interior de este espacio que ocupa el ensayo puede producirse esta dialéctica germinadora, cuyo fin persigue el encuentro, busca el hallazgo de esa reflexión discursiva singularizada en la forma que sugiere el ensayo. Por su parte, Lukács ha definido el ensayo como "una conceptualidad concebida como vivencia sentimental, realidad inmediata y espontáneo principio de existencia, el acontecimiento anímico o la fuerza motora de la vida como una concepción del mundo en su propia fuerza". Es importante detenerse un poco en este particular criterio, que comprende el ensayo en tanto conceptualidad unida a los procesos del sentimiento. En efecto, dado el carácter personal que posee el discurso ensayístico, en esa primera persona del singular que modela la fuerza expresiva de este género, no podría entenderse la exclusión del sentimiento dentro de los mecanismos conceptuales que animan aquél. El ensayista es una persona que compromete en su escritura no solamente las excelencias, las prácticas, las nociones, las ideas acerca del sujeto elegido para su estudio y comentario, sino al mismo tiempo, compromete una parte sustancial de su cuerpo y de su alma, es decir, coloca en primer término el sentido imaginario que nace de sus más profundas correspondencias, para intentar con ellas una aproximación al objeto estimulada por el sentimiento. Se dirá —quien se opone a ello— que el sentimiento no puede aceptarse como una categoría válida y precisa, que permita una explicación o conceptualización del mundo. El sentimiento no debería tener jerarquía y potestad suficientes para poder procesar elementos surgidos en otro ámbito, es decir, el ámbito complejo del pensamiento. Sin embargo, es oportuno señalar que la esencia de todo ensayo se fundamenta en su dinámica experimentadora. El ensayo resulta de un específico esquema de experimentación, a partir del cual todo lo que se desprenda de él adquiere una fisonomía indeterminada, vale decir, sus conceptos no arriban a resultados definitivos, sino permanecen en una zona de idas y venidas, de vueltas y retornos, de entradas y salidas.

Por esta vía, se puede crear un sistema orgánico del ensayo en cuanto género, que pudiera permitirnos hablar de una fisiología secreta del mismo. Cuando refiero esta expresión no del todo ortodoxa, quiero indicar con ella que alrededor del ensayo se organiza una multiplicidad de aspectos que contribuyen a definir su materialidad, su forma concreta. Esta fisiología nos lleva a preguntarnos varias cosas. En primer lugar, de qué sustancia está hecho un ensayo, cómo se inscribe la lengua y qué rol ocupa en el desarrollo de las imágenes y conceptos que convoca, a qué tipo de sensaciones nos remite un ensayo, qué pasiones desencadena, cuál es su textura, cómo respira, qué sabor tiene, qué tipo de musicalidad se desprende de sus frases, qué universos sintácticos y semánticos se cruzan en su particular devenir, cuál es su fraseo interior. En fin, son todas éstas especulaciones que perfectamente pueden ser vivenciadas en la lectura del auténtico ensayo. Cuando Montaigne insistía en decir que él mismo era el sujeto de sus ensayos, estaba tan sólo reafirmando una cualidad escritural y reflexiva que es inherente a la libertad de todo discurso escrito a partir de sus más íntimas dudas y temores. Sin proponérselo, Montaigne está creando un método de introspección a través de una escritura precisa que, paradójicamente, funciona de una manera ametódica. El ensayo, pues, tiene un método que es a la vez negación del mismo. Un método fundamentado en la prueba laberíntica que el sentimiento propone y también explica.

Otro aspecto importante a considerar con respecto al ensayo, es su indudable realidad verbal. Todo ensayo, como asegura Adorno, es él mismo esencialmente lenguaje. Esto, desde luego, nos remite al aspecto creativo del género en cuestión y, por otro lado, va a diferenciarlo de otras prácticas escriturales como el tratado y la crítica literaria. Puede decirse que donde termina la crítica comienza el ensayo. El ensayo toma el camino inverso de la crítica y, en cierta manera, la subvierte para construir un discurso que no desea apoyarse en las seguridades metodológicas, que no precisa transitar por los derroteros establecidos por las hermenéuticas conocidas. El saber del ensayo sabe en realidad menos que el saber de la crítica, pero, no obstante, siente más sobre aquello que el discurso crítico tradicional ambiciona establecer. Por ello, se ha dicho en varias oportunidades que las interpretaciones del ensayo no son más que *hiperinterpretaciones*, es decir, los grados subjetivos que va poco a poco alcanzando la mirada provocadora del ensayo a lo largo de su recorrido. Esta subjetividad en la que se sostiene el ensayo, lo ha hecho asimismo proclive a vincularse con lo fragmentario. El fragmento es lo que mejor explica su forma de ser, entender y padecer. Esta fragmentariedad, sin embargo, no es irresponsable, pues virtud indicada en el ensayo es el escribir responsablemente, comprometiéndose, paso a paso, con el paisaje escritural que va describiendo. Son muchas las cosas contra las cuales el ensayo se rebela. Una de ellas, a decir de algunos estudiosos del género, sería la noción de "obra capital". No aspira el ensayo a constituir un saber altamente perfeccionado, cuyos resultados culminen en una obra capital. El concepto de obra, tal y como se maneja en su totalidad multiabarcante, le cede lugar a un concepto más sencillo sobre el mismo. No es la "obra" en sí lo que importa, sino las partes que convergen de esa misma obra diversificando sus contenidos. Por ello, la obra como principio y fin, como integración de las partes, es un privilegio que escapa a la figura del ensayo. Theodor Adorno, tal vez apuntando hacia este aspecto, concluye afirmando que para el ensayo, "fortuna y juego le son esenciales".

Toda esta larga explicación sobre ciertos tópicos relativos al ensayo me permitirá un poco acercarme a los fundamentos estéticos e históricos del actual ensayo literario venezolano. Sobre la base de estos comentarios, preferiría obviar por lo pronto el adjetivo "nuevo", para proponer, en cambio, la expresión "contemporaneidad" del ensayo literario más reciente, en razón de que se ajusta a criterios mejor establecidos. El concepto de novedad atribuible a algún fenómeno de naturaleza literaria o artística siempre corre el riesgo de tender sus propias trampas analíticas. Cabría, pues, interrogarse a propósito de nuestro tema, en qué medida el actual ensayo venezolano puede ser nuevo con respecto a otro que se supone viejo. ¿Lo que podría ser viejo, en materia ensayística, puede no tener valor porque su cronología así lo indica? Para ser más explícito: ¿es la obra ensayística de Mariano Picón-Salas vieja con relación a la obra de Briceño Guerrero o Juan Nuño? Como se puede ver, esta mecánica difícilmente resuelve ese asunto de lo nuevo y lo viejo. Aconsejable resulta, entonces, partir del criterio de contemporaneidad, el cual explicaría tal vez los lazos reales e imaginarios de una época, con la escritura que hemos convenido en llamar ensayística.

Imagen, palabra y destino son tres elementos que pudieran alcanzar a definir la razón de ser del ensayo literario venezolano de las últimas dos décadas. Con estas tres nociones o a partir de ellas, este género conquista una presencia especial en el contexto literario que va a ir lentamente vislumbrándose en estos particulares años. Debo comenzar por mostrar una primera dificultad. A diferencia de los otros géneros, cuyas pautas creativas pueden ser analizadas según las tendencias, los rumbos, grupos, lineamientos y búsquedas estéticas exactas, no así ocurre con el ensayo literario. Si revisamos lo que Óscar Rodríguez Ortiz llama la primera contemporaneidad del ensayo venezolano, cuya fecha aproximada va desde 1912 a 1960, encontraremos que, a pesar de las corrientes del pensamiento y de las estéticas que se fraguan antes y después de las dos guerras mundiales, en ningún momento éstas inciden en la creación de escuelas o tendencias ensayísticas bien definidas. Sí, en cambio, esas mismas circunstancias generan un clima y hasta un espíritu ensayístico manifestado en una pléyade notoria de escritores que reflexionaron de muy distinta manera. Sí se puede hablar de una escuela poética modernista, por ejemplo, con una estética bien definida y unos fieles seguidores, no así hay una versión modernista del ensayo en cuanto a la creación de escuelas o grupo determinados. Hay, de otra manera, individualidades que escriben a partir de una atmósfera y como tales edifican una obra al margen de las corrientes y de las direcciones estéticas de los otros géneros. El ensayo literario de esta primera contemporaneidad, concebido desde una dimensión hondamente humanística, tendrá sus exégetas y sus voces específicas. Podemos citar los nombres Díaz Rodríguez, Pedro-Emilio Coll, Blanco Fombona, Jesús Semprum, Edoardo Crema y el mismo Picón-Salas, hasta llegar a figuras como Uslar Pietri, Rosenblat, Prado, Grases, García Bacca, entre otros. Todos ellos conforman individualidades, pero no forman corrientes a partir de sus búsquedas y hallazgos formales. En tal sentido, la tradición del ensayo venezolano ha estructurado una ensayística sustentada en la diversidad individual de sus hacedores.

La misma dificultad podemos detectarla en la siguiente contemporaneidad, es decir, el ensayo que, bajo signos distintos y contextos históricos, diferentes, va a surgir en la década del sesenta, desarrollando diversas modalidades, hasta aparecer hoy con una tipología bien curiosa y un sentido de la escritura que se reparte en variadas instancias estéticas y temáticas. De un ensayo humanístico correspondiente a la primera contemporaneidad, pasamos a un ensayo, si se puede llamar de esta manera, científico, técnico, donde entran en juego nuevas corrientes, como el estructuralismo y la semiología. Como tal, el género legítimamente entendido desaparece y en su lugar se levanta toda la plétora cientificista del lenguaje, con sus correspondientes escuelas críticas. Los tiempos habían cambiado evidentemente. El humanismo se derrumbaba o al menos pasaba a un segundo plano. La palabra cobraba una nueva realidad. Para Rodríguez Ortiz, "en la historia de la segunda contemporaneidad del ensayo venezolano habría que tener en cuenta que el tema predominante es un problema de estética: el escritor mismo o la escritura". Este desplazamiento de un ensayo humanístico, clásico, practicado por generaciones de escritores en períodos claves de la cultura venezolana, a un ensayo que se aleja de las preocupaciones pedagógicas y, en su lugar, la presencia del autor pasa a ocupar el centro de la reflexión, significa que unos nuevos referentes históricos, filosóficos, estéticos y lingüísticos estaban transformando la percepción y la sensibilidad del escritor de manera absoluta. Estos cambios van a producir un cruce natural de frontera, un desplazamiento dentro de los territorios cotidianos de los géneros. De pronto, el ensayista de estos nuevos tiempos comprende que toda meditación, por más analítica que fuere, debe conectarse con otros lenguajes, con otras instancias imaginarias. Vemos así que la poesía comienza a nutrir de muy distintas formas los universos conceptuales del ensayo, estableciéndose una especie de retroalimentación que fluye en ambas direcciones. Hay, a partir de aquí, un ensayo que es capaz de poetizar, que se involucra en cuestiones esenciales que atañen al imaginario poético. Entre la década del setenta y del ochenta, el ensayo irá poco a poco delineando sus perfiles hacia una práctica escritural que responde a criterios totalmente individuales. El ensayista, ya alejado de las certezas epistemológicas y de los rigores metodológicos que caracterizaron ese ensayismo académico de los años sesenta y parte de la década inmediata, reaparece con un discurso solitario, irónico, irreverente en el tratamiento de las formas, caprichoso en la elección de los temas. Su sentido apunta hacia múltiples direcciones. Su interrogación es escéptica, despiadada, taciturna. Toma el impulso y quizá el modelo del viejo ensayo humanístico al estilo de nuestros primeros prosistas, pero inserta la presencia del *yo*, hace participar el cuerpo en la elaboración de sus códigos y estéticas. Algunos nombres pudieran servirnos de paradigmas ejemplares: Hanni Ossott, Armando Rojas Guardia, José Balza, Rafael Cadenas, Rafael Castillo Zapata, Eleazar León, María Fernanda Palacios, Víctor Bravo, Alejandro Oliveros. Otros, más jóvenes o de reciente obra publicada, proponen un ensayo a partir de la contemplación exaltada o mutilada del mundo: Héctor Seijas, Stefanía Mosca, Miguel Gómez, Salvador Tenreiro, Miguel Ángel Campos, Ennio Jiménez Emán y algunos más, cuyos textos se reconocen en una época signada por el estupor y la desacralización de todo saber.

Si de un nuevo ensayo venezolano debemos hablar, argumentaríamos que el mismo recién comienza a tejer su complejo imaginario estético y temático. Sin escuelas, sin tendencias y sin métodos que le sirvan de apoyo y de guía, este ensayo bebe de todos los ríos, anda por todas partes, participa de todos los resplandores y de todos los fracasos, reescribe sin tregua toda la historia, domina el horror y parodia al miedo. Tentador resulta no referirnos al síndrome de lo que se dio en llamar, a comienzos de los ochenta, la condición posmoderna. ¿Cómo relacionar el actual ensayo con sus postulados? ¿Existe un ensayo posmoderno? Pienso que visto a la luz del espíritu que reivindica, de ese "diálogo" que la posmodernidad suscita entre elementos heterogéneos, como afirma Antoine Compagnon en un estudio reciente sobre esta materia, podría darnos una pista clara acerca de los elementos que el nuevo ensayo propone. ¿Qué particulariza lo posmoderno? ¿Qué lo hace tangible? La ambigüedad, el *pastiche*, la parodia, la "coexistencia de los estilos", la permisividad, el Todo Vale y, por último, aquello de que "la conciencia posmoderna es antes que nada el fin de la fe en el futuro". En consecuencia, el nuevo ensayo nace a partir de una crisis; crisis de los sistemas de pensamiento, de las realidades políticas y culturales, crisis de los ideales modernos; en fin, este ensayo refleja "una crisis esencial de la conciencia de la historia en el mundo contemporáneo, una crisis de la legitimidad de los ideales modernos del progreso, de la razón y de la superación" (Compagnon). Para finalizar, la contemporaneidad del ensayo venezolano afirma sus raíces, funda su estética y recrea sus temas en las antípodas de un nuevo milenio que reclama, como quiera que sea, una íntima y apasionada seducción, la seducción del vértigo, la certidumbre del abismo.

Crítica *postmortem* o la crítica ante la posmodernidad en Venezuela

Javier Lasarte Valcárcel

Javier Lasarte Valcárcel es de nacionalidad venezolana pero se doctoró en la Universidad Autónoma de Madrid. Actualmente enseña en la Universidad Simón Bolívar, Caracas. Es autor de una antología: 40 poetas se balancean. Poesía venezolana (1967-1990) *(Caracas, 1991),* Sobre literatura venezolana *(Caracas, 1992), y* Juego y nación (postmodernismo y vanguardia en Venezuela) *(Caracas, 1995). Tiene proyectados dos nuevos libros:* Literatura y política: la narrativa de Guillermo Meneses, *y* Orillas del XIX

En *Urbes e historias,* Gisela Kozak lanza una severa afirmación según la cual:

> los críticos son algo así como una minoría étnica. Estudiar letras es síntoma de una irredenta actitud de minoría frente a la vida. Pero, por tal razón, es necesario salvaguardar ese rinconcito de diálogo o monólogo. Si tanta gente defiende abiertamente el espacio de culturas minoritarias, no veo por qué no defender la crítica literaria, en el entendido de que sus ejecutores son una especie en extinción ... Tiene razón el poeta Rafael Cadenas, en *Realidad y literatura,* cuando toma partido por la preservación de cierta índole de muy creadores y gratificantes actos, plenos de la más indiscutible y absoluta inutilidad. La crítica, sin duda, es uno de ellos. (Caracas: Ediciones La Casa de Bello, 1993, 17)

Así, bailando en una cuerda floja tendida entre los postes del orgullo y el desencanto, encara su ejercicio una novel y —habría que añadir, siguiendo las sabias consejas del lugar común— promisoria investigadora venezolana. Y no le falta razón. Podría decirse también que la crítica literaria —aun más la académica— no sólo es una práctica minoritaria, sino una práctica *realmente* minoritaria, en tanto hay minorías —sexuales, raciales— que, por el número y la presión social que pueden ejercer, abruman.

Por otro lado, decir que la crítica literaria, en un grado superlativo respecto de su natural objeto, es una práctica minoritaria, es poco menos que recurrir al manual de verdades de Perogrullo. Es, fue y seguramente siempre será, así. ¿O es que alguien puede imaginarse a Bakhtin leyendo su idea de lo dialógico ante una multitud congregada en la Plaza Roja de Moscú; a Benjamin recitando por la BBC sus páginas sobre Baudelaire y las barricadas; a la pareja Barthes y Kristeva como estrellas invitadas a la inauguración del Centro Pompidou; o a Paul de Man y Antonio Candido como invitados especialísimos a la segunda coronación de Carlos Andrés Pérez? Alguna literatura, gústenos o no, incluso en su modalidad de ensayo, siempre ha gozado de buena salud pública —piénsese si no, en

Borges, Paz, Esquivel, Allende, García Márquez— pero la crítica literaria especializada, definitivamente no. Y aun más, no tiene por qué ser de otra manera.

Ahora bien, me pregunto, ¿qué motiva la necesidad de la reivindicación del estrecho espacio de la crítica literaria que hace la profesora Kozak? Y trato de responder como pueda. Ocurre, de una parte, que en épocas de crisis económica cuasi-planetaria como ésta que vivimos, se habla de reducciones y racionalizaciones —neoliberarles— y los estamentos y espacios más débiles e inútiles pueden empezar a temblar a pierna suelta, los críticos entre ellos. Esa es una realidad inocultable que afecta de diversa manera según países, grupos o edades. Pero no basta para explicar el desasosiego. Como tampoco basta para explicarlo el yuppismo o el auge de la informática o los nuevos espacios abiertos por los medios masivos de comunicación.

El desasosiego tiene que ver también con una crisis de políticas internas en algunos medios de la crítica literaria. De un tiempo a esta parte, algunos personeros calificados se han dado a la tarea de poner a circular la especie apocalíptica según la cual los estudios literarios están condenados a desaparecer. Y acaso tengan razón. Acaso con el tipo de crítica residente en los suplementos y revistas literarias de divulgación y algunos libros ensayísticos sea suficiente. Pienso, sin embargo, que aunque esos espacios no son nada despreciables ni incompatibles, la producción del saber que surge de la investigación no es, en ese sentido, sustituible. Lo cierto es que también, o sobre todo, la índole de ese saber y sus ejecutantes —o ejecutores— han entrado en crisis. Y está bien que así sea. Aun más, tengo la sospecha de que parte de la respuesta está en los admirables y fatídicos años sesenta.

La actitud de muchos críticos occidentales —europeos, norteamericanos, latinoamericanos— la mayoría de ellos formados en las deslumbrantes y dolorosas utopías revolucionarias de los años sesenta, me recuerda a veces el final del relato "Mister Taylor" de Augusto Monterroso: aquella escena en que el traficante de cabezas reducidas, intermediario, agente exportador de la materia prima para la metrópoli, al agotarse el producto en la tribu sudamericana, decide enviar por correo su propia cabeza reducida; su cara de niño malcriado y arrepentido, con una "sonrisa falsa", "parecía decir: 'Perdón, perdón, no lo vuelvo a hacer'". Así también algunos críticos literarios que participaron de las utopías de los sesenta parecen decir: "Perdón, perdón, no lo vuelvo a hacer". ¿O es que no hemos visto cómo Barthes, después de desmenuzar los huesos de un cuento de Maupassant, se entregaba a los amorosos brazos de otros discursos; cómo Kristeva, después de fundar la teoría de la novela a partir de un oscuro texto, con la invalorable ayuda de Bakhtin y Chomsky, decidió lanzarse a las aguas de lo abyecto o de las húmedas pieles de las minorías sexuales; cómo después del hartazgo de su "Poética" o de hacer intragable el *Decamerón*, Todorov optó por descargar su culpa en un texto culturalista sobre el descubrimiento de América y del otro; cómo literalmente se derrite Jameson ante el mundo de la imagen; cómo críticos latinoamericanistas desisten de hablar sobre el canon literario por considerar que apesta y prefieren convertirse en uno de los brazos intelectuales de Amnistía Internacional o la Cruz Roja; cómo todos quieren ser culturalistas —¿nueva forma del ilustrado "filósofo" dieciochesco?— o creadores, trabajar para Fundaciones o televisoras, pero ¿estudiosos de la literatura, crítico literario?; ¡nunca más!

Quizás estemos asistiendo a la caída de un tipo de profesional o intelectual. Puede ser, y a lo mejor es saludable. pero lo que ciertamente ha entrado en desuso —y hay que apurar el proceso hasta las heces— son las pretensiones fundacionales y redentoristas de la crítica que se incubó en los años sesenta. Los estructuralistas franceses pensaron sus ejercicios científicos con el mismo espíritu de mayo del '68; algunos críticos marxistas mostraban, con una simple pirueta conceptual, cómo de la crítica literaria se pasaba, vuelta de esquina mediante, a la revolución; otros, contagiados por los delirios, pretendieron suplir el mundo histórico y cotidiano con el discurso sobre la poesía como única totalidad posible; por supuesto, tales proyectos tenían que hacer aguas, volverse trizas sea en París, Pittsburgh, Quito o Taiwan. Por eso decía antes que la crisis de la crítica de estas décadas era política o de políticas. Claro que las consecuencias del sacudón no tienen por qué ser funestas y pueden incluso ser seráficas.

En los últimos años existe la voluntad de replantear no sólo el papel del intelectual, sino también sus criterios, modelos, estrategias y modalidades discursivas. La dilución y pérdida del mesianismo del crítico; de los cientificismos acomplejados y estériles, que quisieron hacer del saber un poder digno de un *comic*; del impresionismo que llamaba originalidad o libertad de expresión a la pereza; de prejuicios según los cuales el rigor estaba reñido con el estilo, como si el ejercicio crítico fuese más un proceso intestinal que intelectual; eso y más es bueno que esté ocurriendo. Los postestructuralismos —desconstructivistas, foucaultianos, culturalistas, neomarxistas— han dado algunos ejemplos de las posibilidades del cambio. Pero, ¡de ahí a ver la crítica y la literatura como reos de una suerte de pecado original e incentivar desde adentro su desaparición más que su inevitable reformulación ...!

Por lo que hace al ejercicio de la crítica en Venezuela en estos tiempos posmodernos, desde luego tiene sentido seguir la discusión que se produce en el mundo. No obstante, no tendría sentido continuar nuestra secular tradición de muevelacolitismo, según la cual adoramos medirnos por la falta de actualización y la necesidad de estar al día respecto de los grandes centros de discusión, y por la consecuente y apresurada reparación e inmediata aplicación de las nuevas tecnologías discursivas con el fin de producir, en la mayoría de los casos, caricaturas inútiles y de poder descansar tranquilos y fieles a los pies del amo. No se trata tampoco, creo, de cerrar la santamaría al mundo y de solazarnos contemplando y exaltando las delicias naturales e intelectuales de nuestra región patria. Eso ya se ha intentado con bastante y aguda pobreza de resultados.

Sería una lástima, digo, que llegase a universalizarse el decreto de la muerte de los estudios literarios o de la crítica, justo en un momento en que asoma en la crítica venezolana de los últimos años la posibilidad de un vigor y una múltiple personalidad relativamente desconocida hasta el presente. La data de este proceso reciente debe ubicarse necesariamente en los años setenta. Antes, la figura de Mariano Picón-Salas parece ocupar todo el paisaje, como lo ha hecho Gallegos con la narrativa de la primera mitad del siglo. Pero en los años setenta, en el marco de las mejores condiciones posibles, ocurre una primera como eclosión productiva en la institución literaria y sus alrededores: se consolidan proyectos editoriales como Monte Ávila y Biblioteca Ayacucho; hay una relativa ampliación del espacio dedicado a la reflexión y la investigación literarias; se producen intentos parciales de historiar la literatura venezolana: Liscano, Medina, Araujo, Miranda —aunque cuestionables, aún no superados por las más recientes promociones que, cuando lo hemos intentado, nos hemos revelado muy impotentes a este respecto, acaso por la historia aquella del fin de la historia; se erigen como modelos polares la obra ya madura de críticos de los sesenta como Guillermo Sucre, teórico de la crítica como creación, y Domingo Miliani, difusor de las nuevas tendencias críticas, nombres a los que deberían sumarse los trabajos de distintas razas de Gustavo Luis Carrera, Óscar Sambrano, Alexis Márquez Rodríguez u Óscar Rodríguez Ortiz, o los ensayos críticos de Rafael Cadenas, Francisco Rivera, José Balza, Julieta Fombona o María Fernanda Palacios, entre otros posibles.

Ese impulso —que no quiero registrar exhaustivamente— el diálogo de esas y otras voces, a veces altamente conflictivo y crudo por la pugna de los distintos espacios y proyectos críticos particulares, sumado a ejercicios magisteriales, y a visitantes que se involucraron intensamente en el proceso —Rama, Osorio, Achugar— propició un relevo en las diversas modalidades de la crítica cuya potencialidad sería mezquino silenciar. Los caminos del ensayo crítico se continúan en Juan Carlos Santaella, Verónica Jaffé o Miguel Ángel Campos o en creadores como José Napoleón Oropeza, Antonio López Ortega, Rafael Arráiz y Rafael Castillo Zapata. Y por lo que respecta a la crítica académica, vinculada a universidades, el colectivo formado por críticos como Beatriz González, Carlos Pacheco, Víctor Bravo, María Julia Daroqui, Carmen Vincenti, Margara Russotto, Douglas Bohórquez, Salvador Tenreiro y otros más jóvenes como Luis Miguel Isava, Cristian Álvarez, o la reciente y productiva importación de Graciela Montaldo, ha logrado diversificar y actualizar el espectro de los estudios literarios, dedicados tanto a releer la literatura venezolana como a revisar tópicos geográficos y temáticos que sintonizan y dialogan con discusiones conexas a otros espacios —la escritura de las minorías, el Caribe, el neobarroco, la alteridad, la modernidad y la posmodernidad.

Para terminar, muestras ejemplares de lo que pueden ser respuestas posmodernas de la crítica venezolana a la cuestión de qué hacer con los estudios literarios, al menos en lo que a su vertiente investigativa se refiere —porque el ensayo de divulgación o de creación parece correr menos peligro de cara al público y la institución— se encuentra en dos títulos de 1993, publicados por Ediciones La Casa de Bello, que quisiera destacar especialmente, ambos obra primera de dos jóvenes profesoras e investigadoras venezolanas: *Una vasta morada de enmascarados (Poesía, cultura y modernización en Venezuela a finales del siglo XIX)* de Paulette Silva Beauregard, y la arriba citada *Urbes e historias: más allá del boom y la postmodernidad. (Rebelión en el Caribe hispánico)* de Gisela Kozak. Una, porque es capaz de superar una vieja y hasta ahora postergada aspiración de la crítica contextualista: la articulación certera, sólida y enriquecedora de un determinado momento del proceso literario a la cultura social que le es propia, en este caso la de la época de Americano Ilustrado, evitando los marcos históricos como fardos inconexos, los mecanicismos estériles y la erudición inútil y yerta; tal vez sin pretenderlo, un excelente ejemplo de cómo, *desde la literatura*, una óptica culturalista puede ser más que viable, aún pasando revista al canon. Otra, porque anuncia una ruptura con las posturas y los discursos críticos existentes hasta los años ochenta. El humor irreverente aliado al rigor, la caída — cual Muro de Berlín— de la falsa alternativa entre discurso ensayístico y discurso académico, la independencia crítica, capaz de procesar críticamente la teoría literaria y la teoría sobre la posmodernidad al uso, son sólo algunos rasgos de los que el futuro más inmediato puede deparar en el mundo de los estudios literarios, nada ajeno a los espesos nubarrones del rastrero y gris firmamento.

Digo, sería una lástima eso de la muerto de la crítica justo en este momento; ¿o es que estamos condenados a celebrar a destiempo o fuera de lugar, como el burro amarrado a la puerta del baile?

II. Períodos

Vanguardia

Vicente Huidobro y la revista *Creación/ Création*: los perfiles del intelectual vanguardista[1]

Belén Castro Morales

María Belén Castro Morales es catedrática de la Universidad de La Laguna, Islas Canarias, donde sacó su primer título y donde se doctoró. Su campo de investigación principal es la definición del intelectual y la del creador dentro del modernismo y la vanguardia. Figuran entre sus publicaciones: "Altazor": la teoría liberada *(Santa Cruz de Tenerife, 1987) y* J. E. Rodó modernista: utopía y regeneración *(La Laguna, 1990), y en prensa tiene una edición crítica de* Ariel, *de Rodó*

A través del análisis de los tres números de la revista *Creación/Création*,[2] publicada en España y París entre 1921 y 1924, pretendemos profundizar en las estrategias vanguardistas puestas en juego por Vicente Huidobro en una de sus actividades menos estudiadas: la de editor de una publicación que, si bien no alcanzó una prolongada existencia, sí ofrece todos los rasgos que caracterizan su especial interés por defender un territorio intelectual que busca legitimación en el mosaico de otras propuestas vanguardistas. En las páginas de su revista pueden estudiarse sus metas estéticas más amplias y elevadas (el internacionalismo cultural, el multilingüismo cosmopolita, la pluralidad estética ...), pero también la actitud polémica más combativa, sarcástica y desmitificadora respecto a otros personajes que, como Guillermo de Torre, pretendieron opacar el brillo de su imagen como "inventor" del creacionismo.

En efecto, Huidobro lanzó su revista al año de haberse suscitado la discusión sobre la paternidad del creacionismo, a raíz de la publicación del artículo "El cubismo y su estética", de Gómez Carrillo, en *El Liberal*. La actitud defensiva de Huidobro frente a esa polémica que hacía tambalear su prestigio de pionero en la génesis del creacionismo, puede intuirse entre líneas en el primer número de *Creación*, donde el poeta chileno establece la enorme distancia que lo separa de todos sus contemporáneos:

---

[1] Este trabajo ha sido posible gracias a la atención del Profesor Brian Morris, que en 1978 nos envió fotocopias de los tres números completos de la revista.
[2] Éstos son los datos básicos para una ficha de la revista: nº 1: *Creación. Revista Internacional de Arte*. Madrid, abril 1921 (en varias lenguas); nº 2: *Création. Revue d'Art*. París, noviembre 1921 (en francés); nº 3: *Création*. París, febrero 1924 (en francés, con un "Suplemento castellano de la revista *Création*"). Pedro Lastra la ha definido como "una publicación discontinua, cumplida en lugares distintos (Madrid y París), y que además pareciera delatar orientaciones algo erráticas en cuanto al sentido y a la necesidad que la motivaban" (175).

> Respuesta
> A todos aquellos que no conocen mi obra y constantemente me están preguntando qué diferencia hay entre mí y los otros poetas, respondo aquí: Los otros poetas son instrumentos de la naturaleza y yo hago de la naturaleza mi instrumento.

En este texto no se hace alusión directa a la polémica, y sólo detectamos una voluntad de reforzamiento de la originalidad creadora mediante la diferenciación y el autoencumbramiento; pero en el último número de la revista sí encontraremos un texto deliberadamente polémico. Con el alegato titulado "Al fin se descubre mi maestro", que se anexaba como "Suplemento castellano de la revista *Création*", Huidobro responde violentamente al artículo "Los verdaderos antecedentes líricos del creacionismo en V.H.. Un genial e incógnito precursor uruguayo: Julio Herrera y Reissig", publicado por Guillermo de Torre, en *Alfar*, 32 (La Coruña, sept. 1923). El extenso texto de Huidobro, plagado de erratas y redactado en el más agresivo estilo polémico, trata de humillar a Guillermo de Torre mediante recursos tales como la revelación de secretos y chismes literarios y la reproducción de cartas personales que de Torre, en sus tiempos de epígono creacionista, había dirigido a Huidobro en tono excesivamente encomioso. Pero su venganza consiste sobre todo en volver las acusaciones de plagio de Guillermo de Torre contra el mismo poeta, ya que desmenuza su libro *Hélices* (Madrid, 1923) demostrando cómo el escritor español se nutrió directamente en sus obras *Tour Eiffel*, *Hallali* y *Ecuatorial*, entre otras.

Sin embargo, el estilo polémico y personalizado en torno a la defensa del creacionismo no es el único que caracteriza a una revista que, en términos generales, cumple con el afán ecuménico expresado en los propósitos del primer número: convocar en sus páginas "a todos los constructores de todos los pueblos", a "los hombres que tienen las manos llenas de semillas". Y aunque abundan los textos de Huidobro en cada número (publicó los manifiestos "*Époque de création*" [nº 2] y "*Peut-être*" [nº 3], el poema *Moulin* en dos versiones: de caligrama y de poema simultaneísta, así como tres poemas más en francés), también es cierto que las páginas de la revista lograron ofrecer una variada muestra de la nueva poesía. En un momento crucial de transición entre el agotamiento del dadaísmo y la emergencia del surrealismo, encontraremos a poetas como Tristan Tzara, a Paul Éluard y Max Ernst; a cubistas como Paul Dermée, y a seguidores del creacionismo como Ángel Cruchaga, Juan Larrea o Gerardo Diego.

Aparte de esta constelación poética, en la que brillan nombres como los ya citados o los de Jean Cocteau, Paul Morand, Emilio Settimelli o Juliette Roche, Huidobro cumplió con su propósito de editar una "revista internacional de arte", ofreciendo no sólo ilustraciones con obras de Picasso, Juan Gris, Albert Gleizes, Georges Braque, Jacques Lipchitz o Le Corbusier, sino también otras manifestaciones artísticas: una partitura de Arnold Schoenberg, el creador de la música dodecafónica, o un manifiesto del "purismo" artístico firmado por Ozenfant y Jeanneret ("Le Corbusier") bajo el título "Intégrer". Si a esta multiplicidad unimos el carácter de Babel lingüística de la publicación (dado que cada colaboración se publicó en su lengua original), tendremos que *Création* logró satisfacer los presupuestos de modernidad radical, multidisciplinar y cosmopolita a los que aspiraba entonces la vanguardia artística. A este respecto podríamos afirmar que la publicación de Huidobro, pese a su periodicidad irregular y a su limitada existencia, se nos presenta hoy como un microcosmos de la actividad vanguardista en el que cristalizaron los anhelos de ruptura y creación de los años veinte. Aunque hoy la percibimos como un espacio antológico, congelado por el tiempo, no es difícil imaginar el valor rupturista y fermental que ofrecía a los lectores de ese momento, aunque desconocemos el alcance de su irradiación.

Pero, más que un estudio descriptivo de la revista o de sus contenidos polémicos, que ya ha sido realizado por Pedro Lastra, hemos querido analizar cómo la ideó Huidobro para sustentar la construcción de su perfil de intelectual de vanguardia; es decir: la forma en que la revista le sirvió para reforzar una imagen de sí mismo que ya había sido delineada en otros planos de su actividad, tanto en sus manifiestos como en su obra de creación, donde encontramos un complejo entramado de referencias metapoéticas que hablan de los poderes del poeta y de los avatares de su peripecia.[3]

Para este propósito disponemos de un documento de gran valor. Se trata de una carta fechada en París, el 18 de mayo de 1922, en la que Huidobro contestaba a Juan Larrea, sobre su deseo de fundar en España una revista con Gerardo Diego:

> Me parece que deben ustedes fundar esa revista que piensan hacer, les traerá ella mucho bien y les hará respetar. Hagan una cosa pequeña de cuatro páginas u ocho a lo más pero muy escogida, muy de élite. Sean muy difíciles para aceptar la colaboración a ella de manera que todo el mundo codicie aparecer en vuestra compañía y que sea como un timbre de honor, como un certificado el ocupar plaza en esas páginas y para que no les dé mucho trabajo háganla mensual y de formato pequeño. Un artículo de prosa, dos a lo más y el resto poesía pura. Pienso que si realizan esta idea deben poner como título a la revista algo que sea como nuestra bandera para España y la América española y que se relacione con lo que nosotros más podemos amar en el mundo. Sería un honroso título *Crear* o algo por el estilo [*sic*].[4]

Cuando Huidobro redacta estas líneas tan significativas para comprender el valor que concedía a una revista literaria (poder, respetabilidad, selección intelectual, elitismo y propaganda creacionista), ya había publicado el primer número de su propia revista *Creación*, y seguramente estaba proyectando ya el segundo, que aparecería seis meses después. Por lo tanto, sus palabras bien pueden servir para orientarnos sobre los diversos

---

[3] La presencia del poeta en la obra de Huidobro ha sido estudiada por Walter Mignolo en "La figura del poeta en la lírica de vanguardia", en *Revista Iberoamericana* 118-19 (enero-junio 1982). Mientras Mignolo habla de un *yo* poético poderoso que trasciende "los límites biológicos y cronológicos de la persona humana" para convertirse en "Voz" desmesurada y cósmica (135), Gloria Videla detecta en poemas creacionistas como "Exprés" la "grandeza y poderío del 'yo lírico'" (en *Direcciones del vanguardismo hispanoamericano* I [Mendoza: Universidad Nacional de Cuyo, 1990] 57. Segunda edición: Pittsburgh: Instituto Internacional de Literatura Iberoamericana; Serie "Biblioteca de América", 1994, 43). También he abordado estas cuestiones en el trabajo "*Os traigo los recuerdos de Altazor*. Creacionismo y metapoesía en *Ver y palpar*, de Vicente Huidobro", en *Revista Iberoamericana* 159 (abril-junio 1992).
[4] En René de Costa, *Vicente Huidobro. The Careers of a Poet* (Oxford: Oxford University Press, 1984) 162. Tomamos la cita de Rafael Osuna, *Las revistas del 27* (Valencia: Pre-Textos, 1993) 183.

propósitos que lo movieron a fundar su propia revista, y que revierten en uno: ejercicio del poder cultural mediante la gestión literaria a través de un órgano de difusión tan prestigiado en el momento como era la revista.

Las citadas palabras de Huidobro, su propia presencia en la revista *Creación* (como teórico del creacionismo, como poeta creacionista y como polemista) y la esencia misma de su doctrina, tomada en conjunto, nos sitúan ante una personalidad polifacética que canaliza su actividad en dos planos: el promocional, propagandístico y polémico, y el estético, innovador y creativo. Ambos existen en virtud de una personalidad fuerte que ama el poder y el desafío: poder político-cultural en el plano de las relaciones dentro de la sociedad artística, y poder intrínsecamente poético-creador en el plano de la escritura. Si uno polemiza y lucha por abrirse camino en el saturado territorio literario de la Europa vanguardista, el otro compite con Dios para crear un mundo regido por sus propias leyes poéticas. Lejos de toda consideración prejuiciosa, polémica y peyorativa, debemos reconocer entonces que sólo ese Huidobro, apodado por sus detractores españoles "Huidobro elEgólatra", podía ser el defensor de una teoría poética como la creacionista, que sacrílegamente aspiraba a usurpar los poderes de Dios. Dicho de otra manera, la distancia entre el "*yo* social" de Huidobro y su "*yo* poético" apenas existe si consideramos que, aun siendo teóricamente diferentes, ambos se articulan en la bisagra común de lo que Nietzsche llamó "la voluntad de poder".

Desde luego, hay que partir de una premisa que hoy nos parece incuestionable y que exponemos en palabras de Matei Calinescu: "Estar en la vanguardia es sin duda desempeñar un papel de líder, y esto es cuestión que enorgullece. La vanguardia y la megalomanía a menudo van juntas" (Calinescu 116).

Tal "megalomanía egocéntrica" tiene, en el caso de Huidobro, una clarísima raíz nietzscheana y pertenece a la estirpe cultural que situó sus metas en el absolutismo estético y que definió su héroe intelectual en la figura del superhombre. Esa "literatura del superhombre", que Lenin rechazaba en 1905 a favor de una integración de la literatura en el proyecto socialista, será precisamente la meta filosófica que alienta bajo las acciones y la escritura del primer Huidobro.[5] Actitudes como la de Huidobro habían sido motivo de reflexión en las investigaciones sobre la psicología del arte de principios de siglo, y así Otto Rank, huyendo de las explicaciones freudianas que asociaban arte y neurosis, establecerá una nueva teoría de la personalidad creativa. Según Rank, el creador tiende a expandir, en virtud de la fuerza de su *yo* y de su voluntad, su autorrealización. Como explica Eckhard Neumann:

> Allí donde el yo aparece en este sentido como héroe de todas las actividades fantásticas, el "artista" se convierte en "héroe" que sabe contraponerse a la apatía y a la estupidez del mundo y dejar su impronta en la época. (195)

---

[5] Pese a su creciente compromiso político, que se convertiría en militancia directa en la década del treinta, Huidobro no puso su poesía al servicio de la causa comunista. Desde su "Elegía a la muerte de Lenin" (1924) hasta el manifiesto "Total" (1932), que expresa su voluntad de cambio a favor de una poesía más ampliamente "humana", la evolución de su obra se aleja cada vez más de la nitidez conceptual y de los preceptos realistas.

Ante el filisteísmo burgués y el deterioro estético, Huidobro no optará por las actitudes decadentistas, el dandysmo o la bohemia; tampoco por el realismo social. Su autodefinición intelectual se aviene mejor con Nietzsche, con Emerson y con Carlyle, que sacralizan al "héroe", al hombre de genio, como sustituto de antiguas devociones religiosas. Y en un plano más próximo no debemos olvidar tampoco a un admirado poeta del Huidobro juvenil: a aquel Rubén Darío que exclamaba "¡Torres de Dios!, ¡Poetas!" y al de *Prosas profanas* que declaraba ya en 1896 su potencia creadora frente a la impotencia de los eunucos, y que tomaba distancias afirmando "mi arte es mío en mí".[6]

Sin embargo, el radicalismo heroico de Huidobro encuentra su molde no tanto en una figura artística definida en la tradición, sino en un arquetipo mítico representado por Prometeo, que robó el fuego divino para animar sus figuras de arcilla, transgresión por la que fue castigado a encadenamiento perpetuo. La competencia con la divinidad y el consiguiente castigo, el impulso fáustico y su fracaso, están en la esencia psicológica de Altazor y en los atributos poéticos que se arrogó Huidobro: poderes de *deus artifex* y de mago peligroso (Kris y Kurz 78-83). Si, como ha visto Walter Mignolo, el proyecto de Huidobro en *Altazor* sobrepasa la expresión del *yo* social para centrarse en la búsqueda de la escritura misma (una nueva "gramática" poética), también es cierto que el narcisismo implícito en toda escritura que se autocontempla obedece a la presencia de un *yo* ambicioso que se afirma y despliega en el acto creador (y transgresor) de la escritura.

Visto de este modo el estudio de la revista *Creación/Création* nos sitúa en una posición que nos permite enriquecer con nuevos matices los rasgos que el mismo Huidobro seleccionó para la construcción de su autorretrato intelectual. Esos rasgos nos transmiten la imagen del poeta superhombre, del poeta-dios; pero también, como complemento indisociable de su autoconsagración como divinidad creadora, nos revelan en el plano de la gestión pragmática su ansia por elevarse como "héroe cultural" (Kris y Kurz 36) y por acaparar una parcela de poder en una sociedad artística tan sometida a tensiones polémicas como la de las vanguardias de los años veinte.

No deja de ser significativa la posición de Huidobro si la comparamos con la "democratización" de la creatividad que llevarían a cabo los surrealistas mediante su exaltación del arte de los niños, de los locos, de los primitivos, de la autoría colectiva en el "cadáver exquisito" y de la intervención del azar en la "decalcomanía". En un momento en que Foucault y Barthes detectan los inicios de la "muerte del autor" como "autoridad", o su disolución en el texto cultural, la voz de Huidobro persiste en afirmar su identidad. Su estrategia alía los argumentos decimonónicos de la "aristocracia intelectual" con el radicalismo más feroz: el que hizo posible la vanguardia.

Es más: Huidobro quiso situarse en el epicentro de este seísmo que pretendía revolucionar los parámetros tradicionales de la creación artística y literaria con ese

---

[6] Sobre la definición de la "imagen de escritor" modernista, desde el enfoque que aquí nos interesa, es de gran interés el trabajo de Mª Teresa Gramuglia, "Literatura y nacionalismo. Leopoldo Lugones y la construcción de imágenes de escritor", *Hispamérica* XXII (1993). El caso de Lugones, salvando intenciones y distancias, viene a ser similar al de Huidobro, en la medida en que ambos buscan "la construcción de una poderosa imagen de escritor que legitimara su colocación tanto en el espacio literario como en el social" (8). También Lugones recurrirá para la autoconstrucción de su imagen literaria a motivos que connotan la altura y la perspectiva cósmica.

radicalismo estético que reclamaba el esfuerzo colectivo (el manifiesto, la proclama, la revista), pero que, al mismo tiempo, implicaba un extremo individualismo: el del pionero vanguardista que no sólo avizora en solitario una fórmula inédita y revolucionaria, sino que ha de defender su originalidad en un territorio sometido a competitividad extrema. Preservarse solo, alto y único en la cumbre de la originalidad, pero a la vez, encontrar eco, formar legión poética y cosechar reconocimiento; ésa es la tensión del creador en la época de vanguardia; y de forma especialmente acentuada, ésa es la tensión en que se mueve Huidobro en su doble rol de inventor y propagador del creacionismo.

Bibliografía

Calinescu, Matei. *Cinco caras de la modernidad.* Madrid: Tecnos, 1991.
Kris, Ernst y Otto Kurz. *La leyenda del artista.* Madrid: Cátedra, 1991.
Lastra, Pedro. "Sobre la revista *Creación*", *Revista Iberoamericana* 106-07 (enero-junio 1979).
Neumann, Eckhard. *Mitos de artista.* Madrid: Tecnos, 1992.
Osuna, Rafael. *Las revistas del 27.* Valencia: Pre-Textos, 1993.

CONFERENCIA PLENARIA

Orígenes a medio siglo

Roberto Fernández Retamar

La obra de Roberto Fernández Retamar, Presidente de la Casa de las Américas, editor de la revista publicada por la misma, Profesor de la Universidad de La Habana, conocidísimo poeta, ensayista y crítico, ha sido traducida al inglés, francés, italiano, portugés y alemán, entre otros idiomas. Entre todas sus publicaciones la más famosa es indudablemente su ensayo Calibán *(1971)*

"¿Qué fue *Orígenes*? Aunque parezca extraño, no lo sabemos exactamente", dijo Raúl Hernández Novás en su penetrante ensayo "Re-nacimiento de un taller renacentista".[1] Ahora lo sabemos algo más, y es de suponer que a partir del cincuentenario que se celebra este año contaremos con nuevas claridades. Pero incluso para lograrlo no es aconsejable despedirnos apresuradamente de la extrañeza a que aludiera Raúl. Por lo pronto, entre otras denominaciones, se ha llamado a *Orígenes* una generación, un estado poético, un grupo. Es cierto que algunas de esas denominaciones son conciliables; pero es igualmente cierto que otras parecen no serlo. Por ejemplo, si José Lezama Lima habló durante décadas, antes y después de 1952, de la generación de *Espuela de Plata* y *Orígenes*, aquel año dijo:

> *Orígenes* es *algo más* que una generación literaria o artística, es un estado organizado *frente* al tiempo. ... Será siempre, o intentará serlo en forma que por lo menos sus deseos sean a la postre sus realizaciones, un *estado de concurrencia* [subrayado de J.L.L.: los demás son de R.F.R], liberado de esa dependencia cronológica que parece ser el marchamo de lo generacional. ... De esa manera colaboran en *Orígenes*, el hombre joven de veinte años, que comienza a intuir la algería de su expresión, o ... George Santayana ...
> "Señales. Alrededores de una antología", publicado con las iniciales J.L.L.,
> *Orígenes* 31, 1952, 64 y 65.

Esas palabras las ratifica el hecho de que en *Orígenes* (cuyo subtítulo fue *Revista de Arte y Literatura* y que vivió entre 1944 y 1956) se expresaron, según es habitual en

---

[1] Raúl Hernández Novás, "Re-nacimiento de un taller renacentista", *Casa de las Américas* 180 (mayo-junio de 1990) 134.

publicaciones maduras, integrantes de varias generaciones, tanto de Cuba como de otros países. Lo que no contradice el que su núcleo irradiante estuviera constituido por miembros de *una* generación en particular, a la que en 1966 llamé "de entrerrevoluciones".[2] Pero tales miembros, como es lógico, no eran *toda* la generación, lo que hubiera sido imposible, sino un *grupo* dentro de ella. Lezama impugnó para "*Orígenes*, la revista y el estado de expresión que representa", lo que consideró "un modo grupal de operaciones", entendiendo que implicaría "criterios ... estáticos y coincidentoed en Claves y signos" ("Señales" 64). No es a ello, por supuesto, a lo que me refiero al hablar de grupo. Pienso en cosas como las que escribiera Pedro Henríquez Ureña a Alfonso Reyes, precisamente desde La Habana, el 30 de mayo de 1914: "ninguna gran obra intelectual es producto exclusivamente individual, ni tampoco social: es obra de un *pequeño grupo* que vive en *alta tensión* intelectual". Ese grupo, añadió, "tiene un portavoz".[3]

Este carácter de grupo referido a *Orígenes* ha sido recientemente defendido por Jesús J. Barquet en su afortunado libro *Consagración de La Habana. Las peculiaridades del Grupo Orígenes en el proceso cultural cubano* (Coral Gables FL: University of Miami, c. 1992). Y ya estaba dicho en la página inicial del prólogo a la primera de las dos excelentes antologías, de 1948 y 1952, en que Cintio Vitier fijó el canon de lo que en cuanto a la poesía, raíz de su tarea, iba a ser conocido como Grupo Orígenes. Grupo lo llamó también, en su deslumbrante ensayo "La Cuba secreta" (*Orígenes* 20, Invierno de 1948, 5), María Zambrano, la exégeta andaluza pedida por Rubén Darío que esa compilación tuvo el privilegio de encontrar.[4]

El título de la primera de aquellas antologías es elocuente: *Diez poetas cubanos ...* (La Habana: Ediciones Orígenes, 1948) revela que el Grupo, dueño ya para entonces de un rostro, no tenía aún, sin embargo, nombre. En su antología *Cincuenta años de poesía cubana* (La Habana: Dirección de Cultura del Ministro de Educación, 1952), los diez han pasado a ser llamados por Cintio (sin duda a falta de denominación mejor, pues la fórmula no es aplicada a ningún otro conjunto en esa memorable antología) "Los poetas de *Orígenes*", y así serían conocidos hasta hoy. Tres hechos llaman la atención a propósito de ellos. El primero, que, con una excepción. todos habían sido dados a conocer *antes* de la aparición de *Orígenes*, algunos con libros de calidad, como José Lezama Lima, Virgilio Piñera, Gastón Baquero, Eliseo Diego y Cintio Vitier. El segundo, que el único que se dio a conocer en la revista *Orígenes* y perteneció del todo a ella, Lorenzo García Vega, alimentó luego un extraño rencor

---

[2] Roberto Fernández Retamar, "Hacia una intelectualidad revolucionaria en Cuba", *Cuadernos Americanos* 6/CXLIX (noviembre-diciembre de 1966) esp. 37 y 39-40. En la primera de esas páginas explico que llamo "generación de entrerrevoluciones" a la "que madura entre la fracasada revolución contra Machado de 1933 y el acceso al poder de la actual revolución, en 1959". Naturalmente, forjé el término a semejanza del ya acuñado "entreguerras".
[3] Alfonso Reyes/Pedro Henríquez Ureña, *Correspondencia. I. 1907-1914*, edición de José Luis Martínez (México: Fondo de Cultura Económica, 1986) 344 y 345. El subrayado es de P.H.U.
[4] María Zambrano los llamó allí "grupo de poetas cubanos", pero también "unidad de aliento más que grupo" y "movimiento" ("La Cuba secreta").

hacia el que fuera su hogar.⁵ El tercero, que Gastón Baquero sólo colaboró en el primer número de *Orígenes*, revista de la cual se mantuvo pues alejado, convertido en vocero periodístico de la extrema derecha. Y no se trata de una figura cualquiera: en 1953 escribí que "con la excepción de Lezama, Baquero ofrece la poesía más rica"⁶ de su promoción, criterio que no he variado. Por lo cual no me parece acertado que el libro, por demás tan valioso, de Alfredo Chacón *Poesía y poética del Grupo Orígenes* (Caracas: Biblioteca Ayacucho, 1994) excluya a Baquero; como tampoco que los textos de los nueve poetas presentes en el libro se limiten a los publicados durante los años en los cuales se editó la revista. Lo que iba a llamarse el Grupo Orígenes, como se ve con claridad en la primera de las antologías de Vitier, preexiste (desde luego que sin esa denominación) a la revista que le daría nombre; como también habrá de posexistir a ella, hecho no menos importante pero sí menos comentado que el anterior. Si se confunde al *Grupo* Orígenes (el cual por cierto no lo formaron sólo poetas) con la *revista* por cuyo título sería conocido, se comete un error, no obstante el hecho de que buena parte de aquél fue el principal núcleo de ésta.

He considerado imprescindible hacer las aclaraciones anteriores antes de abordar el tema de esta conferencia: la revista *Orígenes*, que es lo que cumple ahora cincuenta años de su fundación, y sobre la cual haré varias observaciones, aunque aquí o allá requeriré salirme del tema. Y al abordarlo, no puedo sino comenzar evocando palabras que Lezama pronunciara a finales de la década del sesenta y tantas veces se han citado, con frecuencia mutiladas, según las cuales:

> Roberto Fernández Retamar, que ahora dirige la revista *Casa de las Américas*, desde muchacho estuvo en la revista *Orígenes*, y, desde luego, vio de cerca lo que es un taller renacentista, creando en una gran casa animada por músicos, dibujantes, poetas, tocadores de órgano ... De tal manera que, cuando un número salía, parecía la vecinería de un barrio cuando sale el pan, en la fiesta de la mañana, con esa alegría que percibimos también en los coros de catedral, cuando todos los barrios, todos los oficios concurren al misterio de la alabanza.⁷

---

⁵ Véase Lorenzo García Vega, *Los años de Orígenes* (Caracas: Monte Ávila, 1979). Se trata de una obra desquiciada y triste, llena de inculpaciones y cotilleos absurdos, y que sin embargo proclama casi en sus últimas líneas: "No, no he podido resolver mi rencor con Lezama, ni he podido resolver mi rencor con aquellos años de Orígenes. Pero no olvido la ejemplar lucha de los originistas, así como no olvido la grandeza de Lezama, ni olvido lo cubano y tierno de Lezama. Así que puedo decir —tengo cincuenta años, soy un notorio no-escritor, soy un exilado— que pese a todo, no vacilaría, en cualquier otro infierno, [en] volver a emprender con [sic] la aventura de Orígenes" (337-38).
⁶ Roberto Fernández Retamar, *La poesía contemporánea en Cuba (1927-1953)* (La Habana: Orígenes, 1954) 103.
⁷ "Interrogando a Lezama Lima", *Recopilación de textos sobre José Lezama Lima*, selección y notas de Pedro Simón (La Habana: Casa de las Américas, 1970) 16. Lezama respondía a preguntas que le hiciera Jean-Michel Fossey. La entrevista fue originalmente publicada, con el título "Lezama Lima antes de la creación del Universo", en *Informaciones de las Artes y las Letras* (Madrid, 5 de septiembre de 1968), suplemento no. 11, p. 2.

Siempre me entusiasmaron esas palabras. Pues si bien soy un impenitente revistero al menos desde mis diecisiete años, en las casi tres décadas que llevo haciendo la revista *Casa de las Américas* he querido, en consonancia con esas décadas, darle un rostro propio, que francamente creo que tiene, mi experiencia en *Orígenes* me fue sin duda capital, incluso cuando la vida me llevó luego a otro "taller renacentista", a otra "gran casa": la cual, con este último nombre y su apellido americano, creó y orientó la prodigiosa Haydee Santamaría, y cuya conducción recibí en 1986 de manos del centelleante pintor, revolucionario de siempre y hermano del alma Mariano, quien junto a Lezama había fundado las revistas *Espuela de Plata* en 1939 y *Orígenes* en 1944.

Lo anterior debe hacer comprender desde el primero momento qué tesitura tendrán estas palabras. Si, al igual que Mariátegui, soy un hombre con una filiación y una fe, también, en atención a su ejemplo, rechazo tanto cualquier estrechez como cualquier pretensión de imparcialidad que por lo demás es generalmente falsa. Sin mengua de verla con mi perspectiva actual, partiré pues al hablar de *Orígenes* de su centro, donde tuve el privilegio de estar, de aprender, de alcanzar mi maduración inicial: "Donde rompió su corola/ La poca flor de mi vida".

Por otra parte, sobre *Orígenes*, la inolvidable revista de la que cada tres meses aparecían en La Habana unos pocos centenares de ejemplares casi clandestinos, existen hoy en varios países minuciosas bibliografías, una cuidada edición facsimilar presentada con inteligencia, estudios exigentes,[8] tesis de grado, los desvaríos de costumbre, y por lo menos una leyenda, si no varias. Es innecesario volver sobre lo que en muchas páginas ya está bien dicho. Quisiera aportar otras cosas. Aunque bien sé que más de una vez habré de repetir, pues ni siquiera sobre *Orígenes* se puede ser del todo original.

Como ya anuncié, partiré de mi experiencia personal, ceñida pero tan hermosamente evocada por Lezama. En 1948 empecé a leer *Orígenes* gracias al pintor René Portocarrero, quien me la hizo conocer. En 1951, a mis veinte años, di a Lezama los primero poemas míos que aparecerían en la revista (no. 29, 1951), donde seguí colaborando durante el lustro que le quedaba de vida, no sólo con poemas sino con ensayos sobre amores intelectuales de entonces y de siempre: Alfonso Reyes, Jorge Luis Borges, Cintio Vitier. Este último me llevó aquel año 1951, para hacer lo que sería mi segundo título al entrañable taller artesanal del "taller renacentista de

---

[8] Con respecto a bibliografías, véase por ejemplo *Índice de las revistas cubanas* ..., Tomo I: incluye los de *Orígenes* (La Habana: Hemeroteca e Información Humanística, Biblioteca Nacional José Martí, 1969). La edición facsimilar es *Orígenes, Revista de Arte y Literatura*. Dirigida por José Lezama Lima y José Rodríguez Feo. Edición facsimilar, VII volúmenes (México: Equilibrista; Madrid: Turner). Introducción e índice de autores de Marcelo Uribe, c. 1989. Entre los estudios valiosos, véase Alessandra Riccio: "La revista *Orígenes* y otras revistas lezamianas", *Annali dell' Istituto Universitario Orientale, Sezione Romanza* XXV, I (Nápoles, 1983) y "Los años de *Orígenes*", *Coloquio Internacional sobre la obra de José Lezama Lima*, Vol. I: *Poesía*, Centro de Investigaciones Latinoamericanas, Universidad de Poitiers, Francia (Madrid: Fundamentos, 1984); José Prats Sariol, "La revista *Orígenes*", en *Coloquio Internacional*.

Orígenes": la imprenta Ucar García, en la cual, desde *Verbum* en 1937, publicó sus revistas Lezama, y adonde volvería muchas veces con él, quien unido al regente de la imprenta, Roberto Blanco, me embriagaron con papeles, tipos, tintas, espacios, ritmos, pruebas. Junto a Lezama llevaría incluso paquetes de la revista para ser enviados por correo. Durante 1952 y 1953 escribí mi tesis de grado, sobre la poesía cubana entre 1927 y 1953, que en noviembre de ese año presenté en la Universidad de La Habana. Lezama me pidió que el libro apareciera en las Ediciones Orígenes, lo que ocurrió en 1954.[9] Fue la primera tesis universitaria en el mundo donde se estudió a los poetas del Grupo Orígenes. Cuarenta años después de haberse publicado, ¿qué quedará válido (si algo) en ella? Quizá el haber señalado, también por vez primera, que aquellos poetas se articulaban en dos promociones, a las cuales caractericé. Quizá el intento de dar a su poesía una denominación no cuantitativa ni topográfica: "trascendentalista", para lo que me valí de este juicio de Heidegger: "Trascendente es aquello que realiza el traspaso, aquello que traspasando permanece" (citado en p. 87). que la denominación haya sido acertada on no, queda aún por ver.[10]

Inevitablemente me salí del tema de la revista para hablar de la poesía del Grupo Orígenes. Vuelvo a aquélla. Pero no sin decir que si Lezama fue, para valerme del término propuesto por Henríquez Ureña, "portavoz" principal del Grupo, no lo fue único: Vitier es otro portavoz relevante, al punto de que creo que a él se debe la arquitectura del Grupo, así como a Lezama su arranque volcánico, su inmenso aliento. Entre uno y otro, lo que pudo haber quedado en caos se hizo un microcosmos, en el que caben no sólo las obras de ellos, tan nutridas y distintas, sino muchas otras, como la múltiple, indagadora y chirriante de Virgilio Piñera, y la sofrenada y perfecta de Eliseo Diego. Y de la revista hay que reconocer, contrariando lo que durante mucho tiempo se dio por sentado, que su dirección efectiva no correspondió sólo a Lezama, aunque su papel fue sin discusión el más importante, sino también a José Rodríguez Feo. Al error de negarle al último esa condición contribuyó la acritud de la conocida y lamentable disputa entre ambos que dio al traste con la revista. Pero hechos anteriores también alimentaron tal error. El primero de esos hechos es que durante los cuatro números iniciales (1944) aparecieran como editores Lezama, Mariano,

---

[9] Es el libro citado en la nota 2.
[10] La opinion de los afectados, aunque no es desdeñable, tampoco es decisiva. Así como nadie se da nombre a sí mismo (a lo más, seudónimo), algo semejante suele ocurrir en lo relativo a conjuntos históricos, trátese de renacentistas o mambises, de algunos románticos o modernistas, de *fauves* o cubistas. Por otra parte, fue consciente desde el primer momento del carácter convencional y discutible de la denominación, como de casi cualquier otra en un caso similar. Incluso escribí a propósito de la poesía de Virgilio Piñera: "el deseo —común a otros integrantes de su generación— de hallar la sustancia, el sentido de nuestra vida histórica, lleva a Piñera a creer hallarla precisamente en una ausencia de sustancia, en un intrascendentalismo esencial, y es esto lo que lo separa de los demás poetas de esta dirección" (100). En todo caso, no conozco que en las cuatro décadas transcurridas desde que apareció mi propuesta, otra haya prosperado. La mía, por falible que sea, me sirvió, vista a la distancia y unida a otros ejemplos, para saber que pertenezco a la estirpe de nombradores a que aludió Nietzsche en *La gaya ciencia*.

Alfredo Lozano y Rodríguez Feo: así, con variantes, había solido proceder Lezama en las revistas que hiciera previamente, y en las cuales *le pluriel* era en realidad *bien singulier*, de modo que cuando a partir del número 5 (primavera de 1945) quedaron como editores, por razones que ignoro, sólo Lezama y Rodríguez Feo, el camino estaba expedito para seguir creyendo que Lezama era el único verdadero director de la revista. Él tenía una densa historia como hacedor de publicaciones, mientras Rodríguez Feo no sólo carecía de tal historia, sino que, siendo hombre rico que pagó generosamente la revista durante una década, la tentación de limitarlo a ese papel era grande. Además, la holgura material de su vida le permitía pasar largas temporadas fuera de su país, lo que no facilitaba sus vínculos frecuentes con los demás colaboradores cubanos de *Orígenes*. Por último, los editoriales, obituarios y comentarios diversos (a veces llamados "Señales"), firmados "Los editores" o aparecidos sin firma para hacer ver que implicaban el criterio común de los editores, aunque de seguro suponían acuerdo entre ellos, tienen el inconfundible estilo de Lezama.

La publicación en los últimos años de sendos volúmenes con cartas cruzadas entre Rodríguez Feo con Wallace Stevens en un caso[11] y con Lezama en otro,[12] de la mayor parte de las que le enviara Henríquez Ureña a Rodríguez Feo,[13] y de otros materiales, como el que parece haber sido el último texto de éste, el cual tiene de carta (el género literario en que sobresalió), de artículo y de diario,[14] no permite seguir negándole su indudable lugar al frente de *Orígenes*. Pero ya la lectura de la revista toda impedía sostener tal negativa. Si bien su relato "La puerta cerrada" (*Orígenes* 11, otoño de 1946) no está logrado ni tuvo continuidad, sus nueve notas y ensayos revelan la amplitud de sus intereses, y sus veintiséis traducciones del inglés y el francés, por lo general de escritores de primer orden a quienes conoció personalmente o cuya autorización obtuvo, contribuyeron de modo decisivo a darle a *Orígenes* el horizonte cosmopolita que fue una de sus características. Por lo que se ha publicado de la correspondencia de Rodríguez Feo, se sabe ahora además que muchos textos de lengua española fueron conseguidos por él, como los del número 13 (primavera de 1947) dedicado a México, los que le hiciera llegar a Henríquez Ureña de la Argentina, los que recibió de autores españoles, por lo general exiliados en los Estados Unidos.[15]

---

[11] *Secretaries of the Moon. The Letters of Wallace Stevens and José Rodríguez Feo.* Editado por Beverly Coyle y Alan Filries (Durham NC: Duke University Press, 1986).
[12] José Rodríguez Feo, *Mi correspondencia con Lezama Lima* (La Habana: Unión, 1989).
[13] Pedro Henríquez Ureña, "Correspondencia con José Rodríguez Feo", *Casa de las Américas* 185 (enero-marzo de 1992).
[14] José Rodríguez Feo, "Carta desde La Habana", *La Gaceta de Cuba* (1/94).
[15] En su "Introducción" a *Mi correspondencia con Lezama Lima*, escribió Rodríguez Feo: "Para alcanzar la universalidad tan cara a Lezama emprendí una amplia labor de captación de algunas figuras de renombre internacional, en mis estancias fuera de Cuba, como los españoles Vicente Aleixandre, Francisco Ayala, Luis Cernuda, Jorge Guillén, Pedro Salinas, y los latinoamericanos Aimé Césaire, Alí Chumacero, Efraín Huerta, Gabriela Mistral, Octavio Paz, José Revueltas y Alfonso Reyes. También colaboraron importantes escritores de otras lenguas, como Aragon, W.H. Auden, René Char, T.S. Eliot, Paul Éluard, Witold Gombrowicz, Henri Michaux, Saint-John Perse, Jorge Santayana, Wallace Stevens y William Carlos Williams.

También algunas portadas, como la realizada por Rufino Tamayo para el número 14 (verano de 1947), se deben a su gestión. Lezama reconoció públicamente el papel de Rodríguez Feo en la revista. Así, en su número 31, de 1952 ("Señales" 66), escribió:

> ¿Habéis leído el poema "San Miguel de los Baños", del gran poeta Wallace Stevens? Fue despertado por una carta de José Rodríguez Feo al autor de *Transport to Summer*, en la que le hablaba de su estancia en aquel balneario y de alguna anécdota transcurrida. En otro de los poemas de Wallace Stevens, "Idea of novels", cita un fragmento de una carta enviada por José Rodríguez Feo ...

En la nota "Cuatro años", firmada "Los editores" (no. 16, invierno de 1947, 46), se decía: "Hemos traducido con expresa autorización de sus autores, según cartas que poseemos", a T. S. Eliot, Saint-John Perse, Wallace Stevens, William Carlos Williams, Harry Levin, [Francis Otto] Mathiessen, a los que en la citada nota del número 31, p.66, se unirían los nombres de George Santayana y Stephen Spender. Cualquier lector atento de la revista sabe que se trataba de labores cumplidas por Rodríguez Feo, salvo en cuanto a Perse.[16] En los demás casos (y en muchos otros), aquel plural era ciertamente singular, pero aludía a Rodríguez Feo.

Orígenes tuvo pues dos editores, que al trenzar sus diversas experiencias (como lo revela su interesantísima correspondencia) le dieron a la revista una amplitud y una vibración que aún fascinan. Por ello vale la pena remitirnos algo arqueológicamente a lo que pudieran considerarse los instantes en que se insinuaron las respectivas vocaciones editoriales, y señalar el sentido general de éste en *Orígenes*.

En el caso de Lezama, ese instante se vincula a un hecho de su vida que ha sido muy mencionado. Recuerdo la noche de mayo de 1959 en que le oí con emoción decir en la Universidad de La Habana: "Ningún honor yo prefiero al que me gané para siempre la mañana del 30 de septiembre de 1930".[17] Desde el cronista mayor de

---

[16] Al preguntar a Rodríguez Feo sobre su correspondencia con Perse, aquél me dijo que no existía. Como el único texto del poeta francés aparecido en *Orígenes* es "Lluvias", publicado en el no. 9, primavera de 1946, y fue traducido al español por Lezama, es de suponer que fue éste quien obtuvo la "expresa autorización" de marras. Ahora bien, según lo que sé, ni Lezama escribía francés ni Perse leía español, por lo que habrá que esperar a que aparezca más información para saber a qué atenernos. En la correspondencia de Perse a su amante cubana Rosalía Sánchez Abreu (publicada con el título *Lettres à l'Étrangère* en París por Gallimard en 1987) no hay mención del hecho (¿lo será una observación en carta de 18 de junio de 1945: "Ci-joint aussi une lettre de Cuba, que j'ai laissée naturellement sans réponse. Connais-tu, par hasard, aucun de ses noms?" [97]; pero sí, en carta de 16 de septiembre de ese año, la solicitud de que ella revise una "traduction espagnole de 'Exil, Pluies et Neiges'", debida a "un écrivain Sud Américain actuellement Ambassadeur à Mexico" (100), que seguramente es Jorge Zalamea, como se dice en la nota al pie de esa página.

[17] José Lezama Lima, "Lectura", *Operación Cultura* (La Habana: Secretaría General de Cultura de la Federación Estudiantil Universitaria, Universidad de La Habana, 1959) 77. Se trató de una serie de manifestaciones culturales realizadas entre el 19 y el 30 de mayo de 1959. Ellas incluyeron lecturas (precedidas por un recital de poemas de Martí en la voz de Carmina Benguría, y la conferencia "El paisaje de Cuba", de Jorge Mañach), para las que, además de Lezama, fuimos invitados Ángel Gaztelu, Agustín Acosta, Lorenzo García Vega, María Villar Buceta, Regino Pedroso, José Z. Tallet, Fayad Jamís y yo.

aquella jornada, su amigo Raúl Roa,[18] hasta muchos otros, pasando por páginas ensayísticas y narrativas del propio Lezama,[19] su presencia en la valiente algarada universitaria que el 30 de septiembre de 1930 costó la vida a un estudiante, electrizó al país y fue un capítulo de un proyecto revolucionario al cabo fallido, ha sido evocada insistentemente. Y recuerdo también (esta vez en conversación tenida en su casa antes de 1959) cómo Lezama me contó que en vísperas del hecho, cuando se creó una comisión para redactar el consabido manifiesto, él dio por seguro que sería escogido para integrarla. Se trataba de algo explicable, pues Lezama, que estaba por cumplir veinte años, era revolucionario, como lo probaba su participación en el hecho, y escritor, aunque casi desconocido todavía en este orden, pues aún estaba inédito.[20] Pero, para su sorpresa, me dijo Lezama, no fue escogido entre quienes redactarían el manifiesto, lo que lo disgustó considerablemente. Creí al oírlo entonces, y sigo creyendo, que acaso en aquel momento empezó a evaporarse en Lezama el hombre de acción nutrido de cultura que pudo haber sido, a la manera de Roa, y el espacio vacío que dejó esa evaporación fue siendo colmado por el fastuoso imaginero que sin embargo conservó siempre de su otro posible el ansia revolucionaria de transformación, la fidelidad a lo mejor de su circunstancia, la austeridad, el valor que se sobrepone al miedo, la coralidad, la avidez de futuro. Años después de haber abortado aquel proyecto revolucionario, lo que ocurrió en 1935, Lezama publicaría en "Señales. La otra desintegración" (*Orígenes* 21, primavera de 1949, 61) una sentencia que cité en mi tesis de 1953 (85), y luego en conferencia dada en la Universidad de Columbia, Nueva York, el 11 de noviembre de 1957:[21] "Un país

---

[18] Raúl Roa evocó a Lezama entre los participantes en "La jornada revolucionaria del 30 de septiembre", *Bufa subversiva* ... (La Habana, 1935) 84. En la página 85 se menciona que se creó una comisión "para redactar el manifiesto" de que hablaré luego, "compuesta por Rubén León, Carlos Prío, José Sergio Velázquez, Virgilio Ferrer Gutiérrez y yo". Prío llegaría a ser Presidente de la República neocolonial en 1948, mientras Roa fue el más brillante Canciller de Cuba a partir de 1959. Este último conservó siempre vivo aprecio por Lezama, a quien consideró miembro de su propia generación (nacido en 1910, Lezama estaba en el linde cronológico entre dos generaciones: quizá ello lo impulsó a subrayar su pertenencia a la más joven). En entrevista que le hiciera Ambrosio Fornet (y, con el título "Tiene la palabra el camarada Roa", apareció en la revista *Cuba*, La Habana, en octubre de 1968), Roa dijo: "El talento puramente literario más exuberante, pulposo y encaracolado de esa generación [la de Roa] es José Lezama Lima, quien —dato casi desconocido— participó, jadeante y resuelto, en la manifestación del 30 de septiembre".
[19] Refiriéndose a la "Lectura" ofrecida por Lezama en 1959, Ciro Bianchi Ross señaló que "[n]o será difícil para el lector advertir que algunos pasajes" de dicha "Lectura" "fueron incorporados por el autor, de manera casi literal", en *La cantidad hechizada* (La Habana: Unión, 1970). (C.B.R., "Introducción" al libro de José Lezama Lima, *Imagen y posibilidad* [La Habana: Letras Cubanas, 1981] 94 n). Por su parte, Ana Cairo, en *La Revolución del 30 en la narrativa y el testimonio cubanos* (La Habana: Letras Cubanas, 1993) 131 y 235-41, comenta la evocación por Lezama de aquella manifestación en el Capítulo IX de *Paradiso*.
[20] En la edición de la *Poesía completa* de Lezama publicada en 1985 en La Habana por Letras Cubanas se incluye, como apéndice, un cuaderno de poemas de Lezama, *Inicio y escape*, que había permanecido inédito, y que contiene textos que se remiten a 1927.
[21] Roberto Fernández Retamar, "Situación actual de la poesía hispanoamericana", *Revista Hispánica Moderna* XXIV, 4 (octubre de 1958) 326.

frustrado en lo esencial político", fueron las palabras de Lezama después tan repetidas, "puede alcanzar virtudes y expresiones por otros cotos de mayor realeza".

La faena intelectual de Lezama a partir de mediados de la década del treinta es bien conocida, y en lo que toca a nuestro tema se expresó en el rosario de revistas impulsadas por él a partir de 1937. Lezama evocaría muchos años después "la necesidad casi fanática que teníamos de hacer revistas", la cual "tenía dos motivaciones esenciales": una, "la necesidad de publicar, pues a veces los periódicos y las revistas establecidas se niegan a aceptar las creaciones de los más jóvenes"; otra, "el hecho de necesitar también el constituirnos en una exigencia histórica y generacional". Y añadió "que si denodada y heroicamente no se hubieran ofrecido esas revistas, lo que después se llamó la generación de *Orígenes* no hubiera mostrado su unidad, su peculiar perfil y sus irradiaciones históricas. Una revista generacional se inaugura ...".[22]

Si el primer impulso no literario para las empresas que encarnaron en sus revistas fue la revolución del 30 en Cuba (su irrupción primero, y sobre todo su frustración después), el segundo fue la llamada Guerra Civil española entre 1936 y 1939, con su enorme impacto en Hispanoamérica. Ambos hechos se mezclaron entre nosotros. Por una parte, la revolución abortada en Cuba en 1935 llevó a que, entre los participantes que le sobrevivieron, un millar marchara a defender con las armas que se les habían quedado en las manos la noble causa de la agredida República Española. Por otra parte, tal causa marcaría a fuego lo mejor de la vida intelectual cubana, lo que se puso de manifiesto, entre cuantiosos hechos, en las revistas aludidas, en todas las cuales (incluso *Orígenes*) fue decisiva la presencia de la España leal, e inexistente la de la España reaccionaria. El fenómeno se dio también en otros países de Hispanoamérica, y el paralelo más cercano con el caso de Cuba fue el de México. A las revistas que giraron en torno a Lezama se correspondieron en México revistas como *Taller* (1938-41), *Letras de México* (1937-47) y *El Hijo Pródigo* (1943-46), también con viva presencia de aquella España raigal. Es comprensible que Octavio Paz, tan vinculado a esas revistas, se sintiera afín a *Orígenes*;[23] así como que las dos últimas llegaran a anunciarse en ésta. Bien puede decirse que, tocante a la vertiente lezamiana, *Orígenes* tuvo dos padrinos: Juan Ramón Jiménez, cuya estancia en Cuba a partir

---

[22] José Lezama Lima, "Un día del ceremonial", *s.d.*, *Imagen y posibilidad*, citado en nota 19, 43-44. A propósito: pocos escritores nuestros se han preocupado tanto por la cuestión generacional, opinando sobre ella de modo diverso, como Lezama. En la nota 18 expuse una posible razón del hecho.

[23] Paz colaboró con poemas en seis entregas de *Orígenes*: y en dos de esas ocasiones encabezó los números (23, otoño de 1949, y 27, 1951). Fragmentos de la carta suya que envió a Vitier a propósito de *Diez poetas cubanos* se reprodujeron en el anuncio de dicha antología publicado por la revista. Entre otras cosas halagüeñas, escribió allí premonitoriamente Paz: "Creo que, como en el caso de la *Primera antología* de Gerardo Diego o en la de Jorge Cuesta, de su libro se irán desprendiendo algunos nombres, llamados a ser excepcionales en la poesía de nuestra lengua y de nuestro tiempo". (Véase por ejemplo *Orígenes* 19, otoño de 1948, 47.) La opinión de Paz fue una de las tres aducidas por Lezama (las otras dos eran de Vicente Aleixandre y Alejo Carpentier) en su defensa de la antología de Vitier *Cincuenta años de poesía cubana* ("Señales" 65).

de 1936 se sabe cuánto significó para la gran mayoría de los poetas del Grupo Orígenes;[24] y María Zambrano, quien como José Gaos trajo a América una versión de izquierda del magisterio orteguiano, y fue la orientadora esencial de *Orígenes* en cuanto al pensamiento (un pensamiento que postulaba la razón poética),[25] llegando a escribir que en la fundación de dicha revista ella tuvo "parte anónima y decisivamente".[26]

Al considerar al otro editor de *Orígenes*, Rodríguez Feo, hay que avanzar en el tiempo, y por el momento cambiar de país. Él también, como Lezama en 1930, va a cumplir veinte años cuando la noche del 6 de noviembre de 1940 asiste a la primera de las conferencias que Henríquez Ureña ofrecerá, invitado por la Universidad de Harvard (donde Pepe estudiaba) a hacerlo en la prestigiosa cátedra Charles Eliot Norton: conferencias que publicaría en 1945 con el título *Literary Currents in Hispanic America*, uno de los libros esenciales de nuestra cultura. Rodríguez Feo ha contado, en "Mis recuerdos de Pedro Henríquez Ureña",[27] su emoción de aquella noche, que contribuiría a cambiar su vida:

> Sólo los más eminentes hombres de letras de Europa y América habían ocupado aquella cátedra en el pasado. Como cubano, no pude reprimir mi júbilo, y cuando Pedro terminó su charla, me dirigí a la plataforma de la sala, para darle la bienvenida. Confieso que sentí cierto nerviosismo, pero me consideraba con derecho a tomarle la delantera al selecto grupo que se había congregado allí... Tan pronto le dije que era cubano, me sonrió y me dio un abrazo. Me dijo que se alegraba mucho de encontrar entre sus oyentes a un cubano, pues consideraba a Cuba como su segunda patria. (153)

Asi se inició una fructífera amistad de la que hay abundantes testimonios en el mentado ensayo de Rodríguez Feo y en las cartas que, en español unas e inglés otras, le enviara Henríquez Ureña.

> Fue su hermana, Camila [escribió Rodríguez Feo], quien me relacionó con muchos escritores cubanos. En 1943 conocí en el estudio del pintor Mariano... a José Lezama Lima, Guy Pérez Cisneros y otros. *Indirectamente Pedro tuvo un poco que ver con la aparición de Orígenes* [subrayado mío]. ... Desde Buenos Aires, Pedro me envió las colaboraciones de los mejores escritores argentinos, y sus consejos guiaron los primeros intentos de hacer de *Orígenes* una revista de verdadera calidad. (157)

---

[24] Véase *Juan Ramón Jiménez en Cuba*. Compilación, prólogo y notas de Cintio Vitier (La Habana: Arte y Literatura, 1981).
[25] Véase Jorge Luis Arcos, "La Cuba secreta de María Zambrano", *Casa de las Américas* 195 (abril-junio 1994).
[26] María Zambrano, "Liminar. Breve testimonio de un encuentro inacabable", en José Lezama Lima, *Paradiso*. Edición crítica. Cintio Vitier, coordinador (Madrid: Colección Archivos, 1988) XVI.
[27] José Rodríguez Feo, "Mis recuerdos de Pedro Henríquez Ureña", *Casa de las América* 33 (noviembre-diciembre 1965).

El 7 de junio de 1944 Henríquez Ureña le escribió desde Buenos Aires a Rodríguez Feo:

> ¡Conque ya eres director de revista! Espero *Orígenes* con ansia. ¿Cómo será de aspecto? Espero que no se parezca a las revistas de los Estados Unidos. ... Por correo ordinario te mando, con otra carta, un artículo de María Rosa Lida, que es la persona (no digo mujer, sino persona) que sabe más de literatura en nuestra América. Mallea me ofrece algo para *Orígenes*. Todavía no he podido hablar con Borges ni con Martínez Estrada ...[28]

Por desgracia, *Orígenes* no recibió colaboraciones de los tres últimos; ni tampoco del propio Henríquez Ureña, pero sí traducciones debidas a sus hermanos Camila y Max.

Más interés que las observaciones, no muy abundantes, de Henríquez Ureña, sobre *Orígenes*, tiene algunos de los comentarios que a Rodríguez Feo le hiciera Wallace Stevens. Por ejemplo, el 23 de marzo de 1945 aquél le escribe que quería publicar dos poemas del estadounidense en el número de invierno de la revista, pero teme que "it shall have to be postponed for the Summer. There are already two Americans in this issue —Brinnin and Levin— and there are already accusations of IMPERIALISM in the air".[29] El 6 de abril de ese año, Stevens le responde:

> There is something else that you have spoken of on which I should like to say a word or two, and that is the risk you run in respect to accusations of imperialism. I should say that the risk is no a risk in respect to imperialism but in respect to eclecticism. ... The act of editing a review is a creative act and, in general, the power of literature is that in describing the world it creates what it describes. Those things that are not described do not exist, so that in putting together a review like *Orígenes* you are really putting together a world. You are describing a world and by describing it you are creating it. Assuming that you have a passion for Cuba, you can not have, or at least you can not indulge in, a passion for Brinnin and Levin, and so on, at the same time. This is not a question of nationalism, but is a question of expressing the genius of your country, disengaging it from the mere mass of things, and doing this by every poem, every essay, every short story which you publish —and every drawing by Mariano, or anyone else. The job of the editor of *Orígenes* is to disengage the identity of Cuba. I hope you won't mind my saying this.[30]

Esta elegante y aguda lección de Stevens, que tanto coincidía con el propósito de los mejores colaboradores cubanos de *Orígenes*, recuerda lo que brevemente había escrito Henríquez Ureña a su discípulo y amigo: "Espero que [*Orígenes*] no se parezca a las revistas de los Estados Unidos". Proviniendo del gran humanista, insospechable de cualquier xenofobia, en sus palabras latía preocupación similar a la del norteamericano Stevens: "This is not a question of nationalism, but is a question of expressing the genius of your country".

---

[28] Véase la nota 13, p. 52.
[29] Véase la nota 11, p. 47.
[30] Véase la nota 11, p. 56.

Aunque no es fácil enumerar cuánto aportó Rodríguez Feo a *Orígenes*, intentaré mencionar algunas cosas. Henríquez Ureña, al familiarizarlo con nuestra herencia hispánica (incluso contribuyó a mejorarle el español), le trasmitió el conocimiento y el orgullo de las producciones hispanoamericanas. Además, siendo el dominicano hombre de izquierda (no en balde en carta a Pepe del 30 de mayo de 1941 le escribe de la roja María Rosa Oliver que "es de familia rica, pero tiene *the right ideas* en cuestiones políticas y sociales"),[31] y hombre que conociera en carne familar la política de despojo sufrida por nuestros países, tenía una clara posición anti-imperialista. Ella debió haber hecho a Rodríguez Feo sensible a las acusaciones de imperialismo sobre las que, en serio o *tongue in cheek*, hablara a Stevens; y encontraría en el cubano creciente resonancia. en el propio número inicial de *Orígenes* (no. 1, primavera de 1944), en su ensayo "George Santayana: crítico de una cultura", censura aspectos negativos de la cultura estadounidense, y hace publicar, traducida por él, una entrevista a Marc Chagall (realizada por James Johnson Sweeney) cuya versión en inglés apareció ese mismo año en la heterodoxa *Partisan Review*. En consecuencia, no podía sobresaltarlo que Vitier impugnara (en "El Pen Club y los *Diez poetas cubanos*", *Orígenes* 18, verano de 1948, 41) el propósito de "helar nuestras mejores esencias ... desde la nación más poderosa de este mismo hemisferio". Sin embargo, durante los años de la revista *Orígenes*, más que un rechazo del imperialismo como fenómeno económico y político, lo que hay en Rodríguez Feo es un rechazo de los "vulgar, detestable American products" con que su país estaba siendo inundado, según escribe a Stevens en julio de 1945, y que, sigue diciéndole, temía que inundaran pronto al resto del mundo: ejemplo de los cuales era para él la revista *Readers' Digest*.[32] Es decir, un rechazo nacido no tanto de la política (aunque ella no le fuera ajena) como del *High Modernism* en cuya atmósfera se formó Rodríguez Feo en los Estados Unidos, y que en sus círculos refinados sería hegemónica hasta que, años después, el llamado *Postmodernism* lanzara consignas como *Learning from Las Vegas* y *Cross the border, close the gap*.

La inserción (crítica, es verdad) de Rodríguez Feo entre los privilegiados de los Estados Unidos en el momento en que la nación se estaba convirtiendo en nueva cabeza de Occidente, permitiría al encantador y opulento cubano un encuentro directo con muchos de los mejores productos (y no pocos de sus productores) de la cultura occidental al uso en las décadas del cuarenta y el cincuenta, o vistos desde la óptica prevaleciente entonces. En este sentido, su tarea fue similar a la que desde 1931 desempeñara Victoria Ocampo para la revista argentina *Sur*,[33] tan admirada en

---

[31] Véase la nota 13, p. 46.

[32] Véase la nota 11, 63-64. El contexto de esas palabras es éste: "Amazing how mediocre taste will pervade when the nation who backs it up is powerful enough. The world will in time be inundated by vulgar, detestable American products, because America is all powerful and can deliver the goods. Example: *The Readers' Digest* ... thank you, O.K., never gracias, Muy Bien, and the movies? Well, let's skip that one ..."

[33] Véase John King, *Sur: A Study of the Argentine Literary Journal and its Role in the Development of a Culture, 1931-1970* (Cambridge, 1986). Además de este estudio admirable, véase John King, "*Sur* y la cultura argentina en la década del treinta", *Le Discours culturel dans les Revues Latino-Américains de l'entre deux-guerres 1919-1939* ... (París: Publications de la Sorbonne Nouvelle, 1990).

Orígenes, donde se la anunció regularmente diciéndose que presentaba "los más selectos escritores".³⁴ No se olvide, además, que Henríquez Ureña formó parte del Comité de Colaboración de *Sur* desde su inicio.³⁵ Fue sobre todo esa tarea, realizada con gran eficacia y gusto por Rodríguez Feo, lo que hizo posible a Lezama decir que en *Orígenes*:

> por primera vez entre nosotros, lo contemporáneo no era una nostalgia provinciana, deseado entre toscos deslumbramientos y habitual servidumbre, sino un conocimiento cercano de diálogo y de comunidad creadora ... Era ya lo nuevo entre nosotros, signo esencialísimo de *Orígenes*, un seguro paso de calidades, y la dimensión universal del arte, en búsquedas y en rendidos frutos, propia y espansiva pertenencia. ("Señales" 66)

Tales palabras revelan justo orgullo. Pero en realidad ello no ocurría "por primera vez" entre nosotros. Aun dejando de lado hechos no literarios ni artísticos, desde José María Heredia en el primer tercio del siglo XIX hasta Alejo Carpentier y Wifredo Lam en su viva relación con el surrealismo y en general la vanguardia en Francia, y Nicolás Guillén hombreándose con otros grandes poetas del mundo durante la Guerra Civil española, pasando por ejemplos como los de Gertrudis Gómez de Avellaneda y su impronta en Madrid, Juan Clemente Zenea, uno de cuyos estudios sobre literatura norteamericana se ha dicho que pudo haber influido en Bécquer,³⁶ Julián del Casal, quien se carteaba con Verlaine y Moreau y era amigo personal de Darío, y ni qué decir el caso soberano de José Martí, la contemporaneidad de lo mejor de nuestra cultura es uno de sus rasgos fundamentales. El "signo esencialísimo de *Orígenes*", sin desdeñar lo señalado por Lezama, que por sí solo podría confundirse con una taracea provinciana (*horresco referens*), hay que buscarlo en otro punto, como el propio Lezama vio mejor que nadie al decir a continuación de aquellas palabras: "Pero a nuestro parecer la adquisición fundamental de *Orígenes*, es el concepto de la imago como una fuerza tan creadora como la semilla" ("Señales").

---

³⁴ Tras la ruptura entre Lezama y Rodríguez Feo, en la *Orígenes* de aquél desapareció el anuncio de *Sur*, índice de que era Rodríguez Feo quien lo había obtenido. También, por similar razón, desaparecieron los anuncios que sobrevivían de revistas no hispanoamericanas. En conjunto, estas últimas fueron *Circle*, *The Sewanee Review* y *TheTiger's Eye*, de los Estados Unidos; *Horizon*, de Inglaterra; *Inventario*, de Italia, y *Poésie 47*, de Francia. En ninguno de los dos números de la *Orígenes* de Rodríguez Feo apareció anuncio alguno de revista.

³⁵ Pedro Henríquez Ureña, que tan sincero se revelaba en sus cartas, escribió el 2 de mayo de 1942 a Rodríguez Feo: "Te veo muy lector de *Sur*. Está muy bien. Claro que nuestra revista (digo así porque me siento ligado a ella por motivos personales, pero no intervengo para nada en lo que allí se hace: creo que se advierte) no es muy buen ejemplo de cómo se debe escribir el castellano, ni, sobre todo, de cómo se debe traducir a él: pero por lo menos te da idea de cómo se vive intelectualmente en un 'sector' —como aquí les gusta decir— de Buenos Aires" (véase la nota 13, p. 47).

³⁶ La conjetura se desprende de unas palabras de José Pedro Díaz en su *Gustavo Adolfo Bécquer. Vida y poesía*, 2ª ed. corregida y aumentada (Madrid: Gredos, 1964) 212.

Al volver a *Orígenes* en su conjunto (no sólo a la suma brillante de sus textos, pues ya se sabe que una verdadera revista no se limita a ser tal suma, sino que es sobre todo un propósito, una figura), debo comenzar recordando las circunstancias tanto internacional como nacional en que nace y se desarrolla. Tocante a lo primero, cuando en la dudosa primavera cubana de 1944 aparece el número inical de la revista, está en su apogeo la llamada Segunda Guerra Mundial, es decir, el segundo período de la monstruosa conflagración bélica iniciada en 1914, que reveló hasta qué punto Occidente, herido en su centro, amenazaba con arrastrar en su caída a la humanidad toda. Las palabras (llamadas en el índice simplemente *"Orígenes"* y firmadas "Los editores") con que se presenta la revista, tienen como trasfondo aquella circunstancia. Después de proclamar que "la justicia que nos interesa ... consiste en dividir a los hombres en creadores y trabajadores, o, por el contrario, en arrivistas y perezosos" (5); que "la libertad consiste para nosotros en el respeto absoluto que merece el trabajo por la creación ... siempre que se manifieste dentro de la tradición humanista, y la libertad que se deriva de esa tradición que ha sido el orgullo y la apetencia del americano" (5); después de rechazar cualquier separación entre la vida y la cultura, concluyen esas palabras, que aunque no fueran presentadas como tal serían el programa de la revista:

> Sabemos ya hoy que las esenciales cosas que nos mueven parten del hombre, surgen de él y después de trazar sus inquietantes aventuras, pueden regresar, tornándolo altivo o humillado, pero dejando su conciencia, sus incorporaciones y las diversas formas de su nutrición mereciendo un respeto en diversa relación con la libertad que estamos dispuestos a defender y a justificar la salud de sus frutos. (7)

Esa presentación se emparienta con la que Alfonso Reyes, cuyo magisterio también fue reconocido en *Orígenes*, hiciera de la revista mexicana *Cuadernos Americanos*, surgida dos años antes que *Orígenes*.[37] No es extraño que en 1946 Stevens, para ponerlas como ejemplo frente a publicaciones académicas de los Estados Unidos, hiciera conjuntamente el elogio de aquellas dos revistas: *Cuadernos Americanos* ("far better than anything here, emerges with quality and elegance and regularity from the poverty of Mexico City") y *Orígenes* ("never sure of its next number, is the work of a loyal group in Havana");[38] lo que sí es extraño es que *Orígenes* no tuviera vínculos visibles con *Cuadernos Americanos*, en cuya editorial se publicó en 1950 *El laberinto de la soledad*: ella ni siquiera se contó entre las revistas hispanoamericanas que anunció la cubana, y que además de las que ya mencioné fueron *Asomante*, de Puerto Rico, *Las Moradas*, del Perú, y la *Revista Mexicana de Literatura*.

En cuanto a la circunstancia nacional en que vivió *Orígenes*, el propio Rodríguez Feo la caracterizaría años después señalando que en la Cuba de entonces "prevalecieron la corrupción administrativa, la malversación de los dineros del pueblo,

---

[37] Alfonso Reyes, "Para inaugurar los *Cuadernos Americanos*", *Cuadernos Americanos* 2, III a IV (1942).
[38] Véase la nota 11, p. 111.

el enriquecimiento de los politiqueros con los negocios más sucios, el pandillerismo, la división del movimiento sindical y el sometimiento total del país a las imposiciones del imperialismo yanqui".[39] Convertida además Cuba en feudo de la mafia, la tarea cumplida por *Orígenes*, para volver a las palabras recién citadas de Rodríguez Feo, "parece increíble" (*ibid.*). Los cuarentidós números de la revista (con portadas que ilustraron grandes pintores), así como los veintitrés libros publicados con su sello editorial (aunque cada autor pagaba el suyo), y las empresas culturales que alentó y defendió dentro de una fervorosa comunidad de trabajo cuyo radio iba mucho más allá del Grupo homónimo, como me consta personalmente; todo ello realizado en aquella Cuba nada secreta sumida en la podredumbre y el crimen, hizo de *Orígenes* un oasis tan difícil como necesario de dignidad y resistencia.

Se ha repetido que *Orígenes* no tuvo un explícito carácter polémico, lo que es cierto si se la compara con otras importantes publicaciones, como *Amauta* (que arrancó con el subtítulo *Doctrina-Arte-Literatura-Polémica*), pero no debe ser absolutizado, ya que *Orígenes* también estuvo obligada a clarificaciones y defensas inevitablemente polémicas. Sus polémicas tuvieron principalmente tres blancos: la desfachatez y corrupción oficiales, la mediocridad del ambiente cultural, y en grado menor ciertas posiciones hostiles de algún grupo de izquierda.

Las primeras "Señales" aparecidas (sin firma) en el número 15, otoño de 1947 ("Emigración artística. Un fracaso, una vergüenza que alguien paga") enjuician con dureza concreta las miserias del mundo oficial,[40] responzabilizándolo con la emigración del artista que "se ve condenado a un destierro infructuoso, a llevar su nostalgia por los museos de cera, y a pasearse por paisajes que para él serán de alambre y de nieve forrada de algodón" (44), debido a "la otra política, la fría, la desintegrada, [que] ha rondado con su indiferencia y con su dejo soez" la "labor secreta" de nuestros mejores artistas (45). Más violentas son las "Señales" tituladas "La otra desintegración", que ya cité, donde se dice que "si en aquellos venturosos [primeros] años republicanos eran diez las familias que salieron beneficiadas de empréstitos y contratos, hoy son cien las que salen de cada gobierno girando contra su propio banquero, que es la hacienda pública" (60). Y al cumplir la revista una década, en condiciones bien difíciles, dice desafiantemente la nota "Diez años en *Orígenes*" (no. 35, 1954, 65):

> Si andamos diez años con vuestra indiferencia, no nos regalen ahora, se lo suplicamos, el fruto fétido de su admiración. Representáis el *nihil admirari*, escudo de las más viejas decadencias. Habéis hecho la casa con material deleznable, plomada para el simio y piedra de infiernillo.

---

[39] José Rodríguez Feo, "Introducción" a *Mi correspondencia con Lezama Lima*, 10n.
[40] Ya en la "Nota de recorrido" aparecida "al cumplir *Espuela de Plata* su primer año de publicación" (nota firmada "Los Directores" y sin duda escrita por Lezama), se leía que dicha revista se proponía "mostrar cada vez con más eficacia cuanto es posible hacer al margen de nuestras inútiles esferas oficiales de cultura, de la apestada burocracia cultural" (*Espuela de Plata. Cuaderno Bimestral de Arte y Poesía*, agosto de 1941, 1).

La revista que así se atrevía a enjuiciar el mundo oficial no sería blanda al deplorar la mediocridad del ambiente cultural. La nota referida a los "Cuatro años" de *Orígenes*, publicada con la firma "Los editores" en su número 16 (invierno de 1947, 46), proclama: "Todo podrá tener acogida en nuestras páginas, menos lo chusma, lo frío informe, lo apresurado, y el rezagado que quiere ahora pasarse de listo, cuando todos sabemos que llegó tarde a la fiesta y no tiene alegría ni expresión para hacer otras fiestas". La virulencia subirá de tono al expresar en la muy citada nota del número 31 (1952) el desdén por quienes atacaron la antología de Vitier, *Cincuenta años de poesía cubana*, y de paso la tarea de *Orígenes*, y a quienes Lezama llama "[q]uejosos barbados de encefalitis letárgica", "sonámbulos irritados por el reloj y la conciencia crítica", "contumaces letárgicos" (63), "endemoniados jabatos" (65) y otras lindezas.

Como dije, también debió *Orígenes* polemizar contra algún sector de izquierda que no percibió los elementos positivos, incluso de izquierda independiente, de *Orígenes* y sus predecesoras. Ejemplo de ello lo ofreció el editorial del primer número de *Gaceta del Caribe*, que se publicó en marzo de 1944, poco antes de nacer *Orígenes*, de cuya inminente aparición es de suponer que se sabía en la época. Dijo aquel editorial: "Aquí, dicho sea sin alusiones, todo el mundo parece lo que es, y nadie necesita de plateadas espuelas para hacer andar a Pegaso. El narcisismo intelectual, pues, no cabrá en *Gaceta del Caribe* ... Porque los cinco nombres que auspician *Gaceta del Caribe* pertenecen a escritores que aman mucho la cultura pero que aman aún más la vida". Las alusiones que decían no serlo apuntaban a las revistas *Nadie Parecía*, *Espuela de Plata* y *Clavileño*, y al poema de Lezama "Muerte de Narciso". La primera de aquellas alusiones era particularmente infeliz, porque al hacerse eco de un vulgar chascarrillo homofóbico soslayaba o desconocía que en el famoso verso de San Juan que dio título a la publicación ("en parte donde nadie parecía"), "parecer" está usado en su sentido de "aparecer o mostrarse una cosa", lo que hace que dicho verso se aviniese tan bien con la soledad en que el Grupo que sería llamado Orígenes estaba obligado a realizar su admirable tarea. En conjunto, tales palabras ratifican la incomprensión casi general que dicho Grupo encontró en el país. La separación postulada en *Gaceta* ... entre la cultura y la vida llevó a que en el editorial del primer número de *Orígenes* se respondiera: "Sabemos que cualquier dualismo que nos lleve a poner la vida por encima de la cultura, o los valores de la cultura privados de oxígeno vital, es ridículamente nocivo, y sólo es posible la alusión a ese dualismo en etapas de decadencia" (6). La animosidad de aquellas palabras gaceteras contribuye a explicar por qué ninguno de sus cinco editores (literatos destacados todos) apareció en las páginas de *Orígenes*, aunque sí lo hicieron muchos colaboradores de *Gaceta* ..., que no sobrevivió a aquel año 1944.[41] Debe añadirse que tal animosidad no la

---

[41] Entre los colaboradores de *Gaceta del Caribe* que también lo fueron de *Orígenes* se encontraron José Bergamín, Mariano Brull, Alejo Carpentier, Jorge Carrera Andrade, Eugenio Florit, Enrique Labrador Ruiz, Wifredo Lam, Lino Novás Calvo, Marcelo Pogolotti, René Portocarrero, Justo Rodríguez Santos. Los dos últimos integraban el Grupo que acabó llamándose Orígenes.

compartieron todos sus editores. Por ejemplo, en un artículo de su segundo número ("Clavileño: la Máscara y la Persona", abril de 1944, 3), José Antonio Portuondo, uno de ellos, llamó a Ángel Gaztelu "dignísimo sacerdote y excelente poeta". Gaztelu fue codirector, con Lezama, de *Nadie Parecía*.

El punto más doloroso relativo a *Orígenes* es sin duda el tocante a la disputa final entre sus directores, provocada por viejos odios españoles. A estas alturas, se ha hablado suficientemente de la disputa; se ha mencionado el epigrama de Jorge Guillén "Los poetas profesores" ("Epigramas", *Orígenes* 31, 1952), que provocó de inmediato el incidente, y la feroz réplica de Juan Ramón Jiménez en su "Crítica paralela" (*Orígenes* 34, 1953), que lo desencadenó en grande; se ha hurgado en las cartas escritas por Lezama a Juan Ramón sobre el hecho y sus consecuencias;[42] se ha leído las versiones de Lezama[43] y Rodríguez Feo:[44] a mi entender, más convincente la de este último. Fue un pleito innecesario, de tristes repercusiones. La ruptura se tradujo de momento en la existencia paralela de dos revistas llamadas *ambas*, con razón, *Orígenes*. Ninguna era en rigor apócrifa, ya que sus respectivos directores tenían derecho a proclamarse así. Lezama se hizo acompañar de un Consejo de Colaboración integrado por quienes él estimó que eran "los colaboradores más cercanos de la revista *Orígenes*, los que se pueden considerar como su núcleo de calidad a través de muchos años de continuidad poética", según escribió a Juan Ramón el 22 de abril de 1954.[45] Se trataba no de representantes de una revista que Lezama había querido transgeneracional, sino de un grupo dentro de su grupo generacional. Por su parte, Rodríguez Feo creó para su *Orígenes* (a la que subtituló *Revista de Literatura*) otro Comité de Colaboración integrado sólo por escritores no cubanos, todos prestigiosos y la mayoría ajenos a la querella.[46] *Orígenes* se había rajado, y empezaba a extinguirse. Una, la de Lezama, quedó desguarnecida; otra, la de Rodríguez Feo, era un conjunto amorfo de colaboraciones, aunque no pocas de ellas fueran en sí excelentes. Una broma de la época (las bromas son constantes en Cuba, por difíciles que sean las situaciones), que le oí repetir riendo a Julián Orbón, decía

---

[42] Véase José Lezama Lima, *Cartas (1939-1976)*. Introducción y edición de Eloísa Lezama Lima (Madrid: Orígenes, s.d.) 61-65.
[43] Véase la nota 42. Según carta de Lezana a Juan Ramón Jiménez de 22 de abril de 1954, "todo el material de la revista [el del no. 34, de 1953, donde apareció "Crítica paralela"] ya [Rodríguez Feo] lo conocía" (61).
[44] José Rodríguez Feo, "Carta desde La Habana", citada en nota 14, página 8. Rodríguez Feo niega haber conocido el texto de Juan Ramón Jiménez, y añade a propósito de Lezama (él no podía, según dice J.R.F. que le comunicó Lezama, "rechazar la colaboración de un 'príncipe de la poesía', fuese cual fuese su contenido"): "Comprendí entonces, no sin cierta admiración, que su lealtad hacia el poeta español pesaba más en su ánimo que todas las revistas del mundo".
[45] Dicho Consejo de Colaboración (que apareció entre el no. 35, 1954, y el 40, 1956) lo formaban Eliseo Diego, Fina García Marruz, Ángel Gaztelu, Lorenzo García Vega, Julián Orbón, Octavio Smith y Cintio Vitier.
[46] El Comité de Colaboración de la *Orígenes* dirigida sólo por Rodríguez Feo, en 1954, estaba integrado por Vicente Aleixandre, Enrique Anderson Imbert, Jean Cassou, Luis Cernuda, Jorge Guillén, Harry Levin, Alfonso Reyes y María Zambrano.

que se esperaba la aparición de una tercera *Orígenes*, traducida al español. Como la de Lezama estaba sin fondos, quienes permanecimos hasta el final en aquel glorioso navío que hacía agua (para usar el lenguaje náutico caro a la *Revista de Avance*) nos comprometimos a dar diez pesos mensuales, lo que arañaba nuestros magros bolsillos. En una ocasión hice llegar mi aporte a Cintio con esta ripiosa décima:

> Señor Cintio Vitier Bolaños,
> Persecutor de los diez cocos,
> Que nos ha vuelto medio locos
> A inquisiciones y regaños:
> Agotados hoy los engaños
> Para eludir su feroz mano,
> Como la lucha ya es en vano,
> Como es inútil oponerse,
> ¡Tomo el sobre en que puede verse
> Aún el llanto de un cubano!

La *Orígenes* de Lezama, casi vaciada de colaboraciones no cubanas enviadas por sus autores (algunas, como las de Julio Cortázar, llegaron tarde),[47] y empobrecida, no sobrepasó su número 40, de 1956. La de Rodríguez Feo sólo logró publicar en 1954 los números 35 y 36, pues Lezama, haciendo reverdecer sus laureles de jurista, inscribió la revista a su nombre. Fue un final desdichado por partida doble. Una de las más hermosas empresas editoriales de estos tiempos concluyó *not with a bang*, aunque tampoco *with a whimper*, sino con lo que un cubano rudo preferiría llamar un tremendo encabronamiento.

Ha sido dicho más de una vez que casi a mediados de la década del cincuenta, cuando otra generación (la mía) ya era visible, e incluso parte de su avanzada literaria colaboraba en *Orígenes*, ésta había cumplido su misión, empezaba a osificarse, y debía desaparecer, aun de no haber ocurrido el azaroso incidente. ¿Era de veras así? Entramos aquí en terreno especulativo, donde las conjeturas pueden ser muchas. Yo expondré la mía, apoyándome en lo que viví en su seno y en el conocimiento de otras aventuras culturales.

No creo que *Orígenes* estuviera en absoluto osificada. Las producciones ulteriores de muchos de sus mejores colaboradores (producciones que en varios casos siguen haciéndose en nuestros días); el enriquecimiento experimentado en sus perspectivas, que no contradicen sino ahondan las líneas esenciales ya visibles durante los años de la revista; la capacidad que ésta había demostrado para conjugar fuerzas muy disímiles y para ir incorporando elementos valiosos que surgían: todo ello revela que *Orígenes* desapareció prematuramente. Si doce años parecen un lapso dilatado en comparación con el de tantas revistas, ¿por qué no pensar en otras como *Repertorio Americano* (1919-58), *Sur* (1931-70), *Marcha* (1939-74) o *Cuadernos Americanos* (1942 a hoy), para quedarnos en el área hispanoamericana? Ya que mencioné el paralelo entre

---

[47] Véase Julio Cortázar, Carta a Lezama de 5 de agosto de 1957, *Credo* (La Habana), Año I (octubre de 1993) 29.

Rodríguez Feo y Victoria Ocampo, si bien ella no conoció la radicalización del cubano, es aleccionador recordar que aunque *Sur* languideció al final, no a doce sino a veinte años de su nacimiento, cuando publicó para celebrar su aniversario un bello número triple (192-193-194), era todavía una revista de alto vuelo. ¿Qué habría ocurrido si, de no haberse publicado los exabruptos que asesinaron a *Orígenes*, éste hubiera durado al menos dos años y medio más, hasta el triunfo revolucionario de 1959, un triunfo que sus dos ex-directores, a la sazón absurdamente separados, saludaron con entusiasmo? No puedo dejar de pensar que en ese caso nos habríamos ahorrado ciertas mediocridades y groserías. Aunque esta conjetura no puede desconocer que el clima cada vez más espantoso del batistato muy probablemente hubiera hecho imposible la sobrevivencia de *Orígenes*, como ocurrió con la nueva revista de Rodríguez Feo, *Ciclón*, fundada en 1955 e interrumpida por él en 1957. Ya el machadato había obligado a los editores de *Revista de Avance* a hacerla cesar en 1930, año en que uno de ellos, Juan Marinello, fue encarcelado en la manifestación del 30 de septiembre que tan importante sería para Lezama. Lo cierto es que a partir de 1959 la historia volvió a acercar a quienes habían sido los dos directores de *Orígenes*. Lezama, aunque en ocasiones no dejó de padecer ataques (en su mayoría procedentes de antiguos resentidos que esta vez de modo oportunista se enmascararon con ropajes seudo-revolucionarios), llegó a recibir en vida el reconocimiento, nacional primero e internacional después, que se le había negado durante los años de la revista. Rodríguez Feo, el desprendido ex-millonario que fue rico pero honrado, como hubiera dicho Tito Monterroso, y que en 1961 se haría humilde afabetizador, ha muerto hace unos meses, amado y respetado, en su Isla, tras una existencia ejemplar por numeroras razones. Hasta el talentosísimo y cismático Virgilio Piñera ("el origenista antiorigenista", como lo llamó Hernández Novás[48]) acabó reconciliándose con Lezama: de Rodríguez Feo, por lo que sé, no se alejó nunca, y al olor de la pelea se unió a él aun más para hacer juntos *Ciclón*. Si se tiene en cuenta además la permanente fidelidad a *Orígenes* mostrada por la gran mayoría del Grupo homónimo, la de otros colaboradores de la revista como Alejo Carpentier, Samuel Feijoo y muchos jóvenes, y la de autores de otros países, es obvio que ella hubiera podido durar más años. Desgraciadamente, ocurrió lo que ocurrió, *Orígenes* no sobrepasó sus cuarentidós números (dos de ellos, geminados), y en cuanto revista sólo es dable hablar de esos números.

Al hacerlo hoy, cincuenta años después de su aparición, es imprescindible tener presente que, como de costumbre, nuestro hoy supone perspectivas múltiples (todo tiempo es uno y plural). También yo tengo mi perspectiva, que no pretendo imponer a nadie, sino simplemente exponer.

La lectura actual de *Orígenes*, además del esplendor de sus mejores textos, depara algunas sorpresas. Aduciré sólo cuatro ejemplos literarios tomados casi al azar. A los amantes de Nicanor Parra no podrá sino interesarles que en 1945, al hacer elogio del libro de Virgilio Piñera *Poesía y prosa* (La Habana, 1944), Vitier hablara, aunque

---

[48] Raúl Hernández Novás, 137n.

no exactamente con el sentido que el término iba a tener, de "antipoesía" (*Orígenes* 5, primavera de 1945, 50). Los entusiastas del testimonio agradecerán que en ese mismo año María Zambrano escribiera: "Nuestra época pasará a la historia, sin duda, como extraordinariamente rica en testimonios" ("El caso del coronel Lawrence", *Orígenes* 6, verano de 1945, 47). Para quienes admiramos el "Testamento" de Eliseo Diego, recogido en libro por vez primera en *Nombrar las cosas* (La Habana: Unión, 1973), no es indiferente que la propia María dijera en 1948 que la poesía de aquél presta "el alma ... a las cosas ... para que encuentren la anchura de espacio y el tiempo, todo el tiempo que necesitan para ser ..." ("La Cuba secreta" 9). Y para quienes también admiramos *La consagración de la primavera* (México: Siglo XXI, 1978), de Alejo Carpentier, tampoco es indiferente saber que en 1950 Lydia Cabrera había afirmado: "Si un Diaghilev hubiese nacido en esta isla, de seguro que hubiese hecho desfilar a los Diablitos de los ñáñigos por los escenarios de Europa" ("La ceiba y la sociedad secreta Abakuá", *Orígenes* 25, 1950, 35). Las dos últimas observaciones pueden ser ejemplos de lo que Lezama llamaba el azar concurrente; también es posible que se hayan sumergido en el oscuro hondón pariente del olvido de donde surgen un día voces y peripecias como si vinieran de la nada. En cuanto a las dos primeras de tales observaciones, no hay que especular mucho: ratifican que en *Orígenes*, aquella revista de posvanguardia,[49] también se forjaba el porvenir. El porvenir literario, en lo más visible. Buena parte de la poesía, la narrativa, el teatro, el ensayo de Hispanoamérica revelan hoy vínculos claros con lo que se publicó en aquella revista que tanto recordaba a un taller. Y a través de esos vínculos, a través de raíces bien complejas (la diversidad fue allí esencial),[50] remiten a otras raíces más distantes y hondas.

Desde su mismo inicio, *Orígenes* impugnó el artificial dualismo vida/cultura. Y esa vida, siendo desde luego la de la humanidad toda (tan amenazada cuando nació la revista), era en primer lugar la del país natal. La gran sentencia martiana "Patria es humanidad" podría ser la divisa de aquel planteo. Y hallándose el país natal durante los años de *Orígenes* en las atroces condiciones que describió Rodríguez Feo, abordar con honradez su vida requería asumir posiciones como las de *Orígenes*. pero el rechazo a esa vida no se hizo allí lastimeramente, sino oponiéndole una activa creación cultural que debía encontrar sanción en la historia. Lezama lo dijo en la revista muchas veces, inequívocamente. Por ejemplo, en 1945, comentando *Extrañeza de estar*, de Vitier, escribió: "Sabemos que la generación de *Espuela de Plata* fue esencialmente poética, es decir, que su destino dependerá de una realidad posterior" ("Después de lo raro, la extrañeza", *Orígenes* 6, verano de 1945, 54). En 1947 añadió que el "pulso viviente" de una generación "es una impulsión hacia algo que percibimos como desconocido; que crea, no la tradición y el orgullo banal de lo ya hecho, sino la otra

---

[49] En "Situación actual de la poesía hispanoamericana", citado en la nota 21, llamé (y creo que era la primera vez que se hacía en español) posvanguardista a la poesía del Grupo Orígenes y sus pariguales en Hispanoamérica.
[50] En la nota "Cuatro años", publicada con la firma "Los editores" en *Orígenes* 16 (invierno de 1947) 46, se dijo: "Hemos procurado que la diversidad sea nuestro balance y nuestra euforia".

tradición, la verdaderamente americana, la de impulsión alegre hacia lo que desconocemos" ("Señales", *Orígenes* 15, otoño de 1947, 45). Dos años después llamaba a aquélla "la tradición por futuridad, una imagen que busca su encarnación, su realización en el tiempo histórico ..." ("La otra desintegración" 61). En 1952, en su mencionada defensa de la antología que ese año publicó Vitier, volvió sobre esa idea, central en él:

> nos ha parecido admirable que hombres de veinte años, que comienzan a tejer los enigmas poéticos ... aparezcan ya en esa antología, pues se vislumbra de inmediato que forman parte de la mejor corriente de poesía que estructura la marcha de la imaginación como historia, la imaginación encarnando en otra clase de actos y de hechos. ¿Cuál será el invisible metagrama histórico, usando el término unamuniano, en que desembocará esa mejor y mayor corriente de imágenes hechos y de metáforas que se agitan deseosas de dialogar? (63)

Esas palabras se enlazan, hasta alcanzar incandescencia, con las dedicadas a la "secularidad de José Martí" (no. 33, 1953, 3-4):

> [Martí] [t]omará nueva carne cuando llegue el día de la desesperación y de la justa pobreza. ... Testigo de su pueblo y de sus palabras, será siempre un cerrado impedimento a la intrascendencia y la banalidad. ... Sorprende en su primera secularidad la viviente fertilidad de su fuerza como impulsión histórica, capaz de saltar las insuficiencias toscas de lo inmediato, para avizorar las cúpulas de los nuevos actos nacientes.

Innecesario subrayar la fecha: 1953. Cuando Cuba había sido metida hasta el cuello en la sentina descrita por Rodríguez Feo, Lezama, que nada tenía de poeta puro y muchísimo de poeta absoluto, llegando a serlo en una dimensión que entre nosotros sólo sobrepasó Martí, lanzó a propósito de éste, en su centenario, una profecía que pocos meses después, invocándose también a Martí, intentaría a fondo encarnar en la historia.

La remisión de la enorme faena cultural de *Orígenes* a la historia del país no es exclusiva de Lezama. Ya en 1948 (en "El Pen Club ..." 41) había dicho Vitier:

> Y no es sólo que no hayamos olvidado el conmovedor hogar histórico y eterno en que vivimos, la traicionada isla que nos mira desde los ojos de una multitud de jinetes deslumbrantes, sino que el centro mismo de nuestro fervor ha sido el hallazgo de una realidad cubana universal, la provocación de nuestra sustancia más dura y resistente.

Si esa "multitud de jinetes deslumbrantes" evoca a los mambises que en el siglo XIX pelearon treinta años para encontrarse con que en 1898 el país cambiaba de amo, otras palabras de *Orígenes* remitirán a las luchas que en los años veinte y treinta de este siglo intentaron redimir de su nueva coyunda al país. Me refiero a las que escribiera Fina García Marruz en el homenaje que la revista rindió a Arístides Fernández (no. 26, 1950, 60): "Mirando sus grupos de trabajadores, sus jóvenes reflexivos, pensábamos en los versos de Rubén Martínez Villena —de su misma época y con su mismo acento, muerto como él demasiado joven: '¿Y qué hago yo aquí donde no hay nada / grande que hacer?'".

No pretendo decir que *Orígenes* haya tenido un pensamiento político y social estructurado. Ni tampoco una determinada orientación religiosa. También en estos órdenes la diversidad fue su ley, y también de ello puedo dar testimonio. Pero el profundo aliento cristiano de varios de sus mejores colaboradores cubanos se hizo allí patente en sus textos, al igual que lo hizo en otras páginas intensas como las de la luminosa María Zambrano y la desgarrada Simone Weil (la última, traducida por Vitier). Esto me hizo llamar a aquéllos en 1966 "buscadores de Dios",[51] como los que en la Rusia de entrerrevoluciones fueron conocidos así. Años después, ante la forma como esas nobles figuras de raigambre martiana fueron asumiendo, cada vez más, preocupaciones sociales y políticas a partir de su auténtica religiosidad, en diálogo con espíritus afines como Ernesto Cardenal y marcadas por sacrificios heroicos como los de Camilo Torres y el Che, añadí que en cierta forma ellos habían estado entre los precursores de la Teología de la Liberación, el valiente movimiento que es uno de nuestros orgullos en estos arduos años.

Antes de concluir, citaré otras palabras de Lezama. Respondiendo a un entrevistador, dijo a finales de los sesenta:

> Creo que en Cuba ha habido una sola generación que haya sido creadora, que es la de José Martí. Después de Martí, los que seguimos trabajando en la cultura buscamos una posibilidad en el porvenir. ... Y más de una vez afirmé que Orígenes no era una generación, sino un estado poético que podía abarcar varias generaciones. En la vuelta a los orígenes encontrará orígenes nuevos".[52]

Reconocimiento de José Martí, la criatura más radical y ecuménica nacida en América, como supremo creador. En consecuencia, eticidad esencial unida a la belleza. Fe en el trabajo silencioso y constante. Creencia en la capacidad cognoscitiva y germinadora de la poesía, del arte. Rechazo enérgico de un pasado infame que era entonces presente y se aspira a imponérsenos como porvenir. Defensa de la isla ayer traicionada, y hoy acosada como una cierva herida por haber asumido la opción por los pobres y la tradición por futuridad, por haber querido que la imagen encuentre su encarnación en el tiempo histórico. Búsqueda de una realidad cubana universal y renovado anhelo de algo grande que hacer. Esperanza en medio de la desesperanza. Orígenes nuevos: eso nos dio *Orígenes*, eso nos sigue dando, medio siglo después de haber nacido.

---

[51] Roberto Fernández Retamar, "Hacia una intelectualidad revolucionaria en Cuba" 40n.
[52] "Interrogando ..." 39.

"Las flechas de su propia estela": la plástica en *Orígenes*

Adelaida de Juan

Adelaida de Juan nació en La Habana. Después de estudiar música se dedicó a la historia del arte y se doctoró por la Universidad de La Habana con una tesis titulada "Lo nacional y lo internacional en la pintura contemporánea cubana". Entre sus libros figuran: Introducción a Cuba: las artes plásticas *(La Habana, 1968),* Pintura cubana: temas y variaciones *(La Habana, 1978; México, 1980) y* Modernidade: Vanguardas Artísticas na América Latina *(São Paulo, 1990). Es catedrática de la Universidad de La Habana y Presidente de la sección cubana de la* Association Internationale des Critiques d'Art

Desde su primera entrega, en la primavera de 1944, *Orígenes* llevó el subtítulo *Revista de Arte y Literatura*. A lo largo de ese año, en ella se consignaban cuatro editores: junto a los escritores José Lezama Lima y José Rodríguez Feo aparecían dos de los más dinámicos artistas de la época: el pintor Mariano y el escultor Alfredo Lozano. Para ambos no constituía *Orígenes* la primera incursión en la dirección de la revistería engendrada por Lezama Lima: ya antes, en *Espuela de Plata*, puede verse el nombre de Mariano entre los que "dirigen", y el de Lozano entre los que "aconsejan", dicha publicación.

Si Lezama fue el alma de *Orígenes*, Mariano tuvo mucho que ver con el aspecto visual de la revista. En una época en que, al menos entre nosotros, el diseño de una revista cultural no solía ser responsabilidad de un artista plástico, Mariano desempeñó en parte ese papel. Las letras de gran formato que identificaron siempre a *Orígenes*, única nota de color en la publicación, seis de sus portadas y varias viñetas y reproducciones aparecidas entre 1944 y 1954 se deben a él.

En uno de los anuncios colocados en las últimas páginas de la las entregas entre 1950 y 1952, podía leerse: "Suscríbase a *Orígenes* ... con portadas y reproducciones de los mejores pintores". ¿Quiénes eran estos "mejores pintores"? Si hacemos una rápida revisión cuantitativa de las portadas de la publicación, veremos que tres artistas se reiteran insistentemente. Son Amelia Peláez, Portocarrero y Mariano. Es decir, tres de los nombres capitales que le dieron un rostro reconocido y reconocible a la plástica cubana a partir de la década del cuarenta. (Recordemos que precisamente a inicios de 1944, Alfred H. Barr, del Museo de Arte Moderno de Nueva York, escribiría sobre la "Escuela de pintura de La Habana", dándole a artistas como ellos un lugar de primacía.) Los otros creadores cubanos que también colaborarán con obras para las portadas fueron Víctor Manuel, Wifredo Lam, Alfredo Lozano, Felipe Orlando, Mario Carreño, Luis Martínez Pedro, Cundo Bermúdez, Raúl Milián, Carmelo González, José María Mijares, Fayad Jamís. De artistas de otros países, se incluyen portadas de los mexicanos José Clemente Orozco y Rufino Tamayo, y del anglosajón Cyril Osborne. Sólo en cuanto a sus portadas, *Orígenes* nos ofrece una galería de obras pictóricas de considerable valor.

Los pintores que colaboraron con mayor frecuencia en sus portadas, ya lo dije, fueron Mariano (con seis), y Amelia Peláez y Portocarrero (con cinco cada uno). A través de ellas, podemos constatar las variantes de estilo en las producciones de estos artistas. Mariano irá del dibujo sinuoso en el rendimiento de la figura humana a la forma casi abstracta en un detalle de su mural *El dolor humano*. Amelia se hace eco en sus portadas de los cambios visibles en su pintura y, en menor medida, en su cerámica; los gruesos trazos de líneas negras, la presencia de elementos tradicionales de nuestra arquitectura y la figura de la mujer están presentes también en sus portadas de *Orígenes*. Portocarrero, asimismo, desplegó algunas de las series temáticas a las cuales permaneció fiel a lo largo de su vida: figuras de carnaval, máscaras, vegetación exuberante se reiteran en estos dibujos. No deja de llamar la atención que estos maestros del color (significativamente, una exposición antológica de Portocarrero a inicios de la década del sesenta llevó el nombre de *Color de Cuba*) hayan manejado con tanta expresividad la línea, el negro sobre blanco, la ausencia cromática.

El carácter suprageneracional de la revista también resulta evidente en los artistas plásticos que en ella colaboran. Los editores afirman en la entrega de invierno de 1947: "Nuestras portadas han incluido desde nuestros pintores mayores en el rango y la madurez artística hasta el pintor joven que se inicia con dignidad y propósitos ejemplares". Cerrado el ciclo de vida de *Orígenes*, se aprecia más la validez de ese aserto. Desde pintores de la inicial vanguardia de los años veinte, como Víctor Manuel, Pogolotti y Arístides Fernández (a quien la revista rinde póstumo homenaje coral en el no. 26 de 1951, que utiliza una obra suya en la portada), pasando por los de maduraciones sucesivas, como Amelia y Lam, como Mariano y Portocarrero, como Diago y Carmelo, hasta los que se inician en la década del cincuenta, como Fayad, también poeta de rica voz: todos encuentran cabida en la presentación visual de la revista. Ello subraya igualmente su apertura estilística: figurativismo, elementos surrealizantes, abstracción geométrica, informalismo, elaboración de signos mítico-religiosos de marcado sincretismo constituyen la amplia gama expresiva que ejemplifica el devenir de la plástica del momento.

Los artistas cubanos Amelia, Mariano, Portocarrero, Lozano y Diago reciben atención crítica en artículos publicados en la revista. Lezama, Rodríguez Feo, Robert Altmann (que también colabora con un dibujo y se identificó con Cuba durante su fértil estancia entre nosotros), Guy Pérez Cisneros (a quien Graziella Pogolotti llamó "el crítico de arte más importante que se ha producido en Cuba") escribieron sobre ellos páginas esclarecedoras. Pues la presencia de la plástica en *Orígenes* no se limita a portadas, viñetas y reproducciones de obras de pintura (que incluyen a los primitivos Acevedo y Gilberto Valdés) y de escultura (entre éstas, una de Bernard Reder, cuyos años cubanos marcaron a no pocos artistas jóvenes); también adquieren importancia artículos, una entrevista y notas dedicados a este aspecto de la producción cultural. Una veintena de artículos y críticas sobre arte ocupa lugar importante en esta *Revista de Arte y Literatura*. Braque, Chirico, Justino Fernández, María Zambrano, Walter Pach, Wallace Stevens son figuras no cubanas que aparecen firmando textos sobre diversos aspectos del arte de nuestro tiempo (planteos polémicos, el muralismo mexicano, dibujos de Picasso, el pintor Luis Fernández, el arte americano, un paralelo entre pintura y poesía); mientras Chagall es entrevistado por James Johnson Sweeney, se dedican obituarios a Bonnard y Orozco y se combate la Bienal franquista. En la única entrega que no cuenta con una portada realizada por un artista de trayectoria profesional (no. 25 de 1950), la presencia de un importante trabajo de Lydia Cabrera sobre "La ceiba y la sociedad secreta Abakuá" lleva a que el número cuente con "trazos y gandós abakuás".

Al presentar su seminal antología *Diez poetas cubanos*, que las Ediciones Orígenes publicarán en 1948, Cintio Vitier hablaría "de un trabajo poético que representa, junto al vigoroso movimiento pictórico que lo acompaña, la más secreta y penetradora señal de nuestra cultura en los últimos diez años". Ese "vigoroso movimiento pictórico", extendido en un tiempo mayor, ofrece altos ejemplos que nos siguen acompañando y enorgulleciendo cincuenta años después de la fundación de la gran revista que lo acogió y estimuló.

ORIGENES

REVISTA DE ARTE Y LITERATURA

Portada de René Portocarrero

La escritura y el vértigo: dispersión, heterogeneidad, transfiguración del texto vanguardista

María Laura de Arriba

María Laura de Arriba, cuya universidad de empleo actual es la Nacional de Salta, sacó su primer título en la Universidad de Tucumán. Es autora de artículos sobre historias de náufragos, la producción narrativa en la Argentina de los años ochenta y las voces de derrota en la narrativa de Martín Caparrós; ahora está preparando un libro sobre la narrativa argentina 1983-93

La fecunda proyección que las búsquedas vanguardistas han tenido en la literatura latinoamericana posterior, especialmente en la que se escribe a partir de los años sesenta y más concretamente aun en la llamada Nueva Novela, sin que esta proyección se detenga allí, plantea la necesidad de repensar este fenómeno cuya condición de producción es la ruptura y la destrucción-alteración de los códigos. Para ello debemos dejar de lado nociones tales como origen, originalidad del autor, influencia, tradición, como así también aquéllas que definen una diacronía en términos de evolución y causalidad o que agotan la complejidad de la sincronía en los conceptos de escuelas, movimientos o generaciones. Estas nociones aseguran un espacio de continuidad del discurso pero operan como procedimientos de exclusión borrando la dimensión de acontecimiento y los pliegues de lo discontinuo y fragmentario.

En este punto surgen cuestiones de difícil respuesta, por ejemplo: ¿cómo pensar la discontinuidad, cuáles son sus condiciones de existencia, en qué momento se instaura, dónde marcar sus límites? De todas ellas es probable que uno de los momentos de instauración del enunciado vanguardista sea esa escansión o corte radical que representa *Trilce*, cuya poética se inscribe inmediatamente como diferente.

APRECIACIONES SOBRE EL ENUNCIADO

Antes de entrar en la reflexión sobre el enunciado vanguardista es necesario detenerse en las particularidades de lo que denominamos enunciado. Para ello nos remitiremos a las consideraciones que, a propósito del mismo, traza Foucault en la descripción de los procedimientos arqueológicos. La primera de ellas es oponer los enunciados a las proposiciones y las frases, hecho que implica como novedad el rechazo de parámetros de verticalidad y horizontalidad para ubicarnos en una nueva dimensión, la transversal. Esta transversalidad dibuja una figura que es la de una diagonal móvil, cuyos singulares movimientos permiten la aprehensión de los enunciados. Estos últimos son multiplicidades y están ligados a un espacio de rareza, es decir: son raros, lo que no significa vincularlos a un imperativo de originalidad ni una remisión al origen que para la descripción arqueológica no interesa en absoluto. Lo que sí importa es la regularidad de los enunciados, no si han sido emitidos por primera vez o es una repetición. Ahora bien, hay que tratar de establecer esa regularidad, pero regularidad entendida no como homogeneidad, dado que la formación de un enunciado o de una familia de enunciados depende de reglas de transformación o de variación que permiten la dispersión, la transfiguración y la heterogeneidad de ese enunciado o de ese grupo de enunciados.

Por otra parte, los enunciados son irreducibles a axiomas o a un contexto, se mantienen siempre junto a una variación inherente en virtud de la cual permanentemente se pasa de un sistema a otro, aun dentro de una misma lengua. Recapitulando: cada enunciado constituye una multiplicidad (no una estructura o sistema) rara y regular al mismo tiempo. Esta definición remite a una topología en contraposición a la tipología proposicional y a la dialéctica de las frases, por la cual los enunciados son localizables.

Tanto las frases como las proposiciones tienen por detrás un sujeto que las enuncia (sujeto de la enunciación) que es una forma única: el *yo* (primera persona lingüística). En cambio, para cada enunciado hay lo que Foucault llama emplazamientos de sujeto, varias posiciones de sujeto derivadas de ese mismo enunciado. Ese sujeto variable conduce a la negación de la personología lingüística porque implica una remisión a los modos de la no-persona (no hay aquí un *yo* enunciador sino un *él*, un *se*). Esos emplazamientos de sujeto van a situarse en el espesor de un murmullo anónimo.

Cada enunciado hace derivar de sí su propio objeto, que es discursivo y constituye su mundo específico. Ese objeto derivado no consiste, como en el caso de la proposición, en un estado de cosas al que hace referencia. En un fragmento de *Trilce* LXVIII leemos:

> Estamos a 14 de Julio.
> Son las cinco de la tarde. Llueve en toda
> una tercera esquina de papel secante.
> Y llueve más de abajo ay para arriba

En esta expresión tenemos un enunciado con su propio objeto discursivo; lo que cuenta en ella no es la referencia a un estado de cosas, por otra parte absurdas, sino el mundo específico de Vallejo que produce construcciones de este tipo.

Del mismo modo, cada enunciado tiene sus propios conceptos y genera sus esquemas discursivos. Sintetizando este punto podemos concluir que las funciones de sujeto, objeto y concepto son derivadas de los enunciados y sufren emplazamientos dentro de éstos o de los grupos de enunciados. Esos emplazamientos o posiciones se definen según los puntos singulares por donde pasan.

En consecuencia, lo esencial en el enunciado es el poder ser repetido. Pero esta posibilidad de repetición no obedece a factores externos sino que deviene de una materialidad interna, la cual, además, da lugar a fenómenos de isomorfismo o de isotopía.

Los enunciados son anteriores, puesto que las crean, a las frases, proposiciones, palabras u objetos que los conforman. De este modo, en el ejemplo siguiente, no son las expresiones las que forman el enunciado vanguardista sino que es éste el que posibilita que se diga:

> Fue domingo en las claras orejas de mi burro,
> de mi burro peruano en el Perú. (Perdonen la tristeza).
> Mas hoy ya son las once en mi experiencia personal,
> experiencia de un solo ojo, clavado en pleno pecho,
> de una sola burrada, clavada en pleno pecho
> de una sola hecatombe, clavada en pleno pecho.
>
> *Poemas humanos*

Finalmente, cabe insistir sobre la dimensión transversal de los enunciados, porque ella está presente en las reglas (vectores de transformación) que los forman y les permiten, en consecuencia, una enorme capacidad de dispersión, de heterogeneidad y de mutabilidad.

Foucault rechaza, con su propuesta, la primacía del estructuralismo al centrarla no sobre un esqueleto sobre el que descansarían las formaciones discursivas sino sobre el emplazamiento y el estatuto de un sujeto en dimensiones transversales y móviles, es decir, mínimamente estructuradas. Esta movilidad impide detenerse en los límites de la formalización o de la interpretación y atender a esa dispersión transformacional de los enunciados, a su multiplicidad topológica, a esa repetición que repite lo mismo pero también otra cosa porque no puede sustraerse al devenir.

Esta descripción del método arqueológico sirve para postular en primer lugar que existe un enunciado vanguardista, y en segundo lugar que en el espacio determinado de la literatura latinoamericana ese enunciado tiene una efectiva regularidad enunciativa. Dicha regularidad se inscribe dentro de parámetros de dispersión, transfiguración y heterogeneidad, aludidos anteriormente; es decir que las formaciones discursivas que se generan en virtud de este enunciado no son idénticas. Si bien podemos establecer isomorfismos o isotopías en dichas formaciones, debemos apartarnos del concepto de modelización porque una formación no es el espejo de otra. Como prueba de la vocación de ruptura implícita en nuestra literatura podemos referir el modo en que el estatuto de la poesía de vanguardia reaparece oblicuamente, metamorfoseado, en la narrativa de los sesenta. Esta derivación es oblicua porque se trata de dos géneros distintos y porque las estrategias y procedimientos textuales tienen características singulares en virtud de la potencialidad transformativa de los enunciados.

EL RAYO QUE NO CESA

La presencia regular de lugares de aniquilación de las formaciones canónicas en el texto de la literatura latinoamericana, de vertiginosos estallidos del código que sitúan en el límite de la escritura a ciertas prácticas discursivas, es claramente observable en el *corpus* de ejemplos que citaremos a continuación. Éste naturalmente comienza con el "Padre Vallejo":

> Tendíme en son de tercera parte,
> mas la tarde —que la bamos a hhazer—
> se anilla en mi cabeza ...
>
> *Trilce* IV

Recordemos además ciertos versos —también de *Trilce*, en este caso del poema IX: "Vusco volvvver de golpe el golpe", "Todo avía verdad", "Busco vol ver de golpe el golpe", "enveto bolivarianas fragosidades", entre otras expresiones similares.

A este mismo universo semántico pertenecen las innumerables contorsiones de la escritura de un Cabrera Infante con sus trabalenguas, palindromas, bustrofedones, caligramas e invenciones de códigos. Basta citar: el "Rrastro del Holvido", "Bustrofizo un anagrama ... Amarg - Ana", etc.

> Váyala fiña di Viña
> deifel Fader fidel fiasco
> falla mimu psicocastro
> alfú mar sefú más phinas
>
> AH NO pero no sirve: todo esto había que oírlo, hay que oírlo, oírlo a él, como había que oir su *Borborigma Darii*:
>
> Mantiluvios con ocena fosforecen en repiso.
> Catacresis repentinas aderezan debeladas
> Maromillas en que aprietan el orujo y la regona,
> y esquirazas de milí rebotinan el amomo.
> ¿No hay amugro en la cantoña para especiar el gliconio?
>
> Guillermo Cabrera Infante, *Tres tristes tigres*

Estos ejemplos nos llevan obligadamente a las alteraciones de la escritura cortazariana, en especial al famoso pasaje del Capítulo 68 de *Rayuela*: "Apenas él le amalaba el noema, a ella se le agolpaba el clémiso y caían en hidromurias, en salvajes ambonios, en sústalos exasperantes". Recordemos además que cuando Oliveira se pone metafísico esto se traduce en la letra con la presencia de haches en lugares no pertinentes: "Heste Holiveira siempre con sus hejemplos", Cap. 84 (458).

Acerca de estas citas cabe aclarar que constituyen un conjunto discursivo que funciona, además, como sistema de dispersión pero de ninguna manera lo agotan. Otras voces caben dentro de esta topología, basta nombrar las experiencias de un Girondo, un Macedonio Fernández, un Lezama Lima o, más contemporáneamente, un Gelman o un Lamborghini. El conjunto discursivo es arbitrario desde una perspectiva de periodización tradicional; la heterogénea amalgama de temporalidades, obras y autores diversos amplía los márgenes del enunciado vanguardista y lo complejizan. Esta perspectiva podría, tal vez, ser una puerta de acceso que nos permitiera avanzar en la comprensión del fenómeno de la regularidad de la ruptura.

En una importante apreciación referida a la vanguardia, Roland Barthes dice:

> Para mí puede haber texto, escritura, y por lo tanto vanguardia en escritores antiguos: todo eso hay, en efecto en Proust, en Michelet, en Brecht: no es una cuestión de "forma" (todavía menos de formalismo) sino de pulsión: hay posibilidad de vanguardia cada vez que es el cuerpo el que escribe y no la ideología.[1]

---

[1] Roland Barthes, "R. B. contra los lugares comunes", en *El grano de la voz* (México: Siglo XXI, 1985).

Es decir que no limita las formaciones discursivas de vanguardia a las audacias de la búsqueda formal ni la reduce a un fenómeno circunscripto a un determinado período. Esa posibilidad de vanguardia, esa potencialidad enunciativa que espera su realización se vincula con la regularidad enunciativa de Foucault. Para Barthes, siguiendo a Brecht, la tarea de vanguardia se limita a liquidar y teorizar y da otra vuelta de tuerca al afirmar que en este momento la práctica vanguardista está en la producción de discursos teóricos.

Si es más difícil hablar de prácticas de vanguardia actuales, es porque hubo un desplazamiento histórico de objetos; el objeto de vanguardia es esencialmente *teórico* hoy ... Todavía hay que precisar que la "teoría", que es la práctica decisiva de la vanguardia, no tiene en sí un papel progresista: su papel —activo— es revelar como pasado lo que creemos todavía presente: la teoría mortifica, es por eso que es de vanguardia.[2]

Finalmente y para cerrar este trabajo concluimos con dos fragmentos de Lamborghini que implican una tematización textual, es decir un autorreconocimiento que el texto hace de sí mismo y que tiene que ver directamente con todo lo que afirmamos a lo largo de esta exposición:

... La grandísima cucaracha blanca, opción mayor de esta novelita breve ... Avanza con la boca abierta y narra ... una anécdota de sus andanzas en primera persona: —"Hace ya de esto algunos años, me acerqué tranquila al cadáver de Girondo ... Yo arrancaba tiras de la cara muerta de Girondo ... y sentía el pavor y las ganas de vomitarlos rápido, y lo hubiera hecho si no me cupiera la virtud de saber que uno debe hollar su propia huella ... cuando terminé de ingerir el cadáver ... el cadáver volvió a salir ... Y otra vez tuve que ponerme a devorar el cuerpo muerto. Otra vez salió entero por mi parte, y una y otra vez se repitieron los sucesos.
Las vértebras blandas

Óyeme, mi oíme. O mejor aún: "—óyeme, mi oíme—": "para alejar el fastidio de la vida de Hotel" José Hernández escribió el Martín Fierro. Escribió todo un programa, fue un clásico ¿y cuántos? —cuántas masmédulas y cuántas, cuántas novelas de lo eterna (porque el femenino retoma) (lo reprimido retoma) serán necesarias para desprogramar, para desatar todo lo que estaba atado y bien atado?
Por un capítulo primero

Bibliografía

Barthes, Roland. *El grano de la voz*. México: Siglo XXI, 1985.
Cabrera Infante, Guillermo. *Tres tristes tigres*. Barcelona: Seix Barral, 1982.
Cortázar, Julio. *Rayuela*. Buenos Aires: Seix Barral, 1985.
Deleuze, Gilles. *Foucault*. Buenos Aires: Paidós, 1987.
_____ *Lógica del sentido*. Barcelona: Paidós, 1989.
Foucault, Michel. *La arqueología del saber*. México: Siglo XXI, 1990.

---

[2] Roland Barthes, *El grano de la voz*.

Lamborghini, Osvaldo. *Novelas y cuentos*. Barcelona: Serbal, 1988.
Vallejo, César. *Obra poética completa*. La Habana: Casa de las Américas, 1975.

Prólogos y modernidad

Laura Pollastri

Laura Pollastri se doctoró en la Universidad Nacional de La Plata y ahora forma parte del cuerpo docente de la Universidad Nacional del Comahue, Argentina. Le interesan principalmente las vanguardias literarias en América Latina, sobre las que está escribiendo un libro. Ya es autora de varios artículos; éstos incluyen una investigación de "pre-textos y pro-logos" en la modernidad

El mismo gesto de detenernos a hablar de prólogos[1] parecería gratuito: su carácter de texto lateral, subsidiario y su condición vestibular lo tornan el espacio casi prescindible del libro, excusando una lectura apurada por la tensa expectativa de lo que vendrá. Es esta tensión hacia adelante del prólogo su primer rasgo conflictivo: situado a la entrada del libro, su tiempo es de posdata (véase Borges, 1925), y no obstante se constituye en la zona puente, en el lugar de transferencia entre la obra, el autor y el lector.

Cuando ahondamos en los prólogos que aparecen en la modernidad, encontramos en ellos un conjunto de elementos que los vuelven una zona de alto voltaje bélico donde se disputa mucho más que las carencias o los logros personales del autor prologado; allí se reparten créditos y descréditos dentro del campo más amplio de la literatura, es el lugar donde el texto prologado entra en una relación dialéctica explícita con los textos que lo rodean, contra el canon establecido o a su favor, dentro de una tradición, o en su ruptura, es siempre una puesta al día de las categorías de "lo nuevo" que se manejan para legitimar su publicación. Es así que los prólogos en la modernidad se constituyen en el lugar donde

---

[1] Algunos textos que se pueden consultar sobre el tema son los trabajos de A. Porqueras Mayo, *El prólogo como género literario, su estudio en el Siglo de Oro español* (Madrid: Consejo Superior de Investigaciones Científicas, 1957); o del mismo autor: "Los prólogos de Menéndez Pelayo", *Revista de Literatura* 19, 20 (Madrid: Instituto Miguel Cervantes de Filología Hispánica, julio-diciembre 1956) 39-51. El trabajo de David Lagmanovich sobre los prólogos de Borges: "Los prólogos de Borges: raíces de una poética", *Sur. Homenaje a María Rosa Lida de Malkiel y Raimundo Lida* (Buenos Aires, 350-51, enero-diciembre 1982) 101-15. O el fundamental trabajo hecho por Julio Ramos sobre el Prólogo al "Poema del Niágara" de Juan Antonio Pérez Bonalde, de José Martí, en el "Prólogo" a *Desencuentros de la modernidad en América Latina. Literatura y política en el siglo XIX* (México: Fondo de Cultura Económica, 1994) 7-16

se disputan los combates por el poder político de la palabra. El prólogo, entonces, se proyecta sobre mecanismos institucionales, aun de la misma institución "prólogo" —pensemos en los desplazamientos que se operan en torno a esta forma cuando el auge de las empresas editoriales desplaza la cuestión de un detalle formal de la obra, a una convención editorial— y debate cuestiones de Estado, lengua y hasta religión, estableciendo una zona en la cual tanto las omisiones como las afirmaciones establecen un claro panorama de las fuerzas que operan en el momento de la aparición del libro. Y no sólo lo que denominamos "contenido" del prólogo nos patentizan estas relaciones de poder, sino también los lugares que adoptan los sujetos de la enunciación y del enunciado: quién introduce a quién, en un espectro que va de los mayores consagrados introduciendo a los más jóvenes: carta prólogo de Juan Valera a *Azul* de Rubén Darío, en un extremo, y en el otro, Víctor Goti, personaje de la novela, que prologa *Niebla* de Miguel de Unamuno.

Dentro de esta compleja trama de relaciones, la figura del prologuista se yergue en una zona de poder en función de su situación de privilegio, primer lector "habilitado" en la genealogía lecturaria, situación que supone no sólo la elaboración de una imagen del autor prologado sino también de una autoimagen del prologuista en la que enmarca su "autoridad" para presentar el libro; y si bien lo canónico es develar al texto desde la situación del compromiso con el autor —"género subsidiario del brindis" lo denomina Borges— en la modernidad prólogo y prologuista entablan una relación con el texto donde se definen las valencias del discurso literario vigente —establecidas desde estrategias discursivas que se asemejan a las fórmulas de introducción de un candidato en los programas políticos— con el fin de incorporar lo nuevo del texto que se presenta. Semejante posicionamiento determina un doble movimiento a partir de una lectura del espacio y de una lectura del tiempo que por un sistema particular de cohesiones proyecta los ejes que dividen el universo literario en nosotros/los otros, inseparables de un aquí-ahora en relaciones o bien opositivas, o bien complementarias con lo que le precede o lo que le es contemporáneo en la literatura.

Estas características pueden poner en contacto algunos prólogos con el manifiesto, y de hecho algunos de ellos son tomados como tales: el "Prefacio" a *Cromwell* de Victor Hugo, el "Prólogo al 'Poema del Niágara', de Pérez Bonalde" de José Martí; pero un manifiesto supone, como el dogma, una unidad de creencias, un pacto previo que reúne las voces de varios en una única voz caracterizada por las predicaciones negativas de los "otros" en relación sistemática con un campo positivo de predicaciones; mientras que el prólogo —determinado por sus protocolos básicos que lo definen en especial como la zona donde se disculpan censuras y se solicitan indulgencias— supone siempre una situación más laxa, menos coercitiva.

En aquellos prólogos en los cuales aparece la rúbrica de varios autores, cada uno haciéndose cargo de su discurso; es decir, en aquéllos en los que conviven varios prologuistas con sus respectivos nombres, a pesar de su aparente carácter grupal, cada prologuista funciona, a diferencia de lo que sucede en el manifiesto, como un sujeto concreto con una identidad individual, y es gracias a esta característica y a la ausencia del pacto previo que implica el manifiesto que se ponen en evidencia las fisuras de un campo intelectual en constitución.

Es en el marco de estas reflexiones que deseamos abordar dos de los prólogos del *Índice de la nueva poesía americana*,[2] los de Alberto Hidalgo y Jorge Luis Borges, de leer sus fisuras, de hurgar en las insidias del paratexto con el propósito de indagar en las luchas que se patentizan en ese tablero de ajedrez desplegado —ficción miniaturizada de batallas mayores— que son los prólogos en la modernidad.

El tríptico que despliegan las plumas de estos poetas de vanguardia en el *Índice* reparte zonas del discurso prologal que se repiten en los prólogos de la modernidad en Hispanoamérica. Pensemos que uno de los momentos modelizantes es el "Prólogo" de José Martí al "Poema del Niágara" de Pérez Bonalde: allí aparecen las diversas zonas a las que nos referimos: 1) el gesto cartográfico que traza un mapa, no sólo desde parámetros culturales o específicamente literarios, sino desde consignas políticas; 2) el diagnóstico y el pronóstico correspondiente; y 3) el programa. Esta estructura se repite en los prólogos de Hidalgo, Huidobro y Borges, repartiéndose cada uno de ellos, en términos generales, una fracción: el armado del mapa corresponde a Hidalgo, el programa a Huidobro, y la diagnosis y prognosis a Borges.

Queremos detenernos en el trazado del mapa que aparece desplegado en el prólogo de Hidalgo y obliterado en el de Borges. Es en este gesto cartográfico donde se polarizan los terrritorios: norte-sur, este-oeste, América-Europa —y por debajo, siempre latente, reinterpretado y re-escrito en la modernidad, el heredado binomio colonial "nuevo" y "viejo" mundo— incorporándoles un *plus* de sentido, abonado siempre desde las diferencias, por medio de la apelación a instituciones que veían zozobrar su situación de poder.

La modernidad trajo aparejada en Hispanoamérica el desplazamiento de la figura del letrado a la del intelectual, pero cuando leemos el prólogo de Hidalgo del *Índice*, nos encontramos con un gesto cartográfico, según el cual divide América en dos subcontinentes, norte y sur, mientras afirma, que "toda una parte [de América] debe ser sajona; toda la otra latina" (6); sorprendentemente, cuando confrontamos este prólogo con el de Menéndez Pelayo a su *Historia de la poesía hispanoamericana*,[3] encontramos que las aseveraciones del académico —figura del letrado en extinción— de dieciséis años atrás, toman la forma de un *desideratum* en el prólogo del poeta de vanguardia —¿o acaso estará haciendo eco al

---

[2] Buenos Aires, Sociedad de Publicaciones El Inca, 1926. La elaboración de esta antología se adjudica a Hidalgo y los prólogos pertenecen a Alberto Hidalgo, Vicente Huidobro y Jorge Luis Borges. Los números de página entre paréntesis se refieren a esta edición.

[3] Un ejemplo típico de defensa de estas instituciones, de lucha por su vigencia se filtra uno de los textos liminares de Menéndez Pelayo a su *Historia de la poesía hispanoamericana* (1911). Se lee en las "Advertencias generales": "las lenguas de los pueblos colonizadores que nos presenta la historia del mundo moderno: representantes el uno de la civilización de la Europa septentrional, del espíritu germánico más o menos modificado, del individualismo protestante; el otro del genio de la Europa meridional, del organismo latino y católico ... América es o inglesa o española ... y en parte nos consuelan de nuestro abatimiento político y del secundario puesto que hoy ocupamos en la dirección de los negocios del mundo, ... los hombres que en uno y otro hemisferio hablan nuestra lengua, y cuya historia y cuya literatura no podemos menos de considerar como parte nuestra" (Menéndez Pelayo 1948). Esta *Historia* no es sino la reunión de las "Introducciones" que antecedían cada uno de los textos seleccionados en su *Antología de la poesía hispanoamericana*, (1893 y 1895), encargada por la Real Academia Española dentro del marco de los eventos del cuarto centenario del "descubrimiento" de América.

arielismo, *horribile dictu*, si lo pensamos desde la estética de Hidalgo?— si bien encarna la independencia de las naciones americanas, no en la homogeneidad sino en la heterogeneidad: "De otro lado, afirmo que la independencia de España no se obtuvo en los campos de batalla. La verdadera independencia la está haciendo, o la ha hecho ya, el inmigrante de Rusia, Italia, Alemania, etc." (6). La fragmentación típica de la época lo lleva a establecer una reterritorialización sobre la idea de que "sobran países y faltan pueblos" (5), que por una parte desmembra: "nada tiene que ver un peruano con un paraguayo"; y por otra aglutina: en función del "mandato de la geología" (7), la doctrina Monroe y el "Destino manifiesto" ocupan un lugar en el texto: Hidalgo se instala en el centro mismo de la modernidad en América y sólo recupera los países en los cuales ella está llegando, a la cabeza, EE.UU.

En otro pasaje de su prólogo afirma:

> Quizá si es con profética intuición que fueron los mismos norteamericanos los que abrieron el canal de Panamá. Hasta aquí no más llegará la gran república. El mar será su límite. El mar le impedirá que pase adelante. Si crece mucho y desborda, el mar se tragará sus desbordes. ¡El mar, el mar es una montaña! (7)

Por una parte deseamos subrayar la perceptible textura martiana del pasaje: el armado del período, la tensión verbal hacia el futuro, el remate aforístico, aunque estos aforismos nunca hubieran podido surgir de la pluma de Martí puesto que, ideológicamente, Hidalgo se coloca en las antípodas.[4] Inscripción y borramiento del modelo que marca el lugar vacilante donde los aprendizajes se vuelven actos de latrocinio a fuerza de negar a los maestros. Estas islas escriturariamente martianas del prólogo de Hidalgo se contraponen y conviven con otras de neto cuño futurista, así el comienzo: "Dejo aquí asesinadas las distancias" (5).

Por otra parte, queremos destacar que en cuanto al contenido político del pasaje, con esta graciosa concesión al poder contenedor de las aguas, Hidalgo borra las naciones centroamericanas: "Sostengo que los mexicanos y centroamericanos son intrusos donde están", agregando más adelante: "Los Estados Unidos ... lógicamente tendrán que extenderse sobre México, sobre Guatemala, sobre Nicaragua, sobre ... ¿cuántas aún? ¿cómo se llaman las otras republiquetas?" (6). Por último en este mapa político queda la Argentina al sur, con Uruguay como arrabal. ¿Su trazado del mapa surge de los efectos globalizadores de la racionalidad moderna?

En cuanto al mapa cultural, Hidalgo niega la existencia de naciones surgentes: Bolivia es desconocida, Paraguay sin cultura. El trazado del mapa sudamericano responde no a la realidad contemporánea al autor, sino que mira al futuro: prospectivo, delinea sus fronteras desde parámetros político-culturales que se identifican con los mandatos vigentes, mientras desconoce los "nacionalismos ontológicos que particularizaban cada sistema nacional como sistema peculiar e intransferible" (Antelo 1993).

---

[4] Por ejemplo, en el párrafo inicial Hidalgo afirma: "Tengo premura en declarar que el hispanoamericanismo me repugna" (5), y en una nota al pie, más adelante: "A fin de evitar suspicacias, declaro que también soy antipanamericanista" (6).

Cuando confrontamos este prólogo del *Índice* con el que corresponde al de la cauta sobriedad borgeana, encontramos defasajes, fisuras, incomprensiones que, aparentemente, no deberían convivir en el mismo cuerpo; se lee en el prólogo de Borges: "en cuanto a Rodó, fué un norteamericano, no un yanqui pero sí un catedrático de Boston, relleno de ilusiones sobre latinidad e hispanidad. Lugones es otro forastero grecizante, verseador de vagos paisajes" (15). Si bien hay coincidencia en desacreditar al modernismo, uno vuelve productivas las ideas esgrimidas por sus cultores, las enuncia como propias y aproxima el futurismo al modernismo; mientras el otro las descarta, tanto en uno como en otro aspecto: en Borges, empleo de la forma "criollista", devaluación de los procedimientos de Rubén. Dice este último hablando de los "rubenistas": "todos buscaron una vereda de enfrente donde alojarse. Para Rubén, esa vereda fué Versalles o Persia o el Mediterráneo o la pampa, y no la pampa de bañaos y días largos, sino la Pampa triptolémica, crisol de razas y lo demás" (15); páginas atrás afirmaba Hidalgo: "Así el poeta chileno [Hidalgo] se asemeja a Rubén. Ambos aprenden el tono de la hora de Francia y lo trasladan a España. Con ellos Verlaine y Reverdy entran por turno a América" (9). El "cosmopolitismo norteamericanista de vagos ecos modernistas" de Hidalgo polemiza de un prólogo a otro con el criollismo de Borges, que escribe *realidá*, elogia el arrabal y piensa en el "argentino sin esfuerzo" (Sarlo, 1983), versión "criolla" de xenofobia que desde *Martín Fierro* y su defensa de la fonética —y vemos especularmente duplicado el gesto de Menéndez Pelayo: la lengua como factor definitorio— que intentaba erigirse en el lugar privilegiado de la identidad a partir del enfrentamiento con el advenedizo europeo en marcha para "hacer la América". Tanto Hidalgo como Borges representan la universalidad como juego diferencial y colonizador a la vez.[5]

Las zonas donde cada uno ubica la consolidación de identidades en Hispanoamérica se contraponen abiertamente: Borges rechaza la inmigración como lugar de afirmación nacional, mientras Hidalgo encarna allí uno de los lugares privilegiados para la afirmación de las naciones americanas. ¿*Weltburger* frente a *Volksgeist*? o la manifestación del complejo entramado que comienza, tal vez, en las vanguardias hispanoamericanas con la comprensión de lo otro —tanto norteamericano como europeo— como el lugar donde procesar el doloroso exilio que esperaba a generaciones posteriores, y que muestra sus marcas cuando —como señalara agudamente Picón-Salas— mientras en las palabras darianas París encarna la confirmación del espacio hedonístico: "mi querida es de París", se trueca en el lugar del desolado vaticinio del paria Vallejo: "me moriré en París con aguacero".

Este breve repaso de algunos aspectos de dos de los tres prólogos del *Índice* pone de manifiesto que más que un esfuerzo por la separación del arte y la literatura de la esfera pública, en la circunstancia de esta vanguardia en la que escriben Borges e Hidalgo se marcan las fisuras que se producen en un discurso que no logra separarse de los poderes del Estado, que constantemente se remite a ellos en la búsqueda de su legitimación, aunque reescribiendo la ley, saturándola, pero sin dejar de estar siempre inscriptos en sus límites, y el perímetro que la define es el de nación. Tal vez haya que pensar que mientras Europa

---

[5] Silviano Santiago, "Apesar de dependente, universal", en *Vale Quanto Pesa* (São Paulo: Paz e Terra, 1982).

desechaba la ingerencia del Estado y la separación de la esfera pública de la literatura, América Latina recogía las banderas, reconstruyendo en la literatura, polémicamente, un campo de valores que en otra parte ya se habían apartado de ella.[6]

Si el modernismo fue el lugar de la resistencia, donde la literatura moderna se constituye anunciando su muerte y denunciando la crisis de la modernidad, si el poeta se siente exiliado de la *polis*, desplazado de la institución paterna como afirma Julio Ramos (1989) ¿Cuál es la crisis que están anunciando Borges e Hidalgo? O en realidad ¿están intentando trazar desde distintos lugares un cuadro institucional —una ciudad, un país, un continente— que permita insertar su literatura para legitimar, por su intermedio, los gestos aprendidos en otros contextos donde significaban sí una ruptura, construir un museo contra el cual realizar el ejercicio de sus pirotecnias?

Hidalgo y Borges tratan de establecer parentescos con los seres vivos, de allí su selección en el mundo de los contemporáneos, demarcando las líneas fraternales entre compañeros de ruta: esfuerzo por instalarse en el centro mismo de una modernidad alienada que justifique una autogénesis desde donde decidir los ancestros: armar un árbol genealógico, reformular la ley, no declararse en la ilegalidad. En los trazados del mapa se leen el anverso y el reverso de la misma cuestión que preocupa a los hombres de letras de esta modernidad "periférica", en ese espacio donde aún están consolidándose las jóvenes naciones, en los que una orfandad congénita lleva al repaso obsesivo de raíces en las cuales afirmar la identidad, el doble gesto de afirmación y rechazo, de inclusión y exclusión, si bien pretende romper con el pasado, no hace más que afirmarlo desde ese lugar de la orfandad, debatiendo contra las mismas fuerzas que el modernismo, continuando su esfuerzo, porque tal vez nuestra auténtica vanguardia no comenzó en 1922 sino en aquel prólogo que mencionáramos al principio, el "Prólogo al 'Poema del Niágara'".

Volvamos a nuestro punto de partida: dijimos prólogos al *Índice de la nueva poesía americana*, ubicar el límite que delinea el desplazamiento de lo perimido a lo "nuevo", nuestras vanguardias carecían de un museo contra el cual lanzar sus diatribas y el parricidio ya había sido efectuado por la generación modernista que derogó los pactos con el estado, la lengua y la religión, inventando nuevos modos y nuevas zonas para afincar su identidad. La pirotecnia hidalguiana o el retraído gesto doméstico de los patios y arrabales de este primer Borges no hacen sino repetir la tarea modernista: contra ellos o a su favor, pero siempre presentes como referentes en el horizonte. La "novedad" se vuelve entonces paradójicamente una cuestión de orígenes, de lo que María Teresa Gramuglio (1990) define como la "genealogía de lo nuevo".

César Vallejo, de un modo oblicuo, lo advierte al levantar su voz airada, desde una práctica escrituraria de vanguardia, solitaria vanguardia la suya, que afirma en "Contra el secreto profesional" (1927): "Así como en el romanticismo, América presta y adopta

---

[6] Gutiérrez Girardot afirma: "La literatura latinoamericana del presente siglo ... es 'original' y diferente de la europea actual, justamente por su cuño europeo, porque ella conserva tradiciones europeas en un momento en que la literatura europea, con mucho aparato teórico, se ha deseuropeizado y se ha convertido ... en la sumisa expresión de una sociedad llamada industrial". "A propósito de las interpretaciones de la literatura latinoamericana", en *Hispanoamérica: imágenes y perspectivas* (Bogotá: Temis, 1989) 39-57.

actualmente la camisa europea del llamado 'espíritu nuevo', movida de incurable descastamiento histórico", y más adelante:

> No se trata aquí de una conminatoria a favor de nacionalismo, continentalismo ni de raza. Siempre he creído que estas etiquetas están fuera del arte, y que cuando se juzgan a los escritores en nombre de ellas, se cae en grotescas confusiones y peores desaciertos. (Verani 1986)

En realidad, no es cuestión de "descastamiento histórico", como afirman las encendidas palabras del poeta peruano, ni de traer a la literatura elementos que le son ajenos; esto sería si lo pensamos desde entramados teóricos pergeñados en otras latitudes y para coyunturas históricas, políticas y culturales divergentes de las que estaba viviendo una Latinoamérica obligada por el entorno a insertarse a la fuerza en lo que llamamos modernidad. Este momento de la vanguardia, que representan los prólogos trabajados, no hace sino continuar el esfuerzo modernista —y a pesar de su expresa voluntad en el sentido contrario— en posicionarse frente a una modernidad traída de lejos, en la que las naciones hispanoamericanas comenzaban a surgir en un contexto donde coexistían las noticias de los avances del otro mundo con formas casi medievales de convivencia —como aún hoy sucede; se trata entonces de armar los mapas, de desescribir las cartografías que habían trazado primero los hombres de la Conquista, luego los poderes de la colonización, y finalmente las luchas de la independencia, de reubicarse frente a este momento conflictivo que implica la modernidad, porque estas cuestiones sólo se independizan de la literatura cuando ya tienen existencia propia; pero cuando aún están vigentes las preguntas acerca de cuál es el lugar de pertenencia, dónde está el comienzo de la identidad; cuando todavía se trata de recuperar la escena primigenia —porque todavía se está naciendo— ni aun los hombres de la vanguardia pueden permanecer ajenos a pesar de que sus estéticas prediquen lo contrario.

Se asiste al doloroso parto y urge encontrar una rúbrica que decida la paternidad sobre el huérfano, y una nacionalidad para el nacido, y un territorio, y un gentilicio: ¿argentino? ¿latinoamericano? ¿criollo? ¿cosmopolita? Urge encontrar un nombre a la criatura; Vallejo también se hacía esta pregunta en *Trilce* II: ¿Qué se llama cuanto heriza nos? / Se llama Lomismo que padece / nombre, nombre, nombre, nombrE".

Bibliografía

Antelo, Raúl. "Cartografías", *Revista de lengua y literatura* 12-13 (noviembre de 1993) 79-86.
Borges, Jorge Luis. *Inquisiciones*. Buenos Aires: Proa, 1925.
_____ *El tamaño de mi esperanza*. Buenos Aires: Proa, 1926.
_____ *Textos cautivos. Ensayos y reseñas en "El Hogar"*. Barcelona: Tusquets, 1986.
Gramuglio, María Teresa. "Genealogía de lo nuevo", *Punto de Vista* 39 (diciembre de 1990) 5-10.
Gutiérrez Girardot, Rafael. "A propósito de las interpretaciones de la literatura latinoamericana", *Hispanoamérica: imágenes y perspectivas*. Bogotá: Temis, 1989, 39-57.

Hidalgo, Alberto, Vicente Huidobro y Jorge Luis Borges. "Prólogos" del *Índice de la nueva poesía americana*. Buenos Aires: Sociedad de Publicaciones El Inca, 1926.
Lagmanovich, David. "Los prólogos de Borges: raíces de una poética", *Sur* 350-51. Buenos Aires (enero-diciembre 1982) 101-15.
Martí, José. *Letras fieras*. La Habana: Editorial Letras Cubanas, 1985.
Menéndez y Pelayo, Marcelino. *Historia de la poesía hispanoa-americana*, edición preparada por Enrique Sánchez Reyes. Madrid: Consejo Superior de Investigaciones Científicas, Santander-Aldus, 1948.
Picón-Salas, Mariano. "América Latina: vecindad y frontera (mitos y formas del subdesarrollo)", *Cuadernos* 61 (junio de 1962) 45-52.
Pollastri, Laura. "Pre-textos y pro-logos en la modernidad". *Logos* 6-7. La Serena: Universidad de La Serena, Facultad de Humanidades, 1992, 119-25.
Porqueras Mayo, A. "Los prólogos de Menéndez Pelayo", *Revista de Literatura* 19-20. Madrid: Instituto Miguel Cervantes de Filología Hispánica (julio-diciembre 1956) 39-51.
_____ *El prólogo como género literario, su estudio en el Siglo de Oro español*. Madrid: Consejo Superior de Investigaciones Científicas, 1957.
Ramos, Julio. *Desencuentros de la modernidad en América Latina. Literatura y política en el siglo XIX*. México: Fondo de Cultura Económica, 1994.
Santiago, Silviano. "Apesar de dependente, universal", *Vale Quanto Pesa*, São Paulo: Paz e Terra, 1982.
Sarlo, Beatriz. *Una modernidad periférica: Buenos Aires 1920 y 1930*. Buenos Aires: Nueva Visión, 1988.
_____ y Carlos Altamirano. *Ensayos argentinos: de Sarmiento a la vanguardia*. Buenos Aires: Centro Editor de América Latina, 1983.
Schwartz, Jorge. *Vanguardia y cosmópolis en la década del veinte. Oliverio Girondo y Oswald de Andrade*. Rosario: Beatriz Viterbo Editora, 1993.
Verani, Hugo. *Las vanguardias literarias en Hispanoamérica (manifiestos, proclamas y otros escritos)*. Roma: Bulzoni, 1986.
Verón, Eliseo. "La palabra adversativa. Observaciones sobre la enunciación política". *El discurso político. Lenguajes y acontecimientos*. Buenos Aires: Hachette, 1987, 13-26.

Post-Boom

Severo Sarduy: la danza de los vivos y los muertos[1]

Manuel Alberca

Catedrático de la Universidad de Málaga, Manuel Alberca se doctoró por la Complutense de Madrid. Entre sus publicaciones figuran: Estructuras narrativas de las novelas de Severo Sarduy *(Madrid, 1981)*, Severo Sarduy y el paradigma perdido *(Málaga, 1988) y "Discurso contra historia. Análisis narratológico de 'Viaje a La semilla' de A. Carpentier", que salió en* Anales de literatura hispanoamericana *en 1988. Sus campos de investigación actuales son el género autobiográfico y el relato breve*

¿Y por qué nos empeñamos en decir que la muerte es absurda? ¿Qué sabemos de la muerte?

Octavio Paz[2]

Con motivo de la publicación de la novela *Maitreya*, Sarduy repitió con alguna insistencia que había sentido la necesidad de borrar la imagen que de su obra y de sí mismo había proyectado la anterior novela, *Cobra*. En mi opinión, advirtió a tiempo el peligro que corría de ser identificada la suya como una literatura de travestidos, de viajes exóticos y orientalismos de moda en los años sesenta. Así *Maitreya* venía a cerrar el periplo oriental iniciado en la novela precedente y, por si quedaba alguna duda, se dedicaba con humor y escepticismo radicales a dinamitar y relativizar aquellos temas.

Quince años después, en su última novela, *Pájaros de la playa* (PDLP), la imagen de la cobra reaparece en un pasaje en que la Siempreviva contempla a otro personaje, Caballo, en el centro de un círculo formado por cuatro animales que se comen entre sí: el caimán se atraganta con la cobra, que se traga un colibrí, que caza al vuelo un cocuyo. Como es notable, cada animal da nombre al título y al protagonista de otros tantos relatos, cuyo orden de publicación se corresponde con el del círculo: *Cobra* (1972), *Colibrí* (1984) y *Cocuyo* (1990), quedando inconclusa la novela *Caimán*, principio y final de la tetralogía que la enfermedad y la muerte impidieron terminar al autor. La imagen zoomórfica da

---

[1] El título procede del soneto de Severo Sarduy, "Alegoría de Holbein", *Un testigo perenne y delatado*, Madrid: Hiperión, 1993. El terceto que lo cierra dice: "Flores letales tejen su mortaja./ La granizada fue de azufre. Y ruda/ la danza de los vivos y los muertos" (62).
[2] *Conjunciones y disyunciones*, México: Joaquín Mortiz, 1978, 23. Nuestro trabajo contempla la obra de Sarduy como un intento de contestar o de indagar literariamente en esa pregunta que nos sirve de exordio.

perfecta idea de la coherencia con que Sarduy desarrolló su obra (poco importa que esta coherencia fuese calculada o azarosa), ya que aquélla fue creciendo en un *continuum*, según el cual el libro precedente era asumido, negado y deglutido por el siguiente en un proceso de creación y destrucción, de autofagia y autoescritura. De esta manera el escritor cubano se ocupaba de destruir sus máscaras y figuraciones, para, a partir de sus cenizas, hacerlas renacer bajo apariencias renovadas, en un incesante morir para volver a nacer.

En este tránsito, la escritura, sin dejar de ser siempre la misma, fiel a la doctrina simuladora, identificable por su precisa sintaxis y por la insistencia en los mismos motivos, evolucionó hacia una mayor claridad en la prosa y en los argumentos, al tiempo que los simulacros narrativos, desde *Colibrí* a *PDLP*, pasando por *El Cristo de la rue Jacob* y *Cocuyo*, se nutrían de elementos autobiográficos, oblicuos a veces, explícitos otras. Se produjo de esta forma una transformación en la creación que iba haciéndose tanto más evidente cuanto más inapelables resultaban los estragos del tiempo y de la edad. Se modificó también su relación corporal con la escritura, dejó de ser el escritor pulsional de los comienzos para acentuar el carácter reflexivo y conceptual, más quevediano que gongorino, cuya culminación encontramos en los versos de *Un testigo perenne y delatado* (*UTPYD*) (1993).

Y por encima de los cambios aludidos, el mundo novelesco de Severo Sarduy, en sus representaciones obsesivamente repetidas, aparece dominado por dos pulsiones constantes, incoercibles, opuestas y al tiempo solidarias: la pulsión erótica y la letal. Es decir, la fuerza creadora y la destructora, el placer y el dolor, la vida y la muerte, el movimiento y la fijeza, se manifiestan como otras tantas instancias de aquellas pulsiones, que convierten los relatos en un escenario de uniones y separaciones, de coitos y peleas, de erotismo y violencia.

En las primeras novelas podía parecer que se privilegiaba casi en exclusiva la pulsión erótica, desdibujándose su opuesta, camuflada tras las lentejuelas de los travestidos o anulada por la risa y la parodia de los elementos dramáticos. No obstante, el lado oscuro del deseo, la proyección agresiva del erotismo y la asechanza de la muerte estaban también allí para dar, en clave antirrealista, una imagen de la dualidad de lo humano y su imposible reconciliación. En los personajes-símbolos de *De donde son los cantantes* (*DDSLC*), muerte y deseo están ya presentes, circulan por ellos, los modulan en proporción y forma variable, según funcionen como objeto o sujeto de dichas pulsiones, si bien la presencia de la muerte aparece tras la máscara cubana de la Cerosa, la Sola-Vaya y el deseo tras la del general hispano. Estos personajes están acompañados por otros dos, fijos y cambiantes, las siempre presentes, Auxilio y Socorro, que bajo los nombres de las *Muertas-Vivas* o las *Parcas* acompañan las vicisitudes de la narración, corroborando con sus metamorfosis las habidas en el relato. De hecho Aux.-Soc., aunque cambien sus inestables y múltiples apariencias estarán presentes en todas las novelas, con la doble función de gerentes y administradoras del deseo y la muerte. De principio a fin de la obra, de *DDSLC* a *PDLP*, donde figuran por última vez bajo el disfraz de *ambulancieras*, tan singular pareja reaparece con obsesiva recurrencia.

En las novelas de Sarduy, ambos instintos se ligan antagónicamente con una vinculación fatal, pues no podrían ser el uno sin el otro; son fuerzas opuestas y dependientes, en la medida que se reprime una de ellas crece la contraria. Si se exceptúan algunos fragmentos del "Diario indio" en *Cobra* o del "Diario del cosmólogo" en *PDLP* en los que se alcanza un fugaz equilibrio de ambas pulsiones, Eros y Tanatos representan una lucha compulsiva en la que el predominio de las fuerzas destructoras se presenta como única salida. Incluso cuando vida y muerte se muestran en un frágil pero armonioso equilibrio, como sucede en los personajes de la Siempreviva y el Cosmólogo, cada una de las pulsiones no deja de mostrar en su reverso la contraria: cuánto más se aferra a su vitalismo Siempreviva, más tiránico se hace el paso del tiempo, más quimérica se torna su ansia de rejuvenecer. De la misma manera, la enfermedad del Cosmólogo se convierte paradójicamente en lo contrario: cuánto más se prepara y se adiestra a morir, más plena y liberadora se convierte la vida.

Pero no es esta ejemplar armonía, sobre la que insistiré más adelante, la que predomina en las novelas; por el contrario, en una clara deuda con el Marqués de Sade y con las lecturas de la obra de éste realizadas por Freud, Klossovski, Bataille y Barthes,[3] Sarduy desarrolla en sus relatos la perversión destructora con que el impulso agresivo se pone al servicio de Eros. Ambos instintos se amalgaman entre sí de manera inseparable, pues como dijo el Marqués, "el principio de la vida en todos los seres no es más que el de la muerte, los recibimos y alimentamos en nosotros a la vez".[4] Así las novelas muestran el triunfo del principio destructor y su imposible armonía con el principio erótico. En el relato "Junto al río de Cenizas de Rosa" (*DDSLC*), el proceso sádico se ejemplifica de manera perfecta. Allí el General persigue obsesivamente a la china, Cenizas de Rosa (adviértase que en el nombre lleva cifrada la idea de la muerte) y, ante la imposibilidad de conseguirla, optará por destruirla como forma de satisfacción perversa. Es decir, la satisfacción del deseo erótico, la posesión final del objeto, se obtiene a través de la pulsión destructiva: "había terminado su parábola cumplido su ciclo. De mirón a sádico. Quien posee por la mirada posee por la daga. Por su sangre la reconocería. Herir. El placer está atravesado por el dolor" (53).

En *Colibrí* se reitera similar esquema pulsional y similar fracaso. La irreconciliable presencia de ambos instintos desemboca en una liberación falsa, pues la destrucción de la fuerza opresora, representada por el personaje de la Regente, deja intacta la estructura de represión que se renueva ahora de la mano de Colibrí. La Regente impone un orden autoritario que impide la satisfacción del deseo y su represión hace que la pulsión destructora se reproduzca de manera violenta. Cuando Colibrí huya de la Casona y la Regente se quede sin objeto sobre el que ejercer su poder, dejando entrever la constitución erótica de éste, ella comprenderá, y nosotros con ella, que "más que el deseo de los otros era el suyo el que cada noche teatralizaba y que su ansia del Dorado (Colibrí) no era sólo la de una fuerza: algo la trascendía" (42). Cuando al final de la novela el fugitivo regrese para acabar con la tirana, quemar la casa e instaurar un nuevo régimen opresivo, Colibrí tampoco podrá escapar a las pulsiones destructivas y reinstaurará, reforzándolo, el autoritarismo

---

[3] Sigmund Freud, "Más allá del principio del placer", *Psicología de las masas*, Madrid: Alianza, 1970, 81-137, y *El malestar en la cultura*, Madrid: Alianza, 60-63. P. Klossovski, *Sade, mon prochain*, París: Seuil, 1947. G. Bataille, *La literatura y el mal*, Madrid: Taurus, 1971, 131-60. R. Barthes y otros, *El pensamiento de Sade*, Buenos Aires: Paidós, 1969.
[4] Marqués de Sade, *La Nouvelle Justine*. Citado por Severo Sarduy, *Escrito sobre un cuerpo*, Buenos Aires: Sudamericana, 1969, 10.

aparentemente abolido.

Siempre en parecidos y cambiantes escenarios, las pulsiones de vida y muerte circulan por los espacios de la escritura y ocupan los lugares vacíos, esas formas huecas que son los personajes de Sarduy. Como es sabido, frente a la constitución de los personajes realistas, centrados en una psicología personal e identificados en un físico estable y único, los de Sarduy son el vaciado e inversión de aquellos: Seres sin ser ni *self*. Tensados por los instintos y dominados por la pulsión metamórfica, los delatan su inconsistencia y fugacidad. Manifiestan una permanente necesidad de cambiar, de ser otro, para escapar a la angustia de la vida y a la tiranía de la muerte, así el niño Cocuyo dirá: "Morir y volver a nacer, volver al estado que precede al nacimiento y sucede a la muerte. Des-existir. Ser otro" (53). Es decir, el principio de vida se patentiza tanto en la pulsión erótica como en la pulsión de cambio, y el travestismo o el disfraz responden a la misma instancia del deseo. El personaje, que mejor representa esto, es, sin duda, Cobra, que con sus rituales de perfeccionamiento aspira a alcanzar un cuerpo liberado de tensión y dualidad.

Pero no sólo Cobra. Como anticipábamos al comienzo, toda la obra de Sarduy está poseída por las pulsiones de movimiento y fijeza, perpetuando una danza reiterada de creación y destrucción. Los personajes se mueven, agitan, bailan obligados por esa doble determinación. No se trata de recordar la importancia que música y danza tenían para el escritor cubano ni de enumerar pormenorizadamente la infinidad de estas referencias presentes en las novelas, ni que la traducción francesa de *DDSLC* se tituló *Écrit en dansant*, que Cenizas de Rosa, Auxilio y Socorro y sus dobles y sucesivas máscaras, son bailarinas, como bailarín es también Colibrí y que bailando "desnudo entre dos espejos" comienza la novela y que "Bailable final" es el título del último capítulo de *Colibrí*, etc. No se trata de esto, sino de subrayar que la clave del baile como cifra del vivir y el morir preside las acciones de los personajes. El intento de ritmar las fuerzas contrarias obliga a los vivos a un baile permanente, les compele a ligarse a la naturaleza, a vivificar la muerte o a acallar su llamada. Los personajes de la novela *DDSLC*, animados y dirigidos por Aux. y Soc., son convocados a interpretar la Ronda de los vivos y los muertos. El Cristo-Mortal, en su entrada a la Habana, impelido a impelido a la danza, se siente renacer: "quería bailar, sabía que el baile es un nuevo nacimiento ..." (137). A continuación es invitado, en plan muy cubano, a una simétrica danza letal, cuando se adentra en los reinos de la oscuridad al ritmo de una orquesta de mambo, "la que nos recibe del otro lado, pues bailar es encontrarse con los muertos" (147), de la misma manera que Dolores Rondón se deja llevar por la *Pelona*, bailando cha-cha-cha.

A este paradigma dual en el que se alternan, sin llegar a integrarse, vida y muerte y donde esta última es exorcizada mediante el humor, se contrapone el modelo oriental de la mitología hindú en *Cobra*. De dicha mitología procede la figura divina de Shiva, que encarna una visión del mundo como un proceso de cambios continuos. El baile de Shiva, que armoniza contrarios y destruye por el gozo de crear, ocupa un lugar central en esta novela, sobre todo en la segunda parte. La simbología del baile shivaico introduce en el texto la posibilidad, difícil para Occidente, de modular los contrarios (masculino-femenino, existencia-muerte, plenitud-vacío) y recuperar idealmente la unidad primigenia que el/la protagonista casi llega a conseguir liberándose de los dualismos excluyentes. La dificultad de mantener el ritmo y de medir bien los "pasos" (dicho sea siguiendo la analogía) demuestra la imposibilidad de recuperar ingenuamente el origen, pero sirve de iniciación en los misterios de la vida y la muerte, nudo que Sarduy hace y deshace en sus novelas. En este baile, cada giro erótico, cada gesto vital muestra las redes invisibles de lo mortal. A cada vuelta del deseo crece en su punto opuesto el vértigo de la insatisfacción, la semilla inevitable de la muerte. Sin apenas variaciones, la búsqueda del objeto descubre que el deseo es una tramnpa, una máscara tras la cual queda sólo la fijeza del final.

Cabría establecer, sin embargo, una diferencia entre las primeras y las últimas novelas. En las primeras la muerte se carnavaliza y sus diferentes apariencias muestran una fugacidad risueña, sin angustia. Por el contrario en las últimas, de *Colibrí* a *PDLP*, la presencia cotidiana de la muerte y su amenaza silenciosa deja paso a la *discreta seducción del no-ser*. El desenmascaramiento de la muerte amortigua la neurosis y permite, no sin vacilaciones, aceptarla como una realidad familiar, aunque despiadada e incomprensible. En los primeros relatos la risa coronaba el vacío consiguiente a la frustración del deseo y este tono irrisorio alejaba cualquier atisbo de drama. Una de las voces que se escucha en la pieza teatral *La playa* repetirá: "Pero cada encuentro era una burla una parodia del objeto buscado sustitución derrisoria del deseo, su atrofia, su imagen contrahecha. Reíamos".

En los últimos libros, cuando el cuerpo manifieste su evidente fragilidad, el tono de la escritura y sus argumentos irán cambiando: la indefinición primera de la enfermedad, el "mal obscuro, sin nombre", que va devastando a los personajes de la novela *Colibrí*, deja paso a la constancia de la epidemia, a su rostro más visible. La figuración muchas veces imaginada, la muerte tantas veces representada, hará fatalmente acto de presencia, borrando las marcas entre ficción y realidad.

Ante ésta, Sarduy nos ofrece su particular ejemplaridad, su lección sin énfasis ni doctrina. En la última novela, en las décimas y sonetos de *UTPYD* en los lúcidos y sobrecogedores aforismos de *El estampido de la vacuidad*, lejos de maldecir las contrariedades de la existencia o de resistirse inútilmente a lo irremediable, se acerca a la postrera como si de un adiestramiento se tratase. En las novelas anteriores nos había anticipado, desenfadada pero obsesivamente, el nudo gordiano de su obra, quizá también de su vida. Bajo la apariencia de artificios triviales o de juegos caprichosos, nos mostró la dificultad de armonizar los contrarios, de reconciliar vida y muerte, de alejar lo que infunde terror, aspectos y sentimientos complejos sin los que el vivir estaría incompleto. *Si vis vitam, para mortem*, se podría decir parafraseando al clásico, y Sarduy en sus sucesivas entregas narrativas fue preparando la suya. Consciente de que la vida exige *adiestrarse a no ser*, reconcilió el dilema: ser y no ser al tiempo, porque vida y muerte avanzan unidas y porque morir es también una experiencia vital.

En la crudeza de la enfermedad, en la decrepitud progresiva del cuerpo, se abren imágenes consoladoras: la muerte como pausa, despertar, viaje o cambio de muda. En la aceptación de ésta queda lugar para imágenes tan festivas y cubanas como las expresadas en la décima-epitafio en la que convierte su funeral en un desenfadado bailongo amenizado por la Sonora Matancera.[5] En uno y en otro caso, Sarduy nos deja la misma moral de la

---

[5] *Epitafio* (inédito), "Que den guayaba con queso/ y haya son en mi velorio;/ que el protocolo mortuorio/ se acorte y limite a eso./ Ni lamentos en exceso / ni Bach; música ligera:/ La Sonora

extinción: tras la muerte no hay nada, *el verdadero infierno consistiría en que hubiera algo*, algo que no fuese el regreso al origen anterior a la vida, el cese del deseo y la vacuidad como liberación. Esto es parte de lo que nos enseñó Sarduy. Esto es lo que yo quisiera haber aprendido.

Matancera./ Para gustos los colores:/ a mí no me pongan flores/ si muero en la carretera", *Diario 16*, Madrid, 13 de junio de 1993, 38.

Intertextualidad y originalidad en la obra de Isabel Allende

Jean Gilkison

Jean Gilkison es catedrática de la Universidad de Wolverhampton, Inglaterra y Secretaria General de la Association of Hispanists of Great Britain and Ireland pero nació en los Estados Unidos y sacó sus títulos universitarios en la Universidad de Wisconsin. Su campo de investigación actual incluye la obra de Isabel Allende, sobre la cual ya ha publicado un par de estudios, y la aplicación de la semántica a la novela hispánica

Si bien es cierto que cada autor es también lector, y que, por lo tanto, sería extraño no vislumbrar en su obra las huellas de textos ya leídos y asimilados, también es verdad que, a partir del Neoclasicismo, lo que más se aprecia en una obra de arte es su originalidad, el que sea supuestamente un reflejo único de la individualidad y singularidad de su autor. La teoría literaria ha intentado estructurar este dualismo, proponiendo dos modelos para explicar las posibles relaciones entre un texto y otro(s): la teoría de influencias, cuyo defensor más destacado de este siglo será Harold Bloom;[1] y la intertextualidad, término acuñado por Julia Kristeva[2] y elaborado luego por —entre otros— Barthes, Derrida, Riffaterre, Foucault, etc. Queda fuera de nuestro propósito detallar aquí la larga trayectoria que ha tenido cada teoría ni tampoco queremos detenernos en establecer definiciones precisas que distingan un tipo de modelo del otro.[3] Sin embargo y para nuestros propósitos, brevemente resumido, la teoría de influencias suele estudiar la incorporación consciente o inconsciente por un autor de otras obras literarias, por lo general anteriores y tomadas del canon literario, mientras que la intertextualidad considera al texto literario como lugar de intersección de otros muchos textos, literarios o no. Las dos coinciden en reconocer que la verdadera

---

[1] Harold Bloom, *The Anxiety of Influence: A Theory of Poetry* (Oxford: Oxford University Press, 1973).
[2] El término se introdujo en 1969 en *Séméiotikè: recherches pour une sémanalyse*, traducido al inglés en Leon S. Roudiez (ed.), *Desire in Language: A Semiotic Approach to Literature and Art* (Nueva York: Columbia University Press, 1980).
[3] Al interesado le remitimos a dos resúmenes excelentes: M. Wharton y J. Still (eds.), *Intertextuality: Theories and Practice* (Manchester: Manchester University Press, 1990) 1-45; J. Clayton y E. Rothstein (eds), *Influence and Intertextuality in Literary History* (Madison: University of Wisconsin Press, 1991) 3-36.

originalidad es una ilusión inalcanzable, y en definir este concepto como la combinación insólita o nueva de una multiplicidad de textos. Ahora bien, esta tensión entre la ineluctabilidad de los ecos de lecturas previas —llámense influencias literarias o procesos intertextuales— y la necesidad de creernos ante una obra de arte original en alguna medida ha sido una nota constante en la recepción crítica de la obra de Isabel Allende. Así no se tardó en subrayar las semejanzas entre *La casa de los espíritus* y *Cien años de soledad*,[4] detectando algunos estudiosos la deseada originalidad en la orientación feminista o quizás simplemente femenina de la novela allendiana[5] y otros en su aspecto paródico.[6] Del mismo modo hubo quienes pusieron de relieve la influencia de la novela rosa, los folletines, o las telenovelas en *De amor y de sombra* y *Eva Luna*,[7] al igual que subrayaron la deuda de esta última con la tradición picaresca.[8] Estas aproximaciones configuran una enumeración de algunas de las relaciones intertextuales en la obra de Allende, pero aparte de la relación historia/sociedad y novela,[9] no se ha indagado en cómo funcionan estas relaciones dentro de la obra en conjunto. Lo que se pretende en lo que sigue, entonces, es examinar dos mecanismos de funcionamiento de las relaciones intertextuales en las cuatro primeras obras de la autora: *La casa de los espíritus* (1982), *De amor y de sombra* (1984), *Eva Luna* (1987) y *Cuentos de Eva Luna* (1990). En el primero, propondremos un análisis hiper/hipotextual basándonos en cuatro relaciones textuales: 1) *La casa de los espíritus* y la novela latinoamericana del boom, emblemetizada por la obra de García Márquez, sobre todo, por *Cien años de soledad*; 2) *Eva Luna* y la tradición picaresca; 3) *De amor y de*

---

[4] Esta comparación aparece en casi toda la crítica sobre *La casa de los espíritus*, aunque ha sido expresamente objeto de estudio de Mario Rodríguez, "García Márquez/Isabel Allende: relación textual", en Marcelo Coddou (ed.), *Los libros tienen sus propios espíritus: estudios sobre Isabel Allende* (Xalapa: Universidad Veracruzana, Centro de Investigaciones Lingüístico-Literarias, 1986) 79-82, y Gabrielle Colomines, "Convergencias y divergencias: de Gabriel García Márquez a Isabel Allende", en Adriana Castillo de Berchenko (ed.), *La narrativa de Isabel Allende: claves de una marginalidad* (Perpignan: Université de Perpignan, Centre de Recherches Ibériques et Latino-Américaines, 1990) 39-68.

[5] Véase, por ejemplo, Marcelo Coddou, "Dimensión del feminismo en Isabel Allende", en Marcelo Coddou (ed.), *Libros* (1986) 29-53; Nora Glickman, "Los personajes femeninos en *La casa de los espíritus*", en Coddou, *Libros* (1986) 54-60; Gabriela Mora, "Ruptura y perseverancia de estereotipos en *La casa de los espíritus*", en Coddou, *Libros* (1986) 71-78; Marjorie Agosín, "Isabel Allende: *La casa de los espíritus*", *Revista Interamericana de Archivos y Bibliotecas* 35 (1985) 448-58.

[6] Véase, por ejemplo, Elzbieta Sklodowska, *La parodia en la nueva novela hispanoamericana (1960-85)* (Amsterdam y Philadelphia: J. Benjamins Publishing Co., 1991) 152-55.

[7] En cuanto a la primera, véase Jean Gilkison, "A asunción das normas da novela rosa en *De amor y de sombra*, de Isabel Allende", *Boletín galego de literatura* (novembro 1992) 23-31; en cuanto al segundo, Marcelo Coddou, "Dimensión paródica de *Eva Luna*, en Castillo de Berchenko (ed.), *Narrativa* (1990) 99-112.

[8] En adición al estudio arriba citado de Coddou, véase Pilar V. Rotella, "Allende's *Eva Luna* and the Picaresque Tradition", en S. Riquelme Rojas y E. Aguirre Rehbein (eds.), *Critical Approaches to Isabel Allende's Novels*, American University Studies, Series XXII: Latin American Literature, Vol. 14 (Nueva York: Peter Lang, 1991) 125-38 y Gloria Gálvez-Carlisle, "El sabor picaresco en *Eva Luna*", en Riquelme Rojas y Aguirre Rehbein (eds.), *Critical Approaches* (1991) 165-78.

[9] Especialmente en Juan Manuel Marcos y Teresa Méndez-Faith, "Multiplicidad, dialéctica y reconciliación del discurso en *La casa de los espíritus*", en Coddou (ed.), *Libros* (1986) 61-70.

sombra/Eva Luna y la novela rosa, los folletines y las telenovelas; y 4), *Eva Luna/Cuentos de Eva Luna* y *Las mil y una noches*. Para tratar del segundo mecanismo, nos concentraremos en la relación paratextual entre *Eva Luna* y los *Cuentos de Eva Luna*. Esperamos poder demostrar que las relaciones intertextuales en la obra de Isabel Allende tienen una gran importancia ideológica y temática que, juntas, contribuyen a una mayor apreciación de la obra allendiana.

Empezando por los dos primeros grupos, es decir, las relaciones entre *La casa* y la obra de García Márquez por una parte, y entre *Eva Luna* y la tradición picaresca por otra, salta a la vista que estamos ante un caso de "influencias literarias", en el sentido más estricto del término, ya que los hipertextos forman parte del canon literario hispánico. Este tipo de relación se ha expresado clásicamente en la obra de Bloom como una lucha edípica entre padre todopoderoso y autoritario e hijo pujante que busca equipararse a o incluso superar la autoridad del padre. La metáfora pone de relieve un punto clave: a las mujeres se las deja fuera del campo de batalla. Y sabemos que es así, que el establecimiento del canon literario refleja los mismos procesos dialécticos según los cuales la sociedad en general logra producir y reproducir su ideología. Un factor al que se recurren las sociedades occidentales (e incluimos aquí a las latinoamericanas) en este proceso es el sexo, privilegiando al hombre y todo lo relacionado con él por encima de la mujer y el ámbito femenino. Ahora bien, las dos novelas de Allende rechazan la marginación implícita en esta lucha ideológica al obligar a las tradiciones susodichas a admitir una óptica femenina. Como ya han destacado certeramente Elzbieta Sklodowska y Gloria Gálvez-Carlisle, la obra allendiana expande el espacio marcado tanto por la novela del boom como por la picaresca al abrirlos a la perspectiva femenina.[10] Es decir que por muchas influencias de las tradiciones de prestigio que se detecten en Allende, estas tradiciones también han sido influidas, o re-escritas, con la aparición de sus novelas. La influencia recíproca implica un diálogo, proyecto que la autora lleva al nivel consciente con dos referencias soslayadas a la obra de García Márquez, específicamente *El coronel no tiene quién le escriba*: primero, en *De amor y de sombra*, Irene, la protagonista, echa una carta a "alguien que no tiene quien le escriba";[11] y luego, en el primer cuento de los *Cuentos de Eva Luna*, la protagonista le vende "argumentos de justicia a un viejo que solicitaba su pensión desde hacía diecisiete años".[12] Al referirse explícitamente a una obra de García Márquez, la autora proclama su derecho a inscribirse en el canon literario, a leer las obras más prestigiosas de la tradición hispánica y a ser influida por ellas. Lo que es más, esta negación a mantenerse callada, tan lejos de la postura sumisa y arrepentida que se esperaría de una autora a la que se había pillado plagiando a los grandes maestros, se convierte en abierto desafío a los críticos que la tacharían de "copiona", o que quisieran restarle valor por su supuesta falta de originalidad.[13] Ahora bien, estas referencias a *El coronel*, aunque sí indicativas de un

---

[10] Sklodowska (1991) 153; Gálvez-Carlisle (1991) 173.
[11] *De amor y de sombra* 54.
[12] *Cuentos de Eva Luna* 13. A pesar de la discrepancia numérica (en la obra garcíamarquiana el coronel lleva quince años esperando cobrar su pensión), nos parece que la referencia es bastante clara.
[13] Diferimos de la valoración en positivo de la supuesta marginalidad de la obra allendiana planteada por dos artículos en el libro editado por A. Castillo de Berchenko (*La Narrativa*, 1990): A. Castillo

deseo de dialogar con el canon literario y con los críticos, no constituirían en sí más que un susurro al oído: no debemos cargar la tinta en dos frases sacadas de cuatro obras. Para apoyar nuestra tesis de que Allende logra dialogar con el canon litarario y, por lo tanto, librarse de ser nada más que un recipiente de influencias, debemos pasar a examinar el tercer grupo arriba mencionado: la relación entre *De amor y de sombra* y *Eva Luna* por una parte, y la novela rosa, los folletines, y las telenovelas por otra. Aquí de lo que se trata es de abrir el espacio textual descrito por las novelas allendianas no sólo a los textos prestigiosos sino también a los que no forman parte de este *corpus*. Lo que es más, estos textos están todos relacionados con el mundo femenino en vez del masculino del canon. Ahora bien, al introducir rasgos de estas literaturas (por ejemplo, el supuesto sentimentalismo de *De amor y de sombra* y las citas de una telenovela escrita por *Eva Luna* en la novela de ese nombre), la autora plantea una legitimación de las mismas. Es decir, si las relaciones intertextuales con las tradiciones acreditadas y mayoritariamente masculinas del boom y de la picaresca constituyen una reivindicación para que las novelas de Allende se inscriban en este mismo *corpus*, la incorporación de elementos de géneros desprestigiados y femeninos en el mismo espacio textual constituye asimismo un rechazo de la marginación de estos mismos géneros. Las implicaciones de esta bióptica para el proceso ideológico al que nos referimos antes son claras: la obra de Allende en conjunto nos propone un espacio textual en el que se neutraliza la bipolaridad masculino/femenino implícita en la creación y perpetuación de una ideología basada en diferencias sexuales, un espacio en el que coexisten los dos polos sin que se le asigne preeminencia a un término sobre el otro. Las tradiciones literarias prestigiosas y "masculinas" influyen abierta y conscientemente en la obra, pero también están presentes las tradiciones desprestigiadas y "femeninas". Y, como hemos dicho, el tráfico de influencias no es de sentido único, sino que se trata de un diálogo y no de un monólogo en el que sólo hablan los hipertextos. Así es que el feminocentrismo de la obra de la chilena obliga a una ampliación de los géneros literarios masculinos para dar cabida a las mujeres, no como los hombres nos ven sino como nosotras mismas nos vemos, y por otra parte, la insistencia en que su obra entre plenamente en el canon literario — implícito en el diálogo con la obra de García Márquez y la tradición picaresca— influye en los géneros femeninos incorporados en ella, dándoles un *status* y prestigio que normalmente no tienen. Según esta lectura, entonces, la aportación de Allende a la literatura es sumamente significativa, ya que plantea en sus textos un proceso alternativo al proceso dialéctico — un diálogo consciente y honesto con lo masculino y lo femenino en el que predomina el espíritu de reciprocidad en vez de una valorización *a priori* y por razones poco justificables de lo masculino y prestigiado sobre lo femenino.

    La desconstrucción de la diálectica masculino/femenino se hace aun más patente si pasamos a considerar el cuarto grupo de nuestro análisis, es decir, la relación que tienen *Eva Luna* y los *Cuentos de Eva Luna* con *Las mil y una noches*. Ambas obras allendianas empiezan con una cita de la obra árabe que, como todos sabemos, se compone de una serie

---

de Berchenko ("Los signos de la diferencia en Isabel Allende" 7-24) y Nathalie Guardiola ("El fenómeno o la trayectoria de una marginal" 25-38). Nos parece que hace falta distinguir rigurosamente entre la marginación impuesta por otros, que detallan con cuidado los estudios citados, y lo que nos dice la obra misma con respecto a su propia marginalidad.

de cuentos que Scherezade le cuenta noche por noche al rey, consiguiendo así el doble objetivo de salvarse la vida y hacer que éste se enamore de ella.[14] El hipertexto ocupa un lugar intermedio con respecto a las otras influencias literarias que hemos estudiado: por una parte, está integrado no sólo en el canon literario hispánico, sino también en un orden superior como lo es la literatura clásica mundial, pero, a diferencia de las otras tradiciones prestigiosas que hemos mencionado, en *Las mil y una noches* es una mujer la que ocupa el primer plano, siendo Scherezade la que narra los cuentos, la que tiene voz y la que se salva por su arte de narrar.[15] Por otra parte, se ha incorporado también no sólo en el *corpus* de literatura "popular", sino en la categoría menos prestigiosa que es la literatura infantil. Nos parece que, al recurrirse a este hipertexto ambivalente que participa igualmente de las tradiciones "masculinas" de la literatura del canon y "femeninas" de los cuentos orales y la literatura infantil, Allende sintetiza y lleva a cabo el proyecto iniciado con las otras relaciones intertextuales que hemos estudiado, logrando crear un espacio textual marcado por la coexistencia pacífica de lo masculino y lo femenino.

Ahora bien, la relación intertextual entre *Las mil y una noches* y la novela y los cuentos de Eva Luna es, obviamente, tanto temática como formal. Aunque es igual de obvio que parte de esta relación tiene que ver con el tema del erotismo, queremos centrarnos aquí en otro tema: un examen metaficticio del proceso de escribir. Ya hemos señalado que parte de la cuestión —es decir ¿quién escribe?— se resuelve al hacer hincapié en la neutralización de la dialéctica hombre/mujer, creando así un espacio abierto en que predomina el diálogo entre los dos términos. Pero, como han destacado muchos críticos, Allende también insiste desde la primera frase de *La casa de los espíritus* en describirnos el proceso de escribir, y en describirnos a la vez la relación entre imaginación (historias, literatura) y vida. Para ella, la escritura no es un mero reflejo pasivo de lo acontecido, que ayuda a "rescatar la memoria del pasado",[16] sino que también tiene la capacidad de influir en la vida "real" o extra-literaria. Estos dos temas, primero de la escritura como proceso y segundo de los beneficios que la literatura proporciona, se refuerzan con la intertextualidad con *Las mil y una noches*, cuyo marco narrativo es el proceso de contar historias, y cuyos cuentos "divert, cure, redeem, and save lives".[17] Y de hecho, los mismos temas se convierten

---

[14] El texto árabe también forma parte de la lectura de Eva Luna (ya que todo escritor es también lector), y la novela nos ofrece una metonimia del proceso intertextual: "Un día la maestra Inés le habló a Riad Halabí de *Las mil y una noches* y en su siguiente viaje él me lo trajo de regalo, cuatro grandes libros empastados en cuero rojo en los cuales me sumergí hasta perder de vista los contornos de la realidad. El erotismo y la fantasía entraron en mi vida con la fuerza de un tifón, rompiendo todos los límites posibles y poniendo patas arriba el orden conocido de las cosas. No sé cuántas veces leí cada cuento. Cuando los supe todos de memoria empecé a pasar personajes de una historia a otra, a cambiar las anécdotas, quitar y agregar, un juego de infinitas posibilidades" (141).
[15] La tradición manuscrita, cuyo autor (o quizás autora) se desconoce, se remonta al siglo trece y la oral al siglo nueve. Sin embargo, el editor y traductor de una reciente edición erudita coloca la tradición de *Las mil y una noches* firmemente dentro del ámbito femenino al contar cómo, en su juventud en Baghdad, siempre eran las amigas de su abuela las que se dejaban persuadir a narrar un cuento de *Las mil y una noches*. Véase Husain Haddawy (ed. y trad.), *The Arabian Nights* (Nueva York: Alfred A Knopf [Everyman's Library, 87] 1992) ix-xi.
[16] Véase *La casa de los espíritus*, 9; en que los cuadernos de Clara ayudan a Alba a "rescatar la memoria del pasado" y a "sobrevivir a mi propio espanto".
[17] H. Haddawy, x.

en parte de la trama de *Eva Luna*, dado que la protagonista se dedica a inventar historias. Por medio de este personaje, el texto novelístico nos proporciona varios momentos en que se reproduce el proceso creativo. Entre otros muchos ejemplos, se podría citar la reescritura que Rolf Carlé y Eva Luna hacen de la muerte de la hermana de aquél, dándole un final feliz que reemplaza el efecto desolador que habían tenido los hechos reales por una versión más consoladora que le ayuda a Rolf a adaptarse más tranquilamente a esa muerte. Pero los dos temas no sólo se describen sino se actualizan cuando consideramos la última relación intertextual de la que nos vamos a ocupar: la relación paratextual entre la novela *Eva Luna* y los *Cuentos de Eva Luna*. Éstos son, según el título y el prólogo, los cuentos que narra Eva Luna a su amante Rolf Carlé después de hacer el amor, a la manera de Scherezade. Así es que tanto la relación amorosa entre Eva y Rolf que enmarca los *Cuentos* como el diálogo con el que se inician las historias de Eva en el mismo libro ("Cuéntame un cuento". —"¿Cómo lo quieres?") se establecen primero en la novela *Eva Luna*. Este paralelismo da lugar a una relación paratextual curiosa en que el texto posterior (*Cuentos*) —aunque constituyendo un texto independiente que se puede leer y entender sin referencia a otro texto— se inserta a la vez dentro del texto anterior que es *Eva Luna*. No se trata aquí de una segunda parte de *Eva Luna*, ya que en realidad no nos proporciona más datos ni sobre los personajes ni sobre la trama de la novela, sino de una ampliación del espacio textual descrito por ella. Sin embargo, el libro de los *Cuentos* no deja de ser un texto físicamente independiente con fecha de publicación propia, cuya autora es —según el título y prólogo del libro— la Eva Luna ficticia de la novela. Esta paratextualidad da un doble resultado: por una parte, en vez de simplemente describir el proceso de escribir, lo actualiza al presentarnos primero con las condiciones para la producción literaria (la novela de *Eva Luna*) y luego con el producto de esta actividad, que son los *Cuentos*. Por otra parte, los límites entre lo que es ficción y lo que es vida —y la capacidad que tiene la una de influir en la otra— ya cuestionados tanto en *La casa de los espíritus* como en *Eva Luna*, se hacen más borrosos aun con la publicación de un libro cuya autora es a la vez personaje ficticio de otro libro. Desde aquí hasta ver la relación paratextual como una mímesis del acto de escribir que produjo la propia obra de Allende sólo hay un paso.

    Lo que hemos procurado hacer en esta rápida visión panorámica de las primeras cuatro obras de Isabel Allende es sugerir unas posibles pautas para una lectura que se desmarca de la polémica sobre la originalidad o falta de la misma que se puede detectar en la obra, orientándose en cambio hacia una consideración de las funciones de algunas de las influencias de otros textos que ya se han percibido. Nos parece que esta lectura pone de manifiesto las aportaciones ideológicas de la obra allendiana al debate feminista, a la vez que insiste en la coherencia temática de la misma. Quisiéramos señalar por último que la lectura aquí propuesta nos permite penetrar la superficie de estos textos tan amenos, accesibles y fáciles de leer, para descubrir que detrás de un lenguaje sencillo yace una voz verdaderamente revolucionaria que rompe con el encorsetamiento que supone el estrecho binarismo de la diálectica sexual y los límites físicos impuestos por el texto para presentarnos un mundo abierto en que se admite todo tipo de texto sin concederle de antemano ninguna prioridad con respecto a una escala de valores arbitraria. Cuando el mundo aquí descrito se traslade a la vida extratextual, se atará el último cabo del proyecto y se le anunciará un final feliz.

El Aquí y el Allá: "La guagua aérea" de Luis Rafael Sánchez, voces, imágenes gráficas y cine

José A. Rosado
Baruch College, City University of New York

Llama la atención el impacto que recientemente ha tenido en el arte puertorriqueño el ensayo "La guagua aérea" (1983), vehículo oscilante entre el autobús y el avión, de Luis Rafael Sánchez. El ensayo, publicado inicialmente en el periódico *El Nuevo Día*, y título de un nuevo libro de Sánchez, ha servido de inspiración a la pieza *La casa en el aire* (1993) del artista gráfico Antonio Martorell, así como el film *La guagua aérea* de Luis Molina. Al examinar estas tres interpretaciones artísticas nos encontramos con un constante deseo de definición, de situar e interpretar a la nación con respecto a América Latina y a los Estados Unidos. Esta situación no resulta nada nuevo, pues es muy común en la literatura de Puerto Rico y en la narrativa de Sánchez. En tanto *La guaracha del Macho Camacho* (1976) examina "en puertorriqueño" —ha dicho Efraín Barradas— los discursos y voces del contexto histórico-social y cultural urbano de la Isla, *La importancia de llamarse Daniel Santos* (1988) lleva a cabo un proceso similar explorando la cultura popular latinoamericana. El ensayo junto a las dos interpretaciones se concretizan, en cambio, a través de la connotación adverbial: reflexionan retrospectivamente sobre el proceso de modernización puertorriqueño situándonos, a su vez, en la cultura migratoria caribeño-puertorriqueña.

Tal vez por esta razón el arte, la literatura y la ensayística de Puerto Pico más reciente se distinguen por una inmersión en la memoria, por la creación de un tono autobiográfico que ante la experiencia del presente pretende recuperar, desde la individualidad, el proceso modernizador que transformó a la colectividad. Ante la situación colonial y el modelo desarrollista iniciado durante la década de los cincuenta con la "Operación Manos a la Obra" y culminado en los sesenta a través de la política oficialista de la "Alianza para el Progreso", Puerto Rico asumió el *slogan* propagandístico de ser "the showcase of the Caribbean". Casi cuarenta años después y pasado ya el asombro inicial, la vitrina puertorriqueña ha acumulado una serie de espacios, objetos, discursos y voces incitadores del recuerdo y la letra.

Este proceso acontece a dos niveles: está, en primer lugar, la recuperación nostálgica del instante en que el asombro primario marca en definitiva la individualidad y, por otro lado, la reflexión sobre la letra, es decir, los letrados que producen, dan legitimidad y cuestionan el proyecto modernizador. La novela *Felices días tío Sergio* (1986) de Magali García Ramis y los libros de Edgardo Rodríguez Juliá —*Las tribulaciones de Jonás* (1981) y *Puertorriqueños (Álbum de la Sagrada Familia puertorriqueña a partir de 1898)* (1988)— recuperan los cincuenta partiendo de las transformaciones acontecidas en el núcleo familiar. La llegada del otro —el tío nacionalista o la presencia patriarcal de Luis Muñoz

Marín, fundador del Estado Libre Asociado— se une a los medios de comunicación de masas (radio, televisión, fotografía, cine y publicidad), transformando la vivienda en un microcosmos del exterior.

Arcadio Díaz-Quiñones en *La memoria rota* (1993) explora la misma época pero tomando como punto de arranque el espacio del letrado. En el presente existen estudios que han examinado, desde diversas perspectivas, la política cultural y social implantada por el Partido Popular Democrático. En Díaz-Quiñones, sin embargo, el uso del tono autobiográfico y la perspectiva juvenil del estudiante universitario implica al mismo letrado reflexionando críticamente desde la estructura del poder. Se escribe, pero no para transcribir la experiencia particular de un individuo; por el contrario, se busca, afirma Díaz-Quiñones, grabar: marcar mediante la letra, conservar para salvar del olvido y, así, recuperar, en otro momento, a través de la memoria.

Mediante este proceso, no obstante, no sólo se rescata lo olvidado, también se revitaliza la tradición. Grabar adquiere otro sentido; reproduce el espacio del taller creativo destacando la constante colaboración e interdependencia típica en el arte puertorriqueño. Recupera, de manera similar, a un grupo letrado, a los artistas e intelectuales, quienes trabajando en la División de Educación a la Comunidad —organismo creado por Luis Muñoz Marín— sentaron las bases de lo que posteriormente iba a ser Puerto Rico. En tanto la División se encarga de dirigir el proceso de alfabetización y lleva a cabo la propaganda al modelo desarrollista, en ese espacio de la oficialidad se produce un arte contestatario y crítico. En el cine, por ejemplo, mientras la película *Modesta* (1956), dirigida por Benji Doninger, aboga por los derechos de la mujer en una sociedad patriarcal, *Juan sin seso* (1959), escrita por René Marqués, explora los peligros del progreso, en especial la publicidad y el excesivo consumerismo. En la División nace la tradición del grabado, arte gráfico y el cartel puertorriqueño. El taller de gráfica del Instituto de Cultura Puertorriqueña, dirigido por Lorenzo Homar, sirve, a su vez, de época de aprendizaje a Martorell, quien manifiesta una obra desarrollada alrededor de la fusión del dibujo gráfico y la letra. Díaz-Quiñones, en este sentido, no ofrece una memoria vinculada al espacio familiar de la casa, no representa tampoco los efectos del cambio; traduce, más bien, una especie de biografía letrada pues busca aclarar el origen productor del cambio; es decir, los modos en que la letra legitima la visión integradora del proyecto modernizador, en tanto aspira, al imprimir el evento o el nombre olvidado, reformular el devenir histórico.

En "La guagua aérea", en cambio, se perciben fenómenos completamente distintos. Es cierto que se vuelve a producir la colaboración entre la letra, el arte gráfico y el cine. Sin embargo, el hecho de encontrarnos en una "guagua aérea" o en una "casa en el aire" sugiere un espacio público de constante tránsito en donde la exploración de la emigración —"la gran ausente" en la versión oficial del modelo desarrollista, según Díaz-Quiñones— viabiliza la representación de la memoria colectiva. El ensayo, siguiendo el modelo literario establecido en *La guaracha* y con ciertas tangencias con *El entierro de Cortijo* (1983) de Rodríguez Juliá, utiliza un narrador testigo-cronista, quien deja hablar a la colectividad mediante la transcripción coloquialista y la constante alusión a objetos. La palabra obscena, la risa y el fluir anecdotario desdoblan adverbialmente al emigrante, en la medida en que desjerarquiza al que ostenta el poder: en este caso, la tripulación gringa y su idioma. El transporte de objetos o animales propios de la geografía isleña —por ejemplo los jueyes—

y la interrogación sobre el lugar de procedencia problematiza el desplazamiento, extendiendo los límites territoriales a través de la epifanía culinaria: los cuatro jueyes atrapados en Vacia Talega van a ser "salmorejo en Prospect o relleno de alcapurrias en South Bronx o jueyes al capricho en Brooklyn o asopao en el Lower East Side" (12). La voz popular, al igual que la cosa, manifiesta, entonces, un doble fenómeno: incauta el espacio de origen y viaja para transformar y redefinir el exilio. La escritura, al partir de una indefinición adverbial, al describir el tránsito aéreo, graba para no olvidar. Parte, de igual forma, de los parámetros fundadores de la modernidad puertorriqueña: la oferta y demanda de bienes y el constante flujo de información que, como ha dicho Julio Ortega en su análisis de Sánchez, aliena al sujeto social pero democratiza la cultura transformándola, a través del erotismo y lo celebratorio, en un espacio de apropiación y regeneración.

De este espacio, precisamente, proceden las interpretaciones al ensayo de Sánchez. En el film de Molina, el viaje en avión durante los inicios de los sesenta recupera el desplazamiento inicial tomando como base los cuentos del libro *En cuerpo de camisa* (1966). La película, no obstante, se aleja de los planteamientos de Sánchez. Es cierto que se ven tipos puertorriqueños de origen nuyorquino, pero el discurso —radicado en el regreso— recuerda a la literatura de la Generación del Cuarenta, obviando el Aquí y el Allá conflictivo del emigrante.

Antonio Martorell en "La casa en el aire", en cambio, hace palpable en el espacio, el objeto y la imagen gráfica el barroquismo verbal de Sánchez. A través de una estructura similar a una cabina de avión, sillas, sillones y muebles típicos de la ebanistería puertorriqueña pierden su función primaria transformándose en receptáculos de frases, expresiones y palabras. Muchas losetas del piso contienen, en la escritura preciosista de Martorell, transcripciones de la oralidad popular, en tanto el exterior de la guagua está forrado por fragmentos impresos del ensayo. A todo esto una antigua radio reproduce en borgeana coincidencia la historia musical popular de Puerto Rico: desde el bolero "Piel canela" de Bobby Capó, alguna canción de Daniel Santos, hasta varias interpretaciones de los cantantes de salsa, Ismael Rivera, Andy Montañez y otros. La pieza, al estar compuesta con objetos propios de una sociedad de consumo, manifiesta cómo la cultura se apropia y redefine la modernidad. En Martorell, al igual que Sánchez, se encuentra —y parafraseo el concepto usado por Walter Benjamin— un gusto por la adquisición, por el acto de coleccionar: en uno el de la palabra, en el otro, los objetos, palabras e imágenes, en ambos la posesión no de su valor útil, sino de la esencia instigadora del recuerdo.

Esto se percibe de la misma manera en que se constituye el ensayo de Sánchez: el texto a través de la letra abre sus páginas invitando a la lectura, mientras la pieza deja de ser objeto contemplativo para propiciar la participación en la medida en que inspira la memoria del espectador. En Martorell, esto es así porque, aunque su obra se destaca por el constante tono autobiográfico, siempre se aspira a representar una experiencia colectiva. Cuando se asiste a la exposición *La casa de todos nosotros*, la cual hace dos años viaja entre Puerto Rico y los Estados Unidos, se puede, a primera vista, vincularla con el texto *La piel de la memoria* (1933) escrito por Martorell. Muchas de las piezas se inspiran en episodios de la niñez acontecidos, al igual que en García Ramis, alrededor del hogar materno. La *Casa Singer* (1991) —adornada a base de patrones, lentejuelas, perlas, encajes y bordados— recuerda el trabajo costurero de la madre de Martorell y recrea el Bazar de las

Muchachas, la tienda de misceláneas propiedad de su tía. El bazar y el taller de costura, sin embargo, son espacios de producción, colaboración, acumulación y tránsito. En la vitrina de la tienda, sugiere Martorell en su memoria, la decoración reproduce el área comercial santurcina de los cincuenta, mientras congrega a "la liga de las naciones" (54) (México, Alemania, Hong Kong, España) en los bienes puestos a la venta. La máquina Singer además de producir trajes y materiales decorativos, se define, entonces, por su capacidad nominativa; funde objetos, lenguaje e introduce neologismos para nombrar el presente histórico. Es un centro reproductor que, instigando la adquisición de bienes, provee, desde la Isla, el primer contacto con el Allá migratorio, transformándose en metáfora del desarrollismo puertorriqueño.

La "guagua aérea" con sus interpretaciones logra abarcar, a primera vista, la obra literaria de Sánchez. Sin embargo, provee un espacio casi atemporal en donde la memoria reflexiona sobre la cultura que surge tras todo el proceso de modernización puertorriqueño. Nos encontramos no sólo con una sociedad urbana, sino también de migración. Al igual que todo el Caribe, Puerto Rico existe en el constante desplazamiento, en la creación de espacios que oscilando entre el Aquí y el Allá problematizan al puertorriqueño tomando como base su lenguaje y cultura. En momentos en que el idioma resulta baluarte de la nación, el ensayo en su oralidad y bilingüismo, junto a la acumulación de objetos en Martorell, redefine la vitrina oficialista; reproducen un espacio celebratorio y desjerarquizador, donde la única presencia del puertorriqueño redefine los adverbios y sus fronteras geográficas: como sugiere una voz del ensayo, ella vive en Nueva York, un "pueblo de Puerto Rico". Y si extendemos más las fronteras, como se percibe en las piezas más recientes de Martorell —*Casaribe Caricasa* (1993) y *Pasaporte Portacasa* (1994)— entonces es necesario decir que Nueva York es un pueblo caribeño y latinoamericano.

Bibliografía

Barradas, Efraín. *Para leer en puertorriqueño: acercamiento a la obra de Luis Rafael Sánchez*. Río Piedras: Cultural, 1981.

Benjamin, Walter. *Illuminations. Essays and Reflections*. Ed. Hannah Arendt. Nueva York: Schocken Books, 1988.

Díaz-Quiñones, Arcadio. *La memoria rota*. Río Piedras: Huracán, 1993.

Martorell, Antonio. *La piel de la memoria*. Trujillo Alto: Envergadura, 1991.

_____ *Casa Singer*. 1991. Máquina de coser, alfiletero de terciopelo, cintas, ruedillas, lentejuelas, madera, patrones de costura, encaje y perlas. 120" x 120" x 96". Colección del artista.

_____ *Casaribe Caricasa*. 1993. 10' diámetro x 8'7" de alto. Espejos, vidrios, madera, papel, metal, focos fluorescentes.

_____ *La casa en el aire*. 1992. Sillas, dibujos, tela, vinilo, espejos y lentejuelas. 49' x 19'. Colección del artista.

_____ *Pasaporte Portacasa*. 1994. 10' diámetro x 8'7" de alto. Oleo, crayón, lápiz, tinta, madera, tela, estibas, metal, espejos, vidrios, mosaicos, azulejos, lozas.

Ortega, Julio. *Reapropiaciones (Cultura y nueva escritura en Puerto Rico)*. Río Piedras: Universidad de Puerto Rico, 1991.

Sánchez, Luis Rafael. *En cuerpo de camisa.* Río Piedras: Antillana, 1975.
_____ *La guagua aérea.* Río Piedras: Cultural, 1994.
_____ *La guaracha del Macho Camacho.* Buenos Aires: Ediciones de la Flor, 1976.
_____ *La importancia de llamarse Daniel Santos.* Hanover NH: Ediciones del Norte, 1988.

La importancia de llamarse Daniel Santos y la metaficción

Teresa Anta San Pedro

Teresa Anta San Pedro, española de nacimiento, trabaja actualmente en Newark Academy, New Jersey, habiendo sacado su licenciatura en Montclair State University y su doctorado en Rutgers. Ya tiene publicados artículos sobre Elena Garro, Luz María Umpierre y Luis Rafael Sánchez y hay otro nuevo sobre éste último en prensa. Su campo de investigación predilecto es la literatura del Caribe y de Centroamérica

La importancia de llamarse Daniel Santos es una obra en la que el ejercicio creador gira sobre sí mismo. Es una narración cuya autorreflexividad, como obra contemporánea, responde a lo que Breuer considera "la pérdida de la certidumbre de que [existe] una realidad objetiva".[1] Es un texto consciente de su carácter ficcional, por lo que la literariedad es uno de sus temas más importantes. Esta "narración híbrida y fronteriza, mestiza, exenta de las regulaciones genéricas"[2] es en sí un ejemplo latente de lo que el autor considera el acto de narrar por excelencia.

La autorreflexividad, como ejercicio auto-exploratorio, se hace presente desde el comienzo de la obra y continúa a lo largo de todo el cuerpo narrativo. Sánchez empieza su "falsa biografía", como la denomina Efraín Barradas,[3] con una "Presentación" titulada "El método del discurso". O sea, nos presenta un relato sobre el arte de narrar. Pasa de texto a metatexto. En esta breve presentación el "autor"-narrador[4] nos dice lo que debemos y no

---

[1] Rolf Breuer, en un estudio titulado "La autorreflexividad en la literatura ejemplificada en la triología novelística de Samuel Beckett", señala que nosotros hemos llegado a la conclusión, no solamente en la literatura, sino también en otras disciplinas de que no existe una realidad objetiva. Enfrentados con esta evidencia no tenemos otra alternativa que la de la autorreflexión. P. Watzlawick (editor), *La realidad inventada*, (Barcelona: Gedisa, 1988) 123.
[2] Luis Rafael Sánchez. *La importancia de llamarse Daniel Santos* (Hanover, NH: Ediciones del Norte, 1985) 5. Las citas referentes a este texto han sido extraídas de esta edición. A partir de esta nota, sólo aparecerá, siguiendo a la cita, entre paréntesis, el número de la página.
[3] Efraín Barradas, "La importancia de llamarse Luis Rafael Sánchez o permiso para un leve sobresalto crítico-literario", *La Torre: Revista de la Universidad de Puerto Rico* 2, 5 (1988).
[4] Monroe Beardsley, *Aesthetics* (Nueva York, 1958) 140. Citado por Seymour Chatman, *Story and Discourse* (Ithaca NY: Cornell University Press, 1983) 147. "The speaker of a literary work cannot be identified with the author —and therefore the character and condition of the speaker can be known by internal evidence alone— unless the author has provided a pragmatic context, or a claim of one, that connects the speaker with himself". A esto añade Chatman, "But even in such a context, the speaker is not the author, but the 'author' (quotation marks of 'as if'), or better the 'author'-narrator". Luis Rafael Sánchez se identifica como hablante, como narrador y como autor, por esta razón yo lo considero un "autor"-narrador.

debemos esperar de su obra. La separa de los géneros literarios, por no pertenecer a ninguno de ellos. La identifica por exclusión. Por estar "más allá de los textos que demarca la preceptiva, más acá de los textos que se confían a la tradición (5). Nos pide que "como fabulación, nada más debe leerse" (5-6), pues la aventura consiste en participar en el juego de la creación misma.

"El método del discurso", fiel a su título, nos informa sobre los pasos seguidos por el escritor para componer su obra. Primeramente nos presenta la parte del texto que ha sacado de la realidad circundante, sin cambiarla, modificarla o manipularla. "Algunas geografías, la letra de las canciones, su nombre, otros nombres populares, integran la verdad racionada del texto" (3). Luego añade que todo lo restante es un producto de su imaginación, sus sueños, sus pesadillas y sus alucinaciones. Finalmente nos explica cómo funde estas dos partes para crear su fabulación:

> Antes, para que la invención y la experiencia se confundan, patrocine los bares en cuyas velloneras él es una oferta clásica. Antes, para que el olor documental despiste los usos de la fantasía, escuché cuanto disco suyo estuvo a mi alcance. Antes, perseguí el rastro de su popularidad por varios recovecos y puntales de la América amarga ... Calibré la noche cálida de Cali. Anduve media ciudad de Panamá ... En Quito estuve dos veces ... Después, solo y desconfiado, perfeccionándome la neurosis de la insatisfacción, entrevisté fantasmas de mi libre hechura, forjé cartas ... mentí copias textuales de conversaciones apócrifas ... Después concerté diálogos ... y falsifiqué los dejes de la América amarga. (5)

Al mismo tiempo que el autor nos provee con esta información, nos está dando anticipadamente una panorámica del escenario, el medio-ambiente en el cual se desenvolverá su personaje. Su autorreflexión le lleva a prepararnos para lo que va a narrarse. Como nos dice Bruce Kawin en un estudio sobre la novela metatextual:

> Intermediary narration has two predictable effects: it alerts the reader to the subjective aspects of the rendition, and it boxes in the subject matter. As it is passes from hand to hand, the story becomes more manageable, its basic elements more distinct ...[5]

En esta introducción el autor se dirige al lector en su función de consejero pre-textual, lo que establece un pacto entre ambos. El autor en su papel de "escritor"-narrador aconseja a su "lector implícito",[6] le adelanta información sobre el "story"[7] o historia y también le da datos sobre las fuentes de su información. Estamos en un contexto totalmente metafictivo en el que el discurso nos remite a la creación del texto mismo. Como señala Sandra M.

---

[5] Bruce Kawin, *The Mind of the Novel: Reflexive Fiction and the Ineffable* (Princeton: Princeton University Press, 1982) 154.

[6] Chatman 149-50. "The counterpart of the implied author is the implied reader —not the flesh-and-bones you or I sitting in our living rooms reading the book, but the audience presupposed by the narrative itself".

[7] Chatman 146. "Every narrative ... is a structure with a content plane (called 'story') and an expression plane (called 'discourse')".

Boschetto: "La mediación en sí, sea como texto o como estructura implícita en el texto, deviene para el lector el objeto de su atención, tema de la novela".[8]

Luis Rafael Sánchez nos proporciona su fórmula narrativa, nos da las pautas necesarias a seguir como condición indispensable para la composición de un texto. Nos explica detalladamente lo que hace con la información recopilada, cómo la cambia y cómo la disfraza; para acabar dándonos una definición de su prosa, una evaluación del texto que tenemos en nuestras manos. Con ello el autor está legitimando su obra.[9] Esta valorización y legitimación, a su vez, establece un nuevo modelo en la literatura. *La importancia de llamarse Daniel Santos*, por su mera existencia como texto literario, se convertirá en un ejemplo de lo que el autor considera como buena narrativa.

> Una prosa danzadísima me impuse, una prosa que bolaricé con vaivenes. Los apremios de la carnalidad, el cuerpo que tatúa otro cuerpo con los filos de la caricia, la legalización de la cursilería... También los antiheroísmos lumpenales. También el trasiego de gemidos por las lenguas guerreras de los amantes. (5)

Es una narrativa que, como podemos deducir por la cita anterior, apela a los sentidos, a las sensaciones, al cuerpo. Como asegura Efraín Barradas, "en la lectura del texto mismo ... está el placer".[10] Es la suya una prosa que puede interpretarse y comprenderse a través de la fórmula de Baudrillard: "Antes los males corporales se sublimaban en las pasiones del alma, hoy la desublimación de las pasiones se hace por las vías del cuerpo".[11]

La preocupación por el arte de narrar se presenta en la fabulación a diferentes niveles, de forma y de contenido. El autor subvierte los métodos discursivos tradicionales y los sustituye por otros, que él considera más apropiados para su temática y más representativos de sus personajes. Como sostiene Barthes, los personajes y el discurso son "cómplices uno del otro".[12]

Luis Rafael Sánchez en *La importancia de llamarse Daniel Santos* reemplaza el autoritario discurso del tradicional narrador omnisciente por una variadísima gama de voces. Rechaza el uso de cualquier autoridad narrativa que monopolice la narración y la sustituye por una polifonía al estilo de Bakhtin.[13] Su discurso no se limita al uso de los recursos tradicionales del diálogo, el monólogo, las memorias, las cartas, etc., ni a la polivocalidad. Él incorpora todos los medios utilizados por las grandes masas, los medios usados por la cultura popular, tales como el melodrama, la cinta magnetofónica, la radio, el bolero, los periódicos, etc.[14] Esta variedad de métodos discursivos no solamente pone

---

[8] Sandra M. Boschetto, "Dialéctica metatextual y sexual en *La casa de los espíritus* de Isabel Allende", *Hispania* 72-3 (1989) 530.
[9] Carlos Rincón, "Metaficción, historia, posmodernismo: a propósito de *El general en su laberinto*", *Nuevo Texto Crítico* 5 (1992) 194.
[10] Comentario escrito por Efraín Barradas en la cubierta del texto.
[11] J. Baudrillard, *Cool Memories II, 1987-1990*, París: Galilée, s.d. 72.
[12] Roland Barthes, *S/Z* (México: Siglo XXI, 1980) 150.
[13] Mikhail Bakhtin, *The Dialogic Imagination: Four Essays* (Austin: University of Texas Press, 1981).
[14] John G. Cawelti, *Adventure, Mystery, and Romance: Formula Stories as Art and Popular Culture* (Chicago: University of Chicago Press, 1976) 5-50. Este estudio de Cawelti puede ayudarnos a

en tela de juicio la autosuficiencia de un narrador como única voz y elimina toda posibilidad de una autoridad o centro en el texto, sino que también legaliza "la cursilería", como el mismo Sánchez nos ha señalado. Banaliza el arte. La autorreflexión sobre la necesidad de coordinar la forma con el contenido,[15] consecuentemente, dicta el montaje discursivo, como el autor nos asegura en la "Presentación". El "melodrama, son algunos de los escaparates verbales que iluminó tal imposición" (5).

Además del carácter polifónico que complica el acercamiento a la fabulación, su lectura se dificulta con su laberíntica estructuración. Estructura confeccionada a base de retazos sueltos y constantes desplazamientos de tiempo y espacio, que obligan al lector a desempeñar una labor activa en su lectura. Éste no solamente tiene que participar en desentrañar el texto, también tiene que construirlo. El espacio narrativo, en una gran parte, lo componen las historias sobre las experiencias del cantante en sus giras a través de las Américas. La trama, por falta de otro término, se desarrolla en unidades temporales independientes, faltas de una cronología, un orden, una continuidad. El lector, por lo tanto, se embarca en un viaje literario en el que le corresponde la tarea de organizar el texto y proveer una explicación literaria.

 —Si no me atan hago picadillo cubano con mis venas ...
 —Las horas nocturnas remaban por vigilias estragadas con Bacardí y ron Cotunta ...
 —Cisne Negro, prolóngame con puntos cubanos de Guillermo Portabales ...
 —A La Habana, donde triunfó la desesperación cuando no hubo placer pecaminoso que estrenar, llegó él apertrechado de pecados impensados ...
 —¡Muero porque no muero! ...
 —¡Frappé de Valium que me despapayo! ...
 —Pulcritud en el manejo del castellano o acabamos locas bárbaras ...(23)

El "escritor"-narrador, creado por el "autor implícito",[16] también entra en la obra para recordarnos una y otra vez que lo que estamos leyendo no es real. "Yo los invento a todos ... Yo corrijo su predicación ... dios que oprime la tecla de impresión si la escritura ... le parece eficaz, merecedora de mostrarse" (13). Esto parece romper con la sagrada ley de la verosimilitud[17] cuando en realidad el autor está conscientemente poniendo al descubierto

---

comprender cómo los métodos discursivos de la cultura popular pueden ser utilizados para crear obras de arte.

[15] Roberto Echavarren, *Manuel Puig: montaje y alteridad del sujeto* (Santiago, Chile: Instituto Profesional del Pacífico, 1986).

[16] Wayne Booth, *The Rhetoric of Fiction* (Chicago: University of Chicago Press, 1961) 70-71. "As he writes, [the real author] creates not simply an ideal, impersonal 'man in general' but an implied version of 'himself' that is different from the implied authors we meet in other men's works... However impersonal he may try to be, his reader will inevitably construct a picture of the official scribe". Como nos dice Chatman: "He is 'implied', that is, reconstructed by the reader from the narrative. He is not the narrator, but rather the principle that invented the narrator, along with everything else in the narrative... He, or better, *it* has no voice... It instructs us silently, through the design of the whole" (148).

[17] Jonathan Culler, *Structuralist Poetics* (Ithaca NY: Cornell University Press, 1975). Gérard Genette, "Vraisemblance et Motivation", *Communications* 11 (1968) 6.

el montaje de la ficción. Como asegura Linda Hutcheon: "La ficción más honesta es aquélla que reconoce abiertamente su ficcionalidad",[18] pues como Carlos Rincón dice, en el "texto autoconsciente no hay diferencia alguna entre 'real' y 'ficticio', los niveles del autor implícito y los de las figuras se entrecruzan una y otra vez",[19] sin que ello afecte a la verosimilitud del texto.

Óscar Rivera Rodas, en un estudio sobre las comedias de Vargas Llosa, dice que los textos dramáticos de éste se caracterizan por la representación de dos tipos de realidad, la objetiva y la subjetiva. Según Rivera Rodas, son "dos magnitudes que en su enfrentamiento e interacción integran la experiencia humana, y abren un espacio dialéctico para dar cabida a la metaficción".[20] En *La importancia de llamarse Daniel Santos* se da esta misma dialéctica, pero aun más acentuada que en la obra de Mario Vargas Llosa. Luis Rafael Sánchez en este texto propone lo literario como espejo en donde mirarse y en donde mirar el mundo, pues para él, la literatura es más lógica que la vida. Esta última tiene que verse reflejada en la primera para reconocer su verdadera imagen. Esto quiere decir que, para poder comprender la realidad de la vida, tenemos que verla representada en la ficción, porque a ésta se le exige "que dosifique el descabellamiento ... También se le requiere evitar las conductas que no se motivan ... se le desaconseja la exageración ... se la frena con la cadena corta de la lógica y la cordura que a diario la vida desdeña" (154). La literatura es predecible, real, un "Texto cerrado ... obligatoriamente verosímil" (155), mientras la vida es un "Texto abierto ... por lo regular increíble, una casualidad tramposa cada día, de [una] fijación imprecisa" (155), que desconcierta al ser humano. Por esta razón éste solamente puede verse, comprenderse y realizarse en la ficción "donde los actores son observadores, y donde como observadores pueden ser y realizar lo que no pudieron como actores de sus propios actos".[21]

> ... la vida parece literatura, artificial organización de espacios y fingimientos, embuste madurado por el trabajo fabulador y sus rigores, parecería que necesita mirarse en el espejo de lo inventado para reconcerse. (153)

La literatura, consecuentemente, le devuelve a la vida su propia imagen, su identidad, lo que equivale a decir que la literatura es la autorreflexión de la vida misma, la metavida.

La importancia de llamarse Daniel Santos es el espejo de Latinoamérica, es el escenario en donde se representa el drama de la "América amarga". Sin embargo, ese mismo drama es el que está presente en el texto de las canciones del cantante Daniel Santos. Aquí no solamente estamos ante un drama dentro de otro drama, un texto dentro de otro texto, pero la letra de las canciones de Daniel Santos, siendo un texto independiente, también forman parte del texto global, de la narración central.

---

[18] Linda Hutcheon, *Narcissistic Narrative: The Metafictional Paradox* (Londres: Methuen, 1984) 49.
[19] Rincón 191.
[20] Óscar Rivera Rodas, "La metaficción en el espacio de la dialéctica: la comedia de Vargas Llosa," *Revista Canadiense de Estudios Hispánicos* V, XIV, 1 (otoño 1989) 117.
[21] Rivera Rodas 128.

> Machos que, con poética soez, redefinen el lenguaje venéreo —*Ahí te van siete pulgadas de cariño*. Machos que solapan las correrías rasas y satas con el declamado hipócrita y sensual de una milonga —*No me preguntes nunca, La historia de mi vida, Mi vida comenzó, Cuando llegaste tú*. Machos que solapan el estándar dúplice con una paráfrasis benemérita —*Yo te quiero blanca, Te quiero de espumas, Te quiero de nácar*. Machos auspiciadores del afecto opresivo y la cadena corta. (125)

Se ha roto totalmente con el realismo mimético y se ha construido una ficción de otra ficción. Como dice Antonio Sobejano-Morán: "a la postmodernidad no le interesa la imitación o reproducción de una verdad preexistente, sino la imitación que reconoce que no existe ningún original más allá de ella misma".[22] Sánchez, mediante la incorporación de técnicas del modo metafictivo también ha creado una narración en la que no hay una verdad como punto de partida, sino una ficción cuya realidad no va más allá de sí misma.

La autorreflexión sobre el poder de la palabra[23] es quizás la más predominante en *La importancia de llamarse Daniel Santos*. Ésta empieza con el título de la obra, con la importancia del nombre. "Y se atrevió la rareza de Martí ... Y sin pestañeos se atrevió él. Y el aplauso de todo un continente le dio derecho al nombre. Y su nombre se hizo famosísimo, predilecto, mítico... se hizo un nombre entre los nombres" (92). El nombre es un espejo en el que se ve reflejado el personaje. Daniel Santos es lo que es porque se llama como se llama. "La mención solitaria de su nombre levanta rumores de anarquía genital" (9). Como el mismo "escritor"-narrador nos asegura:

> El nombre impone. El nombre compone. El nombre dispone el clamor, la amargura, el purgatorio, el alivio que sólo un nombre consigue. un nombre entre los nombres ... Lo que es, lo que aspira ser, empieza por nombrarse aunque, nombrado, acabe por callarse. Desde el nombre se adora y se aborrece. Lo que está dentro de un nombre no puede estar fuera de él. Y no perfuma la rosa si no se nombra la rosa. Y en la rosa que nomina va adelantado el perfume. (93)

El consciente uso de los nombres, según Riffaterre, es una de las indicaciones más obvias de ficcionalidad autorreflexiva.[24] Éste no solamente identifica al personaje pero también lo condiciona. El nombre le exige a su portador ser lo que éste representa, vivir de acuerdo a las expectativas de ese nombre. Cuando un nombre no es representativo de la personalidad o el físico del nombrado, el pueblo lo ignora y bautiza al individuo con otro nombre o apodo.

> A Lipe le dicen Habichuela porque dijo Pepote Te lo Dije que la Negri le dijo que la Belinda le dijo que la Piraña le dijo que doña Ino le dijo *Una habichuela es dos veces el grande de lo que el pobre Lipe tiene colgado de la percha*. A Crispín le dicen El Ropero porque dijo Chico Caimán que ... *Mucho creerse Mister Puerto Rico y entra con una llavecita de ropero que ni hace cosquillita*. (144-45)

---

[22] Antonio Sobejano-Morán, "La novela metafictiva antipoliciaca de Luis Goytisolo: la paradoja del ave migratoria", *Bulletin Hispanique* 93, 2, 424.

[23] Teresa Anta San Pedro, "El poder destructor de la palabra en la novela de Elena Garro, *Los recuerdos del porvenir*". *Explicación de textos literarios* XXII, 1 (1994-95) 43-56.

[24] Michael Riffaterre, *Fictional Truth* (Baltimore: The Johns Hopkins University Press, 1990) 33.

La recopilación de datos sobre la vida del cantante Daniel Santos, para que Sánchez pueda escribir su fabulación, constituye esa misma fabulación. La obra consiste en la letra de sus canciones, las confesiones de sus amantes y admiradoras, y las historias, leyendas y chismes que se han creado alrededor de su persona. O sea, la narración es una autorreflexión de sí misma. Por esta razón todos los personajes que aparecen en el texto tienen conciencia narrativa. Todos saben que sus discursos formarán parte de la historia que el escritor está escribiendo sobre el famoso ídolo.

> Asegúrese que el aparato ese trabaja. Que yo no me someto dos veces a la tortura china de revolver yaguas viejas ... Si esto que le cuento le sirve para ese libro que está planeando pues bien y más. Si no le sirve pues bien y más también. (15-17)

Las vivencias de los personajes, por lo tanto, no constituyen el texto, sino la autorreflexión sobre esas vivencias, al serle narradas al escritor para que éste las escriba.[25] En la obra no pasa realmente nada. Todo es metaficción, una narración sobre otras narraciones que narran las experiencias de los personajes presentes en la narración central, o historias que éstos conocen por referencias. "Tras el lío con Satira se refugió aquí en Cali a beber aguardiente del Cauca, Y a tramitar el ovido. Aquella fue su temporada de mudanza a los sarcasmos y los cinismos" (36).

Las acciones, experiencias y sensaciones de los personajes no nos llegan directamente, nos llegan como cuento o historia, rumor, confidencia; o sea a través de la relación personaje-palabra o *indirect speech*.[26] Por lo tanto, los personajes también son conscientes de su ficcionalidad. Ellos saben que forman parte del discurso de la obra. No solamente son indispensables como entes de ficción en la composición y organización del texto, pero son creadores de ese texto.

La relación personaje-palabra no se limita al uso de ésta como medio discursivo, para que la historia de los personajes llegue a Luis Rafael Sánchez y luego éste se la pase a sus lectores en un libro. La palabra, como texto de las canciones de Santos, provoca, causa, origina la realidad ficcionalizada en la obra. Es una historia que nace de la ficción de sus canciones y de la leyenda creada alrededor del actor, del cantante. De la vida privada del Daniel Santos-hombre, no sabemos nada. La realidad presentada es aquélla que surge de la interacción entre el cantante y sus seguidores. La narración capta el impacto que el mito de Daniel Santos tiene en el pueblo hispanoamericano, cómo ese pueblo ama, odia, lucha, sufre y olvida al ritmo de las canciones del Anacobero. La fabulación, por lo tanto, es un relato sobre la música de Daniel Santos en la vida de su pueblo, Hispanoamérica. Es la ficción hecha vida y la vida hecha ficción, en las canciones de Santos y en el texto literario:

---

[25] Chatman 31-32. "The *discourse* is said to 'state' the story, and these statements are of two kinds —*process* and *stasis*— according to whether someone did something or something happened; or whether something simply existed in the story. Process Statements are in the mode of DO or HAPPEN... Stasis statements are in the mode of IS".

[26] Chatman 32. Según Chatman hay dos tipos de "speech —indirect versus direct: 'John said that he was tired' versus 'I'm tired' [said John]. The first necessarily entails a person telling what John said, while the second simply has John saying something —in the audience's presence, so to speak".

> versos de bolero que taladran el alma ... Versos que roban la tranquilidad, que desnudan, que atropellan. Versos que puyan y sajan ... Hay Daniel Santos para la dulcedumbre del enamorado ... Hay Daniel Santos para propiciar el clima en que el enamorado claudica ... Y en un sedoso cautiverio se refleja el enamorado a quien un solo verso le resume el sentir ... hay Daniel Santos para amenizar la cana al aire ... (97-98)

En *La guaracha del Macho Camacho* se vivía al ritmo de guaracha. En *La importancia de llamarse Daniel Santos* se ama a ritmo de bolero. El pueblo se siente palpitar, sueña y se sueña, olvida y se olvida en los boleros de Santos. El poder de la ficción es tal que el pueblo, al escuchar sus canciones, deja atrás su existencia de miseria y celebra lo único que tiene, la vida. "Le sobra duende. Aparecía con un liquiliqui blanco y los aplausos no se hacían esperar. Tampoco se hacía esperar la sonrisa amplísima para venezolanos prisioneros de unos tiempos difíciles" (40).

Daniel Santos-personaje también se perfila, como tal, a través de la palabra. Su existencia no depende de su presencia en la obra, sino de la presencia de su nombre, su leyenda, su mitología, sus canciones. "La bandera de la nación febril que es el Caribe ondea su majestad ilimitada si la enarbola la garganta patriarcal de Daniel Santos" (104). En la fabulación hay testimonios de las mujeres a quien amó, hay leyendas sobre sus primeras experiencias sexuales, hay relatos sobre aventuras acaecidas en los diferentes lugares en donde actuó, hay soliloquios de algunos de sus admiradores, hay diálogos mantenidos entre personas que lo conocieron o no lo conocieron, etc., etc; pero él nunca hace acto de presencia. La imagen de Daniel Santos surge del discurso, de una narrativa autorreflexiva. La conciencia de su carácter ficcional puede apreciarse desde el comienzo de la narración, en la segunda página de la primera parte del texto. El autor, valiéndose de la intertextualidad, lo caracteriza mediante la comparación con un ente de ficción, con don Juan Tenorio:

> a don Juan le salió el primo de América; primo de linaje silvestre y tatuaje por blasón. La misma talla de libertino, la misma prepotencia para hacer munición con el verso, semejante porfía. ... Parecido saber lograr la hipnosis obediente de un rostro de mujer. ... Parecido saber magnetizar la muchedumbre. (10)

La intertextualidad no solamente le sirve a Luis Rafael Sánchez para caracterizar a su personaje, también la usa para presentar un juicio sobre otros escritores, desde los clásicos ingleses y castellanos hasta los escritores más prestigiosos del siglo XX. En este juicio eleva a los altares a aquéllos que él considera grandes maestros de las letras, tales como Quevedo y Cervantes. Sin embargo baja de sus pedestales a otros que, según su criterio, no se merecen tal honor. Uno de éstos es Shakespeare:

> Un bardo inglés, propenso a auscultar el corazón humano con la estetoscopia de sus versos, inquirió "What is in a name?" [sic] El bardo inglés no era inmortal aún, por lo pronto era comiquero de mucho oficio y poco beneficio. Pero, ya estaba de vuelta de la genialidad, edificador sabio de piezas teatrales en las que el estupor vencía. (92)

Otro de los escritores cuya obra de buena gana condenaría a la hoguera es la de Borges. Lo critica por considerarlo un pedante:

"El nombre del bardo argentino sirve para todo, como la aspirina". ... El bardo argentino, propenso a los acertijos y los enigmas ... Edificador sabio de laberintos con ruinas de circular perturbación, laberintos con senderos que se bifurcan entre jardines sobrados de parábola, ... "Detrás del nombre está lo que no se nombra", exclamó el bardo argentino. Y en este verso ordenó su laberinto más tupido. (94)

Sánchez al no estar de acuerdo con las ideas de estos escritores no solamente los desmitifica, sino que está poniéndose a su nivel, está dándole mérito a su criterio y a su obra. Él, el autor de *La importancia de llamarse Daniel Santos*, en su autorreflexión, se atreve a criticar y a contradecir las ideas de los grandes monstruos de la literatura.

En conclusión, *La importancia de llamarse Daniel Santos* es una obra que desafía al lector con su nuevo ejercicio discursivo sobre la ficción "que se convierte en historia del proceso creador y en proposición estética".[27] Es un texto autoconsciente y revisionista que trasciende los modelos convencionales de la narrativa, excluyéndose con ello de los tradicionales géneros literarios y situándose en la periferia. Es una fabulación con conciencia de serlo y reclama su lectura, su existencia, en la literatura hispanoamericana.

---

[27] Lourdes C. Sifontes Greco, "Guillermo Meneses: del cuento al cuaderno metaficcional (Una lectura de las proyecciones de la especialidad en la cuentista Meneseana hacia la escritura de *El falso cuaderno de Narciso Espejo*", *Revista Iberoamericana* LX, 166-67 (enero-junio 1994) 181.

III. Teoría y Crítica (y teoría crítica)

Santa, o el espejismo naturalista

F. Javier Ordiz Vázquez

El español Javier Ordiz, que se licenció y se doctoró en la Universidad de Oviedo, trabaja ahora en la de León. Entre sus publicaciones se destacan: El mito en la narrativa de Carlos Fuentes *(León, 1987) y ediciones críticas de* Terra Nostra, *de Carlos Fuentes, y* La muerte de Artemio Cruz, *del mismo autor. Actualmente está preparando una nueva edición de* El mito en la narrativa de Carlos Fuentes, *un estudio del teatro evangelizador y un trabajo sobre Alejo Carpentier*

Las líneas que siguen tienen como objetivo una breve reflexión sobre un tema que, a mi juicio, no ha sido aún estudiado como debiera: el impacto del naturalismo francés en la novela hispanoamericana de finales del XIX y comienzos del XX. Una reflexión que toma como pretexto la conocida novela de Federico Gamboa, *Santa*, publicada en 1903.

Como punto de arranque, creo necesaria una conveniente delimitación de conceptos que clarifique en lo posible el ámbito en que nos vamos a mover. ¿Qué es el naturalismo? debemos preguntarnos como paso previo. Si nos quedamos con las definiciones *amplias* que se han dado de esta escuela desde su nacimiento hasta nuestros días, observaremos que no establecen apenas diferencias con el realismo; de hecho, la confusión entre ambas tendencias literarias es constante en los comentarios que se les dedican incluso por parte de escritores y críticos considerados como reputados especialistas en el tema, caso por ejemplo de la española Emilia Pardo Bazán. Se impone, por tanto, un deslinde de fronteras que ponga al descubierto las características verdaderamente *específicas* y diferenciadoras de este movimiento, algo que podemos hacer tomando como punto de partida los escritos teóricos de Émile Zola, y en particular su conocido estudio *La novela experimental* (1880). El tiempo es breve y las voy a resumir.

Desde el punto de vista de su ideología latente o filosofía profunda, la novela naturalista es la narrativa del positivismo científico. Zola, tomando como fundamento las investigaciones del médico francés Claude Bernard, intenta trasladar las observaciones de la medicina experimental al género narrativo. Añadidas a éstas, las tesis de filósofos de moda, como Comte, Taine, Spencer o incluso Schopenhauer, contribuyen a crear un universo ideológico en el que el hombre se concibe como un ser sin libre albedrío, determinado en su conducta por una serie de fuerzas ajenas a su voluntad, que el novelista debe descubrir en su origen y funcionamiento. El naturalismo indaga sobre todo en la presencia de dos de estas fuerzas: la herencia y el medio-ambiente, verdaderos fenómenos explicativos del carácter o la forma de actuar del personaje. El relato se sirve, a su vez, de unos códigos expresivos muy concretos, que encuentran su fundamento en la minuciosidad descriptiva de la estética realista, pero que se distancian de ella en la delectación casi morbosa por la descripción de personajes, hechos o imágenes desagradables; es la estética del *feísmo*, auténtica marca externa del texto naturalista. El narrador, mero observador de la historia y a quien no está permitido en caso alguno entrar en ella, suele presentar casos de personajes patológicos o marginales e investigar el origen e implicaciones de su situación. Son personajes tipo del naturalismo la prostituta o el demente, que además comparecen en sus propios ambientes (el burdel, el manicomio, los barrios bajos).

Ésta es la fórmula químicamente pura del naturalismo, que pronto se extendió por toda Europa dando lugar por igual a grandes elogios y enconadas críticas. No es éste el lugar para hablar del desarrollo del movimiento fuera de Francia, pero, en líneas generales, se podría afirmar que en pocos casos se aceptaron todas sus premisas e ingredientes. Un caso claro y cercano es el de España, adonde llegaron, por supuesto, las obras naturalistas y la polémica inherente a ellas, pero cuyos novelistas, salvo contadas excepciones, rechazaron el feísmo y el determinismo extremo, así como la amoralidad y el anticatolicismo que en esta escuela percibían.

La llegada del naturalismo a Hispanoamérica provoca también reacciones encontradas y un calado diferente dependiendo del país. Especial incidencia tendrá en Argentina, donde las tesis deterministas de herencia y medio sirven a autores como Cambaceres o Argerich para denunciar el peligro que para el futuro supone la inmigración incontrolada.[1] Pero hay que recordar que, en general, la novela hispanoamericana de esta época recoge los ideales y aspiraciones de la burguesía católica y conservadora, lo cual limita considerablemente la aceptación del naturalismo pleno. Sí se perciben numerosos ecos de esta escuela, pero habitualmente en obras que plantean una problemática muy distinta de la ortodoxia zoliana.

Es el caso de *Santa* (1903), tenida por muchos analistas como el ejemplo más claro del naturalismo mexicano. El relato refiere el continuo proceso de degradación física y moral de la protagonista que, engañada por un alférez que la abandona embarazada, es expulsada de su familia y de su pueblo tras abortar fortuitamente y se dedica a la prostitución hasta terminar sus días enferma y alcohólica.

Con *Santa* el burdel y los bajos fondos de México cobran carta de naturaleza en la novela de este país. Numerosos críticos han considerado este hecho suficiente para afiliar esta obra a la corriente naturalista, hecho que vendría avalado además por el estrecho parentesco que muchos quisieron advertir entre el personaje de Gamboa y Nana de Zola y las descripciones mayoritariamente negativas que hace el autor de la sociedad mexicana de la época. Sin embargo, como intentaré demostrar a continuación, es mucho más lo que separa a *Santa* del naturalismo que lo que la une a él.

En la novela, en primer lugar, está ausente casi por completo el feísmo zoliano —sólo se advierte tímidamente en algunas descripciones del personaje de Hipólito— y el narrador dista mucho de ser el observador imparcial de lo que narra; muy al contrario, extrae de continuo conclusiones morales de las escenas y hechos que describe. Pero además, un

---

[1] Especialmente en *En la sangre* (1887) de Cambaceres e *¿Inocentes o culpables?* (1885) de Argerich.

estudio detenido de la estructura de la obra pone al descubierto que la historia de *Santa* —y el nombre no es casual— se articula en torno a una serie de etapas —que también podríamos llamar funciones— que se podrían denominar de la siguiente manera: vida paradisíaca-trangresión-castigo-redención. Santa será culpable de transgredir las normas sociales y la moral religiosa, y su castigo consistirá en su expulsión del núcleo familiar y de su pueblo, que ella siempre recordará como un auténtico paraíso perdido. Incluso en sus momentos de mayor degradación moral, la joven guardará en un resquicio de su memoria el recuerdo de este edén de inocencia adonde desea vehementemente regresar, algo que, por cierto, no le ocurre a la Nana de Zola, prostituta vocacional y consciente siempre de la importancia de su poder en la sociedad de la época. Sin embargo, Santa sabe que el retorno es imposible, ya que, aunque exista un arrepentimiento sincero, la sociedad nunca admitiría a la pecadora. Pero la joven se salva, y lo hace por medio del sufrimiento y del amor: del terrible sufrimiento que le impone su enfermedad en los últimos años de su vida y el amor sincero que le profesa al ciego y monstruoso Hipólito. Santa muere, y la imagen simbólica de su redención nos la ofrece su entierro en su pueblo: la readmisión en el *Edén*. De esta conclusión se desprende, a mi juicio, la principal lección de la novela: no existe pecado ni pecador que Dios no perdone, y las reflexiones finales son muy significativas al respecto:

> Dios recibe entre sus divinos brazos misericordiosos a los humildes, a los desgraciados, a los que apestan y manchan, a la teoría incontable e infinita de los que padecen hambre y sed de perdón ... ¡a Dios se asciende por el amor o por el sufrimiento![2]

Aunque estoy lejos de establecer una filiación directa entre ambas, no deja de ser sugerente el parentesco de esta historia con la que nos cuenta un relato hagiográfico medieval castellano; me refiero a la *Vida de Sta. María Egipciaca*. Al margen del paralelismo en la historia de la prostituta arrepentida y finalmente perdonada, me ha llamado la atención la dicotomía interior-exterior del personaje que se opera en ambas: tanto Santa María como Santa, cuando gozan de una gran belleza exterior tienen su interior manchado, mientras que al final, cuando están expiando sus pecados, son físicamente detestables. Comparemos incluso esa moraleja anterior de Santa con la que figura en este relato medieval:

> Esto sepa tod'pecador/que fuer'culpado del Criador,/ que non es pecado/tan grande ni tan orrible,/ que Dios non le faga perdón/por penitencia ho por conffesión,/qui se repinte de coracón/ luego le faze Dios perdón.[3]

Este carácter fuertemente religioso-moralizante de Santa se sitúa prácticamente en las antípodas del naturalismo zoliano positivista y científico. Pero aun se podrían decir más cosas: en la novela no están presentes en ningún momento las leyes del determinismo. A pesar de que Gamboa sugiere tímidamente la posibilidad de que Santa lleve en la sangre

---

[2] Federico Gamboa, *Santa* (México: Grijalbo, 1979) 326. Referencias posteriores remitirán a esta edición.
[3] "Vida de Santa María Egipciaca", en Manuel Alvar (ed.); *Poemas hagiográficos de carácter juglaresco* (Madrid: Alcalá, 1967) 75.

"gérmenes de muy vieja lascivia de algún tatarabuelo que en ella resucitaba con vicios y todo" (96), la joven no es el conejillo de indias del experimentalismo naturalista y ni sus acciones ni su carácter son debidos a taras fisiológicas o estigmas hereditarios, sino a una mezcla de situaciones o pasiones que varían dependiendo de la circunstancia: presión social, necesidad, voluntad personal, amor ... en definitiva, a la riqueza, variedad y complejidad de la psicología humana enfrentada a situaciones casí límite, todo ello sazonado con una especie de misterioso fatalismo que planea siempre sobre la historia de la muchacha, y que poco tiene que ver con el planteamiento lógico-científico de la escuela zoliana. Tampoco el medio determina la elección original de la joven, aunque sí se advierte su presión cuando ésta hace un primer intento de regeneración y es el propio entorno el que se lo impide.

Muchos son los argumentos, en definitiva, que alejan a *Santa* del naturalismo estricto. Pero no hay que olvidar que también existen algunos factores, ya mencionados, que la emparentan con esta escuela y que han sido los culpables de hacer figurar esta obra en la nómina de la tendencia zoliana. Quizás deberíamos encontrar un término adecuado para designar a estas novelas —numerosas en Europa e Iberoamérica— que recogen sólo parcialmente el influjo del naturalismo francés. Personalmente, considero muy acertada la clasificación que establece el crítico español Jenaro Talens al plantearse un problema similar en el caso de la novela picaresca, que divide en tres categorías: novela *picaresca*, *parapicaresca* y *pseudopicaresca*. Sólo la primera de estas categorías reflejaría todas las características del género. La segunda, por su parte, utilizaría "el espacio picaresco para desarrollar problemas distintos a los específicos del género",[4] en tanto que en la tercera recalarían aquellas obras que ya de una manera muy lejana recogerían aspectos aislados del mismo. Cambiemos "picaresco" por "naturalista" y estaremos ante un modelo taxonómico que revelaría a *Santa* como novela *paranaturalista* y que contribuiría a separar de una manera más eficaz las voces de los ecos.

Bibliografía

Ara, Guillermo. *La novela naturalista hispanoamericana*. Buenos Aires: Eudeba, 1979.
Cambaceres, Eugenio. *En la sangre*. Claude Cymerman, editor. Madrid: Editora Nacional, 1984.
_____ *Sin rumbo*. Rita Gnutzmann, editora. Vitoria: Universidad del País Vasco, 1993.
Chevrel, Yves. *Le Naturalisme*. París: Presses Universitaires Françaises, 1982.
Pardo Bazán, Emilia. *La cuestión palpitante*. José Manuel González Herrán, editor. Barcelona: Anthropos/Universidad de Santiago, 1989.
Pattison, Walter T. *El naturalismo español. Historia externa de un movimiento literario*. Madrid: Gredos, 1965.
Zola, Émile. *El naturalismo*. Barcelona: Península, 1972.

---

[4] Jenaro Talens, *Novela picaresca y práctica de la transgresión* (Madrid: Júcar, 1975) 40.

El discurso literario en la contextualización del pensamiento iberoamericano

José Luis Gómez-Martínez

José Luis Gómez-Martínez nació en Soria, España pero se doctoró en la Universidad de Iowa, EE.UU. Ahora es miembro del profesorado de la Universidad de Georgia. Ha publicado, entre otros libros, Américo Castro y el origen de los españoles *(Madrid, 1975),* Bolivia: un pueblo en busca de su identidad *(Cochabamba, 1988) y* Teoría del ensayo *(2ª edición, México: UNAM, 1992). Sus próximos dos libros se titularán:* Ortega y Gasset y la formación de una conciencia iberoamericana *y* El discurso antrópico: hacia una hermenéutica del texto literario *respectivamente*

La problematización de todo discurso (proceso desconstructivo) que aporta la posmodernidad en su primera etapa, sirvió para romper con la rigidez con que se clasificaba el discurso humanístico. Las estrictas categorías de significación que se asignaban al discurso filosófico y al discurso literario, por ejemplo, desaparecen ahora. No pretendo con ello afirmar que en la posmodernidad desaparezca toda diferencia entre el discurso filosófico y el discurso literario. Pero la problematización del signo primero y luego del acto de significar, dentro de la complejidad que implica todo intento de codificación de un pensamiento constringido en los límites que impone cualquier sistema de signos, y la descodificación necesaria para establecer el puente de diálogo con el lector, tiende ahora a colocar en un mismo plano todo discurso humanístico. El acto de significar se vuelve hacia adentro. La verdad deja de ser un referente externo, permanente. Se interioriza en un proceso dinámico en correspondencia con el sentido también dinámico del ser humano, que sólo se define en el fondo de la contextualización de un estar haciéndose; es decir, en la tensión constante entre un discurso axiológico del estar y la toma de conciencia de la propia realidad que se expresa en el discurso axiológico del ser. En este sentido, todo discurso, el filosófico, el teológico, el literario, el económico, el sociológico, el político, etc., se nos presenta como una faceta de un discurso dialógico que lleva también implícito el discurso de la posmodernidad.[1]

---

[1] Discurso dialógico es aquél que se verifica en relación con el "otro" en cuanto agente problematizador; es decir, aquél que desconstruye el "nos-otros" para encontrar el referente humano, referente primario de todo diálogo, en su ineludible conexión con el "otro". El discurso dialógico asume, pues, una superación de la dicotomía del "yo" y del "otro" en que la modernidad encasilla al referente humano, para reconocer que se es únicamente en cuanto se es en los demás. O sea, el ser humano como un referente dinámico que sólo es posible representar a través de un discurso de base también dinámica, de un discurso dialógico.

El propósito de estas páginas, si bien ambicioso en sus implicaciones, es simple en la concreción de lo tratado. Me voy a limitar a reflexionar sobre un aspecto concreto: el proceso de mutua contextualización entre el discurso teológico y el literario. Y mis referencias se ciñen también a dos obras seminales, una de Gustavo Gutiérrez y otra de Marcos Aguinis, en el contexto de los *Documentos finales* de la reunión episcopal de Medellín en 1968.

Gustavo Gutiérrez inicia su libro *Teología de la liberación* (1971) con un extenso y significativo epígrafe que pertenece a la novela *Todas las sangres* de José María Arguedas. Con ello establece explícitamente un complejo proceso de contextualización. En un primer plano, el más inmediato, se refiere a un discurso que regresa de nuevo al hombre iberoamericano como referente humano "de carne y hueso", para anclar en él el primer eslabón de su proyección teológica. En un sentido más profundo supone una respuesta posmoderna al discurso teológico tradicional. Al problematizar Gustavo Gutiérrez la pretendida universalidad del discurso teológico, que en su proceso de abstracción perdía el referente humano que en un principio lo justificó, descubre su ineludible contextualización en un discurso axiológico concreto, que en el quehacer histórico siempre refiere a un espacio y un tiempo preciso. La expresión posmoderna de su "teología de la liberación" supone precisamente eso: desprenderse de las máscaras de universalidad que impedían el diálogo, recuperar y colocar en el centro de su discurso el referente humano en su sentido antropológico y, por lo tanto, contextualizar dicho discurso en el espacio iberoamericano actual.

Del mismo modo que el discurso teórico de Gustavo Gutiérrez encuentra un marco de referencia en la novela de Arguedas, su pensamiento, que articula preocupaciones de una época, sirve a su vez de contexto en el desarrollo de la expresión artística iberoamericana, cerrando así un círculo, siempre renovado, en el que participa de modo especial el discurso literario. Este reconocimiento explícito de la intercontextualización es precisamente una de las notas distintivas del discurso posmoderno y, como tal, parte fundamental de los *Documentos finales de Medellín* (1968). Esta obra, en efecto, puede considerarse, junto a la novela de García Márquez, *Cien años de soledad* (1967), el libro de Leopoldo Zea, *La filosofía americana como filosofía sin más* (1969), o las obras de Gustavo Gutiérrez, *Teología de la liberación* (1971), y Paulo Freire, *Pedagogía del oprimido* (1971), como el primer "manifiesto" posmoderno iberoamericano de repercusión continental.[2]

En respuesta al llamado de *Medellín* y en diálogo con los postulados fundamentales del discurso de la liberación, se publica en 1970 una novela inmersa en el contexto de una respuesta posmoderna iberoamericana al discurso eurocentrista, sobre todo en su dimensión teológica; pero se trata, además, de una novela que a su vez problematiza y contextualiza de modo irreversible el discurso teórico de la teología de la liberación, según ésta se realiza en las décadas de los años setenta y ochenta. Me refiero, por supuesto, a *La cruz invertida*, premio Planeta 1970, del argentino Marcos Aguinis. En este caso el discurso literario y el discurso teológico son coetáneos. Ambos responden al llamado de *Medellín*, ambos participan de la procupación posmoderna de liberación y ambos arrancan de la

---

[2] Segunda Conferencia General del Episcopado Latinoamericano, *Documentos finales de Medellín* (1968) (Buenos Aires: Ediciones Paulinas, 1985).

problematización del discurso axiológico de los sesenta. Y sin embargo, no se formulan en proyección paralela; el discurso teórico de Gutiérrez proyecta un anhelo utópico, el mundo "ficticio" de Aguinis se adentra en el fango de la realidad; en *Teología de la liberación* se desarrollan las implicaciones de lo expuesto en *Medellín* a la par que se traza la pauta de lo que debiera ser; en *La cruz invertida* se problematiza el discurso teórico, se arroja el ideal de un proyecto en confrontación con la realidad cotidiana.

En un plano más profundo la estructura de *La cruz invertida* busca suprimir el discurso dominante. Entiéndase bien, sin embargo, que "suprimir el discurso dominante" no significa en Aguinis reprimir el discurso del autor implícito. Muy al contrario, y con ello supera la infecundidad del discurso posmoderno centroeuropeo. En ningún momento se cuestiona la posibilidad de significar en un discurso humanístico cuyo referente sea el ser humano en su hacerse. Se cuestiona, eso sí, el discurso bancario que depende de un referente acabado externo. Es decir, el mensaje que Aguinis codifica en el signo escrito no se da como algo hecho, como pretende, por ejemplo, el texto teórico de Gustavo Gutiérrez, sino que lo es sólo en la medida que lo es en el lector; o sea, se problematizan unos supuestos axiológicos, no con el propósito de significar en el sentido externo de definir (concepto bancario), sino con el objetivo de incitar a que el lector, en él y para él, signifique.[3] Aguinis, pues, sólo pone en entredicho el concepto de "dominante". El discurso del autor implícito es omnipresente en *La cruz invertida*, pero es un discurso dialógico, cuya realidad se construye a través de la realidad del "otro". A esta necesidad responde la estructura de la obra, que se encuentra dividida en setenta y ocho apartados numerados consecutivamente. En dichos apartados se fragmenta la realidad y se destruye la ilusión encubridora de poder representar una totalidad, de que la transcripción escrita pueda ser mimesis de la realidad histórica. El tiempo a que se refieren dichos apartados no corresponde tampoco al discurso bancario (discurso de la modernidad) de un tiempo cronológico externo ni al discurso dominador de un tiempo sicológico. Es un tiempo interno, parte de un discurso dialógico (humanístico, posmoderno) que reconoce la distancia y distanciamiento ineludible que conlleva la palabra escrita, pero que cree en la posibilidad del diálogo cuando el significante nos refiere sólo a la realidad interna, cambiante, del referente humano. Bástenos las consideraciones hasta aquí anotadas para contextualizar en el plano estético las reflexiones que siguen.

Nos hemos referido ya repetidas veces al aliento de posmodernidad que caracteriza el discurso de la liberación. En el tiempo del que todavía dispongo voy a desarrollar esquemáticamente uno de los puntos que fundamentan mi aserto dentro de las tres obras fundamentales que he escogido para ejemplificar mi tesis; es decir: *Documentos finales de Medellín*, *Teología de la liberación*, de Gustavo Gutiérrez, y *La cruz invertida*, de Marcos Aguinis. (Y para ser más concretos me voy a limitar igualmente a un solo aspecto).

---

[3] Para un tratamiento más extenso de los conceptos "bancario" y "humanístico" véase mi libro *Teoría del ensayo* (México: UNAM, 1992); para la obra de Aguinis, mi estudio monográfico "Discurso narrativo y pensamiento de la liberación: *La cruz invertida* en la contextualización de una época", en *El ensayo en nuestra América. Para una reconceptualización* (México: UNAM, 1993) 115-73.

La problematización del vocablo "Iglesia" en el discurso axiológico iberoamericano

El referente "Iglesia", al problematizarse (al someterlo a un proceso desconstructivo), se desdobla en múltiples contenidos que pronto se descubren en su irreconciliable naturaleza. Para *Medellín*, el modelo que proporciona la institución de la iglesia contemporánea no es suficiente. Es decir, se rechaza la visión dicotómica del hombre que caracteriza a la iglesia tradicional, a la vez que se asume una dimensión antropológica del proyecto salvífico. Tanto el discurso teológico de Gutiérrez como el literario de Aguinis coinciden en que "las aspiraciones auténticamente humanas" giran en torno al deseo de liberación. En ambos discursos se desdobla el concepto de liberación, que se hallaba anquilosado en una dimensión espiritual (liberación individual del pecado) y que se perdía en una abstracción aliniante por olvidar la dimensión humana. Para ello, problematizan el concepto primeramente en proyección descendente hasta encontrar el referente humano. Se procede del siguiente modo: para que el ser humano pueda aspirar a liberarse del pecado necesita primero tomar conciencia de su realidad, pero para ello hay que liberarlo antes de la condición subhumana en que la opresión de las estructuras socio-políticas y los sistemas de producción lo mantienen sumergido. Una vez encontrado el referente humano, se le convierte en sujeto de su propia liberación en proyección ahora ascendente en busca del hombre nuevo. Pero al enriquecer de este modo la codificación implícita en el término "liberación" se descubre también el ineludible contexto político/social que conlleva. El "estado de pecado" no puede ya definirse únicamente en cómodas referencias a un mundo individual espiritual. El ser humano integral exige igualmente un cristianismo integral, por lo que la conciencia cristiana no puede permanecer impasible ante la opresión. La contextualización iberoamericana de este nuevo cristianismo descubre la existencia real de un estado de opresión.

Ahora bien, aun cuando ambos discursos beben de las mismas fuentes teóricas y parten de un mismo contexto iberoamericano, el teológico de Gutiérrez reflexiona sobre la realidad (el discurso axiológico del estar iberoamericano en la década de los sesenta), pero sin contar con dicha realidad; el discurso literario de Aguinis, por su parte, somete la visión utópica del teólogo a la presión (dimensión de posibilidades y obstáculos) del pueblo a "salvar" y de los grupos de poder reacios a aceptar cualquier tipo de transformación del *status quo* que no redunde en su provecho. Gustavo Gutiérrez, consecuente a su pensamiento, da énfasis a la necesidad de "una radical opción por los pobres", que es también la base de su proyección utópica. Marcos Aguinis pone en práctica dichos principios, para destacar luego el poder aplastador de las fuerzas reaccionarias apoyadas en la rigidez de las estructuras de poder vigentes. Así, mientras Gutiérrez termina su libro pidiendo que la teología se haga en solidaridad con el pobre y con fe en el oprimido como sujeto de su propia liberación, Aguinis termina el suyo con el "apocalipsis" de un intento.

En este contexto la formulación más radical es aquélla que propone un nuevo concepto del Reino de Dios: la superación a través del discurso posmoderno del dualismo de la Iglesia, que permitía mantener una artificiosa separación entre sus fines y los de la sociedad, traía consigo ramificaciones profundas en el modo de interpretar su misión salvífica. Se trataba de un cambio de perspectiva: de una visión cosmogónica del mundo ocupada únicamente en el destino espiritual del hombre en "la otra vida", se pasa a una visión antropológica, donde se anula el dualismo espíritu/cuerpo en una interpretación integral del ser humano y donde la dualidad de planos se convierte ahora en una progresión de planos. Con ello, el Reino de Dios deja de "localizarse" en un mundo exclusivamente espiritual para convertirse en proyecto humano; es, sin duda, proyecto utópico, en cuanto su plenitud no es de este mundo; pero también, como utopía exige nuestro compromiso para que su inicio sea obra humana aunque sólo se realice en Dios.

Para la Iglesia católica esta posición supone una ruptura radical, al decir de su ala conservadora, o simplemente una ruptura con su pasado inmediato, que recupera la verdadera dimensión de la iglesia de Cristo, según Gustavo Gutiérrez y los teólogos de la liberación.

En *La cruz invertida*, no importa tanto la fundamentación teológica, aun cuando ésta se integra magistralmente en el discurso literario. La novela desarrolla primordialmente la problemática que conlleva actuar bajo tales convicciones y la complejidad del concurso humano en el devenir social. El fracaso final de los "teólogos de la liberación" en su intento de forzar un cambio inmediato, que hubiera podido parecer pesimista en 1970, pero que resulta profético en nuestros días, apunta a la futilidad de todo esfuerzo que pretenda cambiar las estructuras sociales, sin una previa modificación del hombre. El mismo "juicio eclesiástico" con que culmina la obra de Aguinis (contextualizado él mismo en el caso histórico de Camilo Torres y profético de la situación posterior de Leonardo Boff), simboliza también la distancia enorme que separa el discurso teórico y su actualización en la práctica pastoral. En otras palabras, la contextualización del discurso teológico en el literario proporciona a ambos un nueva dimensión dialógica.

A "Metafísica" do Grande Sertão: Filosofia e Linguagem em Guimarães Rosa

Danilo Marcondes de Souza, Filho

Danilo Marcondes de Souza, cuyo campo de investigación principal es la filosofía del lenguaje, es de nacionalidad brasileña pero se doctoró en la Universidad de St. Andrews, Escocia. Ahora es catedrático en la Pontifícia Universidade de Rio de Janeiro donde ha sido director del Departamento de Filosofía y luego Decano de la Facultad de Teología y Ciencias Humanas. Entre sus publicaciones se destacan: Language and Action *(Amsterdam-Philadelphia, 1984) y* Filosofia, Linguagem, Comunicação *(2ª edición, São Paulo, 1992), y es co-autor del* Dicionário Básico de Filosofia *(2ª edición, Rio de Janeiro, 1992). Actualmente está preparando un artículo: "Atos de Fala e Análise do Discurso - por um Novo Desenvolvimento"*

O sertão está em toda parte ...
Guimarães Rosa, *Grande Sertão: Veredas*

Grande Sertão: Veredas de João Guimarães Rosa, talvez o mais importante romance brasileiro deste século, tem sido analisado através de múltiplas perspectivas, que, é claro, não se excluem, desde romance de cavalaria à narrativa mítica e ao poema épico; desde como representando o mais puro regionalismo até como tendo uma dimensão universal.[1]

Minha proposta, bem pouco modesta, é de oferecer-lhes uma leitura filosófica desta obra, procurando explorar mais especificamente o que chamaria de sua "dimensão metafísica" e sua relação com a linguagem.

Mas, o que poderíamos considerar uma "leitura filosófica" de uma obra literária? Penso que se trata de uma leitura que busca explicitar e reconstruir a dimensão filosófica de um texto literário, partindo do pressuposto de que o discurso literário consiste em uma das formas privilegiadas de tratamento das grandes questões e dos temas centrais da filosofia em toda a nossa tradição cultural.

A filosofia desde as suas origens na Grécia Clássica tem se caracterizado por uma forma específica de tratamento de suas questões, consistindo sobretudo em uma linguagem que possui um duplo aspecto: *conceitual*, na medida em que introduz e define conceitos

---

[1] Primeira edição publicada em 1956. Segunda edição "definitiva": 1958 (Rio de Janeiro: José Olympio). Todas as referências ao longo deste trabalho são à 27ª edição (Rio de Janeiro: Nova Fronteira, 1994). Sobre estas múltiplas perspectivas, ver Eduardo Coutinho, "*Grande Sertão: Veredas*, Épico, Lírico ou Dramático?" em *Em Busca da Terceira Margem: Ensaios sobre Grande Sertão Veredas* (Salvador: Fundação Casa de Jorge Amado, 1993).

através dos quais suas questões básicas são examinadas; e *argumentativo*, na medida em que utiliza-se de uma lógica própria que pretende demonstrar, provar, ou ao menos justificar as teses que afirma. O discurso literário, ao contrário, não é conceitual, mas antes é da ordem do metafórico, do simbólico, do imaginário; e tampouco é argumentativo, mas sim persuasivo, envolvente.

Apesar destas diferenças, o discurso literário pode ser considerado como tendo uma dimensão filosófica na medida em que freqüentemente trata os grandes temas da filosofia através da linguagem literária. Por sua vez, a filosofia também tem recorrido ao que poderíamos considerar uma linguagem literária, isto é, figurativa, metafórica, simbólica, quando reconhece uma espécie de esgotamento da linguagem conceitual para o tratamento de seus temas. O exemplo talvez mais importante e mais famoso disto encontramos em ninguém menos que o próprio Platão, quando recorre à narrativa mítica, ao *mythos* por oposição ao *logos*, o que ocorre com freqüência em seus diálogos.[2] Platão afirma precisamente isto; há questões cuja complexidade e profundidade não nos permitem nos acercarmos delas pela linguagem conceitual; há conceitos que não podemos simplesmente definir de modo direto, objetivo, inequívoco, mas dos quais nos aproximamos indiretamente, obliquamente, cujo sentido só pode ser sugerido, de modo a evocar o entendimento em nosso interlocutor. A literatura trata de questões filosóficas, e a filosofia recorre também a uma linguagem literária. É neste sentido que o discurso filosófico e o discurso literário podem ser aproximados. E *Grande Sertão: Veredas* consiste em um caso exemplar desta aproximação.

O ângulo específico que escolhi para minha abordagem desta obra é sua *metafísica*, porque o considero um de seus eixos definidores.[3] Mas o que quer dizer precisamente "metafísica" neste contexto?

Dois grandes temas caracterizam a metafísica desde a sua origem na filosofia grega clássica, principalmente na tradição socrático-platônica. A metafísica pode ser entendida como tentativa de definição do Real, de sua essência, e a metafísica pode ser vista como tratando do auto-conhecimento, o processo pelo qual o homem busca conhecer a si mesmo. Os dois temas se articulam na medida em que a jornada do auto-conhecimento e o processo pelo qual o homem vem a conhecer o Real são na verdade dois aspectos de um mesmo processo. Trata-se do velho tema filosófico da busca da verdade, que remonta ao poema de Parmênides e ao Mito da Caverna de Platão.

Porém, sobretudo a partir do Pensamento Moderno (séc. XVII), da tradição inaugurada por Montaigne e da qual Descartes é o melhor representante, temos precisamente uma "Metafísica da Interioridade", em que o caminho para o conhecimento do Real passa necessariamente pelo auto-conhecimento, pela reflexão, pela tomada de consciência. A filosofia tem como função essencial definir este caminho que nos leva ao real e a nós mesmos. Pretendo assim ver o *Grande Sertão* como metáfora do *Real*, como constituição

---

[2] Talvez o melhor exemplo disto seja a célebre trilogia "Mito do Sol", "Mito da Linha Dividida" e "Mito da Caverna", na *República*, livros VI-VII.

[3] Tomei conhecimento do livro de F. Utéza, J. G. R: *Metafísica do Grande Sertão* (São Paulo: EDUSP, 1994), apenas recentemente, sem poder portanto levá-lo em conta na elaboração deste trabalho. Entretanto, Utéza entende metafísica em um sentido místico-religioso, e é principalmente esta dimensão da obra de Guimarães Rosa que analisa.

do *espaço metafísico* e as *veredas* como o *caminho*, ou caminhos, que nos levam até ele.[4] E é fundamentalmente pela linguagem que forja que o autor constitui este espaço.

Segundo a frase famosa de Heidegger, "a linguagem é a morada do Ser". Guimarães Rosa, em *Grande Sertão: Veredas*, constrói uma linguagem própria como forma de expressão da realidade do sertão e como forma de expressão do narrador, Riobaldo. É conhecida a anedota segundo a qual para mostrar como Guimarães Rosa adotava e reproduzia em sua obra o linguajar característico dos sertanejos, alguém teria lido passagens de *Grande Sertão* para sertanejos autênticos que, evidentemente, não se reconheceram naquele modo de falar.

Examinemos a obra mais de perto. *Grande Sertão: Veredas* é a estória de Riobaldo, um antigo jagunço, narrada por ele próprio, na primeira pessoa do singular, aparentemente ao autor do livro, um homem educado, da cidade, como sabemos pelo próprio Riobaldo: "invejo é a instrução que o senhor tem" (83).[5] O episódio central desta narrativa é a jornada empreendida por um bando de jagunços, a que Riobaldo pertence, em busca dos assassinos de Joca Ramiro, Hermógenes e seu bando, contra os quais desejam vingança. Todos os demais episódios, estórias, tramas paralelas, evocações de infância, lembranças, anedotas, de que a narrativa se compõe como um grande mosaico, são referidas a esta missão através dos sertões que Riobaldo e seus companheiros realizam.

Geograficamente, o sertão que percorrem situa-se na fronteira entre os estados de Goiás, Minas Gerais e Bahia, limitada ao leste pelo rio São Francisco e a leste pela Serra Geral de Goiás, em um território semi-árido e vazio demográfico, aonde curiosamente atualmente se localiza o *Parque Nacional Grande Sertão: Veredas*, assim batizado em homenagem à obra em um destes casos em que "a realidade incorpora a ficção". Efetivamente são inúmeras as referências no texto a rios, riachos, córregos, montanhas, vales, matas, fazendas, vilas, em grande parte existentes e perfeitamente identificáveis.[6]

Procuraremos analisar então como Guimarães Rosa transforma este sertão remoto, obscuro e escassamente habitado em *espaço metafísico*, a "verdadeira realidade", lugar do saber e do auto-conhecimento, cujo principal paradigma filosófico é o Mundo das Formas de Platão. Lugar em que se dá a luta entre o Bem e o Mal, em que se manifestam Deus e o Demônio, em que Riobaldo descobre a si mesmo e a seu Outro, seu amor impossível, o "jagunço" Diadorim, e em que, como repetidamente diz, "viver é muito perigoso". O sertão é o real, e as veredas, o caminho pelo qual Riobaldo penetra neste espaço em sua jornada de auto-conhecimento. E é o caminho, mais do que o ponto de chegada, talvez inatingível, ou mesmo inexistente, que é constitutivo do significado desta realidade, que a revela e revela o indivíduo a si mesmo. "Digo, o real não está nem na saída nem na chegada: ele se dispõe para a gente é no meio da travessia" (52). O episódio da travessia

---

[4] Ver pág.45, "vereda" como caminho, passagem; pág. 60, "vereda" como riacho, córrego, "caminho d'água".
[5] João Guimarães Rosa (1908-67) foi médico e diplomata, nascido em Cordisburgo, Minas Gerais, tendo em sua juventude percorrido os sertões do estado acompanhando tropas de gado, de onde viria sua familiaridade com aquela região e sua gente.
[6] Ver a este propósito, A. Viggiano, *Itinerário de Riobaldo Tatarana* (Rio de Janeiro: José Olympio, 1978).

da região intransponível do Liso do Suçuarão é uma das principais metáforas deste dificultoso caminho.

A distinção entre *Realidade* e *Aparência*, a necessidade desta distinção e a dificuldade em estabelecê-la, são alguns dos grandes temas da metafísica que percorrem toda a tradição filosófica. A aparência caracteriza-se pelo mundo dos fenômenos, o mundo de nossa experiência concreta, em que vivemos e agimos. A realidade é o mundo mais profundo que guarda o sentido do mundo em que vivemos, que o explica, que o torna inteligível, a partir do qual podemos determinar as verdadeiras causas do que acontece. A jornada do conhecimento nos leva, ou nos deve levar, da aparência à realidade. Seu melhor exemplo é o processo de libertação do prisioneiro até à visão do Sol no Mito da Caverna de Platão. Na metafísica tradicional, de caráter profundamente realista, o homem tem pleno acesso a esta realidade, é capaz de conhecê-la e de determinar o seu sentido. A partir, no entanto, do Pensamento Moderno esta possibilidade se problematiza e o conhecimento da realidade passa a caracterizar-se muito mais como um processo de construção a partir do sujeito, que jamais pode no entanto esgotá-la totalmente, do que como um processo de descoberta de seu sentido como algo de autônomo, dado, objetivo. As fronteiras entre Realidade e Aparência começam a se confundir.

A crise da Modernidade do século XIX, por sua vez, pode ser entendida sobretudo como crise desta concepção de sujeito do conhecimento, do sujeito do racionalismo cartesiano, lugar da verdade e da certeza, através do questionamento da subjetividade em Hume e da sua redefinição em Kant, da introdução da historicidade com Hegel; crise existencial e religiosa em Kierkegaard, crise de valores, éticos, estéticos e culturais em Nietzsche. A narrativa de Riobaldo em *Grande Sertão* pode ser entendida exatamente nesta perspectiva.

Riobaldo é o narrador reflexivo, característico desta crise da modernidade, com suas perplexidades diante do mistério do mundo, e forçado a procurar as respostas para suas questões muito mais em si mesmo, a partir de sua experiência e de sua existência do que em algo que emerge do real enquanto tal. "Sertão é dentro da gente" (270). As fronteiras entre realidade e aparência se confundem e se problematizam. As respostas levam a novas dúvidas e jamais são inteiramente satisfatórias, jamais são definitivas. "Vivendo se aprende, mas o que se aprende, mais, é só a fazer outras maiores perguntas" (363). Na famosa fórmula de Kant, "a razão nos coloca questões que não podemos responder, mas que também não podemos evitar" (*Crítica da Razão Pura*, Prefácio, 1ª ed., AVII). Ao contrário do que ocorre em Platão, o caminho do prisioneiro que se liberta da caverna não o conduz mais até ao Sol; o caminho é sem fim e nem sempre nos leva aonde pensamos chegar.[7] Há uma metáfora ilustrativa disso no texto quando Riobaldo diz: "a gente quer passar um rio a nado, e passa; mas vai dar na outra banda em um ponto muito mais embaixo, bem diverso do que primeiro se pensou" (25).

A metafísica da interioridade e a busca do auto-conhecimento não têm uma solução definitiva. Riobaldo busca entender sua existência como jagunço, cujo climax parece ter sido o pacto com o diabo (369-71), e sobre o qual tem dúvidas, mas ao mesmo tempo

---

[7] Riobaldo pensa ter estado nas Veredas Mortas aonde se deu o pacto com o diabo (368), descobre depois que o local se denomina na verdade Veredas Altas (532), o que lhe retira a conotação negativa.

teme. "Mas tem um porém, pergunto: o senhor acredita, acha fio de verdade nesta parlanda, de que com o demônio se pode tratar pacto?" (16). Porém, talvez tenha sido o pacto com o diabo que permitiu com que ele tivesse sucesso como jagunço em sua batalha final contra o grupo de Hermógenes. A luta entre o Bem e o Mal que se dá em seu interior revela a cisão na identidade de Riobaldo, mas ao mesmo tempo, este recusa o determinismo destes valores, questionando-os e buscando para isso apoio em seu interlocutor culto. "Conto ao senhor é o que eu sei e o senhor não sabe, mas principalmente quero contar é o que eu não sei se sei, e que pode ser que o senhor saiba" (199).

Sua coragem era inerente à sua natureza ou foi simplesmente obra do Demo? Medo e coragem acabam por se confundir. "No formato da forma eu não era nem valente nem mencionado medroso. Eu era um homem restante trivial" (54). Desde o episódio em sua adolescência quando conhece no Rio São Francisco um menino que demonstra grande coragem, na verdade a primeira aparição de Diadorim, Riobaldo tem dúvidas sobre sua própria coragem (86-90). Porém, repetidamente no bando de jagunços sua coragem é reconhecida e louvada. No momento do confronto final com Hermógenes a dúvida ressurge atroz e é necessário o pacto com o demônio, como superação da fraqueza, superação de si mesmo, do humano.[8] Mas teria havido de fato este pacto? O demônio existe? "O diabo vige dentro do homem" (3), diz Riobaldo logo no início da narrativa, e espera a confirmação de seu interlocutor. "As idéias instruídas do senhor me fornecem paz" (29). E esta questão percorre toda a narrativa.

O resultado da busca do auto-conhecimento é a crise de identidade. "O jagunço Riobaldo. Fui eu? Fui e não fui. Não fui. Não fui! — porque não sou, não quero ser" (187). Riobaldo não encontra uma resposta simples e direta para a pergunta sobre quem é. O homem não tem uma essência pré-determinada, corajoso ou medroso, bom ou mau. "As pessoas não são sempre iguais, ainda não foram terminadas" (15). Segundo o pensamento célebre de Sartre, "nós somos aquilo que nós fazemos do que fazem de nós". Riobaldo o medroso, pode ser corajoso. Riobaldo bom, pode fazer um pacto com o demônio. Riobaldo ama Diadorim, mas não pode amá-lo. "Diadorim é a minha neblina ..." (16). Diadorim, jagunço, era na realidade uma mulher. Ser ambíguo, ser andrógino, cujo destino é levar a cabo a vingança contra os assassinos de seu pai. Tem um objetivo, uma missão, que constrói sua identidade. Sob muitos aspectos, Diadorim é o contraponto de Riobaldo. É corajoso, não tem dúvidas, não se pergunta, não é mostrado em um momento de hesitação. Sabe o que quer fazer, o que deve fazer, mas seu fim é a morte trágica.

O amor de Riobaldo por Diadorim é sincero, real; porém ilegítimo, impossível, "anormal", segundo o padrão dos jagunços. Após a morte dele/dela, Riobaldo descobre que teria sido possível, "normal". Mas, já é tarde demais. O destino não quis assim. O determinismo não está totalmente excluído. Diadorim, Deodorina, significa literalmente "dado(a) por Deus" (530); donde seu caráter de amor inatingível, oculto, mas também seu papel de condutor de Riobaldo desde sua primeira aparição como o menino do Rio São Francisco. Talvez a dimensão metafísica, no sentido misterioso e mágico mesmo de realidade oculta, não esteja totalmente excluída.

---

[8] O próprio Hermógenes é considerado como tendo feito um pacto com o demônio (53), portanto para derrotá-lo seria necessário também um pacto do mesmo tipo.

O simbolismo do nome próprio e do apelido que os jagunços rcebem é significativo desta concepção de construção da identidade. Riobaldo, o *Professor Riobaldo*, transforma-se primeiro em *Cerzidor*, depois em *Tatarana*, embora diga, "Em mim apelido quase que não pegava" (140). Os jagunços são conhecidos pelos nomes dos líderes dos bandos a que pertencem, "os joca-ramiros", "os medeiros-vazes", "os zé-bebelos", "os hermógenes". Diadorim, simbolizando a ambigüidade do personagem é Reinaldo, mas por fim (530) revela-se seu verdadeiro nome feminino, Maria Deodorina, nome este de certa forma já revelado a Riobaldo, quando diz a este, "o meu nome, verdadeiro é Diadorim ... Guarda este meu segredo" (134), sem que Riobaldo, no entanto, se dê conta da ambigüidade (530).

A linguagem ela própria é insuficiente para expressar o sentido profundo, misterioso, oculto, desta realidade. A narrativa se coloca permanentemente em questão, expõe seus limites: "Sei que estou contando errado, pelos altos" (82); porém, "Contar seguido, alinhavado, só mesmo sendo as coisas de rasa importância ..., assim eu acho, assim eu conto". Mas, ao mesmo tempo é sucessivamente retomada: "Ou conto mal? Reconto" (49).

A linguagem de *Grande Sertão: Veredas* é portanto um elemento fundamental de sua expressão filosófica. É a linguagem que constitui a realidade. O sertão real, concreto, vivido, é re-criado na narrativa de Riobaldo em sua busca de compreensão desta realidade enigmática, misteriosa, e do sentido de sua própria vida no sertão, de sua experiência como jagunço, de sua identidade.

Não tenho condições de explorar aqui a imensa riqueza da linguagem de Guimarães Rosa, o que de resto já foi feito, e muito bem, por grande parte da crítica literária que tem se dedicado a esta questão e reconhecido sua importância.[9] Pretendo concentrar-me apenas em algumas características desta linguagem que me parecem fundamentais na própria estruturação do texto e na constituição de sua dimensão filosófica.

Podemos recorrer à noção de jogo de linguagem (*language-game*, *Sprachspiel*), introduzida por Wittgenstein em suas *Philosophical Investigations* (1953, §§7, 23), uma das obras mais influentes da filosofia da linguagem contemporânea, como representativa do tipo de uso da linguagem e de construção de discurso que encontramos em Guimarães Rosa. A caracterização por Wittgenstein da linguagem como consistindo numa multiplicidade de jogos visa precisamente romper com a visão referencialista e descritivista da função da linguagem que encontramos na tradição filosófica. O traço fundamental do jogo de linguagem é consistir em uma forma de ação, e não na descrição de fatos ou acontecimentos. A linguagem é considerada sempre em uso, e o significado se constitui neste uso, nesta pluralidade de contextos, não sendo portanto fixo e determinado univocamente. O significado não se constrói assim a partir do sujeito, ou por referência ao real, mas se constrói na interação entre falantes, como processo essencialmente interativo, dialógico. A noção de intersubjetividade toma assim, no pensamento contemporâneo, o lugar da noção de subjetividade nas teorias tradicionais do significado e do conhecimento na filosofia moderna. E a ênfase na intersubjetividade revela o caráter fundamentalmente

---

[9] Ver por exemplo Eduardo Coutinho, "*Grande Sertão: Veredas* e a linguagem literaria" (em seu *Em Busca da Terceira Margem* 1) e Roberto Schwarz, "*Grande Sertão*: A Fala" em *A Sereia e o Desconfiado*, 2ª ed. (Rio de Janeiro: Paz e Terra, 1981) 37-41.

comunicativo da linguagem e problematiza a concepção de subjetividade como originária, como constituidora do significado. O sujeito se constrói pela linguagem, no processo de uso da linguagem, na medida em que interage com outros sujeitos, daí *inter*subjetividade. É apenas neste processo que sua identidade pode se construir.

A estruturação discursiva de *Grande Sertão: Veredas* é reveladora desde este ponto de vista, sobretudo dado o caráter aparentemente dialógico do texto.[10] O sentido da narrativa de Riobaldo e sua busca do sentido de sua própria experiência se constituem na medida em que ele busca fazer-se compreender por seu interlocutor, em que há alguém a quem o discurso é dirigido, sendo ambos participantes em um jogo de linguagem. E, embora não se manifeste explicitamente, o interlocutor é uma referência permanente na narrativa, suas opiniões sendo valorizadas por Riobaldo. "O senhor é de fora, meu amigo, mas meu estranho. Mas talvez por isto mesmo. Falar com estranho assim, que bem ouve e logo longe se vai embora, é um segundo proveito: faz do jeito que eu falasse mais mesmo comigo" (29).

Isto nos permite entender o sentido eminentemente intersubjetivo da narrativa. O interlocutor de Riobaldo, cuja fala não se manifesta no texto, é entretanto responsável pela construção do sentido, funciona como uma espécie de contraponto que permite a problematização do que é exposto, que leva à sua reformulação, explicitação, questionamento, no esforço de produção do sentido pelo narrador. "Conto mal? Reconto" (49).

Por outro lado, o caráter dialógico do texto se abre também numa outra dimensão. Agora é o narrador Guimarães Rosa que se dirige a nós leitores, também de fora, também desconhecendo o sertão, mas também seus interlocutores, incorporando-nos assim à narrativa, constituindo um novo jogo de linguagem do qual o leitor é um dos participantes.

---

[10] Sobre a ambivalência deste caráter dialógico ver Eduardo Coutinho, "Monólogo-diálogo: a técnica híbrida de *Grande Sertão: Veredas*", em seu *Em Busca da Tercera Margem*. Ver também Roberto Schwarz, *A Sereia* ...

La estética metafísica como eje de la expresión literaria hispanoamericana

Graciela Maturo

Graciela Maturo, que sacó sus títulos académicos en la Universidad Nacional de Cuyo, Argentina, está ahora en la Universidad de Buenos Aires (CONICET). Es autora de: Julio Cortázar y el hombre nuevo *(Buenos Aires, 1967, bajo el nombre Graciela de Sola),* Claves simbólicas de García Márquez *(Buenos Aires, 1972 y 1977), y* Fenomenología, creación y crítica *(Buenos Aires, 1989). Actualmente está preparando tres nuevos textos:* Leopoldo Marechal: el camino de la belleza; La mirada del poeta; *y* Poesía como experiencia y lenguaje

INTRODUCCIÓN

La existencia de un perfil cultural reconocible que relaciona a los pueblos latinoamericanos es hecho que ya no se pone en duda. Estudios y ensayos, deudores de disciplinas diversas, han establecido las constantes que estructuran esa fisonomía, sin cerrarla, en un determinado devenir temporal. Se habla generalmente de una viva y especial relación del hombre y la naturaleza, de una orientación simbólica, social, justiciera.[1] Son menos profusos los trabajos destinados a establecer un perfil estético que pueda permitirnos amalgamar a los escritores del pasado y el presente.[2]

La estética americana, nacida en el marco de la cultura humanista, tiene un carácter que ha suscitado la extensión de la categoría Barroco a la totalidad de su desarrollo hasta el presente.[3] Humanismo, americanismo, barroco, gongorismo son categorías interdependientes que remiten a la cultura hispanoamericana en sus siglos fundacionales. Hay suficientes elementos para establecer que el arte y la literatura de esos siglos ofrecen, dentro de su variedad formal, un sustrato filosófico propio: el cristianismo humanista, de vocación ético-estética, fundado en la afirmación de un nivel metafísico.

---

[1] A título de ejemplo mencionamos: Iber H. Verdugo, *El carácter de la literatura hispanoamericana y la novelística de M. A. Asturias* (Guatemala: Universidad de San Carlos, 1984); y Paul Verdevoye (compilador), *Identidad y literatura en los países latinoamericanos* (Buenos Aires: SOLAR, 1984).
[2] Remito en particular a Felix Schwartzmann, *El sentimiento de lo humano en América* (Santiago, 1950-1952; reeditado en 1993).
[3] En reiteradas ocasiones, Alejo Carpentier ha señalado al Barroco como la modalidad cultural propia de América. También señaló al Barroco, por su proclividad mítico-simbólica, como vía natural de la mestización afro-indo-hispánica. Véase *El reino de este mundo* (México, 1949).

La estética metafísica

No pretenderemos en tan breves páginas hacer una síntesis de la estética metafísica, que inspiró un vasto tramo de la historia occidental, incluyendo la de América en una etapa nueva de expansión y autoconciencia.

Se considera a Platón como el primer expositor sistemático de una doctrina que los grandes poetas griegos conocían y exponían bajo la forma del mito, y que otros pensadores avanzaron en forma aforística. En los *Diálogos* de Platón, y especialmente en *El Banquete, Fedro, Ion,* la *República,* se despliega una doctrina del Arte que ha perdurado a lo largo de tres mil años y que Sócrates, como personaje del *Banquete,* dice haber escuchado de labios de Diotima, mujer de Mantinea.[4] Real o mítica, esa Diotima, rescatada por María Zambrano, se halla confundida con el origen de la filosofía del Amor y la Belleza.

Se genera allí una concepción del filósofo-amante que presidió los momentos más valiosos de la poesía europea y americana, y que —es preciso decirlo— se ha expresado específicamente en los lenguajes del arte, antes de ser reconocida con pleno estatuto filosófico por pensadores formados en el humanismo: Pascal, Vico, Schelling, Dilthey, Heidegger, Maritain, Ricoeur, Levinas, Philip Wheelwright, Delfor Mandrioni, Felix Schwartzmann.

Platón ha dado origen, ambiguamente, a una estimación y desvalorización de las artes, pues al hablar del artista como imitador de la Belleza que es atributo de Dios, y al señalar su manía o delirio como poco aconsejables para la construcción social, pareció reducirlo a un rol secundario: no obstante él mismo, poeta, se expresó bajo la forma de mitos que Aristóteles consideraba oscuros para el discurso filosófico.

De Platón proviene la *Kalokagathia,* actitud que asienta la convergencia del Bien, la Belleza y la Verdad en el fundamento divino, y la teoría de la *mimesis,* que no debe ser reducida a copia de la realidad sensible. A esa imitación que es copia de copias, se contrapone una más profunda, que procede de la relación del artista con el mundo de las Ideas.[5] Tal significación del arte se esclarece y despliega de una manera original en Plotino, cuya concepción de la *poiesis* ha tenido tan amplia descendencia.

En Plotino se asienta decisivamente la precedencia de la Belleza a las cosas bellas,[6] intuición siempre presente en los poetas (que personificaron a la Poesía-Intelecto de Amor, confundiéndola con la Virgen, o con la Maga). El alma, guiada por la contemplación, es según Plotino capaz de *participar* de la plenitud del Uno. Contempla y se ve a sí misma participando de Dios: desarrolla una inteligencia interior, que relaciona permanentemente lo sensible y lo inteligible. Es éste el rumbo natural de la metáfora.[7]

---

[4] Platón, *El Banquete. Ion.* Traducción de J. D. García Bacca (México: UNAM, 1944). *Fedro.* Traducción de L. Gil Fernández (Madrid: Instituto de Estudios Políticos, 1957).
[5] Véase Óscar Velázquez, *Anima mundi. El alma del mundo en Platón* (Santiago: Universidad Católica de Chile, 1982).
[6] Véase "Sobre lo Bello" I, 6: "Sobre la Belleza Inteligible", V, 8. Plotino, *Enéadas,* traducción de José A. Míguez (Buenos Aires: Aguilar, 1960-68).
[7] Véase Émile Bréhier: *La filosofía de Plotino,* traducción de Lucía Piosseck P. (Buenos Aires: Sudamericana, 1953). Francisco García Bazán: *Plotino. Sobre la trascendencia divina. Sentido y origen* (Mendoza: Universidad Nacional de Cuyo, 1992). Ángel Capelletti: "La estética de Plotino",

Plotino sería el primer teórico de "lo maravilloso real", si se considera que propone hallar lo aparentemente excepcional en el fondo mismo de la experiencia cotidana. Según Bréhier, en su filosofía se funden un problema estrictamente filosófico cual es la esencia de la realidad, con otro religioso: el destino del alma. Su novedad es precisamente reunirlos. Su teoría de la procesión de las hipóstasis relaciona lo Uno o Principio, con la Inteligencia, el Alma y la Materia a través de movimientos inversos y complementarios: la emanación y la asimilación. Psique, el alma, es la intermediaria entre los mundos sensible e inteligible.[8]

En la Enéada V, Plotino se inspira en el discurso de Diotima de Mantinea: "Para llegar a la región superior hay que tener naturaleza de amante".[9]

Plotino destaca la evidencia y la experiencia como base del conocimiento. Para Plotino no existe verdadero conocimiento intelectual sin vida espiritual. El amor místico es el verdadero y completo amor, la fusión con lo Amado: el éxtasis es un estado necesario del alma, que nos revela a nosotros mismos, nos da una clave para conocer la Realidad.

En la Enéada Primera, Plotino hace una distinción fundamental entre la belleza sensible y la inteligible, de orden superior. Sin embargo no deja de rescatar a la belleza sensible como reflejo de lo Uno, y por lo tanto como punto de partida en la escala mística. Se trata, siempre, de despertar la visión interior, adecuándola a nuevas realidades: "El ojo que va a mirar al Sol, tiene que ser afín y parecido al Sol; ningún alma verá lo Bello si ella misma no es bella".

"¿Qué diríamos de la belleza de la Inteligencia, tomada esta en su estado más puro?" se pregunta el filósofo. El alma, en razón de su naturaleza, y de estar próxima a la esencia real superior a ella, goza con la contemplación de los seres de su mismo género o los que sobrecoge ante ellos refiriéndolos a sí misma y a sus cosas".[10]

Juan D. García Bacca, acompaña su breve edición de varios textos de las Enéadas[11] con justas y apropiadas citas de San Juan de la Cruz y Santa Teresa de Jesús, poniendo de manifiesto su continuidad filosófico-mística. Lo mismo podríamos hacer con textos de Fray Luis de León, Luis de Góngora, Balbuena, Sor Juana, Luis de Tejeda y —también— Lezama Lima, Leopoldo Marechal, H. A Murena.

La estética metafísica en la América Colonial

Octavio Paz ha sostenido que América es la heterodoxia con relación a la España castiza. Preferimos visualizar a América como el lugar en que vino a asentarse una larga heterodoxia, que pasa por Grecia, Roma e Hispalis antes de hallar su "lugar" en el continente que historiadores y geógrafos humanistas llamaron América —tierra de Amerigo Vespucci— o Novus Orbis.

---

en *Estudios Paraguayos*, Revista de la Universidad Católica N.S. de la Asunción XVI/1-2 (diciembre 1988).
[8] Bréhier, *La filosofía de Plotino*, Cap. II.
[9] Bréhier, *La filosofía de Plotino*, Cap. IV.
[10] Citado por F. García Bazán, *Plotino*.
[11] Juan David García Bacca: edición, selección y prólogo de las *Enéadas* (México, 1956).

La filosofía humanista y su expresión propia, la Poesía (abarcando en ella a distintos géneros) arraigan en América Latina, conformando su ser cultural, cuerpo de creencias, *ethos*, derecho, instituciones políticas, estética.

Su primer fruto original en las artes es el Barroco, impensable sin el hecho americano. Nacido del contraste abrupto de una cultura ya entrante en la modernidad con otras que se movían desde el primitivismo hasta la alta espiritualidad de su propio "clasicismo", el barroco es la primera muestra de esa "inteligencia americana" de que habló Alfonso Reyes.[12] La metafísica, consustancial al humanismo, estaba destinada a aflorar en una estética del contraste que aúna Tierra y Cielo, mito y razón especulativa, éxtasis y conciencia crítica. Germinaba la estética romántica, generadora —pese a todo— de las estéticas de la vanguardia.

Cabe recordar aquí lo señalado por Erwin Panovsky: el humanismo se expandió más allá de los refinados círculos literarios que releían a Platón y a Virgilio.[13] Esa difusión, generalizada en el siglo XVI, hace explicable la expansión humanista en América. La producía el soldado con el romance y la copla, el clérigo con sus sermones, todos con sus adagios, cuentos, casos, modos de vida.

Empero, tenemos entre los americanos muy calificados lectores de la tradición humanista. No debemos olvidar que el Inca Garcilaso tradujo —por tercera vez al español— a León Hebreo, aquel Judas Abrabanel arabizado y cristianizado, que difundía en Italia, España y Portugal la filosofía del Amor y la Belleza. Es justo entender que esa traducción-aprendizaje presidió la gestación de la *Florida* y de los *Comentarios*.

Balbuena, contemporáneo de Góngora como el Inca lo ha sido de Cervantes, es otro caracterizado humanista, que hace de su *Grandeza Mexicana* una conjunción de característica "Utopía" y descripción de Nueva España. El Barroco se manifiesta plenamente en Alonso de Ercilla y Martín del Barco Centenera, tanto como en Francisco de Terrazas, Silvestre de Balboa, Juan del Valle Caviedes, Sigüenza y Góngora, Sor Juana Inés de la Cruz, Espinosa Medrano, la Madre Josefa del Castillo, Peralta Barnuevo.

Debemos recordar también, que El Lunarejo, luego de haber traducido a Virgilio a la lengua quechua, produjo aquel singular *Apologético de Don Luis de Góngora*,[13] que relaciona al poeta andaluz con nuestros orígenes filológicos.

Acaso sea Sor Juana Inés de la Cruz la más consciente expositora de la estética metafísica, tanto en sus *Sonetos* filosóficos y morales como en el *Sueño* y la *Loa del divino Narciso*.

El soneto 145, "Éste, que ves, engaño colorido", teoriza sobre el arte a propósito de una pintura.[14] Erróneo sería establecer a partir de este soneto una condenación del arte pictórica; se trata de la sutil ambigüedad proveniente de la teoría platónico-plotiniana acerca de los grados de la estética. Si ésta se limita a los cuerpos sensibles es un arte menor; pero hay más: la obra, toda obra artística en sí misma es deleznable si se la desvincula

---

[12] Véase Alfonso Reyes, *Obras completas* VII (México: Fondo de Cultura Económica, 1955-58).
[13] Erwin Panovsky, *Estudios sobre iconografía*, versión española de B. Fernández, prólogo de E. Lafuente Ferrari (Madrid: Alianza, 1972).
[14] Sor Juana Inés de la Cruz. *Obras completas I. Lírica personal*. Edición, prólogo y notas de Alfonso Méndez Plancarte (México: Fondo de Cultura Económica, 1951).

de aquella Belleza a la que apunta el arte genuino. Será así "un vano artificio del cuidado", y, en definitiva, sólo "cadáver ...", "polvo ...", "sombra ...", "nada ...", en visible alusión a un soneto de Góngora que contiene análoga exposición doctrinaria.

El *Sueño*, al que deberíamos dedicar una mayor atención que la de estas rápidas líneas, trata con el más estricto rigor plotiniano una experiencia de transporte, el vuelo de Psiquis,[15] unida a un intento de explicitación racional. Esa experiencia debe ser referida a la tradición mística cristiana y precristiana a que alude Dante en el *Purgatorio* (25, 80-99) al decir: "Cuando Luquesis no tiene más lino, suéltase el alma de la carne y virtualmente se lleva consigo lo divino y lo humano. Los sentidos quedan mudos; la memoria, la inteligencia y la voluntad más activos y más agudos que antes".[16]

La filiación neoplatónica de Sor Juana fue señalada por Karl Vossler, quien por primera vez relacionó el *Sueño* con el *Iter Extasicus Coelestis* del jesuita Athanasius Kircher.[17] A partir de tal afirmación, otros críticos que han estudiado la obra incurren generalmente en una visión prejuiciada y desacralizante, pasando por alto el acto de recepción fenomenológica que puede deparar una recuperación simbólica del texto.[18]

A la zaga de la monja mexicana viene la Madre Josefa del Castillo, Abadesa de Tunja, con una prosa visionaria, sensible y prerromántica que bien puede ser tomada como fundante de la novela colombiana.[19]

PERDURACIÓN MODERNA DE LA ESTÉTICA METAFÍSICA

El humanismo y su concepción del arte es el telón de fondo de las etapas tituladas "neoclásica" —previsible anquilosamiento de las figuras clásicas que el Barroco dinamizó— y "romántica". Una, volcada hacia el esteticismo o la ejemplaridad moral, la otra hacia el sentimentalismo y la política, nadie podría negar que siguen apoyándose, de fondo, en la ético-estética humanista.

Nueva floración del Barroco en su fase reinterpretativa, el Modernismo aparece como un momento de síntesis, que retoma desde la fuente rasgos, estilos, fundamentos teóricos,

---

[15] Véase Francisco García Bazán, *El cuerpo astral* (Barcelona: Obelisco, 1993).
[16] Citado por F. García Bazán, *Plotino* 74. La traducción de Dante es de *Obras completas* (Madrid: BAC, 1976).
[17] Véase Karl Vossler, "El mundo en el sueño". Traducción del Barón Von Grote para *Tierra Nueva*, año II (México, 1941), reproducido en Sor Juana Inés de la Cruz, *Primer sueño*. Texto con introducción y notas F. de F. y L. (Buenos Aires: UBA, 1953).
[18] Un excelente trabajo de José Pascual Buxó investiga la relación del texto de Sor Juana con la tradición a la que pertenece. Sin embargo su conclusión empobrece un tanto ese relacionamiento: "Las imágenes finales inducen a creer que el poema de Sor Juana concluye con un rechazo de los desconcertantes y frustrados sueños de la razón para conformarse con la vigilancia de la fe; dicho con otras palabras, las de José Gaos en su imprescindible y a veces olvidado ensayo 'El sueño de un sueño': la poetisa ha fingido 'soñar lo que ha vivido bien despierta: que el afán de saber es un sueño, una quimera'". José Pascual Buxó: "Sor Juana egipciana. (Aspectos neoplatónicos de *El sueño*)" *Mester* XVIII, 2 (otoño, 1989).
[19] Véanse *Obras completas de la Madre Francisca Josefa del Castillo*. Introducción por Darío Achury Valenzuela, 2 tomos (Bogotá: Banco de la República, 1968).

trasfondo metafísico. La atracción del mundo sensible, y la inclinación al lujo verbal, no apartan al modernista de la filosofía romántica y sus antecedentes más antiguos.

Menos evidente se hace tal relación de continuidad cuando entramos en el siglo XX. Aunque no pretendemos tratar aquí el delicado tema, hoy replanteado, de las relaciones entre modernismo y vanguardia,[20] apuntamos la persistencia de un *ethos* cultural que, en plena irrupción de una nueva física, cosmología y concepción del arte, motiva en América la irrupción de esos frutos ambiguos, la vanguardia criollista, el negrismo, etc.

Sucesivas etapas de modernización ponen a prueba la perduración del humanismo, representado en la filología por Pedro Henríquez Ureña. Alfonso Reyes, Arturo Marasso, Ángel Battistessa y muchos otros continuadores de larga tradición.

En los años sesenta la llamada "crisis de la modernidad" asesta un duro golpe a las diversas formas del humanismo en Europa y América. Nace la cibernética, la exaltación de la escritura, la progresiva abolición de la voz y el *logos*.[21]

Julio Cortázar, argentino residente en París, dio cuenta agudamente de la crisis con su obra *Rayuela*. En ella combaten humanismo y espíritu posmoderno dentro de un ámbito de referencias filosóficas y científicas que reclama al lector una nueva síntesis. La estética metafísica, sin embargo, sigue presente en la obra de Cortázar, inspira a su "perseguidor", sigue asomando en sus cuentos y novelas, así como lo hace un vivo sentido de la solidaridad y la justicia.

Dos obras de los años sesenta pueden ejemplificar la respuesta del arte a la revolución tecnológica: *El desperfecto* de Dürrenmatt, y *El silenciero* de Antonio di Benedetto.[22]

La novela, género humanista (pese a los intentos repetidos de convertirla en reflejo de la atmósfera epocal a través de métodos como el objetivismo[23]) sería la gran protagonista de la literatura hispanoamericana de la segunda mitad del siglo. Sucesivas oleadas de "nueva novela", "realismo mágico", "novela política" y "novela histórica" (en una etapa *sui generis*, en la década del ochenta), muestran la continuidad de la presencia autoral, signo de un fuerte personalismo, y la manifestación creciente de la identidad cultural latinoamericana, a través de lo histórico, lo social, lo folklórico, a veces retomado ya con un espíritu humorístico y aligerado, muy fin de siglo.

---

[20] Asienta Ivan A. Schulman: "las primeras obras —aquellas tradicionalmente llamadas *modernistas*— son las iniciadoras, no sólo cronológicamente, de aquellas producidas en el siglo XX, y todas, en mayor o menor grado, muestran las características que David Lodge asocia con la prosa modernista". "Las genealogías secretas de la narrativa: del modernismo a la vanguardia", en Fernando Burgos (compilador), *Prosa hispánica de vanguardia* (Madrid: Orígenes, 1986). Por nuestra parte hemos señalado el carácter mítico y hermenéutico del poema *Altazor*; véase Graciela Maturo, "De la metáfora al símbolo. Aproximación crítica al poema *Altazor* de Vicente Huidobro", *Rilce* 8 (Universidad de Navarra, 1992).

[21] Jacques Derrida (*La Voix et le Phénomène* 1967) denuncia la continuidad de una "ontoteología" filosófica en la tradición occidental. Véase Patricio Peñalver Gómez, *Crítica de la teoría fenomenológica del sentido* (Universidad de Granada, 1979).

[22] Friedrich Dürrenmatt, *El desperfecto* (*Die Panne*) (Buenos Aires: C. Fabril, 1963) y Antonio Di Benedetto, *El silenciero* (Buenos Aires: Troquel, 1964).

[23] Ernesto Sábato expresó un fuerte rechazo del "objetivismo". Véase Ernesto Sábato *El escritor y sus fantasmas* (Buenos Aires, 1963) y *La robotización del hombre*, selección y prólogo de Graciela Maturo (Buenos Aires, 1981).

El humor que matiza el folklorismo de García Márquez no desvirtúa a nuestro juicio su adhesión a la cultura religiosa del hombre costeño; análogamente, la parodia que diversifica lo histórico y lo ofrece a nueva luz en Abel Posse o Baccino no por ello es negación del *ethos* histórico, que en sus obras aparece reinterpretado.[24]

Una obra reciente, del escritor colombiano Mejía Vallejo, ofrece un buen ejemplo de la "vuelta" hermenéutica que se presenta en la literatura. *La casa de las dos palmas* es un homenaje a Jorge Isaacs, y una recolección estimativa, a ratos farsesca, de motivos, refranes, ritos, coplas y romances hispanoamericanos.[25]

LA ESTÉTICA METAFÍSICA EN LA OBRA DE HÉCTOR A. MURENA

Un poeta-filósofo ligado de manera inequívoca a la generación argentina del cuarenta es Héctor A. Murena (1923-75).

Para cerrar esta reflexión, haremos una breve referencia a su último libro, *La metáfora y lo sagrado*.[26]

Cuatro breves ensayos, que alternan lo narrativo, lo poético y lo teórico, dan cuenta de la "zona" de encuentro a la que Murena se siente llegado después de una búsqueda incesante a través de la exploración del mal y del tiempo.

Una melodía recobrada en un momento de la vida puede obrar el cambio: "Tenía noción de que el Universo era de esencia musical. En el principio era el Verbo. Dios crea nombrando con ondas sonoras ...". "Ser música" se llama este ensayo que adopta la forma de un relato autobiográfico: "El cantor era todos los instrumentos. pero lo que brotaba con mayor claridad era aquello hacia lo que el canto crecía en homenaje: el silencio ... Comprendí después que me había sido dado asistir al origen del arte". Descubre Murena, como Julio Cortázar —como antes Sor Juana— que no es en la autonomía estética donde el arte logra sus notas más altas, sino en ese reino intermedio en que se instala como mediador, a partir de profundas experiencias transformadoras. "El arte, al entregarse al relativo materialismo de lo estético, indica que su autonomía ha tenido el precio de perder el contacto directo con lo absoluto." En "El arte como mediador entre este mundo y el otro" se pregunta Murena por la melancolía, no como potencia puramente negativa, sino como iniciadora de un movimiento del alma hacia su origen. Ese movimiento busca las expresiones del arte. "El arte, la esencia del arte es la nostalgia por el Otro Mundo" (24). Y sentencia platónicamente: "La obra revela el mundo arquetípico que allende lo sensible es sustrato del mundo apariencial" (26). Y sin embargo, el arte es presencial. Su propio

---

[24] Recordemos que existe en el campo del arte la *parodia poética*, cuyo máximo ejemplo es el *Quijote*. Bajtín afirmó: "en la teoría renacentista de la risa (y también en sus fuentes antiguas) lo característico es precisamente el reconocer a la risa una significación positiva, regeneradora, creadora, lo que la separa de las teorías y filosofías de la risa posteriores, incluso la teoría de Bergson, que acentúan preferentemente sus funciones denigrantes". M. M. Bajtín: *La cultura popular en la Edad Media y el Renacimiento. El contexto de François Rabelais*. Traducción de Julio Forcat y C. Conroy (Alianza, 3ª impresión, 1990) 69.
[25] Véase Manuel Mejía Vallejo, *La casa de las dos palmas* (Premio Rómulo Gallegos) (Bogotá: Planeta, 1988).
[26] H. A. Murena, *La metáfora y lo sagrado* (Caracas: Tiempo Nuevo, 1973).

obrar, como lo preveía el orfismo, pone en marcha una energía salvífica, y abre camino a la presencia. Lo presencial del arte redime al artista de la melancolía que lo ha movilizado, cumpliendo una doble operación: es llevar "más allá" (*meta-phorein*) y traer "más acá".

Murena ha considerado con clara visión la trayectoria trágica del arte contemporáneo, que asiste a la etapa de la *nigredo* alquímica. No es pesimista, sin embargo, en tanto el artista sea consciente de ese paso por los infiernos.

El arte, dice Murena, reclama humildad. Vemos asomar nuevamente aquella *docta ignorancia* del Cusano, hecha de fe en Dios y en la naturaleza divina del hombre, y de conciencia de las limitaciones racionales.[27] Sólo el artista que lo comprenda podrá forjar "el poder espiritual del silencio interior capaz de vencer todas las negatividades" (53).

El tercer ensayo, "La metáfora y lo sagrado" entra más a fondo en la definición de la Belleza. Nos previene de la estética, pero en realidad es al *esteticismo* al que condena. Para Murena, como para la vasta familia del humanismo, el arte no es fin en sí mismo, sino símbolo, mediación. "La calidad de cualquier escritura depende de la medida en que transmite el misterio." Las grandes obras de la literatura son poéticas, arquetípicas. "La operación de la metáfora es fe" (63). "La poesía no juzga, nombra mostrando, es sustantivo, crea, salva" (65). "El arte es la operación mediante la cual Dios mueve el amor recíproco de las cosas creadas" (67).

Cortázar habló del arte al que aspiraba, como "dibujos de tiza en las veredas". El arte realmente grande "no viene a mostrarse", dice Murena. "Aparece, es cierto. Por su brillo desusado nos llama. Pero el arte es movimiento. Y pasa" (70). El artista es menor cuando se aferra a la Tierra, con olvido del Cielo (71). Su destino es llevar una vida poética, resucitar el Adán primordial. Leopoldo Marechal lo "objetivó" narrativamente al crear su *Adán Buenosayres*.[28]

El último ensayo es "La sombra de la unidad". Allí contrapone Murena dos imágenes, Babel y Pentecostés, para explicar el problema de la palabra, "el más peligroso de los bienes", en el decir de Hölderlin. El lenguaje ha dividido a los hombres; también puede llegar a reunirlos.

"Pentecostés es una obra de arte romántica. El arte romántico es la re-presentación del mundo que procura restablecer la Unidad anulando la distancia." Pero esa distancia misma es medida e incorporada a la percepción del artista romántico; necesita ser, según Murena, "una personalidad de alta fuerza transfiguradora" (107).

Tal vez le sea imposible al hombre occidental alcanzar la serenidad imperturbable del Buda, o la visión equilibrada del Tao. Su caída, su dispersión, son fuente de una tragicidad cuya dimensión ha comprendido Murena como un destino irrenunciable. Pero al mismo tiempo advierte la grandeza de ese destino de *hijo pródigo* que el artista genuino protagoniza en alto grado.

---

[27] Véase Nicolás de Cusa, *Docta ignorancia* (*De Docta Ignorantia*, 1440). Traducción del latín, prólogo y notas de Manuel Fuentes Benot (Buenos Aires: Aguilar, 1961).

[28] Julio Cortázar, *Rayuela* (Buenos Aires: Sudamericana, 1963). Leopoldo Marechal, *Adán Buenosayres* (Buenos Aires: Sudamericana, 1948). Véase Graciela Maturo, "El *Adán Buenosayres* de L. Marechal", en Marechal y otros, *Claves de Adán Buenosayres* (Mendoza: Azor, 1965).

Crítica y comparatismo en América Latina: sentido y función

Eduardo F. Coutinho

Eduardo de Faria Coutinho es de nacionalidad brasileña pero se doctoró en la Universidad de California, Berkeley; ahora es catedrático en la Universidad Federal de Río de Janeiro. Entre sus publicaciones figuran: The Process of Revitalization of the Language and Narrative Structure in the Fiction of J. Guimarães Rosa and Julio Cortázar *(Valencia, 1980),* The "Synthesis" Novel in Latin America: A Study on J. Guimarães Rosa's "Grande Sertão: Veredas" *(Chapel Hill NC, 1991), y, como co-editor,* Literatura comparada: textos fundadores *(Río de Janeiro, 1994). Tiene proyectados un estudio de las tendencias actuales de la literatura comparada y una serie de ensayos sobre literatura latinoamericana*

La práctica de compararse autores, obras y movimientos literarios ya existía hace mucho en América Latina, pero bajo una óptica tradicional, basada, a la manera francesa, sobre los célebres estudios de fuentes e influencias, que, además, se realizaban por vía unilateral. Se trataba de un sistema jerarquizado, según el cual un texto fuente o primario, tomado como referente en la comparación, era envuelto en un aura de superioridad, mientras el otro término del proceso, encerrado en su condición de deudor, era visto con desventaja y relegado a un nivel secundario. Como siempre que este método era empleado en el estudio de la literatura latinoamericana el texto fuente era una obra europea, o más recientemente norteamericana, la situación de desigualdad proveniente del proceso se explicitaba de inmediato. El resultado era la acentuación de la dependencia y la confirmación incontestable del estado de colonialismo cultural aún dominante en el continente.

Este tipo de comparatismo encontró en América Latina un suelo favorable a su florecimiento y sembrado por poderosos aliados en el campo de la historia y de la teoría literarias: una historiografía ajena e inadecuada y un método de "aplicación" de modelos vistos como universales. En el primer caso, basta recordar la cuestión de la periodización literaria, que siempre tuvo como base los movimientos o escuelas surgidos en Europa y consideró las manifestaciones latinoamericanas como extensiones de los primeros, reduciéndolas a una especie de reflejo debilitado de los modelos foráneos. Y en el segundo caso, la aplicación dogmática, tanto en la crítica como en la enseñanza de la literatura, de postulados de corrientes teóricas europeas a cualquier obra literaria, sin que se tuvieran en cuenta las especificidades que la caracterizaban y las diferencias entre su contexto histórico-cultural y el contexto donde estas corrientes habían brotado.

Esta práctica, que alcanzó su apogeo en el período de dominio del estructuralismo francés, empezó a ser cuestionada en América Latina a fines de los años setenta, y para eso han contribuido de modo decisivo el desconstructivismo, con su énfasis en la idea de diferencia, y la revoloración de la perspectiva histórica, que ha vuelto a llamar la atención sobre la importancia del contexto. El cuestionamiento de conceptos como los de autoría, copia, influencia y originalidad, emprendido por los filósofos postestructuralistas, ha actuado de modo muy proficuo sobre el comparatismo, llevándolo a reestructurar, entre otras cosas, los tradicionales estudios de fuentes e influencias. Ahora, al contrario de lo que pasaba antes, el texto segundo, en el proceso de la comparación, no es ya sólo el "deudor", sino también el responsable por la revitalización del primero, y la relación entre ellos, en vez de unidireccional, adquiere sentido de reciprocidad, volviéndose, en consecuencia, más rica y dinámica.

Aunque este cambio de perspectiva ocurrido en el seno del comparatismo se haya originado una vez más en el medio intelectual europeo, tuvo una importancia fundamental para los estudios de literatura comparada que incluían la producción latinoamericana. Así, lo que se caracterizaba como copia imperfecta del modelo instituido por la cultura central pasa a ser visto como respuesta creativa, y el desvío de la norma adquiere una connotación positiva a causa de la desacralización que efectúa del objeto artístico. Los criterios hasta ese momento incuestionables de originalidad y anterioridad son echados de lado y el valor de la contribución latinoamericana pasa a residir precisamente en la manera como ella se apropia de las formas literarias europeas y las transforma, confiriéndoles nuevo aliento. Los términos del sistema jerárquico anterior se invierten, por supuesto, en el proceso, y el texto de la cultura dominada acaba por configurarse como el más rico.

El énfasis sobre la cuestión de la diferencia, propiciado por el desconstructivismo, ha prestado una valiosa contribución a los estudios de literatura latinoamericana, que han sufrido, por lo menos en el campo del comparatismo, una seria revisión crítica. Sin embargo, no se puede dejar de señalar que también ha dado margen a falaces exageraciones, expresadas frecuentemente bajo la forma de una acentuada complacencia. No basta, como se podría suponer, con invertir la escala de valores del modelo tradicional para vencer su carácter etnocentrista, pues el referente en este proceso antitético continúa siendo el elemento europeo. Es necesario ir más lejos: desconstruir el propio modelo, o, mejor dicho, desestructurar el sistema jerárquico sobre el cual se ha erigido. El discurso comparatista se halla de tal modo contaminado por el sentimiento de marginación que el hombre latinoamericano asimiló a lo largo de su historia que es necesario desarticularlo para rearticularlo sobre nuevas bases.

La otra tendencia del pensamiento europeo contemporáneo que ha contribuido al cuestionamiento de la visión de mundo eurocéntrica —la revaloración de la perspectiva histórica— también ha encontrado terreno fértil en el campo de los estudios literarios latinoamericanos. En un contexto donde corrientes como el marxismo o el historicismo siempre tuvieron gran penetración, y cuestiones como la de la dependencia económica siempre estuvieron en el centro de cualquier debate de orden político o cultural, la idea de que las manifestaciones literarias constituyen redes de relaciones y sólo pueden ser suficientemente comprendidas cuando son asediadas desde una óptica global que dé cuenta de esas relaciones, realumbró el fuego de antiguas disputas, que se había enfriado con el dominio del estructuralismo, y abrió amplias y fructíferas posibilidades para un nuevo tipo de comparatismo. De acuerdo con éste, no basta con insistir sobre la importancia de las diferencias latinoamericanas, sino que también hay que estudiar la relación de estas diferencias con el sistema del que forman parte —la literatura del continente en sus diversos registros— e investigar el sentido que asumen en el cuadro de la tradición literaria occidental. Reconociendo la importancia de esas cuestiones y la carencia de estudios de ese tipo en el comparatismo latinoamericano, vuelto generalmente hacia el llamado lado culto de la literatura y hacia los paralelos entre literaturas de idiomas diferentes, podemos procurar sistematizarlos, como hizo por ejemplo Ana Pizarro,[1] señalando tres direcciones que, según afirma, la configuración del desarrollo literario latinoamericano exigiría del comparatismo. Son éstas la tradicional relación América Latina/Europa Occidental, la relación entre las literaturas nacionales en el interior de América Latina y la caracterización de la heterogeneidad de las literaturas nacionales en el ámbito continental. Teniendo en cuenta que ninguna aproximación a la literatura del continente puede dejar de insertarse en el ámbito de esa triple dinámica, sin cuya percepción global no se puede penetrar en la complejidad de la literatura comparada en América Latina, haremos una breve referencia a cada una de esas direcciones, empezando por la última, con el fin de mejor elucidarlas.

La caracterización de la heterogeneidad de las literaturas nacionales en América Latina constituye un problema fundamental para el comparatismo porque exige que éste reconozca registros no sólo diferentes en el interior de una misma literatura nacional (el español y el quechua, por ejemplo, en el Perú; o el español y el guaraní, en Paraguay), sino también de niveles tradicionalmente distintos, como lo erudito y lo popular, éste último casi siempre marginado. La cultura latinoamericana se caracteriza, desde el siglo XVI, por una pluralidad significativa, y el comparatismo no puede dejar de lado este hecho; al contrario, debe abarcar también el estudio de textos provenientes de las culturas indígenas anteriores o posteriores a la llegada de los europeos al continente y de las actuaciones de esas culturas las unas sobre las otras. Como ejemplo, menciónese el caso de la actuación de culturas indígenas sobre la obra de autores como Arguedas o Asturias, o de la cultura de esclavos africanos sobre la producción escrita en *créole* en el Caribe. Menciónese aún el caso inverso de recepción por parte de la oralidad, de la cultura del texto, como ocurrió con la llamada "literatura de cordel" brasileña, que narra episodios de las *chansons de geste* francesas.

La relación entre las literaturas nacionales en el interior de América Latina presenta, entre otros, dos problemas importantes: el de la definición del área abarcada por el concepto de América Latina y el de la unidad en la diversidad que caracteriza los países del continente. En el primer caso, la cuestión que se pone de inmediato es la de los criterios a ser utilizados en la definición del concepto, que ha evolucionado desde una perspectiva etnolingüística hacia otra de orden histórico-cultural o política, pasando a incluir, por ejemplo, regiones del Caribe no colonizadas por pueblos neolatinos. El segundo caso, un poco más complejo, implica una dinámica múltiple, que se extiende desde la independencia, en el plano diacrónico, del *corpus* literario respecto a las literaturas de las metrópolis colonizadoras, hasta el reconocimiento, en el plano sincrónico, de conjuntos nacionales o regionales que se relacionan a otros más grandes por fuertes denominadores comunes, pero continúan manteniendo su individualidad. En este sentido, el concepto de literatura latinoamericana

---

[1] Ana Pizarro (editora), *La literatura latinoamericana como proceso* (Buenos Aires: Centro Editor de América Latina, 1985).

no se atiene ni a la simple sumatoria de literaturas nacionales distintas ni a una generalización abstraída de cualquier análisis histórico concreto; al contrario, consiste en la construcción de una unidad plural y cambiante, marcada por la tensión constante entre lo general y lo específico.

Las relaciones entre la literatura latinoamericana y las de Europa Occidental, o más recientemente también la de América del Norte, siguen la dirección que ya existía tradicionalmente y que viene pasando por una seria revisión crítica en las dos últimas décadas, sobretodo en lo que concierne a su perspectiva unilateral. Aquí, además del estudio de las respuestas creativas que la literatura latinoamericana ha presentado en su proceso de apropiación de formas europeas y del examen de las diferencias encontradas respecto al sistema del que forman parte, se pasa a abordar también la actuación de esa literatura sobre la europea y la norteamericana, e incluso sobre obras no pertenecientes a ninguna de esas esferas. Sin embargo, hay que señalar que no se trata de una simple inversión del patrón del comparatismo tradicional ni de una mera extensión del paradigma etnocéntrico a otros sistemas periféricos. Lo que se intenta buscar es el establecimiento de un diálogo en pie de igualdad entre esas diversas literaturas, asegurándose la transversalidad propia de la disciplina.

La toma de conciencia de las especificidades de la literatura o de las diversas literaturas latinoamericanas y de la necesidad de tener siempre en cuenta la tradición literaria del continente es lo que ha permitido que el comparatismo pase en América Latina de un estudio mecánico de fuentes e influencias a una disciplina capaz de desencadenar un verdadero diálogo de culturas. El comparatismo es, como afirma Claudio Guillén en su libro *Entre lo uno y lo diverso*, "una disciplina resueltamente histórica",[2] y, como la literatura latinoamericana, por las circunstancias históricas en que ha surgido, trae como rasgo una dialéctica entre lo local y lo universal; es precisamente en esta pluralidad, en este carácter no-disyuntivo que ella debe ser comprendida.

---

[2] Claudio Guillén, *Entre lo uno y lo diverso: introducción a la literatura comparada* (Barcelona: Crítica, 1985).

Transculturación e identidad: signos de posmodernidad en la narrativa latinoamericana

Hiber Conteris

El conocido novelista y crítico uruguayo Hiber Conteris es ahora catedrático de Alfred University, Nueva York. Sus publicaciones principales incluyen: Ten Percent of Life *(Nueva York, 1987),* La Diane au crépuscule *(París, 1988) e* Información sobre la Ruta 1 *(Barcelona, 1987). Actualmente prepara un libro,* Literaturas marginales. Un estudio crítico de las formas literarias latinoamericanas, *que será publicado en Montevideo*

Los ideólogos de la posmodernidad nos han convencido (o por lo menos han pretendido y pretenden aún convencernos) de que la oposición binaria con la que nos hemos manejado durante mucho tiempo desde nuestra perspectiva etnocéntrica entre centro y periferia, mundo industrializado y mundo proveedor de materias primas, desarrollo y subdesarrollo, sociedad de consumo y sociedad de infraconsumo, primer y tercer mundo, en una palabra, ha sido abolida o está en camino de ser abolida definitivamente. Este milagro que algunos identifican con "el fin de la historia" se habría llevado a cabo por obra de los medios de comunicación, la difusión de la cultura tecnológica, la revolución electrónica, la internalización del capital o, para ponerlo en los términos de Fredric Jameson, el advenimiento de la economía mundial a una fase de *late capitalism*.

No es necesario mencionar a esos ideólogos: ellos se llaman Jean Baudrillard o Jean-François Lyotard, Jürgen Habermas o Andreas Huyssen, Linda Hutcheon, Richard Rorty o Ihab Hassan. Precisamente es Linda Hutcheon quien afirma que "[e]l centro ya no se sostiene y, desde una perspectiva desplazada, lo 'marginal' y lo que voy a denominar ... lo excéntrico (sea la clase social, el género, la orientación sexual o la etnicidad) cobran un nuevo significado a la luz del reconocimiento implícito que nuestra cultura no es en realidad un monolito homogéneo (es decir, de clase media, masculina, heterosexual, blanca, y de Occidente) como lo habíamos supuesto".[1] No es de extrañar que desde nuestra posición periférica, Nelly Richard, una buena lectora de Hutcheon, escribiera en *Third Text* 2, en el invierno de 1987-88:

---

[1] Linda Hutcheon, *A Poetics of Postmodernism: History, Theory, Fiction* (Nueva York y Londres: Routledge, 1988).

El postmodernismo desmantela la distinción entre centro y periferia, y al hacerlo así anula su significado. Hay numerosos ejemplos en el discurso postmodernista que apuntan a convencernos de lo obsoleto de la oposición centro/periferia, y de lo inapropiado de continuar viéndonos como las víctimas del colonialismo. Según este argumento, el significado de estas categorías ha desaparecido, así también como la distinción entre modelo y copia, debido a la "difusión planetaria" de la cultura tecnológica; los medios de comunicación de masa han obliterado la relación entre el original y la reproducción".[2]

Esta distinción entre modelo y copia, u original y reproducción, tiene especial interés para la discusión de los aspectos posmodernos de la narrativa latinoamericana, y volveré a este punto más adelante.

En cierto modo, el anuncio de la posmodernidad puede parangonarse (o quizás es su conclusión lógica) a la profecía nietzscheana de que "Dios ha muerto". Si el Dios del cristianismo ha muerto, como quería Nietzsche, todo está permitido, todos los límites, restricciones y fronteras han sido abolidos. No hay jerarquías ni centro de gravedad; no hay ejes ni señales que nos sirvan de referencia. La posmodernidad parece significar precisamente eso: los sistemas clasificatorios y referenciales que tradicionalmente nos servían para situarnos en el mundo han sido suprimidos. La pregunta que cabe, entonces, es si la anarquía o caos moral implícitos en la fórmula nietzscheana (no olvidemos que el tema del superhombre suministró un pretexto filosófico y doctrinario —legítimamente o no— al nacional-socialismo) no se traducirá en la cultura posmoderna en un caos equivalente en el ámbito cultural, un aumento del desorden, algo que metafóricamente podemos caracterizar como un proceso de entropía cultural.

Desde el punto de vista de la narrativa latinoamericana, que es el que nos ocupa aquí, todo esto plantea algunos problemas de interés muy actual. Si la distinción entre centro y periferia, es decir, entre culturas en etapas diferentes de su desarrollo económico, tecnológico y también —¿por qué no?— literario, ha desaparecido, la transculturación y su fenómeno concomitante, la pérdida y búsqueda de la propia identidad aparecen como signos específicos de la posmodernidad. Es un hecho, sin embargo, que para los que nos manejamos con categorías históricas todavía vigentes al estudiar las sucesivas etapas de la literatura latinoamericana, la noción de posmodernidad presenta un doble problema, a la vez semántico y taxonómico. El equívoco a que induce el término "posmodernidad" procede fundamentalmente del prefijo *post*, suficientemente importante como para que Jean-François Lyotard dedicara un ensayo (muy breve, es cierto) a explicar su significado.[3] Tal como Lyotard señala allí, la primera indicación que surge del uso del prefijo es la relación de oposición (pero también de continuidad, agregaría yo) entre el posmodernismo y el movimiento modernista en arquitectura. (No necesito recordar que para nosotros, insertos en el ámbito de la literatura latinoamericana, el término "modernismo" tiene otras resonancias.) Sin embargo, la importancia del análisis de Lyotard consiste en recordarnos

---

[2] Tomo esta cita de Thomas Docherty, editor, *Postmodernism —A Reader* (Nueva York: Columbia University Press, 1993). El artículo de Nelly Richard fue tomado de la fuente antes citada y traducido al inglés por Nick Caistor. Yo realicé mi propia re-traducción al español de la cita.

[3] Jean-François Lyotard, *The Postmodern Explained: Correspondence 1982-1985* (Minneapolis: University of Minnesota Press, 1992).

que "[l]a arquitectura posmoderna se encuentra a sí misma condenada a emprender una serie de modificaciones menores en un espacio heredado de la modernidad", es decir, continúa la cita, "una especie de *bricolage*: la múltiple citación de elementos tomados de estilos o períodos previos, clásicos y modernos". Y eso le lleva a afirmar que "el 'post-' del postmodernismo [posmodernidad] tiene el sentido de una simple sucesión, una secuencia diacrónica de períodos en la que cada uno es claramente identificable. El 'post-' — concluye— indica algo así como una conversión: una nueva dirección a partir de la previa".[4]

Debemos entender, según eso, que la posmodernidad sólo es conocida como tal dentro de un discurso que tiene su propio pasado; aceptar el concepto de posmodernidad equivale a un acto de reflexión sobre las fuentes y la historia de los conceptos que lo precedieron. Existe siempre un momento liberador cuando uno examina la genealogía de su propio discurso: en esa instancia, ese discurso; deja de ser algo necesario e inevitable para convertirse en algo histórico, provisional y abierto al cambio. Por un lado, el término "posmodernidad" indica la pérdida de distancia crítica existente en la cultura actual, y por el otro señala la pérdida de legitimidad de aquellas categorías con que solíamos identificar lo que considerábamos el centro cultural y base del poder socio-económico en nuestra época. En este sentido, me inclino (casi podría decir aquí, me resigno) a interpretar la noción de posmodernidad según la manera en que Walter Benjamin construye la relación de la modernidad a la historia, es decir (aceptando la forma en que Habermas describe este acto), con una actitud post-historicista. Benjamin se vale para esto del concepto de *Jetzzeit*, el presente como un momento de revelación. Súbitamente hemos cobrado conciencia de que aquello que llamábamos "modernidad" ya no es lo que creímos que era, o aun peor, ya no es lo que queremos. Se ha producido un salto en el vacío, un salto en los medios de comunicación, un salto tecnológico, un cambio radical en el ordenamiento político del mundo, la desaparición de sistemas que alguna vez creímos eternos, y ya no sabemos dónde estamos ni lo qué somos. Vivimos en un extraño *vacuum* histórico, y de ahí que tantas discutibles profecías anuncien "el fin de la historia", cuando obviamente la historia es lo único que por definición no puede alcanzar su fin, ya que éste es la utopía, el lugar inexistente por naturaleza. Y entonces, al cobrar conciencia de este desequilibrio, de estar pisando arenas movedizas (histórica, cultural, sociológicamente hablando), se produce la revelación de que habla Benjamin, el *Jetzzeit*: ya no estamos en la modernidad, sino en algo que, a falta de una mayor comprensión o entendimiento, tal vez acaso a falta de una más adecuada designación, hemos convenido en llamar "posmodernidad".

Creo oportuno recordar aquí que los dos "signos de posmodernidad" que he destacado en el título de este trabajo, "transculturación" e "identidad", fueron objeto ya de un exhaustivo examen por parte de Ángel Rama en varios ensayos que se inician por lo menos en 1973, y se prolongan hasta una fecha relativamente cercana a la de su trágica desaparición, 1981.[5] El uso de ambos conceptos aparece íntimamente ligado, en el análisis de Rama, a

---

[4] Jean-François Lyotard 64-68.
[5] Los ensayos que manejo aquí son "Medio siglo de narrativa latinoamericana (1922-1972)", publicado originalmente en italiano para el volumen *Latinoamericana: 75 Narratori*, edición de Franco Mogni, 2 vols. (Vallechi Editori, 1973); y *Los contestatarios del poder*, prólogo a la antología *Novísimos narradores hispanoamericanos en marcha* (México: Marcha Editores, 1981).

otra noción que ocupa un lugar central, y por lo tanto clave, en sus escritos: el concepto de *modernización*. En relación con este último, escribe Rama: "El proceso de urbanización que en todos se registra, tiene un interés adjetivo solamente si se lo encara desde un punto de vista temático, pero es en cambio sustantivo si se lo vincula al proceso de *modernización* de las formas literarias que él registra activamente. Desde luego esta modernización puede producirse sin que forzosamente obligue a un traslado temático a las ciudades, tal como cabalmente demostraron tanto Rulfo (en *Pedro Páramo*) como García Márquez (en *El coronel no tiene quien le escriba*), pero lo habitual es que ambas revoluciones —formal y temática— se diseñen simultáneamente". Y algo más abajo, refiriéndose a un conjunto de lo que en aquellos años eran "novísimos" narradores colombianos, prosigue:

> En ellos ... se reitera una observación hecha por Mario Vargas Llosa respecto a los escritores peruanos, pero que es casi un modelo del continente, desde Alaska a Tierra del Fuego: la producción en el exilio, forzado o voluntario, la necesaria salida de medios cerrados y hostiles para contemplarlos con una perspectiva más amplia, por lo común crítica y aun revanchista, desde el marco de una cultura universal. En esta operación distanciadora no sólo clarifican la visión, sino que asumen los instrumentos modernos del análisis e indirectamente se posesionan de su marcada tendencia universalista. Es particular felicidad de los colombianos, hasta el presente, haber logrado un equilibrio entre estas dos dispares fuerzas, de tal modo que sus obras, que se nutren de culturas internas y hasta regionales y las articulan simultáneamente con sistemas expresivos modernizados, adquieren una funcionalidad social (cultural) que quizás no siempre perciben sus propios autores: son fuerzas modernizadoras que ellos enquistan, desde lejos, en el seno de sus propias sociedades como parte de su lucha para transformar la nación a la que pertenecen, modernizarla, ponerla al nivel de la patria temporal a la que todos pertenecemos (este final del siglo XX), sin que por ello pierda la patria espacial sus íntimos sabores, sus ricas tradiciones, su identidad esencial. Esa integración transculturadora (que enseñaron García Márquez y Fernando Botero) es la única que puede evitar los perjuicios del provincianismo, con sus dos caras opuestas aunque en definitiva una y la misma: la regresión conservadora hacia el pasado nacional, repitiendo sus modelos ya fuera de tiempo, o la copia servil, de pueril vanguardismo, de las más recientes modas extranjeras, para tratar de ser modernos y estar al día de la hora universal.[6]

Creo poder justificar la inusual extensión de estas dos citas, porque en ellas Rama caracteriza de manera implícita y explícita los dos problemas que hoy nos ocupan: transculturación e identidad. Lo que se desprende de estos y otros pasajes es que la noción de *transculturación*, para Rama, abarca estos dos significados: en primer lugar, la transculturación en términos literarios está vinculada al proceso de urbanización en América Latina, lo que significa el tránsito de una narrativa regionalista, costumbrista, o nativista, comoquiera la llamemos, a una narrativa que traslada a su forma, su temática y su lenguaje las pautas de la *modernización* (que en este caso conviene distinguir del concepto "modernidad"); en segundo lugar, la transculturación se refiere a la instalación del narrador en un medio o una cultura ajena, a partir de la cual, y mediante esa "operación distanciadora", comienza a recuperar su identidad; es decir, sirviéndonos de las palabras de Rama,

---

[6] *Los contestatarios del poder.*

reinstalarse en "la patria espacial", con "sus íntimos sabores, sus ricas tradiciones, su identidad esencial".

Este fenómeno global de la transculturación Rama lo vincula de manera particular "a la transculturación producida en las grandes ciudades latinoamericanas por la influencia de la cultura masiva de Estados Unidos, generando modos específicos de innegable vulgaridad y vigor". Y para explicitar esta declaración agrega: "Fuentes, o García Márquez, o Donoso, leyeron la mejor narrativa norteamericana dentro del vasto conjunto de la literatura vanguardista mundial; los jóvenes posteriores vivieron el cine, la televisión, el rock, los jeans, las revistas ilustradas, los supermercados, la droga, la liberación sexual, los *drugstores*, que inundaron la vida latinoamericana con profunda incidencia en las capas más populares, menos intelectualizadas y dispuestas a resistir la avalancha que los sectores cultos impregnados todavía de tradiciones europeas ... No se trata simplemente de la influencia de los largos brazos de los *mass media* norteamericanos, pues ésos llegaron a todo el universo después de la Segunda Guerra Mundial, sino de la peculiaridad regional en que se vivió una mezcla transculturadora que no agostó, ni pervirtió, las tradiciones propias que ya tenían varios siglos". Y concluye Rama este análisis con una rotunda afirmación que me parece clave para entender la estrecha relación que, pese a todas las apariencias, existe entre el fenómeno de la transculturación y la búsqueda de la propia identidad: "A sólo quince años de registrarse en la literatura este magno fenómeno, es posible comprobar que la nueva ola modernizadora, que esta vez no llegó sólo a las capas cultas como en el modernismo o en el vanguardismo, sino que contaminó hondamente los enclaves urbanos más desarrollados con una fuerza arrolladora, no interrumpió la continuidad de las culturas propias y que éstas se revelaron mucho más orgánicas, firmes y compactas que en los períodos anteriores".[7]

Escribiendo veintitrés años atrás, Rama vincula estos dos temas, la transculturación literaria y la búsqueda y afirmación de la identidad nacional —o mejor, latinoamericana— a lo que él llama el proceso de "modernización". La posmodernidad aún no había sido descubierta, aunque todos tengamos la impresión, al releer estos pasajes, que estamos sólo frente a un caso de semantización, y lo único que falta agregar al análisis de Rama es el prefijo "post", tan importante, como ya observamos oportunamente. Si el proceso de modernización aparece como un *desideratum*, una meta a alcanzar, debemos inferir que Rama expone tan persuasivamente sus argumentos desde una situación que precariamente podemos concebir como la "pre-modernidad", un estadio previo a ese ideal tan elusivo de la cabal modernización. Ahora bien, si aceptamos esta insistente afirmación de los nuevos ideólogos que la *posmodernidad* ha irrumpido de manera poco menos que brutal y sorpresiva en la cultura actual, debemos también deducir que entre el momento en que Rama escribió sus artículos (la pre-modernidad) y este otro que vivimos nosotros, se ha producido un salto, un vacío, una significativa ausencia: algo se perdió en el proceso, ocurrió algo que podemos considerar un extravío histórico, ya que hay una etapa que hemos superado sin saber cómo, una especie de eslabón perdido, una fase lógica, causal, intermedia y encadenante del proceso histórico que hemos omitido. Hemos pasado de la pre-modernidad a la posmodernidad sin haber conocido la experiencia de la modernidad

---

[7] *Los contestatarios* ... Subrayado mío.

como tal, sin habernos sumergido en la total modernización, sin haber conocido en qué consistía esa etapa de nivelación o igualación con los estadios más avanzados del desarrollo económico, tecnológico, social, y —debemos razonar también— literario de las naciones más desarrolladas. Todo esto equivale a algo que en términos psicológicos podría ser equivalente al hecho de pasar de la adolescencia a la madurez sin haber vivido la experiencia de la juventud, lo cual, nadie tendría mayor dificultad en convenir en eso, representaría una pérdida irreparable.

Pérdida o no, el hecho es que estamos poco menos que obligados a examinar la nueva narrativa que se escribe en América Latina a la luz de estos elementos que hemos caracterizado como signos de la posmodernidad. Dentro de los límites de este trabajo, sólo puedo referirme brevemente a tres aspectos que me parecen determinantes de la nueva narrativa latinoamericana. En primer lugar, está la cuestión del *lenguaje*. En un penetrante ensayo sobre *Postmodernism or Post-colonialism Today*, escribe Simon During: "Tanto en literatura como en política, el impulso pos-colonial hacia la identidad se centra en torno al lenguaje, en parte porque en la posmodernidad la identidad difícilmente puede obtenerse en otro ámbito. Para el pos-colonial, hablar o escribir en las lenguas imperiales es encarar un problema de identidad, ser arrojado en la mímica y la ambivalencia. La cuestión del lenguaje para el pos-colonialismo es política, cultural y literaria, no en el sentido trascendental de que la frase, en tanto *différend*, permite la política, sino en el sentido material según el cual la elección del lenguaje es elección de identidad".[8]

No creo que para el escritor latinoamericano (cuyo pasado colonial está bastante más lejano que el de las nuevas naciones africanas o asiáticas) la cuestión —o la opción— del lenguaje suponga un problema para la definición de su identidad. El castellano y el portugués, en Centro-y Sud América, han sido aceptados como lenguas propias, aun cuando sus raíces históricas y culturales están en los antiguos poderes imperiales, y probablemente lo mismo puede decirse del francés en el área del Caribe. Sin embargo, la cuestión del lenguaje en el ámbito de la posmodernidad adquiere otro significado cuando la examinamos en función de la industria editorial, es decir, el problema no ya de la escritura del texto, sino de la publicación del libro. Creo que es aquí donde se manifiestan las nuevas formas del imperialismo cultural y lingüístico, mediante el poder que ejerce la industria editorial (cuya estructura económica se ha organizado en la formación de grandes grupos monopólicos en consonancia con la evolución del *late capitalism*) tanto en la imposición de un autor como en la manipulación del público. Por otra parte, no hay duda que desde el punto de vista del narrador latinoamericano el inglés constituye hoy la lengua imperialista por excelencia en relación con la industria editorial. Difícilmente una novela llega a constituirse en un éxito económico (hecho que implica la profesionalización del escritor) hasta que es traducida y publicada al inglés. Como sabemos, una primera edición de una novela de éxito en español no pasa de los cinco mil a diez mil ejemplares; en los EE.UU. esa misma novela, escrita originalmente en inglés, puede llegar a los cincuenta, cien, doscientos cincuenta mil, o un millón de ejemplares. No es extraño que en un libro relativamente reciente, *Imagined Communities*, Benedict Anderson haya sostenido que el nacionalismo

---

[8] Simon During, "Postmodernism or Post-colonialism Today", en *Textual Practice* 1 (Methuen, 1987). Mi propia traducción del original inglés.

ha estado siempre fundado en "Babel". Es decir, el nacionalismo es un producto de lo que él llama *print-capitalism*, afirmando que la convergencia del capitalismo y la tecnología impresora, actuando sobre la diversidad de las lenguas humanas, creó la posibilidad de una nueva forma de comunidad imaginaria que en su morfología básica estableció las bases de la nación moderna.⁹

Este hecho, aparentemente externo en relación con el lenguaje, tiene, a mi ver, consecuencias inherentes a la escritura del texto narrativo. Me pregunto si no es ésta parcialmente la causa de un fenómeno que, a falta de un término igualmente descriptivo, he optado por llamar *miscegenación* del lenguaje en la nueva narrativa latinoamericana. "Miscegenación", en este contexto y como posible traducción del inglés *miscegenation*, equivale a la mezcla y contubernio de diferentes lenguas, para conformar un todo híbrido en el que un texto se desplaza naturalmente de una lengua a la otra. Por razones de proximidad geográfica, política y cultural, son algunos de los escritores puertorriqueños quienes resultan más susceptibles a este mestizaje lingüístico, como es el caso de Luis Rafael Sánchez, Ana Lydia Vega, y Tomás López Ramírez, entre otros; por razones aun más obvias, el fenómeno está más difundido entre los narradores que escriben en español en los Estados Unidos, los llamados escritores hispánicos y chicanos, aunque naturalmente podemos discutir si esto es parte de lo que consideramos la narrativa latinoamericana. Sin embargo, lo más significativo es constatar que aun en las latitudes más australes de Sudamérica, algunos de los nuevos narradores se valen del mismo recurso, caso del uruguayo Amir Hamed (*Qué nos ponemos esta noche*), y del argentino Rodrigo Fresán (*Historia argentina*). Por este y otros parámetros, estos escritores son algunos de los exponentes de la narrativa posmoderna en América Latina.

Un segundo aspecto de la transculturación como signo de la posmodernidad en la narrativa latinoamericana es el que tiene que ver con el transvase y fusión de los géneros literarios, hasta el punto que lo que hoy leemos como narrativa poco tiene que ver con la forma en que se organizaba el relato en cualquiera de sus formas tradicionales (novela, cuento, *nouvelle*) ya no en el siglo XIX, sino en el pasado reciente. Es natural que la experimentación literaria se haya convertido en norma en el ámbito de la posmodernidad, puesto que al cuestionarse los fundamentos lingüísticos y racionales de la cultura que llamábamos "moderna", las fronteras que separaban los cánones literarios en tanto que representaciones discursivas comenzaron también a desmoronarse. En este punto podemos remitirnos tanto al concepto propuesto por Linda Hutcheon de "metaficción historiográfica", según el cual el paradigma narrativo de la posmodernidad sería la narrativa que es autorreflexiva y consciente del proceso histórico, como a la noción de *emplotment*, introducida por Hayden White. Como se recordará, White se vale de esta idea para esfumar las fronteras entre el discurso histórico y el discurso ficcional, afirmando que "las historias (*histories*) ganan parte de su efecto explicativo por su éxito al hacer historias a partir de meras crónicas; y las ficciones (*stories*) a su vez son hechas de crónicas por una operación que en otra parte he llamado *emplotment*. Y por *emplotment* quiero decir simplemente la

---

⁹ Benedict Anderson, *Imagined Communities: Reflections on the Origin and Spread of Nationalism* (Londres: Verso, 1983). También es interesante consultar John Edwards, *Language, Society and Identity* (Oxford: Basil Blackwell, 1985), especialmente el capítulo sobre "Language and Nationalism".

codificación de los hechos contenidos en la crónica como componentes de tipos específicos de estructuras argumentales, precisamente a la manera que Frye ha sugerido es el caso de las ficciones en general".[10] Lo que está sin duda detrás de esta difuminación de los géneros literarios, especialmente en el caso de la fusión entre crónica, ficción, historia, biografía e incluso crítica, es la percepción de que las otrora tangibles e inmarcesibles fronteras entre verdad y ficción ya no se pueden sostener en el espacio del escepticismo posmoderno, que todo lo cuestiona y relativiza. En relación con esto, quiero referirme a un excelente artículo de Francisco Lopes Jr., "A questão da pós-modernidade vista da periferia", quien al analizar tres novelas que él considera representativas de la narrativa posmoderna, *Stella Manhattan*, de Silviano Santiago, *Balada da Praia dos Cães*, de José Cardoso Pires, y *El beso de la mujer araña*, de Manuel Puig, define a los personajes de estas novelas como arqueologías discursivas, o, valiéndose de la expresión de Fredric Jameson, metáforas a flor de piel.[11] Creo que tanto la muerte del personaje individual de la novela realista, como la conciencia del narrador, que a la vez que narra destruye por una operación autorreflexiva el acto de narrar, deben considerarse signos propios de la posmodernidad.

El tercer y último aspecto que voy a mencionar aquí como característico de la narrativa posmoderna puede rastrearse en la cita de Jean-François Lyotard que transcribí al comienzo de esta presentación; en ella, Lyotard menciona el *bricolage* como uno de los rasgos propios de la arquitectura posmoderna, entendiendo por esto "la múltiple citación de elementos tomados de estilos o períodos previos, clásicos y modernos". El *bricolage*, concepto que introdujo Lévi-Strauss en antropología y fue rápidamente trasladado al campo de la crítica literaria por Gérard Genette y Roland Barthes, e incluso a la técnica de la creación literaria por autores como Claude Simon, supone por parte del narrador una actitud mediatizada respecto a la realidad, ya que ésta dejó de ser su referente inmediato, y es ahora la literatura, o la propia narrativa, la que se constituye en el modelo, substancia e incluso lenguaje de su nuevo texto. Es como si el texto de ficción original fuera sometido a un proceso de interminable metamorfosis, de perpetua reencarnación, hasta aniquilar las últimas partículas de sus posibilidades narrativas.[12] Esto da lugar, por un lado, a lo que podemos llamar "una literatura de despojos", y por el otro a la proliferación de "copias" que reproducen tal vez al infinito la narrativa original. Sin embargo, tal como lo señalara Nelly Richard en la cita que mencioné antes, "los medios de comunicación de masa han obliterado la relación entre el original y la reproducción". Y para subrayar el relativo valor de esta dicotomía, transcribe la siguiente reflexión:

> Tal como sugiere su uso diario, una copia es secundaria al original, depende de él, es menos valiosa, y todo lo demás. Este punto de vista por lo tanto menosprecia el conjunto de los esfuerzos culturales de nuestro continente, y está en la raíz del malestar intelectual

---

[10] Hayden White, *Tropics of Discourse* (Baltimore: The Johns Hopkins University Press, 1986) 83. Mi propia traducción de la cita.

[11] Publicado en *Nuevo Texto Crítico* IV, 7 (primer semestre de 1991) 109-31.

[12] Vale la pena recordar aquí que Raymond Chandler, uno de los creadores de la llamada "novela negra" o "poética de la violencia" en los Estados Unidos, "canibalizaba" sus propios textos para estructurarlos de una manera diferente y dar lugar a nuevas narraciones en cuanto a su forma, aun a riesgo de repetir antiguos contenidos.

que es nuestro tema. Sin embargo, la filosofía europea actual (Foucault, Derrida) se ha ocupado de mostrar que tales jerarquías no se justifican. ¿Por qué ha de ser verdad que lo que viene primero es más valioso que lo que viene después, el modelo mejor que la imitación, lo central más importante que lo periférico?[13]

Esto nos llevaría a otro tema demasiado extenso y complejo como para discutirlo aquí: la posibilidad de concebir toda la posmodernidad como una *cultura del simulacro*, según la propuesta de Gilles Deleuze en "Simulacre et Philosophie antique".[14] Deleuze se refiere allí a nuestra época como una era de generalizado anti-platonismo, en la cual ya no sólo los modelos y sus copias son puestos en juego, privilegiados, sino también el *simulacrum*, tradicionalmente visto como falso, feo y desagradable porque no se parece al original ni a sus copias. Y esto le lleva a definir lo que hoy entendemos como posmodernidad por un rasgo genérico que él caracteriza como "la potencia del simulacro".

---

[13] Nelly Richard. La cita proviene de Rosa María Ravera, "Modernismo y postmodernismo en la plástica argentina", *Revista de Estética* 3 (Buenos Aires, s.d.). Nuevamente, es mi re-traducción al español de la traducción al inglés.
[14] En *Logique du Sens* (París: Minuit, 1969).

Textos latinoamericanos contemporáneos y su contribución a la teoría literaria. Referencias a Cortázar, Borges, Sarduy

Myrna Solotorevsky

Myrna Solotorevsky que nació en Chile y sacó todos sus títulos académicos allí, es ahora catedrática de la Universidad Hebrea de Jerusalén. Autora de: José Donoso: Incursiones en su producción novelesca *(Valparaíso, 1983),* Literatura-Paraliteratura: Puig, Borges, Donoso, Cortázar, Vargas Llosa *(Gaithersburg MD, 1998) y* La relación mundo-escritura en textos de Reinaldo Arenas, Juan José Saer y Juan Carlos Martini *(Gaithersburg MD, 1993), sus campos de interés principales son la literatura latinoamericana contemporánea y la teoría literaria. Actualmente tiene en prensa un artículo sobre la crítica literaria, y proyectado un estudio de la obra de Borges y Sarduy desde el punto de vista de la poética de la totalidad y la de la fragmentación*

Dada la índole de mi trabajo, en el que pretendo poner en conexión ciertos textos latinoamericanos contemporáneos con el ámbito de la teoría literaria, me parece necesario hacer explícitos los supuestos teóricos en que basaré mi exposición.

Asumiré una actitud básicamente epistemológica, según la cual el texto literario existe en sí, como *objeto*. Al realizar dicha afirmación me opongo a la estimación del texto como la mera resultante de las convenciones, sentimientos, asociaciones subjetivas del lector (p.e., teoría transactiva de Holland) o a la concepción del texto como un conjunto de estímulos que hacen que sea relativamente fácil o relativamente difícil el convencerse a uno mismo o convencer a otros, de aquello que uno ya estaba inicialmente inclinado a decir acerca de él (actitud pragmática de Rorty); rechazo asimismo la consideración de una relación dialógica entre texto y lector, en la cual ambos aprecerían actuando como sujetos (Todorov, en *Critique de la critique*).

Concibo como fundamental para el desarrollo de nuestra disciplina, el estimular una relación dialéctica o recíproca entre los dos polos que considero: textos y teoría. El análisis de los primeros otorgará a la teoría, elementos que permitirán a ésta un avance inductivo y un rico caudal de ejemplificación; a su vez, la teoría posibilitará, deductivamente, la captación lúcida de los textos mediante el dominio y aplicación de un metalenguaje que discernirá los distintos procedimientos literarios existentes en ellos.

Los tres ejemplos que presentaré a continuación mostrarán cómo la teoría literaria en su vertiente francesa recurre a textos latinoamericanos contemporáneos para constituirse a ilustrar sus propios criterios.

La metalepsis según la teoría de Gérard Genette

Afirma dicho crítico: "El paso de un nivel narrativo al otro no puede asegurarse en principio sino por la narración, acto que consiste precisamente en introducir en una situación, por medio de un discurso, el conocimiento de otra situación. Toda otra forma de tránsito es, si no siempre imposible, al menos siempre transgresiva" (*Figuras III* 289). La metalepsis, en términos de Genette, es ciertamente una trasgresión y cuando el crítico desea mostrar una modalidad extrema de dicho procedimiento e inversa respecto de cómo él ha solido darse en la tradición, recurre como ejemplo, que parece difícilmente superable, al magnífico relato de Cortázar, "Continuidad de los parques": "Cortázar cuenta la historia de un hombre asesinado por uno de los personajes de la novela que está leyendo: se trata de una forma inversa (y extrema) de la figura narrativa que los clásicos llamaban la *metalepsis del autor* y que consiste en fingir que el poeta 'produce él mismo los efectos que canta', como cuando decimos que Virgilio 'hace morir' a Dido en canto IV de la *Eneida*" (289).

El término "extrema" empleado por Genette para caracterizar el uso que de la metalepsis hace Cortázar, indica ya la existencia de una posible gradación en cuanto al vigor con que es empleado el procedimiento. Deseo proponer, inspirándome en Genette, la siguiente gradación:

1) Metalepsis muy débiles empleadas por la retórica clásica, que, como afirma Genette, juegan con la doble temporalidad de la historia y de la narración. El crítico ilustra este caso con un momento de *Ilusiones perdidas* de Balzac: '*Mientras* el venerable eclesiástico sube las rampas de Angulema, no es inútil explicar ...", y agrega que "es como si la narración fuera contemporánea de la historia y debiese rellenar esos tiempos muertos" (290).

2) Metalepsis en las que la transgresión de niveles aparece como determinante de la trama; es decir, a las que se les adjudica literalidad. Piénsese en un sustituto auctorial que decide respecto de la suerte de un personaje. Ejemplo: cuando el sustituto auctorial de *Casa de campo* de José Donoso señala, en una construcción en abismo de la enunciación, que se resiste a dar pronta muerte a su personaje Wenceslao, de quien se ha "vuelto a enamorar" (1978, 34).

3) El caso anterior aparecerá, a mi juicio, reforzado cuando el efecto sobre la trama es precedido por una discusión entre un personaje diegético —el sustituto auctorial— y uno metadiegético; éste es el caso del diálogo entre Unamuno —ente de ficción— y su personaje, Augusto Pérez, en *Niebla*, de Miguel de Unamuno.

4) Metalepsis literal en la que el efecto en la trama no será causado por un actor de la diégesis y recaerá sobre uno de la metadiégesis, sino al revés, y esto es precisamente lo que sucede en "Continuidad de los parques" de Cortázar y contribuye al intenso efecto de ruptura suscitado por el relato; de la metadiégesis surge el asesino y en la diégesis se encuentra la víctima.

Operará así en alto grado en el texto de Cortázar, el poder transgresor, provocador de ruptura, desautomatizante, de la metalepsis, ocasionando ese efecto de inseguridad e inestabilidad que nos adviene cuando los límites de diluyen y los niveles en los que se asiente nuestra cotidianidad son trastocados.

Gérard Genette y la concepción de "la utopía literaria"

Genette descubre y explora reflexivamente esta concepción en la obra de Borges, estimando dicha idea como "un mito en el sentido por excelencia del término, una determinación profunda del pensamiento" ("La utopía literaria" 142).
Sistematizaré y enjuiciaré los que capto como aspectos básicos constitutivos de ese mito:
1) La literatura como creación anónima que trasciende a los autores individuales.
2) La literatura como espacio reversible que trasciende los límites temporales.
3) El acto de lectura como instancia privilegiada en la captación del objeto literario.

Respecto del primer punto señalado, afirma Genette: "Desde hace más de un siglo, nuestro pensamiento —y nuestro uso— de la literatura se hallan afectados por un prejuicio cuya aplicación siempre más sutil y más audaz no ha dejado de enriquecer, aunque también de pervertir y finalmente de empobrecer el comercio de las Letras, el postulado conforme al cual una obra está esencialmente determinada por su autor y en consecuencia lo expresa" (145).

Coincido plenamente con el criterio de Genette; estimo a la obra literaria como autónoma por lo que respecta a su autor y a las circunstancias de su creación, y pienso que dicha autonomía condice con la inclusión de la obra en la intertextualidad.

En relación al segundo punto, la trascendencia de los límites temporales, afirma Genette: "La literatura es ese campo plástico, ese espacio curvo en el cual las relaciones más inesperadas y los encuentros más paradojales son posibles a cada instante" (149). Es difícil encontrar mejor ejemplificación de ello que la célebre afirmación de Borges, citada por Genette: "'El hecho es que cada escritor crea a sus precursores. Su labor modifica nuestra concepción del pasado, como ha de modificar el futuro'" (147).

Me parece importante e incitante esta perspectiva atemporal, anuladora de un posible reduccionismo histórico. Pienso que la lectura que cabe hacer del *Edipo Rey* de Sófocles, es decididamente otra a partir del conocimiento del Complejo de Edipo, aportado por Freud.

En cuanto a la importancia del acto de lectura, afirma Genette: "Cada libro renace en cada lectura y la historia literaria es al menos tanto la historia de las maneras o de las razones de leer, como la de las maneras de escribir o de los objetos de escritura", y cita a continuación el célebre momento de Borges: "'Una literatura difiere de otra, ulterior o anterior, menos por el texto que por la manera de ser leída; si me fuese otorgado leer cualquier página actual —ésta, por ejemplo— como la leerán el año dos mil, yo sabría cómo será la literatura del año dos mil." (147).

Pienso que es incuestionable el significativo papel que corresponde al acto de lectura como dinamizador y actualizador de potencialidades existentes en el objeto literario.

El texto de goce en la concepción de Roland Barthes

Adjudico especial relevancia a la oposición que ofrece Barthes entre texto legible, de placer u Obra por una parte y texto escribible, de goce o Texto, por otra. Creo que es importante para el acto de captación que el lector sepa que se encuentra frente a un texto de goce cuando ello así ocurre, y adapte sus expectativas a la índole de ese texto; pienso que ello podrá ser decisivo para su valoración del objeto literario.

Barthes ha señalado que el placer "está unido a una consistencia del yo, del sujeto, que se asegura con los valores de comodidad, plenitud y relajamiento ... A la inversa, el goce es el sistema de lectura, o de enunciación, a través del cual el sujeto, en lugar de consistir, se pierde, vive esa experiencia de gasto, que es el goce, realmente" (*El grano de la voz* 214), y añade: "es evidente que la enorme mayoría de textos que conocemos y nos gustan, son en general textos de placer, mientras que los textos de goce son extremadamente raros ... Son textos que pueden disgustarle, agredirlo, pero que por lo menos provisoriamente, en lo que dura un relámpago, lo permutan, lo transmutan a uno, y operan ese derroche del yo que se pierde" (214 *et seq*.). El texto de goce no está, según Barthes, en el territorio de lo verosímil; debe sacudirnos al nivel de la lengua misma.

Me interesa destacar que Jean-Jacques Brochier, al recibir estas ideas de Barthes, pretende reforzarlas mediante la ejemplificación y propone a Barthes lo sigiente: "El goce estaría más bien cerca de Severo Sarduy, por ejemplo", a lo cual Barthes categóricamente responde: "Plenamente" (215) y ello no obstante la explícita renuencia de Barthes a clasificar los textos en una de estas categorías.

En el "Prólogo" a *De donde son los cantantes* de Sarduy, Barthes señala que la cultura francesa ha concedido siempre un privilegio muy acentuado a las "ideas" y que este libro de Sarduy viene ahora a recordar que "existe un placer del lenguaje, de la misma textura, de la misma seda que el placer erótico" (4). De acuerdo a la oposición antes expuesta, cabe señalar que este placer es precisamente el goce.

Barthes afirma que ciertamente Sarduy cuenta en *De donde son los cantantes* "algo", "pero ese algo es libremente desplazado, 'seducido', por esta *soberanía* del lenguaje" (5); el gran tema propio del significante que se despliega en este texto es, según Barthes, la metamorfosis; "las criaturas de Severo Sarduy van y vienen a través del cristal de un parloteo depurado que le 'pasan' al autor, demostrando así que no hay tal cristal, que no hay nada que ver *detrás* del lenguaje" (5). Pienso que los términos a los que recurre Barthes para describir el texto de Sarduy constituyen una excelente fórmula mostrativa de los rasgos propios de la escribibilidad.

Refiriéndose en *El placer del texto*, a *Cobra*, de Sarduy, el lenguaje de Barthes se hace aun más exaltado y preciso: "texto jaspeado, coloreado; estamos colmados por el lenguaje como niños a quienes nada sería negado, reprochado, o peor todavía, 'permitido'. Es la apuesta de un júbilo continuo, el momento en que por su exceso de placer verbal sofoca y balancea en el goce" (18).

Es interesante destacar que las últimas palabras del "Prólogo" de Barthes a *De donde son los cantantes* se refieren a la dificultad con que este texto de Sarduy, debido a sus carencias y excesos, sería admitido "en la buena sociedad de las letras".

Pienso, volviendo a mi planteamiento inicial, que la clarificación teórica será un auxiliar del lector del texto de goce, quien entenderá que es parte del juego a que él se ha expuesto y no algo casual, el que ese texto lo agreda, lo desestabilice, le disguste. A partir de esta ideal, retorno a mi punto inicial, la necesaria relación dialéctica entre teoría y textos, que mi exposición ha pretendido delinear al mostrar cómo la teoría francesa se ha valido de textos latinoamericanos contemporáneos para inspirarse en ellos y/o ejemplificar e inteligibilizar sus propios asertos.

Bibliografía

Barthes, Roland. *El grano de la voz*. Trad. Nora Pasternac. México: Siglo XXI, 1985.
_____ *El placer del texto* (1973). Trad. Nicolás Rosa. México: Siglo XXI, 1987.
Cortázar, Julio. "Continuidad de los parques". *Final de juego*. Buenos Aires: Sudamericana, 1964.
Donoso, José. *Casa de campo*. Barcelona: Seix Barral, 1978.
Genette, Gérard. "La utopía literaria", *Figuras*. Trad. Nora Rosenfeld y María Cristina Mata. Córdoba: Nagelkop, 1966, 139-49.
_____ *Figuras III*. Trad. Carlos Manzano. Barcelona: Ludem, 1989.
Holland, Norman. "Re-Covering 'The Purloined Letter': Reading as a Personal Transaction", *The Reader in the Text*. Susan R. Suleiman e Inge Crosman, eds. Princeton: Princeton University Press, 1980, 350-70.
Rorty, Richard. "The Pragmatist's Progess". Umberto Eco, *Interpretation and Overinterpretation*. Cambridge: Cambridge University Press, 1990, 89-108.
Sarduy, Severo. *De donde son los cantantes*. Barcelona: Seix Barral, 1980.
Todorov, Tzvetan. *Critique de la critique*. París: Seuil, 1984.
Unamuno, Miguel. *Niebla* (1914). Santiago, Chile: Nascimiento, 1979.

La influencia del realismo mágico hispanoamericano en el discurso crítico norteamericano, europeo y africano

Amaryll Chanady

Amaryll Chanady nació en Alemania pero se doctoró en la Universidad de Alberta, Canadá. Ahora enseña en l'Université de Montréal, Canadá. Es autora de Latin American Identity and Constructions of Difference *(Minneapolis, 1994), habiendo publicado* Magical Realism and the Fantastic: Resolved versus Unresolved Antinomy *en Londres en 1985. Actualmente está preparando un nuevo libro:* Estrategias identitarias en las Américas

Hace ya más de un siglo que la literatura hispanoamericana, empezando con Rubén Darío y pasando por Borges y García Márquez, es una fuente de inspiración estética para literaturas de otros continentes. No sorprende el hecho de que prácticas culturales nacidas después de la Conquista y la Colonización dejen un día de ser estudiadas casi exclusivamente en términos de influencias metropolitanas sufridas, y empiecen a ser consideradas como modelos para prácticas culturales de otras sociedades poscoloniales y también de los centros metropolitanos. En cuanto a los discursos científico, filosófico y teórico-literario, la transferencia de paradigmas entre la "periferia" y la metrópoli es más problemática, y muchos intelectuales latinoamericanos han criticado la imposición de paradigmas, conceptos y metodologías metropolitanas, así como el hecho de que los intelectuales metropolitanos no acepten contribuciones teóricas "periféricas" en sus disciplinas académicas.

En 1968, un crítico literario como Leo Pollmann afirmaba, en un estudio comparatista, que el *nouveau roman* francés podía ser considerado como modelo de la "nueva novela" hispanoamericana, y que "el carácter lineal de la evolución propia" del *nouveau roman* "vale también para la exuberancia verdaderamente exótica de grandes novelas que representan la 'Novela Nueva' en Hispanoamérica", mientras insistía, al mismo tiempo, en la especificidad sudamericana atribuible, en gran parte, al "concepto mágico-telúrico del mundo".[1] Paralelamente, tanto en Europa como en los Estados Unidos y en América Latina, proliferaron en los años setenta y ochenta trabajos académicos semiótico-estructurales, psicoanalíticos y narratológicos sobre literatura latinoamericana. Sin embargo, las últimas décadas han producido también críticas de tales transferencias de modelos teóricos y metodológicos.

---

[1] Leo Pollmann, *La "nueva novela" en Francia y en Iberoamérica* (Madrid: Gredos, 1971) 9, 11, 94; publicado en alemán en 1968 por Kohlhammer, Stuttgart/Berlín/Colonia/Mainz.

Ya en el año 1971 Mario Benedetti había cuestionado la pertinencia de los estudios estructuralistas y sugerido que los latinoamericanos crean su propia crítica literaria.[2] Más recientemente, este tema ha sido tratado por Roberto Fernández Retamar en un ensayo titulado: "Algunos problemas teóricos de la literatura hispanoamericana", donde sitúa la aceptación de modelos foráneos en el contexto de la situación colonial de su continente. Fernández Retamar critica a los teóricos latinoamericanos que, creyendo haber llegado a conclusiones generales, "absolutizan" modelos europeos y los ilustran con ejemplos latinoamericanos.[3] Rechaza la pretensión a la universalidad de europeos que seleccionan algunos aspectos como representativos de la cultura universal y excluyen otros, e insiste en la heterogeneidad de la misma Europa. Según el ensayista cubano, Latinoamérica tiene muchos rasgos en común con la "Europa periférica" (64), por lo que se necesita una nueva concepción de la literatura comparada: aunque no existan influencias concretas entre las periferias europeas y Latinoamérica, las similitudes en cuanto a la función de sus obras literarias justificarían la comparación. Esta práctica comparatista evitaría un comparatismo colonialista que subraya las influencias. Fernández Retamar rechaza, igualmente, el criterio de objetividad que acompaña la noción de literariedad desarrollada por formalistas como Roman Jakobson para subrayar la especificidad de las producciones literarias latinoamericanas (y también de los países del este de Europa), que tienen una función "instrumental" o "ancilar" (utiliza las expresiones de José Antonio Portuondo y Alfonso Reyes) respecto a la sociedad (71). Los criterios estéticos creados por los europeos para una literatura europea divorciada del compromiso político no pueden por lo tanto aplicarse a la producción literaria latinoamericana, que está profundamente anclada en la realidad histórica y que necesita por tanto otra perspectiva. El ensayista cubano critica la "colonización lingüística" de la crítica literaria y explica que este cuestionamiento de la crítica "pseudocientífica" permite la revaloración de géneros tradicionales latinoamericanos como el ensayo.

Por eso es muy significativo lo que ocurrió en el campo de la crítica literaria en lo que concierne el realismo mágico y lo real maravilloso. No se trata aquí de novelistas metropolitanos que se inspiran en obras de García Márquez, por ejemplo, sino de críticos literarios en América del Norte, Europa (y también África y Asia) que se basan en modelos críticos latinoamericanos para analizar su propia literatura. Comentaremos algunos textos que ilustran esta transferencia de paradigmas hacia la metrópoli (y en menor grado hacia otras sociedades poscoloniales) para discutir las implicaciones de este proceso.

Una antología titulada *Magical Realist Fiction: An Anthology*, publicada en Nueva York en 1984, presenta textos narrativos (en su mayoría cuentos) escritos por autores de varios países, tales como Gogol, Tolstoy, Thomas Mann, Henry James, Kafka, Nabokov, Faulkner, Borges, Cortázar, Calvino y Kundera. En la introducción, los editores explican la razón por la cual eligieron la etiqueta del realismo mágico para las obras cortas escogidas:

---

[2] Mario Benedetti, "La palabra, esa nueva cartuja", en *Crítica cómplice* (La Habana, 1971) 36-37.
[3] Roberto Fernández Retamar, "Algunos problemas teóricos de la literatura hispanoamericana", en *Para una teoría de la literatura hispanoamericana y otras aproximaciones* (La Habana: Casa de las Américas, 1975) 53-93.

Sean las que fueran sus limitaciones —y todos los términos las tienen— consideramos el término y lo que implicaba sumamente útil para definir una categoría de ficción que podía diferenciarse de la ficción tradicional realista y naturalista por un lado, y de categorías conocidas de lo fantástico: el cuento de aparecidos, la ciencia ficción, la novela gótica y el cuento de hadas.[4]

Los editores añaden que ésa es una forma literaria que contesta las restricciones del realismo tradicional, y que se trata de una categoría híbrida que mezcla el realismo con lo mítico, lo folklórico y lo inverosímil. Reconocen explícitamente la influencia del artículo de Ángel Flores (1955) sobre su propia concepción del término. Se trata pues de la apropiación de un término literario desarrollado en América Latina (aunque el término es más viejo como concepto en la historia del arte) por la crítica norteamericana que no encontró un término más adecuado para designar una categoría de ficción específica.

El término tiene un sentido análogo en un número especial de una revista canadiense que reúne poesía y narrativa bajo la rúbrica del realismo mágico. En su introducción, la editora de *Magic Realism* explica que el término designa para ella una forma literaria en la que no hay ninguna distinción entre hechos ordinarios y hechos extraordinarios, entre lo real y lo mágico, y que la expresión puede aplicarse a una nueva dirección en la narrativa canadiense.[5] El sentido que estos críticos dan al término "realismo mágico" no difiere mucho de la definición de Ángel Flores. La popularidad creciente del término se explica por la gran variedad de formas narrativas no tradicionales que no pueden colocarse en categorías literarias muy codificadas, como el cuento de hadas, por ejemplo. Otros críticos han clasificado los mismos cuentos que aparecen en la antología de Young y Hollaman como absurdos (Gogol), posmodernos o metaficcionales (Borges), y neofantásticos (Cortázar). Se trata, entonces, de una categoría literaria universal para estos críticos.

Sin embargo, en su introducción a la antología del realismo mágico, Young y Hollaman dan un segundo sentido a este concepto, no solamente literario, sino también cultural. En el realismo mágico hay a menudo una yuxtaposición de dos culturas, una "primitiva" y otra "civilizada". Esta forma literaria sería pues un desafío no sólo a las convenciones del realismo, sino también al pensamiento positivista moderno. Los editores mencionan los amerindios y los paisanos europeos, para quienes la magia existe todavía, como inspiración del realismo mágico, así como las experiencias inéditas del viaje, por ejemplo, el cual nos confronta con mundos desconocidos. El realismo mágico como yuxtaposición de perspectivas culturales o *Weltanschauungen* diferentes (una occidental y racional, y otra mágico-mítica), o como una representación de la concepción mítica del mundo por un narrador occidentalizado (en Asturias, por ejemplo), y el realismo mágico en el sentido (incorrecto, según algunos críticos latinoamericanos) de lo real maravilloso carpenteriano, indican una categoría literaria diferente de la primera. Aunque las técnicas literarias puedan asemejarse, se trata de una tentativa por ficcionalizar o ilustrar las relaciones interculturales, y no simplemente de una escritura no realista o anti-realista.

---

[4] David Young y Keith Hollaman, eds., *Magical Realist Fiction: An Anthology* (Nueva York: Longman, 1984) 1.
[5] Linda Kenyon, Introducción, número especial sobre *Magic Realism* (realismo mágico) de *The New Quarterly* 5, 5 (primavera 1985) 3.

En este segundo sentido, el realismo mágico puede representar para los críticos una reacción contra la hegemonía de la razón occidental y, en algunos casos, de la dominación política y cultural en general. El crítico canadiense Stanley McMullin, por ejemplo, atribuye la existencia del realismo mágico en Canadá a la marginalidad de la región oeste, la cual nunca ha tenido una posición dominante en el país. Mientras que el centro del país representaba la "identidad imperial" (16), el *hinterland* —o tierra adentro— intentaba sobrevivir culturalmente basándose en la mitología para construir una identidad regional. Robert Kroetsch, novelista canadiense a quien algunos críticos han considerado como mágicorrealista, explica que el realismo mágico "abre posibilidades narrativas" y "modos de percepción",[6] pero está de acuerdo con Linda Kenyon (quien lo entrevistó) sobre el hecho de que no hay mucho realismo mágico en los Estados Unidos, pero sí en Canadá y en América Latina, entre los cuales se puede establecer un paralelo explícito, porque las dos se sitúan en los márgenes. Kroetsch añade que las historias oficiales raras veces tratan de los que viven en los márgenes, y que por eso ellos deben mantener su identidad construyendo narraciones específicas. También opina que los autores marginales tienen más libertad para no conformarse con las modas dominantes y que por esa razón son libres de mezclar el surrealismo y el realismo, por ejemplo, en vez de adherirse a movimientos literarios como el modernismo anglo-americano. Kroetsch menciona específicamente a Borges y a García Márquez como sus inspiradores.

Mientras que varios críticos aplican el término "realismo mágico" a una forma literaria universal que existe tanto en Europa como en las Américas, otros críticos y autores canadienses reivindican el realismo mágico como una expresión literaria periférica que permite a los autores expresarse con más libertad e innovación que los autores metropolitanos, forjar una identidad cultural y manifestar su resistencia hacia el centro cultural y político. Estos últimos no dan una importancia muy grande a la existencia de culturas diferentes (la autóctona y la occidental, por ejemplo), como en el caso de críticos que aplican el término a América Latina, porque el amerindio casi nunca fue un criterio de diferenciación en las estrategias de identidad de Canadá. Para Homi Bhabha, crítico y teórico del poscolonialismo que vive en Inglaterra, pero radicado de orígen indio, el "realismo mágico, después del boom latinoamericano, se hizo el lenguaje literario del mundo poscolonial emergente".[7] Según Salman Rushdie, mágicorrealista según muchos, el realismo mágico "expresa una verdadera conciencia del tercer mundo", un mundo donde coexiste lo nuevo con lo viejo, y donde los problemas políticos, económicos y sociales parecen más extremos que en el occidente.[8] Pero Sara Suleri, en un libro sobre la literatura de la India escrita en inglés, critica la dicotomización entre la literatura poscolonial, que según Bhabha es mágicorrealista, y la literatura colonial. Para ella, la última está "igualmente obsesionada con el realismo mágico",[9] afirmación que ella intenta demostrar con una cita que subraya lo extraño y lo misterioso en la colonia india representada en la literatura

---

[6] Linda Kenyon, "A Conversation with Robert Kroetsch", *Magical Realism* 14.
[7] Homi Bhabha, *Nation and Narration* (Londres: Routledge, 1990) 6.
[8] Salman Rushdie, "Gabriel García Márquez", en *Imaginary Homelands* (Londres: Granta Books, 1991) 301.
[9] Sara Suleri, *The Rhetoric of English India* (Chicago y Londres: The University of Chicago Press, 1992) 181.

colonial. Aquí tenemos un paralelo evidente con la concepción que tenía Luis Leal del realismo mágico en América Latina.

En discursos críticos sobre literatura africana y afro-caribeña, la insistencia en culturas que tienen una concepción no occidental del mundo es aun más importante. Para Jacques Stephen Alexis, escritor haitiano, el realismo maravilloso, como lo llama, inspirándose en el prólogo de Carpentier a *El reino de este mundo*, traduce la voluntad de resistencia, la constitución de una identidad nacional, la expresión verdadera de una sociedad y la conciencia de problemas concretos del país, y esto con términos y percepciones del mundo afro-haitianas. En un estudio sobre las novelas de Jean-Louis Baghio'o, Charles Scheel opina que el realismo mágico o maravilloso (él no hace ninguna distinción entre los dos) traduce sobre todo el encuentro, en la literatura, de "sistemas socioculturales diferentes, y aun conflictivos", como en América y el Caribe, donde la sociedad se expresa en una lengua europea en la literatura, pero donde tiene hasta un cierto punto "creencias y costumbres no occidentales, de origen indígena, africano o asiático".[10]

Estos ejemplos de discursos críticos sobre el realismo mágico fuera de América Latina demuestran que hay tanta ambigüedad teórica como en los interminables debates sobre el término que hemos visto en ésta. Sin analizar de manera teórica los textos latinoamericanos, los críticos antes mencionados se inspiran en ellos, directamente o por medio de otros textos, para designar sus propias producciones literarias o las de otros países no latinoamericanos. No creo que sea únicamente un fenómeno de moda. Aunque la concepción del realismo mágico es muy variada y variable (encuentro de culturas diferentes, mezcla de realismo y fantasía, reacción contra el realismo, sentimiento de maravilla ante lo desconocido), el término tiene un éxito considerable fuera de su lugar de origen porque llena un vacío terminológico.

---

[10] Charles Scheel, "Les romans de Jean-Louis Baghio'o et le réalisme merveilleux redéfini", *Présence Africaine* 147 (1988) 46.

CONFERENCIA PLENARIA
¿Hay vida más allá de la literatura?

John Beverley

John Beverley, nacido en Venezuela, sacó su primer título en la Universidad de Princeton y se doctoró en la de California (San Diego). Lleva más de dos décadas como catedrático en el Departamento de Lenguas y Literaturas Hispánicas de la Universidad de Pittsburgh. Entre sus publicaciones más recientes figuran: Del Lazarillo al sandinismo *(1988),* Literature and Politics in the Central American Revolutions *(1990) y* Against Literature *(1993). Sus intereses actuales incluyen el testimonio y la teoría pos-colonial y es co-editor de* The Postmodernism Debate in Latin America *(Durham NC: Duke University Press, 1995)*

El título alude irónicamente a la frase hecha inglesa: *"Is there life after death?"* Quizás no tenga esta misma connotación en español —es el defecto inevitable de las traducciones. Permítanme entonces reformular la pregunta de esta manera: nuestra vocación, los estudios literarios, ¿es mortal? Y si lo es, ¿tiene un más allá o simplemente nos conduce a la nada?

En reconocimiento de la delegación venezolana que está con nosotros aquí, me atrevo a sugerir la siguiente analogía. Hace unos meses uno de los más grandes bancos de Venezuela, el Banco Latino, se hundió en un marasmo de corrupción y fraude a los más altos niveles. Había tantos depositarios, sin embargo —el banco se había convertido en cierto sentido en una institución nacional— que para evitar una crisis política el nuevo gobierno de Caldera se vio obligado, por lo menos en principio, a indemnizarles, aun cuando carecía de los fondos de reserva para hacer eso.

Creo que nuestra situación es análoga. Sabemos que lo que hacemos está, si no en quiebra, por lo menos en crisis. Hugo Achugar sugiere la imagen de la biblioteca en ruinas, variante posmoderna del tópico borgeano de la Biblioteca de Babel. Sin embargo, tenemos demasiado invertido en ella para admitir el desastre y cambiar de posición, aun para evitar ser aplastados por el colapso del edificio. Tenemos que creer que todo sigue más o menos igual, que las reglas del juego son las mismas, aun cuando es evidente que no es así.

Estamos, por lo tanto, en una especie de *impasse* o *interregnum* entre dos regímenes de verdad, para usar un concepto de Foucault. En esto, nos aproximamos más y más en nuestras propias identidades y tareas a las de nuestro ilustre precursor, don Quijote. No es de dudar que los debates actuales sobre la redefinición de los estatutos y de la política editorial de nuestro propio Instituto reflejan esta *impasse* de alguna manera.

La muerte de Alfredo Roggiano marcó el fin de toda una época de la crítica literaria latinoamericana. Lo que amanece ahora todavía no está muy claro.

Estoy consciente en mi propia persona de que se trata aquí de una crisis de identidad y no sólo de intereses. En una situación en la que tanto nuestro amor propio como nuestros ingresos están ligados a un compromiso vivencial con la literatura, ninguno de nosotros va a abandonar fácilmente las tareas y las creencias a las cuales ha dedicado su vida. Quizás hemos perdido contacto con las razones que nos impulsaron hacia el campo de la literatura en primera instancia: sabemos muy bien que nuestra vida profesional tiende a vacilar entre el oportunismo y la rutina. Sin embargo, ninguno de nosotros estaría aquí si no hubiera asociado un sentimiento íntimo, desgarrador de enajenación o marginación social con la literatura, hecho que después se convirtió fortuitamente en la posibilidad de hacer carrera. Ese sentimiento, creo yo, nos acerca inevitablemente a un compromiso si no político (sé muy bien las razones por las cuales esa palabra se ha desprestigiado) por lo menos afectivo, con otras situaciones de marginación o subordinación. Sentíamos en nuestras vidas la necesidad personal de un espacio otro, que era la literatura, y podíamos vislumbrar a través de nuestra identificación con la literatura (sin estar de acuerdo sobre su forma precisa) la posibilidad de un espacio social otro —¿por qué no llamarlo, como Moro, una *utopía*?— que de una forma u otra la literatura participaría en crear. Es en nombre de ese impulso, de su posible reanudación, que dirijo mis comentarios hoy.

Muchos de ustedes se preguntarán, sin embargo, ¿de qué crisis habla este señor? ¿No están a la vista el crecimiento vigoroso de nuestro propio Instituto, o la marcha triunfal de proyectos como el *Diccionario Enciclopédico de las Literaturas Latinoamericanas*, coordinado en Caracas por Nelson Osorio, y la *Cambridge History of Latin American Literature*, en formación bajo la dirección de Roberto González Echevarría y Enrique Pupo-Walker, o los tomos de clásicos latinoamericanos que aparecen con la regularidad de la piedra de Sísifo de la Biblioteca Ayacucho y de la Colección Archivos, editada por Amos Segala? Contesto: sin embargo, crisis. Si no les ha llegado la noticia todavía, llegará pronto. Por una variante de lo que los surrealistas llamaban "casualidad objetiva", las oficinas de la Biblioteca Ayacucho y del proyecto del *Diccionario Enciclopédico* se encuentran en el mismo edificio del Banco Latino, cerca del cual (es una sugerencia turística para los que preparan el próximo congreso en Caracas) hay un maravilloso restaurante español.

Hace más de veinte años, Antonio Candido anticipó la naturaleza de esta crisis en uno de los ensayos claves de la crítica latinoamericana moderna, "Literatura e Subdesenvolvimento".[1] ¿Por qué queda restringido a una pequeña minoría el público para la literatura en Brasil, o en los países del tercer mundo en general, preguntó Candido, cuando en los países avanzados el desarrollo de una modernización capitalista en el siglo XIX conllevó inevitablemente a la formación de una esfera pública amplia basada en una alfabetización casi-universal y en la literatura (o, por

---

[1] Antonio Candido, "Literatura e subdesenvolvimento", *Argumento* 1 (1973).

lo menos, en cierta idea de la función de la literatura en la producción de la nación y de un ciudadano letrado)? Su respuesta fue (en ese momento) inesperada y angustiada. Con el proceso de urbanización y proletarización que acompaña la modernización económica en los países del tercer mundo, la masas populares adquieren sólo una alfabetización parcial. Esto les conduce no a la literatura o *print culture*, para usar el concepto de Marshall McCluhan, sino precisamente a los medios masivos de comunicación desarrollados en la actual época de producción capitalista. Van directamente, en cierto sentido, de una cultura rural oral tradicional a otra —una "cultura folklórica urbana", como Candido lo designa (la fotonovela, la telenovela, la canción popular, los deportes comercializados, etc.)— pasando de lado a la literatura. Los medios masivos son, por lo tanto, para Candido, el enemigo de la literatura y de la ilustración, produciendo lo que él llama, haciendo referencia al uso por los misioneros del teatro y del espectáculo para doctrinar la población indígena en la Colonia, un "catecismo al revés" —*"uma cataquese às avessas"*. Con esta diferencia, sin embargo: donde el catecismo misionero por lo menos procuraba transmitir un ideal basado en los más altos valores de la cultura europea, valores representados en parte por y en los modelos de literatura y retórica culta desarrollados en el Renacimiento, los medios masivos imponen a las masas urbanas, según Candido, "valores en sí dudosos [y en] todo caso distintos de los que una persona cultas encuentra en el arte y la literatura", dejándoles sumergidos en "una etapa folklórica de comunicación oral", incapaces de funcionar plenamente como ciudadanos.

Candido hablaba en "Literatura e Subdesenvolvimento" como un gran moderno, uno de esos modernos que pensaba que era la tarea de la izquierda completar un proceso histórico de modernización y secularización de la nación que la misma burguesía nacional no podía llevar a cabo en los países del tercer mundo, dado su carácter dependiente. Pero miramos hoy el problema que Candido, y otros como él (pienso por ejemplo en Fanon), definieron con tanta lucidez con una nueva sensibilidad, una sensibilidad "post", si se quiere, desencantada con los grandes sueños utópicos de revolución o liberación nacional, pero también alerta a nuevas posibilidades y direcciones.

Cuando Hernán Vidal o Jesús Martín Barbero, para citar sólo dos voces representativas, rearticulan hoy el problema de la relación entre la literatura y los medios, lo hacen con una postura menos angustiada que la de Candido, pero quizás en última instancia más devastadora para nuestro amor propio profesional y el futuro de nuestra disciplina. Escribe Vidal:

> [La] crítica literaria se encuentra en un momento crucial de su historia: la tradición de canonizar y privilegiar ciertos textos de la alta cultura oficial como instrumentos fundamentales en la creación de las identidades nacionales no tiene sentido frente a los efectos de una industria cultural. Ante esto, el único camino abierto para una renovación es que la crítica literaria ... dé el paso definitivo de constituirse en y reconocerse como una crítica de la cultura.[2]

---

[2] Hernán Vidal, *Hermenéuticas de lo popular* (Minneapolis: University of Minnesota; Institute for the Study of Ideologies and Literature, 1993) 37.

Por su parte, Martín Barbero señala que, en América Latina:

> la escritura atraviesa hoy una situación en cierto sentido homóloga a la que vive la nación. Ésta se halla atrapada entre el redescubrimiento de lo local/regional como espacio de identidad y toma de decisiones, y las dinámicas transnacionales de la economía-mundo y la interconexión universal de los circuitos comunicativos vía satélite e informática ... [L]a escritura se ve atrapada en nuestros países entre la fuerza local de una oralidad que es modo de comunicación cotidiano, organizador y expresivo de unas particulares maneras de relación con el mundo y de unas modalidades de relación social, y el poderoso movimiento de desterritorialización de las sensibilidades y los comportamientos impulsado por los medios audiovisuales y los dispositivos de información desde el ámbito de los modelos de narración y desde el más general de los modos de producción y difusión de textos.[3]

Escogí estas citas con un fin táctico específico. Como ustedes saben, por más de una década la *Revista Iberoamericana* se ha dedicado principalmente a la publicación de una serie de números monográficos nacionales: celebramos los dos últimos en este congreso, el de Chile y el de Venezuela. La idea matriz de esta serie, el último proyecto de Alfredo Roggiano, era que la literatura y la crítica literaria eran discursos crucialmente involucrados con la formación de identidades y posibilidades nacionales en América Latina. Mientras tanto, ocurrieron en el campo de estudios literarios o alrededor de él los siguientes acontecimientos: el posestructuralismo y la deconstrucción; el auge de la teoría y crítica feministas, y más recientemente lo que se suele llamar en la academia norteamericana *"Queer Studies"*; el testimonio; la difusión paulatina de la televisión y de la telenovela en particular; directamente relacionado con lo anterior, la proliferación de programas de comunicación, y ahora de estudios culturales, en la academia; la crisis del marxismo tradicional y del dependentismo y la hegemonía ideológica del neoliberalismo; el surgimiento de los llamados nuevos movimientos sociales, y las nuevas teorías políticas, para fundar su praxis; la antropología cultural, basada en parte en una apropiación de la teoría literaria por ese campo; el discurso de la poscolonialidad, con su crítica implícita o explícita del eurocentrismo; los historiadores del *Subaltern Studies Group* en la India, con su sentido radical de la insuficiencia de la nación como forma histórica; todo el conjunto de posibilidades que evoca la idea de posmodernidad.

No es que rumores y ecos de estas problemáticas no se dejaran sentir en la *Revista*. Sin embargo, cuando aparecieron allí, aparecieron en una forma "domesticada", si se quiere. Cuando discutíamos la posmodernidad, por ejemplo, discutíamos la novela posmoderna, el posboom, como si se tratara principalmente de un nuevo fenómeno literario; pero una de las consecuencias de la posmodernidad, en su sentido más amplio, ha sido precisamente un descentramiento radical de la literatura como práctica cultural, su *desautorización*. Cuando discutíamos a Lacan y compañía, era (generalmente) a través de una lectura lacaniana, derridiana, foucauldiana de tal o cual texto literario, sin tener en cuenta que el "sujeto" desconstruido por la teoría

---

[3] Jesús Martín Barbero, *Revista de Crítica Cultural* 7 (1993) 20.

posestructuralista era precisamente un sujeto formado históricamente por (y en cierto sentido para) la literatura moderna.

Nelson Osorio, el coordinador del proyecto del *Diccionario Enciclopédico*, ha sugerido que se trata aquí, sin embargo, de un malentendido, un malentendido que nace de una sobreposición de dos distintas realidades en relación a la recepción de la teoría continental en la crítica literaria latinoamericana. Una es la realidad de una crítica que surge *dentro* de América Latina, y que responde a sus contradicciones y necesidades actuales de desarrollo; otra es la de una crítica *sobre* la literatura latinoamericana desde centros europeos o norteamericanos. "De allí", escribe Osorio:

> que no podamos trasladar mecánicamente y de manera acrítica los "métodos" de enfoque de europeos o norteamericanos a nuestra práctica, porque ellos responden a necesidades y proyectos estratégicos distintos ... De otro modo, nos llenaremos de becarios deslumbrados por los "espejitos", que nos vienen a *aplicar* categorías como "postmodernidad", "desconstrucción" ... y otras semejantes, que surgieron legítimamente para conocer y comprender otros procesos, pero que no estoy seguro tengan, por lo menos en las actuales circunstancias, verdadera validez para comprender *nuestra* realidad.[4]

Es una advertencia prudente ante la avalancha niveladora de la "teoría" en los estudios literarios contemporáneos, y nos recuerda en particular algo en que esa teoría no se cansa de insistir: hay distintas posiciones de enunciación. Pero, especialmente después de la diáspora de los años setenta ¿puede realmente creerse en una crítica latinoamericana exclusivamente *de* América Latina, que no pasa por los centros de enseñanza y las bibliotecas de Europa y, sobre todo, de los Estados Unidos? Nuestra presencia aquí es prueba de que no. Igualmente, hay el hecho demográfico de que los Estados Unidos, con una población de origen latinoamericano de unos 25 a 30 millones, es hoy el quinto país (entre veinte) del mundo hispanohablante, y después del milenio será probablemente el tercero.

Pero el problema que encierra la posición de Osorio es otro, creo yo. Al igual que la tesis de Candido, depende esencialmente de una creencia en la capacidad de la literatura de producir una modernidad "nuestra". Es lógico entonces que Osorio haya resentido los esfuerzos por minar la centralidad de la literatura como significante cultural. Objetaría que para desconstruir el canon de la literatura latinoamericana primero hay que construirlo, tarea todavía inconclusa.

La serie nacional de la *Revista* coincide con la década, más o menos, que va desde *La ciudad letrada* de Ángel Rama hasta ahora. Si miramos una lista de los libros que más han afectado nuestro campo en este período, por ejemplo —y estos títulos son, por supuesto, solamente indicativos— los ensayos de Alejandro Losada reunidos en *La literatura en la sociedad de América Latina*, *Historia y crítica literaria* de Françoise Perus, *The Voice of the Masters* y *Myth and Archive* de Roberto González Echevarría, *Socio-historia de la literatura colonial* de Hernán Vidal, *El discurso*

---

[4] Nelson Osorio, "El DELAL como proyecto de integración cultural latinoamericana", citado de copia manuscrita (Caracas: Biblioteca Ayacucho, 1994) 4-5.

narrativo de la Conquista de Beatriz Pastor, *La cultura del Barroco* de José Antonio Maravall, *Una modernidad periférica* de Beatriz Sarlo, *Guamán Poma: Writing and Resistance in Colonial Peru* de Rolena Adorno, *La historiografía literaria del liberalismo* de Beatriz González, *Foundational Fictions* de Doris Sommer, *Un tratado sobre la patria* de Josefina Ludmer, *Plotting Women* de Jean Franco, *La formación de la tradición literaria en el Perú* de Antono Cornejo-Polar, *Que horas são?* de Roberto Schwarz, *At Face Value* de Sylvia Molloy, *Desencuentros de la modernidad* de Julio Ramos, *Culturas híbridas* de Néstor García Canclini, *El poder de la palabra* de Guillermo Mariaca, o los trabajos recientes de Francine Masiello e Ileana Rodríguez sobre literatura, género, e imaginario nacional: si miramos esta lista, repito, es evidente que señala una tendencia a desarticular la relación entre literatura y nación, usando en el proceso precisamente esos "espejitos" de que hablaba despectivamente —y no sin razón— Osorio. No es casual tampoco que la lista revele también la creciente presencia en la crítica latinoamericana de voces femeninas y de orientaciones teóricas inspiradas en el feminismo.

Por contraste, en los proyectos de la serie nacional de la *Revista Iberoamericana* y del *Diccionario Enciclopédico* de Osorio podemos vislumbrar la persistencia de una postura "arielista" en donde se postula a la literatura en sí (o los valores que encarna ésta) como significante ideológico de lo latinoamericano. Me refiero aquí al argumento central de uno de los libros definidores del pensamiento de la Nueva Derecha en América Latina, *Del buen salvaje al buen revolucionario* de Carlos Rangel, publicado inicialmente en 1976. Una variante conocida de esta postura "arielista" es la idea de Octavio Paz de la literatura como una "modernidad compensatoria" latinoamericana, es decir, una forma de modernidad fundada precisamente en la literatura y la crítica literaria que puede contrarrestar la modernidad "utilitaria" representada por los países capitalistas altamente desarrollados.[5]

Pero la posibilidad misma del manejo de la literatura que goza un hombre como Paz implica la reproducción de una posición de privilegio estructural, no sólo del profesor o escritor o de sus estudiantes o seguidores, sino del canon que se maneja, el cual se ofrece al escrutinio crítico-pedagógico ya reificado como materia de estudio, borrando así las condiciones históricas de su producción y en particular su complicidad con la formación de estamentos sociales coloniales y neocoloniales en América Latina.

El fenómeno del boom, en su coincidencia con la efervescencia política y cultural generada por la revolución cubana en los sesenta, dio paso a una idealización marcada de la literatura como instrumento de liberación nacional por parte tanto de escritores

---

[5] Julio Ramos ha aproximado algunos de los elementos en juego aquí en su descripción del protagonismo literario de Martí. "Martí es un 'heróe' moderno", escribe, "precisamente porque su intento de sintetizar roles y funciones discursivas presupone las antítesis generadas por la división de trabajo y la fragmentación de la esfera vital relativamente integrada en que había operado la escritura de los letrados. En Martí, la tensión entre el discurso literario y otras zonas del tejido de la comunicación social es el referente negado o 'superado' por la voluntad heróica". Julio Ramos, *Desencuentros de la modernidad en AméricaLatina* (México: Fondo de Cultura Económica, 1989) 14.

como críticos en América Latina. Esta coyuntura, que dio un impulso concreto a la expansión enorme de la recepción de la literatura latinoamericana en los circuitos de consumo global —se trataba de una lucha tenaz por ganar espacio en relación a la literatura peninsular, dominante en los programas universitarios europeos y norteamericanos a comienzos de los sesenta— no fue el momento propicio para prestar atención a las maneras en que la literatura también funcionaba, y sigue funcionando, en América Latina como una forma cultural de dominación y enajenación —en otras palabras, al "inconsciente" de la literatura. Lo que ambos lados en el conocido debate sobre el significado del Barroco literario en América Latina compartieron, por ejemplo, era un consenso sobre la *centralidad* de la literatura como práctica social. Las diferencias tenían que ver más bien con la valorización ideológica de esa centralidad (colonial y contrarreformista en el caso de la posición anti-barroca; heterodoxa y proto-nacional en el caso de la posición pro-barroca). Para que la literatura tenga este tipo de centralidad (o para que pueda ser vista como teniéndola), sin embargo, hace falta una *sobrevalorización* histórica y socialmente específica de su importancia, una sobrevalorización que tiene su base en una ideología de lo literario que nace precisamente en el Barroco y que todavía impera en la crítica literaria latinoamericana.

Por contraste, fue el sentimiento de los *límites* de la efectividad de la literatura, de su incapacidad de transgredir su estamento colonial, que animó *La ciudad letrada*. Si miramos bien el argumento de Rama, y a causa de los problemas de su expulsión de los Estados Unidos y su muerte trágica, *La ciudad letrada* fue un bosquejo más que un argumento completo, podemos darnos cuenta de que apuntaba hacia una especie de autocrítica. Gran parte del impulso renovador, recanonizador, del boom se debía precisamente a la creencia de que había una sinergia entre los nuevos procedimientos lingüístico-formales de la llamada nueva narrativa latinoamericana y las expectativas de liberación nacional —o, faltando eso, por lo menos modernización— generadas por la Revolución Cubana y por los altos niveles de crecimiento económico en esa época. La expresión teórica más coherente de esta creencia fue la idea de *transculturación narrativa*, elaborada por Rama a base de un concepto introducido por el etnógrafo cubano Fernando Ortiz en sus estudios sobre la cultura afro-cubana. Si para Ortiz la transculturación designaba sobre todo un proceso cotidiano y anónimo de sincretismo de elementos culturales europeos y africanos (en la comida, el habla, las costumbres, etc.), traducido por Rama al campo de la literatura y el arte modernos se convirtió en una variante de una ideología de la literatura, y de allí del trabajo intelectual en general. Proponía en particular una relación providencial entre una vanguardia "letrada" de escritores, artistas, científicos y nuevos líderes políticos con las clases populares y grupos sociales subalternos. La obra de José María Arguedas, situada en la frontera entre formas culturales indígenas y europeas, entre la oralidad y la cultura letrada, y entre el español y el quechua, fue ejemplar para Rama en este sentido. Marcaba no sólo una nueva forma de hacer literatura, sino un nuevo concepto de la nación latinoamericana, más capaz de representar y encauzar democráticamente la heterogeneidad social y cultural de sus sociedades. En sentido paralelo corren la idea de Antonio Cornejo-Polar del sistema literario andino como una "totalidad contradictoria",[6] o la noción menos conflictiva de "mestizaje cultural" bosquejada por Pedro Henríquez Ureña, fundador de la crítica literaria moderna latinoamericana, que subyace la práctica literaria tanto del realismo mágico como del Neo-barroco.

Para anticipar algunas observaciones posteriores sobre la dirección actual del campo emergente de los estudios culturales, debo indicar también que considero teorías más recientes, y más de moda, de "hibridez" cultural poscolonial o posmoderna, como las de Homi Bhabha o Nestor García Canclini, como variaciones del modelo inicial de transculturación narrativa, aun cuando parecen transferir su poder de gestión de la literatura o el arte culto a la cultura popular.

Es evidente que, para Rama y su generación, el modelo de transculturación narrativa estaba conectado a una dinámica histórica que ha sido o reprimida o agotada. Es suficiente contemplar la crisis actual de la Revolución Cubana para darse cuenta de esto. Pero creo que el modelo tiene una limitación menos coyuntural, una limitación que puede haber sido ella misma un factor en el debilitamiento del proyecto histórico del cual el modelo era a la vez representación y componente. Está fundada en la capacidad de los intelectuales y de la alta cultura en general de *representar* adecuadamente lo subalterno: entiendo "representar" aquí como un proceso a la vez mimético y político. A través de la articulación del pensamiento de Martí hecha por la Revolución Cubana, la idea de transculturación estaba conectada a la ideología cultural más amplia del mestizaje como base de la identidad latinoamericana. Como se sabe, esta ideología puede en ciertas situaciones ocultar reivindicaciones propiamente étnicas (y a veces nacionales) de las poblaciones afroamericanas o indígenas, y en general ha sido notoriamente resistente a demandas que nacen de situaciones de subordinación de género o clase. Además, dando un lugar privilegiado a la literatura como una práctica de formación nacional, el modelo de transculturación narrativa establece las formas de *print culture* en español o portugués como el sitio hegemónico de representación y síntesis cultural.

La subalternidad es una forma de identidad diferencial en vez de ontológica: es decir, es el producto y se mantiene a través de relaciones sociales históricamente específicas. Lo que Rama descubrió en *La ciudad letrada* es que la literatura fue, y sigue siendo, en América Latina precisamente una práctica constitutiva de las *élites* —hipótesis anticipada en parte por Alejandro Losada en sus trabajos sobre el Romanticismo peruano. Como tal, aun en formas "progresistas", es, para emplear la conocida consigna de los sesenta, quizás más parte del problema que parte de la solución. Las contradicciones entre literatura y cultura vernacular son menos agudas, pero de ninguna manera desaparecen, con las campañas de alfabetización introducidas por la revolución cubana o nicaragüense o el proyecto de los talleres de poesía de

---

[6] Por ejemplo, "... las definiciones de Nación insistían siempre en unidad de raza, unidad de idioma, unidad de creencias, unidad de cultura, unidad de religión, etc. .... [A]hora podemos pensar en naciones internamenete contradictorias, conflictivas, hechas más que de unidad de heterogeneidad. Al lograr separar Nación de unidad, estamos logrando la legitimidad de todo aquello que la falsa unidad dejaba afuera". Antonio Cornejo-Polar, "Actas del Simposio de Dartmouth", *Revista de Crítica Literaria Latinoamericana* 29 (1989) 47.

Ernesto Cardenal. Otra vez, la idea de alfabetización implica que *una* forma de cultura, *print culture*, es necesaria para ejercer los deberes de un ciudadano o ciudadana. Mientras tanto, como sospechaba Candido, la mutación de la esfera pública causada por los medios audiovisuales conduce a un aplazamiento nuevo y paulatino de la idea de la literatura como un modelo o práctica formadora de identidad nacional y/o cívica. En este sentido, el fenómeno de la democratización representa el otro lado de la crisis de la literatura y de los estudios literarios latinoamericanos. En una sociedad realmente democrática, ¿qué es lo que garantiza la *autoridad* cultural de la literatura? Evidentemente, sólo el *uso* que hacen de ella sus consumidores.

¿Qué pasa entonces si caminamos por "el otro sendero" de la crítica latinoamericana, por decirlo así (hago alusión, por supuesto, a uno de los manifiestos más importantes del neoliberalismo latinoamericano, *El otro sendero* de Hernán de Soto)? Me refiero concretamente a la obra de Emir Rodríguez Monegal, compatriota y némesis a la vez de Rama, y la de sus seguidores, entre los cuales cuenta la figura preeminente y quizás más brillante de nuestra generación, Roberto González Echevarría. Evidentemente la línea crítica de Rodríguez Monegal es la que más se ajusta a la actual hegemonía del neoliberalismo, precisamente en su afán de separar la esfera de lo literario de cualquier implicación abiertamente política o ideológica. Pero no es de sorprender que esconda a través de su aparente rechazo de compromiso o relevancia social su propio *grand récit* de la relación entre literatura, modernidad y nación. Como señala Françoise Perus:

> la concepción que de la literatura tiene Rodríguez Monegal aparece entonces perfectamente complementaria de su concepción de la historia: la *reducción* de la primera a la *manipulación* de formas y reglas lingüísticas —y por consiguiente de su *valor* a una suerte de pericia técnica— representa una prolongación, en el campo específico de la literatura, de un desarrollismo que limita los problemas del subdesarrollo latinoamericano a una mera cuestión tecnológica.[7]

Estamos aquí otra vez en presencia de una variante de ese discurso modernizador, normativo, fundado en la literatura escrita, representado por Candido y Rama al otro lado del espectro político. En nombre de un concepto formalista de la literatura, "la novela del lenguaje", como lo solía llamar Rodríguez Monegal, no sólo se reprime a través de un proceso de recanonización una gran parte de la tradición literaria latinoamericana sino que otra vez las clases populares y los grupos subalternos de América Latina están invitados a subeditar sus propios intereses y formas culturales a la tarea de producir una modernidad plena que, como Godot, nunca llega.

La línea de Rodríguez Monegal representa la expresión en el campo de la humanidades no tanto del conservadurismo tradicional en América Latina sino de una Nueva Derecha emergente, "yupificada", sofisticada, culturalmente adaptada a la transnacionalización, deseosa de imponerse tanto a sus padres como al proyecto alternativo de una democracia popular propuesta por la izquierda. Desde el principio,

---

[7] Françoise Perus, *Historia y crítica literaria* (La Habana: Casa de las Américas, 1982) 108.

esta Nueva Derecha pudo ajustarse más fácilmente al terreno de la posmodernidad, supo articular las nuevas posibilidades que ofrecía más hábilmente que la izquierda, todavía anclada al dependentismo y el proyecto de completar el proceso inconcluso de formación nacional, y a una concepción "gutemburguiana" de activismo cultural (debo la expresión a Néstor García Canclini).

Pero si la línea crítica representada por Rodríguez Monegal goza efectivamente de prestigio ahora a causa de la crisis de la izquierda (crisis que se está celebrando con un triunfalismo prematuro, en mi opinión), creo que tampoco trasciende los problemas que estamos viviendo en nuestro campo. Su invocación del pluralismo estético apuntaba hacia la operación del mercado libre como norma social, pero no hacia una democratización efectiva de las sociedades latinoamericanas. Contra la pretensión "vanguardista" de este tipo de crítica, Nelly Richard mantiene que:

> celebrar la "diferencia" como festividad exótica (complemento de "otredad" destinada a matizar —más que subvertir— la ley universal) no es lo mismo que otorgarle al sujeto de esa "diferencia" el derecho a autogestionar sus propias condiciones de manejo discursivo: a practicar su "diferencia" en sentido —intervencionista— de rebeldía y disturbio frente a las significaciones prefijadas por el repertorio oficial de la "diferencia".[8]

El nuevo libro de González Echevarria, sobre la continuidad del Barroco en la cultura hispánica, *Celestina's Brood*, sirve para ilustrar el problema. Es un *performance* crítico brillante, fascinante porque en parte pasado de moda, anacrónico en su propio afán de establecer su modernidad, o moderno en su anacronismo, como el Barroco mismo, o el bolero. Uno tiene la sensación aquí, como en sus otros libros, que González Echevarría combina la lucidez teórica para describir la peculiar jaula en que nos encontramos —no por nada es uno de los mejores lectores de Foucault en nuestro campo— con un sentimentalismo que le obliga a presentar esta jaula como el mejor de los mundos posibles.

Una respuesta alternativa a la crisis de las humanidades en la cultura latinoamericana actual todavía involucrada con la idea de una posibilidad transformadora es la de Beatriz Sarlo. En una serie de conferencias y ensayos recientes, Sarlo ha defendido el ideal del ciudadano letrado y el modelo "literario" de la esfera pública nacional o continental en contra de lo que ella ve como la tendencia cada vez más evidente del capitalismo de degradar a todos niveles —económicos, culturales, ecológicos— las condiciones de vida de amplias capas de la sociedad latinoamericana (en la crítica brasileña, el más importante seguidor de Candido, Roberto Schwarz, ha seguido una posición esencialmente similar). Esta articulación de nuestro campo, que tiene sus raíces en la "crítica negativa" de la sociedad de consumo desarrollada por la escuela de Frankfurt, es una variante de nuestra creencia tradicional en el valor de la literatura como "contra-cultura" ante el régimen de la razón utilitaria. En otras palabras, su atracción reside en que se entronca con nuestra ideología

---

[8] Nelly Richard, *Revista de Crítica Cultural* (1992).

profesional. Sin embargo, creo que es un modelo inadecuado también. Refleja sobre todo la ansiedad de lo que Gramsci llamó el "intelectual tradicional" ante los efectos de los medios masivos que han descentrado y desterritorializado su sitio de producción y autoridad culturales. Aunque apunta hacia los temas de estudios culturales (los medios, cultura popular, enfoques interdisciplinarios), lo hace en una forma que mantiene el lugar privilegiado de la literatura como práctica cultural. Pero una de las consecuencias de la democratización —en realidad o en principio— es que ese "otro" latinoamericano de que habla Richard puede (suele) practicar su diferencia no sólo *en* la literatura sino en contra de ella.

Uno de los aspectos más señalados del testimonio es que permite un reto a la pérdida de la autoridad de la oralidad en el contexto de los procesos de modernización cultural que privilegian al alfabetismo y la literatura como normas de expresión. No es que un narrador testimonial como Rigoberta Menchú esté proponiendo la oralidad como expresión única o auténtica de su propia subalternidad. Los que han leído su testimonio saben que su lucha como adolescente con sus padres —lucha que ella pone al centro de su narración, que es entre otras cosas una especie de *Bildungsroman*— involucra precisamente su deseo de hacerse catequista de la Biblia. Más tarde siente la necesidad como organizadora campesina de aprender otras lenguas indígenas y eventualmente el español, experiencia que le permite la producción de su testimonio y su acceso a un público nacional y global. No es el antagonismo entre literatura escrita y narración oral en sí lo que cuenta en el testimonio, sino la manera en que esta relación se ajusta a las necesidades de lucha, resistencia, o simplemente de sobrevivencia, que están involucradas en su situación de enunciación.

Pero es evidente también que Rigoberta Menchú *utiliza* la posibilidad de producir su testimonio como un texto literario, sin sucumbir a la vez a una ideología humanista de lo literario, o lo que viene a ser lo mismo, sin abandonar su identidad y función como miembro de su comunidad para hacerse "escritora" profesional. Por contraste, en la autobiografía o *Bildungsroman* tradicional la posibilidad de hacer literatura — escribir "la vida" de uno mismo— equivale precisamente al abandono de una identidad étnica y de clase, la pérdida de la *Gemeinschaft*, o comunidad orgánica, de la juventud en favor de una individualización secularizadora y modernizadora.

El ejemplo contemporáneo más relevante para nuestros propósitos de este tipo de articulación desde una posición subalterna es un texto que fue muy alabado por la Nueva Derecha norteamericana, entre otras cosas por su crítica de la política del bilingüismo. Me refiero a la autobiografía de Richard Rodriguez, *Hunger of Memory*. *Hunger of Memory* narra el medro social de un niño de extracción latinoamericana en los Estados Unidos, en un proceso que involucra una pérdida no sólo de su identidad étnica sino de nombre: el narrador comienza su vida como Ricardo Rodríguez (con el acento), hijo de una familia mexicana de clase obrera de la ciudad de Sacramento en California.

Su transformación se debe sobre todo a su apropiación de la literatura como discurso de poder, apropiación promulgada en la composición del mismo texto autobiográfico. Rodriguez escribe al comienzo de su relato:

> I have taken Caliban's advice. I have stolen their books. I will have some run of this isle.
> Once upon a time, I was a "socially disadvantaged" child. An enchantedly happy child. Mine was a childhood of intense family closeness. And extreme public alienation.
> Thirty years later I write this book as a middle-class American. Assimilated.[9]

El inglés del original es obligatorio precisamente porque su autor rechaza el bilingüismo como norma cultural. Para Rodriguez, el lenguaje público de la autoridad y el poder es el inglés; la ley del padre que impone la castración simbólica obligatoria para la socialización del sujeto exige la necesidad de abandonar el lenguaje materno. Su educación y aprendizaje literarios —gracias a becas que le permitieron asistir primero a Stanford y después a Berkeley, donde llega a estudiar la literatura inglesa del Renacimiento— es equivalente entonces al paso del orden imaginario al orden simbólico en el esquema lacaniano. Cuando vuelve a su barrio para trabajar en construcción durante sus vacaciones de verano un año, observa sobre sus compatriotas mexicanos:

> Their silence is more telling. They lack a public identity. They remain profoundly alien.... Only: the quiet. Something uncanny about it. Its compliance. Vulnerability. Pathos. As I heard their truck rumbling away, I shuddered, my face mirrored with sweat. I had finally come face to face with *los pobres*. (138-39)

La famosa pregunta de Gayatri Spivak, "¿Puede hablar el subalterno?", y su respuesta inusitada que no, no como tal, estaba destinada a revelar detrás de la buena fe del intelectual solidario o "comprometido" el trazo de una construcción literaria colonial o neo-colonial de un otro con el cual se podía hablar (o que se prestaba a hablar con nosotros), suavizando así nuestra angustia ante la realidad de la diferencia que su silencio hubiera provocado, y naturalizando nuestra situación de privilegio relativo en el sistema global. Richard Rodriguez escribe con elocuencia, en inglés para un público lector gringo, de la necesidad de la integración del latino a la cultura dominante. Rodriguez puede hablar, en otras palabras, pero no como subalterno, no como *Ricardo Rodríguez*. Lo que le separa de su propia subalternidad —del silencio taciturno de "los pobres"— es precisamente la literatura: su formación como crítico y escritor en las universidades prestigiosas de Stanford y Berkeley. En su caso, la literatura es una práctica social que *produce activamente* (en vez de simplemente representar o "reflejar") la línea de división entre sujeto dominante y sujeto subalterno, entre Richard y Ricardo.

¿Qué hacer?, para recordar un interrogante pre-posmoderno, y quizás premoderno. Evidentemente, una de las consecuencias del descentramiento de la literatura que propongo aquí sería el desarrollo de estudios culturales como alternativa. Como muchos de ustedes saben, se ha formado recientemente una red

---

[9] Richard Rodriguez, *Hunger of Memory. The Education of Richard Rodriguez* (Nueva York: David Godine, 1982) 3.

latinoamericana de estudios culturales. La serie editorial sobre Literatura y Derechos Humanos que edita Hernán Vidal en Minnesota, el excelente manual de William Rowe y Vivian Schelling, *Memory and Modernity. Popular Culture in Latin America*, *Culturas híbridas* de Néstor García Canclini, o el libro en aparición de George Yúdice, *We Are Not The World*, sirven como un bosquejo inicial para la construcción de un nuevo campo hermenéutico que incluye la literatura pero que no está fundado sobre ella. Además, como Yúdice ha señalado, los estudios culturales tienen raíces propiamente latinoamericanas en aspectos del género del "ensayo nacional" en, entre otros, Martí, Hostos, Sarmiento, da Cunha, Mariátegui, Ortiz, Paz, o Martínez Estrada. Pero los estudios culturales no solucionan exactamente el problema de la relación entre literatura y subalternidad. Podemos leer a Piglia y a la vez escuchar discos de Madonna o seguir una telenovela, y de hecho lo hacemos. Pero fuera de formas intermediarias y transicionales como el testimonio, las formas de cultura subalterna tienen en general solamente un valor "antropológico" para nosotros; o no tenemos acceso a ellas directamente (es decir, su presentación está mediatizada por la literatura o por formas híbridas como la "nueva trova"), o son reificadas por el proceso de recuperación de información representado por los protocolos de investigación académica o crítica que manejamos en relación a ellas. (Vuelvo a insistir que la universidad y las instituciones culturales como el museo son en sí prácticas culturales productoras de subalternidad: de allí que lo subalterno no puede entrar en ellas sin sufrir una transformación, como en el caso de la "educación" de Richard Rodriguez.)

A pesar de su apelación habitual al valor de lo local y lo cotidiano, de *petites histoires* en vez de *grands récits*, puede haber por lo tanto un utopismo implícito en la nueva celebración de la cultura popular o de masas que proponen los estudios culturales. Hay el peligro de que esta celebración (la cual, debo confesar, he compartido y protagonizado) perpetúe inconscientemente una nueva variante de la ideología de lo literario, transfiriendo un programa vanguardista en sus variantes formalistas (Monegal) o transculturadoras (Rama) de la esfera de *high culture* a la de las culturas populares, ahora vistas como más estéticamente dinámicas y eficaces. El resultado podría ser la producción en la crítica actual de algo parecido a una forma posmoderna de lo sublime kantiano. Tampoco es de sorprender que los estudios culturales, a pesar del radicalismo de sus orígenes, se estén convirtiendo rápidamente en una nueva articulación estratégica de las humanidades ante el nuevo rol de la universidad y de los centros de investigación superior en la representación y administración del capitalismo transnacional, especialmente en relación a los cambios demográficos, políticos y culturales que trae en su secuela. ¿Por qué hacen falta expertos en Literatura Colonial o Vanguardismo, preguntarán los decanos del futuro (y están preguntando los del presente), cuando con un puñado de semióticos y adeptos en novedades teóricas se puede construir un departamento eficaz?

En vez de estudios culturales, o más exactamente como su compañero de ruta, entonces, mi propuesta sería más bien la de problematizar la literatura en el mismo acto de enseñarla dentro de su estamento. No tengo ilusiones sobre la posibilidad de este proyecto. Lyotard muestra que la posmodernidad rearticula en su deseo de ser "nueva" y ruptural la ideología vanguardista que supuestamente desplaza; de la misma manera, un fenómeno como el testimonio depende en última instancia de su relación con la literatura —de allí la sugerencia de Elzbieta Sklodowska o Gayatri Spivak que el testimonio puede ser una especie de trampa: la ilusión de expertos en análisis de textos de tener un acceso "directo" a lo subalterno que no les obliga a cambiar mucho su propia situación de enunciación.

Mi propuesta sugiere no tanto el fin de la literatura o su superación por los medios audiovisuales, sino una actitud más agnóstica ante ella. Podemos imaginar una futura comunidad de objetos que llamaríamos literatura, y las nuevas relaciones sociales que expresaría. En una nota sobre la poesía quechua en el Perú actual, Martin Lienhard ofrece una imagen de esta posibilidad; observa que:

> los cantos y la poesía quechua escrita, en efecto, no se oponen (como se oponen todavía la cultura andina y la cultura occidental-criolla), sino que esbozan un sistema complejo, análogo al que configura, en lo social, el conjunto de las comunidades andinas y de las colonias de comuneros, emigrantes en las grandes ciudades: un sistema de complementaridad casi utópico que anuncia quizás, en los terrenos social y cultural, lo que podría llegar a ser el país cuando termine el tiempo de las discriminaciones y las opresiones.[10]

Sería bueno caminar hacia esta posibilidad, pero sabemos muy bien que está probablemente más allá del alcance de nuestras vidas. Lo que sí es posible ahora, sin embargo, es una democratización relativa de nuestro campo, a través de, entre otras cosas, el desarrollo de un concepto *no literario* de la literatura. Pero en tal caso, ¿cómo podría la literatura distinguirse de lo no literario? (me refiero a la famosa distinción de los formalistas rusos entre lenguaje poético y lenguaje cotidiano). ¿Qué pasaría cuando la literatura sea simplemente un discurso entre muchos?

La respuesta a estas preguntas debe ser la tarea de lo que podríamos pensar como una especie de *psicoanálisis* de la literatura. Es esta tarea la que Rama empezó con *La ciudad letrada*. Los que han pasado, como yo, por el proceso de psicoanálisis, saben que no se trata de liquidar al sujeto, a pesar de su ansiedad al respecto, ni tampoco de curarlo para siempre, sino de reformarlo lentamente sobre nuevas bases, un poco más capaces de solidaridad y amor.

Para comenzar un análisis, sin embargo, hay que darse cuenta de que hay algo mal, algo que no funciona en lo que hacemos. El problema es que la literatura resiste la cura, como indudablemente muchos de ustedes están resistiendo estas observaciones. No quiere ser curada porque piensa que su neurosis es su identidad. Paul de Man declaró en un famoso aforismo que la resistencia a la teoría es la teoría; en un sentido parecido podríamos decir que la ideología de la literatura es la literatura misma.

No se trata de obligarles a representar, o solidarizarse con, lo subalterno de una manera "políticamente correcta". Al contrario, creo que es más importante registrar las maneras en que el conocimiento que construimos como profesores y críticos de la

---

[10] Martin Lienhard, *La voz y la huella* (La Habana: Casa de las Américas).

literatura está estructurado precisamente por la ausencia o la dificultad o la imposibilidad de la representación de lo subalterno. Esta tarea se puede realizar estudiando tanto un cuento de Borges como un testimonio de resistencia indígena como *Me llamo Rigoberta Menchú*. Pero implica reconocer también en el acto la naturaleza inadecuada de nuestro conocimiento, y de las instituciones como la universidad y nuestra formación disciplinaria dentro de ella que lo contienen, y por lo tanto la necesidad cada vez más apremiante de orientarnos en la dirección de un orden social más democrático e igualitario. ¿Otra utopía? Sí, pero una utopía esta vez que hacemos nosotros mismos, pedazo por pedazo, en nuestro trabajo cotidiano y modesto.

XXX Congreso del Instituto Internacional de Literatura Iberoamericana

PITTSBURGH
12-16 de junio de 1994

José Amor y Vázquez (Brown University), J. Dennis O'Connor (Canciller, Universidad de Pittsburgh), Keith McDuffie (Director Ejecutivo del IILI), Pamela Bacarisse (Secretaria-Tesorera del IILI y Presidenta del XXX Congreso

Georgette Dorn, Directora de la División Hispánica de la *Library of Congress*, Washington DC, con Keith McDuffie

J. Dennis O'Connor, Canciller de la Universidad de Pittsburgh, pronuncia un discurso de bienvenida a la universidad ante los socios provenientes de más de treinta paises

Billie DeWalt, Director del *Center for Latin American Studies*, Universidad de Pittsburgh con Carmelo Mesa-Lago (antiguo Director del *CLAS*)

FOTOGRAFÍAS: BONNIE TOME, PITTSBURGH

XXX Congreso

Cristina Peri Rossi firma ejemplares de sus libros

Raquel Chang-Rodríguez (CUNY, City College), Anna Caballé (Universitat de Barcelona), Keith McDuffie, Gloria Videla (Universidad Nacional de Cuyo, Argentina)

Pamela Bacarisse, Cristina Peri Rossi, Roberto Fernández Retamar (Casa de las Américas, La Habana)

De Venezuela, José Balza, Antonio López Ortega, Luis Alberto Crespo y Maritza Jiménez. De Venezuela y del Departamento de Lenguas y Literaturas Hispánicas de la Universidad de Pittsburgh, Nelson Hippolyte

Un encuentro argentino: Alicia Borinsky, de Boston University, con David Lagmanovich, de la Universidad Nacional de Tucumán

Un grupo venezolano: Juan Carlos Santaella, Alexis Márquez Rodríguez, Presidente del XXXI Congreso (Caracas, 1996), Nelson Hippolyte y Antonio López Ortega

XXX Congreso

Un grupo de los estudiantes de posgrado que contribuyeron al éxito del Congreso: Aristides Escobar-Argaña, Vicente Lecuna, Anya Bernardy, Corey Shouse, Goffredo Diana, Andrea Yannuzzi, Bladimir Ruiz, Maria Griselda Zuffi

Alicia Covarrubias (Universidad de Pittsburgh, Greensburg) con Lillian Seddon Lozano, del IILI

Margarita Leño, Erika Braga y Bladimir Ruiz, que tanto hicieron para que se sintieran en casa los delegados

Angela Dellepiane (CUNY), Antonio Cornejo-Polar (Universidad de California, Berkeley), Anna Caballé (Universitat de Barcelona)

Del Uruguay, el poeta Eduardo Espina; de la Universidad de Buenos Aires, Estela Cédola

Margarita Mateo (Universidad de La Habana), John Beverley, Roberto Fernández Retamar